Kyriacos C. Markides

Der Friede des Herzens

Kyriacos C. Markides

Der Friede des Herzens

Innere Berührung durch einen christlichen Meister

Aus dem Englischen von
Astrid Ogbeiwi

Aquamarin Verlag

Titel der Originalausgabe:
Inner River
A Pilgrimage to the Heart of Christian Spirituality

Image an Imprint of the Crown Publishing Group
(a division of Random House, Inc.,
1540 Broadway, New York 10036)

Aus dem Englischen von Astrid Ogbeiwi

Deutsche Ausgabe:
1. Auflage 2020

Voglherd 1
85567 Grafing
www.aquamarin-verlag.de

Umschlaggestaltung: Annette Wagner

Druck: CPI • Birkach
ISBN 978-3-89427-877-9

Für
Emily J. Markides
Constantine Markides
Vasia Markides
und
Michael H. Lewis

Inhalt

Ein Pilger auf dem heiligen Berg Athos fragte einmal einen alten Eremiten: »Vater, wie kann ich Erlösung erlangen?« Der hochverehrte heilige Mann antwortete: »Gehe täglich in der Abenddämmerung auf den Friedhof und stoße dort eine Stunde lang laut und deutlich Beleidigungen gegen die Toten aus. Dies tue einen Monat lang und achte dabei auf alles, was um dich herum geschieht. Dann komme wieder und berichte mir.« Nach einem Monat kam der Pilger wieder. »Vater, ich habe getan, wie Ihr mich geheißen habt, aber nichts ist geschehen!« Darauf erwiderte der Eremit: »Gehe noch einmal einen Monat lang täglich auf den Friedhof und lobpreise die Toten. Dann komme wieder und erzähle mir, was passiert ist.« Einen Monat später kam der Pilger wieder. »Vater, ich habe getan, wie Ihr mich geheißen habt, aber nichts ist geschehen!« Darauf sprach der heilige Vater: »Wenn du Erlösung erlangen willst, mein Sohn, dann werde wie die Toten, gleichgültig gegenüber Beleidigungen und gleichgültig gegenüber Lob.«

Hinweis des Verfassers

Wie auch in meinen früheren Büchern habe ich bei der direkten Anrede griechischer Männer in Dialogen die griechische Konjugation verwendet. Vater Maximos wird also zum Beispiel als »Vater Maxim*e*« angesprochen, Lavros als »Lavr*o*« und so weiter. Bei weiblichen Namen stellt sich dieses idiomatische Problem im Griechischen nicht. Mit Ausnahme historischer Personen werden in Dialogen zumeist Pseudonyme verwendet, um die Anonymität der Beteiligten zu wahren.

1

Erinnerungen

Während der Arbeit an meiner Dissertation stand ich vor einem großen Problem. Ich hatte zu meinem Thema eine beachtliche Menge an gutem Material zusammengetragen, aber keinen brauchbaren theoretischen Überbau, um meinen Daten Struktur und Sinn zu geben. Ich war ratlos. Wenn ich dieses Problem nicht löste, würde ich meine Promotion nicht abschließen können. Eines warmen Juliabends, es war bereits Mitternacht, fühlte ich mich schließlich endgültig in der Sackgasse und war kurz davor aufzugeben. Ich machte einen Spaziergang über den Campus, setzte mich auf eine Bank und betrachtete den Sternenhimmel. Da kam ein kiffender Hippie, setzte sich neben mich, und wir begannen ein Gespräch über die unendliche Weite des Universums. Plötzlich traf es mich wie ein Blitz: Klar und deutlich erkannte ich den Ausweg aus meinem Dilemma. Meine gesamte Dissertation stand mir vor Augen, fertig geschrieben mitsamt dem passenden theoretischen Überbau. Im Überschwang der Gefühle wäre ich am liebsten kreuz und quer über den Campus gerannt und hätte »Heureka!« geschrien. Ich konnte es kaum erwarten, dass der Morgen käme und ich meinen Doktorvater sprechen könnte. Bei unserer Besprechung akzeptierte er meinen Vorschlag bereitwillig. Bald darauf konnte ich meine Dissertation abschließen; am Ende wurde sie als Buch veröffentlicht und brachte damit meine akademische Laufbahn in Gang. Dies ist einer der unzähligen Zufälle, die mein Leben geprägt haben. Oft frage ich mich, wie mein Leben wohl verlaufen wäre, wenn der unbekannte Hippie sich in jener warmen Julinacht nicht neben mich auf die Bank gesetzt hätte, um mit mir über das Universum zu plaudern.

Solche Zufälle kommen in unserem Leben ständig vor, doch kaum einmal schenken wir ihnen Aufmerksamkeit. Sind sie vorüber, vergessen wir sie nur allzu leicht, zucken verwundert mit den Schultern oder betrachten sie schlicht als selbstverständlich. Für mich ist es selbstverständlich, dass ich den größten Teil meines Lebens in Maine verbracht habe. Aber es hätte nicht so kommen müssen. Vor dreißig Jahren, nach dem Abschluss meines Studiums, besuchte ich einen Freund und ehemaligen Professor in Evanston, Illinois, um mich von ihm zu verabschieden. Ich hatte vor, wieder in meine Heimat Zypern zurückzukehren. In Evanston lernte ich einen führenden Soziologie-Professor an der Northwestern University kennen, der mir binnen eines Monats und ohne mich zu fragen eine Stelle an der University of Maine verschaffte. Was, wenn ich meinen Freund nie besucht, sondern ihn zum Abschied nur angerufen hätte? Ich suchte damals gar keine Stelle in Amerika und hatte auch kein Interesse daran.

Nie hätte ich meine Frau Emily kennengelernt, hätte sie es sich, als sie nach einem soziologiegeschichtlichen Vortrag von mir in Nikosia bereits in ihren Wagen steigen wollte, nicht doch noch einmal anders überlegt. Wie es das Schicksal wollte, fiel ihr eine Frage ein, sie kehrte in den Hörsaal zurück und bat um Klärung. Und hätte ich nicht die Einladung eines Freundes angenommen, ihn bei seinem Besuch auf dem weltabgeschiedenen Berg Athos zu begleiten, hätte ich Vater Maximos nie kennengelernt, jenen charismatischen Mönch und Altvater, der zum Gegenstand mehrerer meiner Bücher wurde, auch des vorliegenden, und der mich zu einer radikalen Veränderung meines spirituellen Lebens und meines beruflichen Werdegangs veranlasst hat.

Zufällige Ereignisse, die unserem Leben immer wieder eine neue Richtung geben, sowohl in scheinbar positiver als auch in scheinbar negativer Weise, waren unter anderem das Thema eines Gesprächs mit meinem Freund und Kollegen, dem Maler Mike Lewis, als wir an einem warmen Oktobermorgen in dem bekannten Touristenort Bar Harbor auf Mount Desert Island in Maine zum Frühstück zusammensaßen. Mike und ich hatten gemeinsame Interessen, und schon seit vielen Jahren trafen wir uns regelmäßig zu lockeren Gesprächen über das akademische Leben, aber auch über allgemeinere Themen aus Politik, Geschichte und Religion. Kürzlich hatten wir uns mit Gedankenspielen über »kontrafaktische Geschichte« befasst. Wir hatten beide Werke bedeutender Historiker gelesen, die darüber spekulieren, wie sich die Geschichte wohl entwickelt hätte, wenn scheinbar zufällige Ereignisse mit kataklystischer Wirkung nicht eingetreten wären.[1]

Stelle dir nur einmal vor, sagte ich zu Mike, als wir in Erinnerungen an unsere Studentenjahre schwelgten, ein solches »Was wäre, wenn«, das einen nicht mehr loslässt, wäre hier und da eingetreten. Was, wenn Oswalds Kugeln Präsident Kennedy verfehlt hätten? Was, wenn Sirhan Sirhan im allerletzten Moment überwältigt worden wäre, gerade als er auf den aussichtsreichen Präsidentschaftskandidaten Robert F. Kennedy schießen wollte? Die Geschichte Amerikas und der Welt wäre eine andere gewesen. Was soll man von alledem halten? Verändert man nur ein einziges zentrales Ereignis, so hätte die Geschichte und auch unser eigenes Leben einen grundlegend anderen Verlauf genommen.

Im Nachsinnen über die zahllosen scheinbar zufälligen Ereignisse, die die Geschichte und unsere Biographie geprägt haben kamen wir zu dem Schluss, dass wir intuitiv »wussten«, dass es eine tiefere Realitätsebene geben muss, die unser rationales Verständnis übersteigt, und dass nicht alles, was in unserem Leben und in der Geschichte geschieht, Zufall sein kann.

Mir kamen die Werke einiger großer Weiser in den Sinn, und ich besprach erste Gedanken dazu mit meinem Freund. Jedes einzelne Ereignis, schlug ich vor, geht aus einem unendlichen Meer an Wahrscheinlichkeiten und Möglichkeiten in Gottes Geist hervor. Wird ein mögliches Ereignis durch menschliche Auswahl und Entscheidung zur konkreten Tatsache, nimmt die gesamte Weltgeschichte einen anderen Verlauf. Es entstehen neue Situationen mit unendlich vielen radikal neuen Wahrscheinlichkeiten, die auf die Möglichkeit warten, konkrete Realität zu werden. Dies liegt an der Freiheit, mit der wir Menschen als unserer selbst bewusste Wesen versehen sind. Man könnte sagen,

---

1 Robert Cowley (Hrsg.), *The Collected What If?*, G. P. Putnam's Sons 2001; deutsch: *Was wäre gewesen, wenn? Wendepunkte der Weltgeschichte*, aus dem Amerikanischen von Ilse Utz, Knaur 2000.

dass wir Gottes Mitschöpfer sind. Geschichte ist offenbar das Produkt menschlicher Entscheidungen und Handlungen, die sich innerhalb der unendlichen Weisheit des göttlichen Willens entfalten. Und was für die Geschichte gilt, gilt auch für unsere individuelle Biographie. »Ich würde jetzt nicht mit dir in diesem Café in Bar Habor sitzen«, sagte ich zu Mike, »wenn auch nur eine der unzähligen scheinbar unwichtigen und zufälligen Begegnungen in meinem Leben nicht stattgefunden hätte.«

»Oberflächlich betrachtet, kann man leicht zu dem Schluss kommen, dass sowohl die Geschichte als auch unser Leben das Resultat zufälliger Ereignisse sind«, betonte Mike.

»So kann man es sehen. Wir können sagen, dass sowohl der Verlauf der Geschichte als auch der unseres Lebens willkürlich ist, das Produkt scheinbar sinnloser Zufälle. Von außen hat es zumindest so den Anschein. Historie und Biographie sind das Resultat einer Verkettung von Zufällen. Auf eben dieser Vorannahme bauen die Darwinisten ihre Theorie auf, dass nämlich die Evolution das Produkt einer unendlichen Anzahl willkürlicher Ereignisse ohne tiefere Bedeutung ist. Ein Affe, der mit Farbe und Leinwand spielt, wird irgendwann eine Mona Lisa erschaffen! Doch dies ist nur eine Vermutung, noch dazu eine groteske, die aber als in Stein gemeißelte Tatsache verstanden wird. Ein bekannter kabbalistischer Philosoph und angesehener Mystiker hat mir einmal gesagt: ›Es gibt eine esoterische Geschichte, die immer dann offenbar wird, wenn die äußeren Bedingungen stimmen.‹ Damit ließ er durchblicken, dass die Dinge dieser Welt nicht zufällig sind, wie die Darwinisten glauben, sondern vielmehr die Folge tieferliegender Ursachen, die den Bereich der physikalischen Wissenschaften oder des rationalen Denkens übersteigen. Ich glaube, alle Mystiker dieser Welt würden diese Ansicht teilen.«

Weiter sagte ich meinem Freund, wenn wir davon ausgehen, dass alle unsere persönlichen Erfahrungen das Produkt willkürlicher Ereignisse sind, und dass auch die Geschichte sowie die biologische Evolution das Resultat willkürlicher Ereignisse ist, dann können wir daraus nur den Schluss ziehen, dass letzten Endes das Leben als solches absurd und sinnlos und der Mensch, wie die französischen Existentialisten behaupten, ein grausamer Witz ist. Ich persönlich lehne eine solche Schlussfolgerung entschieden ab, nicht nur weil sie nihilistisch ist, sondern weil ich auch zutiefst der Überzeugung bin, dass sie falsch ist.

Einem Außenstehenden, der unser Gespräch an jenem sonnigen Oktobermorgen mitbekommen hätte, wäre nicht verborgen geblieben, dass die Themen, über die wir uns unterhielten, zum größten Teil unsere Angst vor dem Älterwerden und das Bewusstsein um unsere Sterblichkeit widerspiegelten. Wir waren beide vor nicht allzu langer Zeit sechzig geworden, mit all den potenziell beunruhigenden Gefühlen, die so ein markanter Wendepunkt auslöst. Uns war auf eine zutiefst körperliche Weise bewusst, dass wir uns auf dem letzten Abschnitt unserer Lebensreise befanden. Nicht ganz ernst gemeint, führte ich meinem Freund vor Augen, dass wir uns, statistisch gesehen, höchstens noch auf wenige Lebensjahrzehnte freuen konnten, und auch dies nur, wenn wir mit guter Gesundheit gesegnet wären. Etliche unserer langjährigen Kolleginnen und Kollegen an der Universität Maine, an der wir seit vielen Jahren lehrten, hatten bereits den Weg ins Jenseits angetreten, andere hatten sich im Ruhestand in den Sun Belt, den sonnigen Süden der USA, zurückgezogen, und wieder andere hatten mit geriatrischen Problemen zu kämpfen. Es ist also kein Wunder, dass es in unseren Gesprächen neben Politik und Gesundheit (Vergleich unserer Cholesterinwerte und Austausch der neuesten Forschungsergebnisse über Prostata-Vergrößerung) häufig auch um Spiritualität, das Wesen des Todes und die Möglichkeit eines Lebens danach ging.

Die Frage nach den letzten Dingen bestimmte zunehmend auch unser Berufsleben. Mikes Kunst, die mit Ölgemälden zu Freudianischen und gesellschaftspolitischen Themen begonnen hatte, hatte sich mit den Jahren zu Jungianischen Motiven weiterentwickelt, die wiederum seinem aktuellen Interesse an der Landschaft in Maine als Metapher für zeitlose, mystische, innere Welten den Weg geebnet hatten. Ähnlich hatte auch ich meine Laufbahn als ein Soziologe begonnen, der über Politik und nationalistische Bewegungen forschte. Aber dank einer Reihe geradezu unheimlicher Zufälle verlegte ich mich auf die

Forschung über Heiler, Mönche, Eremiten und geistliche Altväter aus aller Welt, den angeblichen Fachleuten für die unsichtbaren Welten.

»Wenn es stimmt, was wir hier sagen«, wandte Mike nachdrücklich ein, »warum wird dann deiner Meinung nach die Möglichkeit, dass es geistige, überpersönliche Dimensionen gibt, in unserem Weltverständnis üblicherweise ignoriert?«

Ich hatte dieses Problem gerade erst mit meinen Studenten im Fach Sozialtheorie diskutiert, und es war mir noch sehr präsent. Ich glaube, antwortete ich Mike, das liegt an dem Weltbild, das sich in der Moderne verfestigt hat und in dem wir uns täglich bewegen. Leider könnte eben dieses Weltbild ein, wenn nicht *der* entscheidende Faktor sein, der die Menschheit in die Selbstzerstörung treibt. Ich meine, dass die Ideologie des Materialismus, das Syndrom der Moderne, das Denken der kulturellen Elite mittlerweile beherrscht.

Die Moderne hat uns den Eindruck vermittelt, so sagte ich meinem Freund, die einzige Wirklichkeit sei das beobachtbare physikalische Universum; die einzige Wahrheit sei die mit unseren Sinnen und mithilfe wissenschaftlicher Methodik erkennbare; es gebe keine andere Grundlage für Werte und moralische Regeln als die von den Gesellschaften und Kulturen »konstruierten«; und der Mensch sei letztendlich und ausschließlich das Produkt biologischer und soziokultureller Kräfte.[2] Diese nicht hinterfragten Grundsätze modernen Denkens lassen keinen Raum für das Wirken spiritueller oder nichtmaterieller Kräfte im menschlichen Leben. Ihnen zufolge sind wir nicht mehr als unsere Gene und unsere kulturelle Konditionierung. Es gibt nur Materie, und nur auf Materie kommt es an.

»Allerdings hat die Moderne dazu beigetragen, dass wir unser physikalisches Universum verstehen«, betonte Mike, »und dass wir mehr Verständnis und Toleranz für andere Gesellschaften und Kulturen entwickelt haben.«

»Das stimmt unbedingt. Kein vernünftiger Mensch würde sich mittelalterliche Verhältnisse zurückwünschen. Doch wir haben für unsere Modernität einen hohen Preis bezahlt. Der Geist ist aus unse-

2 Kyriacos C. Markides, »Eastern Orthodox Mysticism and Transpersonal Theory«, *Journal of Transpersonal Psychology* 40, Nr. 2 (2008), S. 178-198.

rem Verständnis des Menschseins einfach verschwunden. Wir werden nicht als Geschöpfe betrachtet, die nach dem Bilde Gottes geschaffen sind, sondern als das Produkt blinder Naturkräfte und tierischer Evolution. Von Gottes Ebenbild wurden wir zum menschlichen Tier.«

Weiter erklärte ich Mike, die Moderne habe uns überzeugt, es gebe einzig und allein das Universum, das wir mit unseren Sinnen wahrnehmen, und dieses sei im Grunde geistentleert. Es hat keine heilige Grundlage, keinen Schöpfer. Und selbst wenn wir widerwillig die Möglichkeit eines Schöpfers einräumen (wie sonst sollte man hundert Milliarden Galaxien erklären, die vor vierzehn Milliarden Jahren aus dem Nichts entstanden sind?), nehmen wir an, dass Er mit den alltäglichen Abläufen im Universum nichts zu tun hat. Gott steht völlig außerhalb Seiner Schöpfung und überlässt sie komplett sich selbst; sie läuft wie ein Uhrwerk, geregelt durch mechanistische Gesetze, die Er erlassen hat. Folgte man dieser Logik, dann hat Gott uns zwar erschaffen, uns dann aber uns selbst und den Gesetzen der Physik überlassen. Der gegenteilige Glaube, dass Gott das Universum nicht nur erschaffen hat, sondern auch in jedem Teilchen Seiner Schöpfung allgegenwärtig ist, erscheint nach modernen wissenschaftlichen und philosophischen Vorstellungen überaus naiv.

Es gibt eine bekannte Geschichte über einen Gedankenaustausch zwischen Napoleon und dem französischen Naturwissenschaftler Pierre-Simon Laplace. Als der Kaiser fragte, wo Gott in Laplaces System seinen Platz habe, erwiderte dieser: »Dieser Hypothese habe ich nicht bedurft, Sire.« Tatsächlich gilt diese Erklärung als Wendepunkt in der Geschichte der Wissenschaft und ihrer Beziehung zur Religion. Seit Laplace glaubt man, dass das Universum für seine Funktionsweise des Geistes nicht bedarf. Es gilt als tote Materie, die von »Naturgesetzen« regiert wird. Dies ist gerade so, als wollte man behaupten, ein menschlicher Körper könne existieren und funktionieren, ohne dass Leben in ihm sei, ohne Seele oder Geist. Große Heilige und Weise sagen uns aber, wenn der Geist aus dieser Welt konkreter Materie entfernt würde, und sei es nur für einen kurzen Augenblick, würde sie sich sofort auflösen, gerade so wie von einem menschlichen Körper, sobald die Seele ihn verlässt, nur eine Leiche übrig bleibt. Wie mein Mentor Vater Maximos sagen würde: Der Heilige Geist erhält die Welt, gerade so, wie der Heilige Geist unseren Körper beseelt und am Leben erhält.

»Du siehst also, Mike«, fuhr ich fort, »die Moderne mit all ihren technischen Wundern und Verlockungen hat der Entheiligung der Schöpfung und damit auch der Entmenschlichung des Menschen den Weg geebnet. Die Welt existiert, ohne dass sie der ›Gottes-Hypothese‹ bedürfe. Daher wurde Gott gegen Ende des 19. Jahrhunderts für ›tot‹ erklärt. Dies hat im 20. Jahrhundert unweigerlich zum ›Tod des Menschen‹ geführt, wie die Postmodernisten gerne behaupten, als wäre es ihr Mantra. Damit meinen sie, dass der Existenz des Menschen kein Sinn innewohnt. Dies ist, ungeachtet ihrer Verdienste, die Tragik der modernen Kultur. Der französisch-litauische Schriftsteller Oskar Milosz (1877-1939) sagte: ›Wenn die Vorstellung eines Menschen vom physischen Universum nicht mit der Realität übereinstimmt, ist sein geistiges Leben schon im Ansatz verkrüppelt, mit verheerenden Folgen für alle anderen Aspekte seines Lebens.‹[3] Genau dies ist uns in einem globalen, kollektiven Ausmaß passiert. Mit dem Aufkommen und der Vorherrschaft des wissenschaftlichen Materialismus haben wir eine grob verzerrte Sicht der Wirklichkeit entwickelt. Du fragst vielleicht, warum. Die Antwort lautet, dass wir dadurch inzwischen die geistigen Ursprünge der physischen Welt leugnen. Deshalb rühren vielleicht unsere heutige Malaise und die vielen Probleme, vor denen wir stehen, von der Erderwärmung bis zum ›Krieg gegen den Terrorismus‹, zumindest zum Teil von dieser Verzerrung her. Ist es denn Zufall, dass die letzten hundert Jahre von blindwütiger Gewalt gekennzeichnet waren, dass sie mit über hundert Millionen Toten in Kriegen und Revolutionen weltweit die blutigste Epoche in der Weltgeschichte sind?«

»Wohin geht die Reise also deiner Meinung nach? Bist du Optimist oder Pessimist?«, fragte Mike in einen kurzen Moment stillen Nachdenkens hinein.

---

3 Zitiert in Seyyed Hossein Nasr, *Religion and the Order of Nature*, Oxford University Press 1995, S. 153; Wolfgang Smith, »The Plague of Scientistic Belief« in Mehrdad M. Zarandi (Hrsg.), *Science and the Myth of Progress*, World Wisdom 2003, S. 228-229.

»Letzten Endes bin ich immer Optimist. Ja, wenn wir im 19. Jahrhundert Gott und im 20. den Menschen getötet haben, habe ich die Hoffnung, dass das 21. Jahrhundert der Beginn der Auferstehung Gottes, der Resakralisierung der Schöpfung und dementsprechend auch der Rehumanisierung der Menschheit sein könnte. Ich sehe Anzeichen dafür, dass wir auf ein breiteres und klareres Wirklichkeitsverständnis zusteuern. Oder sagen wir einmal, wenn es nicht so kommt, dann haben unsere Enkel vielleicht keine Welt mehr, die sie von uns übernehmen könnten. So seltsam dies klingen mag und ungeachtet dessen, worüber wir gerade gesprochen haben, wage ich doch zu behaupten, dass dieser ganze historische Prozess eine Form spiritueller Entwicklung ist. Wenn wir es recht bedenken, haben wir dank der Moderne die Zeiten, als wir die Sklaverei noch als »normal« und Frauen als unterlegene Wesen oder »unvollständige Männer« betrachtet haben, weit hinter uns gelassen. Sogar Rassisten bestreiten heute, dass sie Rassisten sind. Ganz zu schweigen davon, dass die Vorstellung universeller Menschenrechte in früheren Jahrhunderten nicht zu unserem kollektiven Bewusstsein gehört hat. Es hat also Fortschritte gegeben, trotz allem.«

»Lass uns weiter darüber reden, aber zunächst sollten wir bezahlen«, schlug Mike vor. »Die nächsten Gäste stehen schon Schlange und warten auf den Tisch.«

Wir machten einen Spaziergang durch Bar Habor und genossen die leuchtenden Herbstfarben und das ungewöhnlich warme Wetter. Bis wir wieder beim Auto ankamen, war es bereits nach elf Uhr. Wir fuhren weiter zum nahegelegenen Nationalpark Acadia und steuerten auf das Eingangstor zu, von dem aus eine spektakuläre, gut vierzig Kilometer lange Küstenstraße am Meer entlangführt. Am Pförtnerhäuschen hielt ich an und griff zum Geldbeutel, um das Eintrittsgeld zu bezahlen, da kam Mike mir zuvor. »Für zehn Dollar können Senioren eine Karte kaufen, mit der sie lebenslang freien Eintritt in allen amerikanischen Nationalparks haben. Hier, ich habe eine«, sagte er und zog das Plastikkärtchen aus seinem Geldbeutel.

Bis zu jenem Oktobermorgen an der Einfahrt zu Acadia hatte ich mich noch nicht als »Senior« betrachtet. Nun musste ich an einen drei Jahre älteren Kollegen denken, dem zum ersten Mal klar wurde, dass er nun ein »Senior« war, als er in München in einen Bus einstieg und ein junger Deutscher aufstand und ihm seinen Sitzplatz anbot.

»Wie erklärst du dir deine persönliche Befreiung vom vorherrschenden materialistischen Weltbild? Was sind für dich die ausschlaggebenden Ereignisse in deinem Leben, die zu dieser Veränderung geführt haben?«, fragte Mike nach einem halbstündigen Spaziergang am Sand Beach, an dem wir beide in jüngeren Jahren Sandburgen für unsere Kinder gebaut hatten.

»Das war eigentlich ein schrittweiser Prozess. Begonnen hat er mit meiner wenig begeisterten Akzeptanz des modernen Weltbilds, das zu meiner Studienzeit vorherrschte. Bei meiner Überwindung des Materialismus haben viele Menschen eine Rolle gespielt. Aber drei fallen mir ein, die besonders wichtig waren, damit ich ein neues Weltbild formulieren konnte, das ich sowohl psychisch als auch spirituell befriedigender fand.«

Der Erste, so erzählte ich Mike weiter, war der russische Soziologe Pitrim A. Sorokin, der vor der bolschewistischen Revolution geflohen war und Anfang der 1930er Jahre die soziologische Fakultät in Harvard begründet hatte. Dann gab es eine Gruppe umstrittener alternativer Heiler, mit denen ich mich in den 80ern befasst habe. Und schließlich gab es Vater Maximos, den Mönch und Altvater vom Athos. Letzterer wurde mein geistlicher Mentor und seit Anfang der 90er auch die zentrale Figur in meinen Büchern und Schriften. Alle diese Menschen waren durch eine Reihe atemberaubender Zufälle in mein Leben getreten. Ich dachte daran zurück, welche Rolle sie bei meiner Befreiung von der vorherrschenden Ideologie des wissenschaftlichen Materialismus und Reduktionismus gespielt hatten.

Im Studium stolperte ich durch eine Hausarbeit über Sorokins Werk. Ich war fasziniert von seiner russischen Herkunft und seiner Rolle als Menschewik in der Revolution. Seine Geschichte las sich wie ein Roman von Tolstoi. Was mich aber am meisten faszinierte, war Sorokins Soziologie.[4] Ich erkannte, dass sie eine radikal andere

4 Pitrim A. Sorokin, *Social and Cultural Dynamics*, 4 Bände, American Book Co. 1937-1941, überarbeitete und gekürzte Ausgabe in einem Band, Porter Sargent 1957.

Sicht des Wesens der Wirklichkeit bot als das, was ich in den Werken anderer klassischer Begründer der Disziplin gefunden hatte. Seine Sicht der Welt war integrierend, holistisch und nicht reduktionistisch.

Sorokin war überzeugt, dass Menschen nicht nur aus Bewusstsein und Unbewusstem bestehen, wie Freud behauptet hatte, sondern außerdem aus einem »Überbewussten«. In diesem Überbewussten lag für Sorokin die wahre Quelle der Kreativität auf jeglichem Gebiet. Phänomene wie die mystischen Erfahrungen der großen Heiligen sowie übersinnliche Fähigkeiten wie Hellsichtigkeit, Telepathie und Präkognition lassen sich nicht auf das Un- oder Unterbewusste reduzieren, sondern sind das Produkt höherer Formen geistiger Energie. Von allen führenden Soziologen erkannte nur Sorokin die Realität höherer Bewusstseinsformen an und verwarf die »paranormalen« Erfahrungen nicht, von denen in tribalen und vormodernen, aber auch in modernen Gesellschaften berichtet wurde. Mir hat das die Augen geöffnet. Der materialistische Reduktionismus, der gemeinsame Nenner praktisch aller großen Denker des 19. und 20. Jahrhunderts, mit denen ich im Studium in Berührung kam, war mir schon immer zu eng gewesen. Ich war aber davon ausgegangen, dass mir gar nichts anderes übrigblieb, als das materialistische Weltbild zu akzeptieren, wie es die führenden Vertreter des modernen Denkens von der Soziologie bis zur Psychologie, von der Philosophie bis zur Physik, zum Ausdruck brachten. Die Welt der groben Materie, der fünf Sinne galt als die einzig existente. Wenn jemand ungewöhnliche Erlebnisse hatte, wurden diese als eine Form der Regression oder Wahnvorstellungen erklärt. Die Erfahrungen der großen Mystiker zum Beispiel reduzierte Freud auf das »ozeanische Gefühl«, das für Kleinkinder typisch ist. Sorokin argumentierte, solche Erfahrungen müssten als eigene, nicht auf niedrigere Bewusstseinsstufen reduzierbare Realität betrachtet werden. Die Erfahrungen großer Heiliger und Mystiker sind authentische Resultate einer höheren Wahrnehmungs- und Kognitionsebene, behauptete Sorokin, nicht einer infantilen Regression. In seinem Beharren darauf, dass es Welten jenseits des physikalischen Universums und des physischen Gehirns gibt, war Sorokin Pionier.

Aus diesen Welten kommen alle unsere tiefsten Formen von Kreativität und Erkenntnis.

Ein weiterer wichtiger Punkt in Sorokins Werk ist seine Behauptung, dass Wissen aus drei Quellen entspringt: Sinne, Verstand und Intuition. Unsere Sinne vermitteln uns »Sinneswissen«. Die empirischen Naturwissenschaften sind das Instrument, mit dem wir Wissen über das sichtbare, physische Universum erlangen können. Dies ist ihr Kompetenzbereich. Für Sorokin ist die experimentelle Wissenschaft die maßgebliche Methode, die der menschliche Geist erfunden hat, um Wissen über die physische Welt zu erlangen. Dazu taugen weder die Religion noch die Philosophie.

Die zweite Methode ist der Wissenserwerb durch den Geist. In diese Kategorie fallen Mathematik, philosophisches Denken und logisches Schlussfolgern. Die Realität dieser beiden Wissensquellen haben die führenden westlichen Denker anerkannt, nicht aber die der Intuition, der Domäne der großen Heiligen und Mystiker. Dies ist Sorokins umstrittenstes Argument und einer seiner wichtigsten Diskursbeiträge.[5] Er stellt sich gegen die vorherrschende Auffassung, wonach subjektive Intuitionen wissenschaftlich weniger verifizierbar sind als empirisch gewonnene Fakten. Leidenschaftlich setzte er sich für die Bildung einer *Integralistischen Wahrheit* ein, die alle drei Wissensformen würdigt und daher zu einem ganzheitlicheren Wirklichkeitsverständnis führt. Weiterhin erkannte Sorokin als Fachleute, die für die Realität höherer Kognitionsformen sprechen können, das heißt einer Kognition, die über die Grenzen der Sinne und des rationalen Verstandes hinausdringt, ausschließlich die großen Mystiker und Heiligen an.

Zu guter Letzt behauptete Sorokin auf der Grundlage einer umfassenden Untersuchung der westlichen Kultur, das historische Pendel schwinge in Richtung eines Neuauflebens des religiösen Glaubens und eines spirituellen Erwachens. Diese Vorhersage traf er inmitten des Blutbads des Zweiten Weltkriegs und damit zu einer Zeit, als alle Indikatoren nach übereinstimmender Auffassung dafür sprachen, dass

5 Jeffrey Mishlove, »Intuition: The Source of True Knowing«, *Noetic Science Review*, Frühjahr 1994, S. 31-36.

mit dem Fortschreiten der Moderne die Religion zwangsläufig aus der Welt verschwindet und die Säkularisierung, durch die Religion zunehmend an den Rand des gesellschaftlichen Lebens gedrängt wird, ein irreversibler Prozess ist.

Zu seinen Lebzeiten wurde Sorokin ignoriert, weil sein Denken und Werk nicht ins Schema des mechanistischen Lebensverständnisses des 19. und 20. Jahrhunderts passten. Doch für mich war sein Werk wie ein Floß, das mich aus der stürmischen See des historischen Materialismus rettete. Es half mir, den Agnostizismus zu überwinden, den ich mir als Student in den 1960ern zugelegt hatte, und gab mir grünes Licht, für mystische Erfahrungen als legitimes Studienobjekt empfänglich zu werden und dabei in meinen Augen doch waschechter Soziologe zu bleiben. Schließlich war Sorokin der Begründer der Soziologie in Harvard, einer der angesehensten Universitäten der Welt. Er war einer der erfolgreichsten Soziologen des 20. Jahrhunderts und wurde trotz seiner umstrittenen Ansichten 1968, kurz vor seinem Tod, zum Präsidenten der *American Sociological Association* gewählt. Hätte ich Sorokins Werk nicht entdeckt, hätte ich meine Studien über Mystiker nicht fortsetzen können. Ich hätte geglaubt, dass ich mich akademisch auf sehr dünnem Eis bewege.

»Und wie bist du von Sorokin auf die alternativen Heiler gekommen, von denen du gesprochen hast?«, fragte Mike während wir auf dem Rückweg die lange Brücke über den Fluss Penobscot überquerten. Inzwischen war es Abend geworden, und die Lichter der Zwillingsstädte Bangor und Brewer spiegelten sich in dem Wasser, das sie voneinander trennte. Die Kirchtürme der katholischen und evangelischen Kirchen auf den umgebenden Hügeln schufen eine neuenglandtypische malerische nächtliche Szenerie.

Meine Begegnung mit den alternativen Heilern war die empirische Bestätigung für Sorokins Denken. Seine Ideen wären lediglich interessante Theorien geblieben, wäre ich nicht jenen außergewöhnlichen Menschen begegnet, die mir schließlich, schicksalhaft, den Weg zur Entdeckung des Athos und Vater Maximos' ebnen sollten.

Wiederum aufgrund einer Reihe verschiedener Zufälle lernte ich zu Beginn meines ersten Sabbat-Semesters, in dem ich eigentlich zum internationalen Terrorismus recherchieren und ein Buch darüber schreiben wollte, auf Zypern diese Heiler kennen. Auf der Insel waren sie höchst umstritten. Skeptiker hielten sie für Scharlatane, die die Leichtgläubigen und Naiven an der Nase herumführten. Die streng Religiösen glaubten, sie seien von teuflischen Mächten besessen. Als ich sie kennenlernte, erkannte ich, dass sie über ungewöhnliche geistige Gaben verfügten. Sorokin hatte mich für die Möglichkeit intuitiven Wissens sensibilisiert. Deshalb war ich bereit, sie trotz ihres Rufs als Studienobjekt ernst zu nehmen, statt sie zu ignorieren oder als Betrüger abzulehnen.

Das Terrorismus-Projekt gab ich auf, denn diese Menschen wurden für mich sehr viel interessanter als Terroristen. Entgegen des nüchternen Rats von Freunden und Verwandten stürzte ich mich auf die Erforschung der Welt dieser ungewöhnlichen Gruppe. Ich wurde zum neutralen Beobachter, der anthropologische Feldforschung betreibt.

Diese alternativen Heiler faszinierten mich wegen ihrer »paranormalen« Fähigkeiten, auf die ich mir damals keinen vernünftigen Reim machen konnte.[6] Zum Beispiel konnte einer aus der Ferne Dinge sehen, als ob sein Geist sich wie Radio- oder Fernsehwellen durch die Luft fortbewegen könne. Ich erinnere mich, wie er unser Haus in Maine, das er ja unmöglich kennen konnte, in allen Einzelheiten beschrieb.

Solche Fähigkeiten standen im Widerspruch zur konventionellen wissenschaftlichen, materialistischen Lehre. Natürlich konnte ich nicht beweisen, dass das, was ich da beobachtete, objektiv reale Phänomene waren. Ich habe keine wiederholbaren Experimente durchgeführt. Ich habe nicht, um im wissenschaftlichen Fachjargon zu bleiben, die unabhängigen Variablen überprüft. Doch für mich war das Beobachtete eine echte, ontologisch reale Erfahrung. Ich habe allerdings andere Anthropologen kontaktiert, etwa Professor Michael Harner von der *New School for Social Research*, der in anderen

6 Kyriacos C. Markides, *Riding with the Lion: In Search of Mystical Christianity*, Viking Press 1995; deutsch: *Auf dem Löwen reiten: eine Suche nach dem mystischen Christentum*, aus dem Amerikanischen von Malte Heim, Droemer Knaur 1995.

Kulturen ähnliche Phänomene beobachtet und beschrieben hatte. Ich suchte ihren Rat, um sicherzugehen, dass ich mir nichts vormachte.

Nach der Veröffentlichung meiner Forschungen über diese ungewöhnlichen Menschen erhielt ich Briefe, E-Mails und Anrufe von Menschen aus aller Welt, die behaupteten, meine Arbeit liefere ihnen eine intellektuelle Landkarte ihrer inneren Welt. Ich fand dies im höchsten Maße faszinierend. Zu mir kamen Menschen, die ein ganz normales Leben führten, die verantwortungsvolle Positionen in der Gesellschaft bekleideten, und dennoch über gehaltvolle innere Erfahrungen verfügten, über die sie nicht öffentlich zu sprechen wagten. Sie befürchteten, als geistesgestört stigmatisiert, als Scharlatane verleumdet oder als von Dämonen besessen gebrandmarkt zu werden. Es waren Menschen, die in zwei Welten zugleich lebten, in der Welt des normalen Bewusstseins und in der Welt ihrer inneren Erfahrungen. Ich kam zu dem Schluss, dass es eine »Para-Kultur« gibt, die die Schulwissenschaft ignoriert oder wegen ihrer materialistischen Scheuklappen gar nicht erst erkennt.

Für mich ist vollkommen klar, dass ich den Athos ohne diese Erfahrungen mit Sorokin und den alternativen Heilern nicht ernst genommen hätte. Ich wäre nicht dorthin gereist, und ich hätte daher auch Vater Maximos nicht kennengelernt.[7] Deshalb bin ich dankbar für alles, was mir widerfahren ist und mir den Weg für die Reise zum heiligen Berg freigemacht hat. Wäre ich in den 1980ern nicht zufällig diesen alternativen Heilern begegnet, würde ich heute immer noch über internationalen Terrorismus forschen, da bin ich mir sicher.

Mike verstand, was ich meinte. Seit mein zypriotischer Freund Antonis mich bedrängt hatte, ihn bei einem Besuch auf dem Athos zu begleiten, um dort, wie er behauptete, heiligmäßige Männer und echte Heilige kennenzulernen, hatte er meine Abenteuer genau verfolgt. Widerstrebend hatte ich seine Einladung angenommen, und schließ-

7 Kyriacos C. Markides, *The Mountain of Silence: A Search for Orthodox Spirituality,* Doubleday 2001, deutsch: *Der Berg des Schweigens,* aus dem Englischen von Astrid Ogbeiwi, Aquamarin 2015; *Gifts of the Desert. The Forgotten Path of Christian Spirituality,* Doubleday 2005, deutsch: *Der Fluss des Lebens: Das Geschenk der Wüste,* aus dem Englischen von Astrid Ogbeiwi, Aquamarin 2020.

lich begleitete ich ihn im Frühjahr 1991 auf eine Reise zu der knapp fünfzig Kilometer langen und sechzehn Kilometer breiten Halbinsel in Nordgriechenland, die seit dem 9. Jahrhundert christlichen Eremiten und Mönchen vorbehalten ist. Damals war ich voller Vorurteile gegen »organisierte« Religion. Ich glaubte, unter Mönchen fände man nur Fanatismus, Aberglauben und Engstirnigkeit. Meine gesamte höhere Bildung hatte ich in Amerika erhalten. Dort ist das Mönchswesen verpönt, unter anderem weil die Inquisition in den Köpfen immer noch sehr präsent ist, ein schreckliches historisches Verbrechen, an dem aber der östliche Teil der Christenheit nicht den geringsten Anteil hatte.

Erst Vater Maximos hat meine Haltung gegenüber der Kirche verändert. Mit ihm als meinem Mentor, geistlichen Führer und wichtigen Informanten für meine Forschungen habe ich entdeckt, dass es eine mystische Linie gibt, die bis zur frühchristlichen Kirche zurückreicht und sich in einigen Klöstern des Ostchristentums erhalten hat. Ich habe erkannt, dass das, was viele westliche Intellektuelle in indischen Ashrams und tibetischen Lamaklöstern suchen – nämlich einen auf Erfahrung beruhenden Weg zum Göttlichen – im innersten Kern des Christentums seit jeher vorhanden ist. Außerdem habe ich entdeckt, dass Phänomene, die meiner Überzeugung nach ausschließlich aus schamanischen Kulturen und östlichen Religionen wie Hinduismus, Taoismus und Buddhismus überliefert sind, von Anfang an auch integraler Bestandteil des Christentums waren. Ich habe erfahren, dass wundersame Phänomene untrennbar zum Leben der großen Altväter und Eremiten auf dem Athos dazugehörten. Durch Vater Maximos habe ich das Leben außergewöhnlicher Weiser wie Altvater Sophronius, Siluan von Athos und der Altväter Paisios und Porphyrios kennengelernt.[8] Die Augenzeugenberichte von den Wundertaten dieser

8 Sophrony (Sakharov), *The Monk of Mount Athos: Staretz Silouan, 1866-1938*, aus dem Russischen ins Englische übersetzt von Rosemary Edmonds, St. Vladimir's Seminary Press 1975. Auf Deutsch erschienen als *Starez Siluan, Mönch vom heiligen Berg Athos: Leben, Lehre, Schriften*. Dargestellt und herausgegeben von Archimandrit Sophronius. Bearbeitet und übersetzt von Josephine Kolander, Patmos 1959. Markides, *Mountain of Silence*, S. 78-93; deutsch: *Der Berg des Schweigens*, S. 125-154. Gerontos Porphyriou Kavso-

Altväter haben alles, was ich von anderen Kulturen gehört hatte oder wusste oder durch meine Verbindung zu den zypriotischen alternativen Heilern miterlebt hatte, bei Weitem in den Schatten gestellt. Ich war verblüfft, dass große christliche Altväter und Heilige in dem Ruf standen, über außergewöhnliche Gaben wie Hellsichtigkeit, prophetische Schau, Heilfähigkeiten, Levitation, Teleportation und Ähnliches zu verfügen, die doch angeblich ausschließlich zu östlichen Religionen und zum tribalen Schamanismus gehören.

Die Art, wie solche »Kräfte« bei christlichen Heiligen und Altvätern auftreten, kam mir eher entgegen. In jedem Fall, den ich untersucht oder erlebt habe, haben die Altväter bestritten, über solche Kräfte zu verfügen.

Als ich 1991 Altvater Paisios kennenlernte, weigerte er sich strikt zuzugeben, dass er über die Gabe der Heilung verfügte. Doch die Leute waren von seinen außergewöhnlichen Kräften zutiefst überzeugt und reisten über Hunderte oder Tausende Kilometer an, um bei ihm Hilfe zu suchen. Bald erfuhr ich, dass die Altväter in der östlich-orthodoxen Tradition nicht von »Kräften«, sondern von »Geistesgaben« sprechen, welche die Menschenseele erhält, wenn sie von egoistischen Leidenschaften geläutert wurde. Wer über solche Fähigkeiten verfügt, darf sie daher niemals als seinen Besitz betrachten und sie erst recht nicht einsetzen, um seinen Ruhm zu befördern oder persönliche Interessen zu verfolgen. Verfügt man ohne vorherige innere Läuterung über solche Fähigkeiten, kann dies sowohl für einen selbst als auch für andere katastrophale Folgen haben. Deshalb ist die Verbindung von übersinnlichen Fähigkeiten und Narzissmus kein Segen und keine Manifestation des Heiligen Geistes, sondern ein Fluch, ein »satanischer« Zustand, der den heiligen Altvätern zufolge um jeden Preis zu vermeiden ist. Wer ohne Demut und tiefe *Metanoia,* also eine radikale Umkehr von Denken, Empfinden und Handeln, über solche »Kräfte« verfügt, kann – bewusst oder unbewusst – sehr leicht in Schwarze Magie verfallen. Dies war eine wichtige Lektion, die ich aus meiner Begegnung mit der geistlichen Tradition des Athos mitgenommen habe.

---

kalyvetou, *Vios kai Logoi* [Leben und Worte], Holy Monastery of Chrysopege 2003.

»Ungeachtet dessen, woher außergewöhnliche Fähigkeiten und Kräfte in geistlicher Hinsicht kommen«, bemerkte Mike, während wir nach Orono hineinfuhren, »kann es gewaltige Auswirkungen für unser Verständnis des Wesens der Welt und unseres eigenen Wesens haben, wenn öffentlich anerkannt wird, dass sie real sind.«

Dieser Meinung war ich auch. Zur Überwindung des Materialismus können sogar negative spirituelle Realitäten positiv wirken. Immerhin bieten sie Anhaltspunkte für Realitäten, die über diese Welt hinausweisen, und wenn die Hüter unserer Hochkultur die Tatsache akzeptieren, dass es – positive wie negative – spirituelle Realitäten gibt, werden wir unweigerlich eine echte Bewusstseinsrevolution erleben. Im Moment stehen wir immer noch im Bann der Moderne mit ihrem »Flachland«-Verständnis der Realität, das alles auf die physische Ebene reduziert.

Es war bereits 21 Uhr, als wir bei Mike zu Hause ankamen. »Worüber wir heute gesprochen haben, kommt dir für deine bevorstehenden Gespräche am runden Tisch bestimmt gelegen«, vermutete er, als ich ihn vor seiner Tür absetzte.

»Höchstwahrscheinlich«, erwiderte ich und fuhr weiter zu unserem Haus, das nur zweieinhalb Kilometer weiter auf derselben Seite des Stillwater River lag.

Vor ein paar Wochen war ich vom Dekan unseres Colleges gebeten worden, mich an einem Programm mit dem Titel »Große Gespräche« zu beteiligen. Mit dieser Initiative wollte man der Allgemeinheit die Geisteswissenschaften nahebringen. Dazu sollten verschiedene Fakultätsmitglieder an einem Samstagnachmittag am runden Tisch über Themen sprechen, die für eine breite Öffentlichkeit interessant sein könnten. Mein Thema war: »Der vergessene Weg christlicher Spiritualität: Meine Forschungen bei Heilern, Mönchen, Mystikern und Eremiten des Ostchristentums«. Für das Programmheft wurde ich um eine kurze einleitende Zusammenfassung meines Vortrags gebeten. Meine Kollegen würden zur selben Zeit zehn weitere solche »Gespräche« zu den unterschiedlichsten Themen anbieten.

Am nächsten Morgen brachte ich rasch ein paar Fragen zu Papier, die ich mit den Teilnehmerinnen und Teilnehmern an meinem runden Tisch erörtern wollte: »Gibt es eine christliche Spiritualität, die mystisch, erfahrungsbasiert und auf die grundlegende, existenzielle Heilung des Selbst ausgerichtet ist? Welches sind die Grundzüge dieser geistlichen Überlieferung? Welche Relevanz besitzt sie für das heutige Leben? Warum hat der christliche Westen diese kulturelle und spirituelle Tradition ignoriert?«

Diese und viele weitere Fragen wollte ich im Kontext meiner langjährigen Beziehung zu Vater Maximos besprechen. Nach diesen Gesprächen erfuhr ich jedoch zu meiner freudigen Überraschung, dass Vater Maximos erstmals nach Amerika kommen würde. Nach wiederholten Telefonaten, E-Mails und Faxnachrichten hatte er endlich, wenn auch widerwillig, eine Einladung als Hauptredner bei einer Konferenz über Religion und Heilung angenommen, die im Frühjahr im griechisch-orthodoxen Seminar vom Heiligen Kreuz in Boston stattfinden sollte. Meine Frau Emily und ich freuten uns schon sehr auf das erneute Zusammentreffen mit ihm.

2

Athos in Amerika

Emily und ich fuhren auf der Interstate 95 in südlicher Richtung nach Boston. Die Luft war erfrischend kühl, und über der bewaldeten Erde ging die Sonne auf. Der Schnee, der das Land noch bis Mitte März mit einer dichten Decke überzogen hatte, war weggeschmolzen. Dank einer kurzen Wärmeperiode zeigten die Bäume in der ersten Aprilwoche zarte Anzeichen für das Erwachen der Natur. Zu so früher Stunde durch eine Landschaft mit zahlreichen Seen, Flüssen und Wäldern zu fahren, war beflügelnd und beglückend. Ich werde nie müde, meine Studentinnen und Studenten daran zu erinnern, wie beneidenswert einzigartig ihre relativ unberührte Umgebung ist und auch, welche Verantwortung sie für ihren Erhalt tragen. Mit einer stabilen Einwohnerzahl von 1,3 Millionen, die sich auf eine größere Fläche verteilen als in allen anderen New-England-Staaten zusammen, ist Maine ein wahrer Magnet für Umweltschützer, Jäger und Vogelbeobachter und kann sich im amerikanischen Nordosten ausgedehnter Landstriche unberührter Natur rühmen.

An jenem Morgen waren wir bester Laune, denn unsere Vorbereitungen galten einer Begegnung mit Vater Maximos. Mit ihm und den Organisatoren der Konferenz sollten wir uns in einem griechischen Restaurant in Cambridge zum Abendessen treffen. Wir hatten ihn seit letztem Jahr nicht mehr gesehen und freuten uns darauf, unter anderem auch zu erfahren, welchen Eindruck er von Amerika hatte. Da seine Englischkenntnisse minimal waren, hatte ich mich bereiterklärt, sein Dolmetscher zu sein. So etwas hatte ich bisher noch nie gemacht. Meine Aufregung hielt sich jedoch in Grenzen, weil ich wusste, dass Emily, eine polyglotte und erfahrene Übersetzerin, nicht nur zu meiner moralischen Unterstützung da war, sondern mir auch tatkräftig beispringen würde.

Nicht nur die Konferenz an sich hatte Vater Maximos trotz seines immensen heimischen Arbeitspensums zu einem Besuch in Amerika verleitet, sondern auch die Gelegenheit, das neu eröffnete Kloster St. Anthony südöstlich von Phoenix zu besuchen. Vor allem jedoch war es sein Wunsch gewesen, einen seiner hochverehrten Altväter wiederzusehen, Altvater Ephraim, der den Athos 1996 mit der Mission verlassen hatte, in ganz Nordamerika griechisch-orthodoxe Klöster für Männer und Frauen zu gründen. In nur zehn Jahren hatte der bereits über siebzigjährige Altvater mit finanzieller Unterstützung amerikanischer Mäzene zwischen Montreal und Arizona, zwischen New York und Florida zwanzig Klöster eingerichtet. Dies war eine außergewöhnliche Meisterleistung, die seine frommen Anhänger für nicht weniger als ein Wunder hielten. Interessant ist, dass die Anzahl der Klöster, die der Altvater in Amerika gegründet hatte, genau der auf dem Athos entsprach. Das wichtigste und größte Kloster war St. Anthony in der Wüste von Arizona, ein Allerheiligstes, das Emily und ich vor einigen Jahren besucht hatten.[9]

Vater Maximos hatte seinen Flug so gebucht, dass er zunächst Arizona besuchen konnte, wo er eine Woche in Gesellschaft seines geliebten Altvaters verbrachte. Wenigstens für kurze Zeit wollte Vater Maximos, der vor seiner Rückkehr in sein Heimatland Zypern viele Jahre auf dem Athos gelebt hatte, noch einmal das Leben eines Athos-Mönchs führen. Außerdem gewann er durch diesen Besuch einige Tage, um sich von seinem beträchtlichen Jetlag zu erholen.

In Cambridge wartete das Organisationskomitee der Konferenz in einem Nebenzimmer des Restaurants auf Vater Maximos' Ankunft nach seiner Landung auf dem Flughafen Logan. Außer Emily und mir hatte ihn noch niemand kennengelernt, und keiner wusste, wie er aussah. Deshalb wurden wir gebeten, ihn an der Eingangstür in Empfang zu nehmen.

»Amerika kann sich glücklich schätzen, dass Sie seinen Boden be-

9 Markides, *Gifts of the Desert*, S. 17-38; deutsch: *Der Fluss des Lebens: Das Geschenk der Wüste*, S. 32-58.

treten, Vater Maxime«, proklamierte ich in scherzhaftem Ton und mit ausgebreiteten Armen, als er aus dem Taxi stieg. »Ich bin es, der sich glücklich schätzen muss, dass er hier sein darf, Kyriaco«, erwiderte Vater Maximos im gleichen Ton. Als ich ihm später noch einmal allen Ernstes sagte, dass seine Anwesenheit in Amerika für viele ein Segen sei, antwortete er, der größte Segen sei sie für ihn selbst. »Ich habe«, so gestand er uns später, »einige meiner Vorurteile und falschen Vorstellungen von diesem Land ablegen können.«

Dies freute mich sehr zu hören. In Übersee war das Ansehen Amerikas durch den Irak-Krieg und die unbeliebte Politik der Regierung Bush stark angeschlagen. Vater Maximos sagte mir, er habe ein ganz anderes Amerika gesehen als erwartet. Unter anderem überraschte es ihn, dass die Amerikaner so höflich und gastfreundlich seien und so fromm.

»Hatten Sie einen guten Flug?«, fragte Emily.

»Die zwölf Stunden Flug von London nach Phoenix waren unübertrieben meine beste Zeit seit Langem«, berichtete Vater Maximos.

»Wirklich?«, fragte Emily überrascht, wusste sie doch aus Erfahrung, wie anstrengend eine derart lange Reise sein konnte.

»Keiner hat mich angesprochen«, scherzte Vater Maximos. »Neben mir saß ein kleiner Junge, der die meiste Zeit geschlafen hat. Niemand hat auf mich geachtet, und keiner hat mir irgendwelche Fragen gestellt. Dies habe ich so sehr genossen, dass ich auf keinen Fall einschlafen wollte, damit ich nicht einen einzigen Augenblick von der Freude verpasse, über so viele Stunden so hoch am Himmel ganz allein und ganz in der Stille zu sein.«

Wir wussten beide, wie selten Vater Maximos einmal Zeit für sich selbst hatte. Seit er Anfang der 1990er Jahre mit der Mission, das Klosterwesen auf der Insel neu zu beleben, wieder nach Zypern gekommen war, war seine Popularität sprunghaft gestiegen, sodass er nur noch wenig Zeit hatte, wie ein Mönch in der Stille zu leben. Dass er schließlich zum Bischof gewählt wurde, vergrößerte das Problem noch. Daher war es kein Wunder, dass ihm die Stille während des Flugs von London nach Arizona so kostbar gewesen war. »Ich konnte es gar nicht fassen, wie riesig dieses Flugzeug ist!«, staunte Vater Maximos kopfschüttelnd auf unserem Weg zu seinen Gastgebern. Es war sein erster Transatlantikflug in einem Jumbo-Jet gewesen.

In dem informellen Rahmen dieses Abendessens übte ich das Dolmetschen, um mich für den nächsten Tag ein wenig besser vorbereitet zu fühlen. Nach dem Essen unternahmen wir einen Spaziergang zum Harvard Square und gingen über die gepflegten Wege des Harvard Yard, wo Vater Maximos einen ersten Einblick in ein Nervenzentrum moderner westlicher rationaler Kultur erhielt.

Auch als Bart tragender Geistlicher in schwarzer Robe zog er keinerlei Aufmerksamkeit auf sich. Dies war einer der Vorteile seines Aufenthalts in einer weltoffenen urbanen Region; denn wie der deutsche Soziologe Georg Simmel Anfang des 20. Jahrhunderts behauptete, legen sich Großstadtbewohner in dem Versuch, sich von den auf sie einstürzenden städtischen Reizen abzugrenzen, eine gleichgültige Haltung gegenüber ihrer Umgebung zu. Merkwürdig aussehende Gestalten sind keine Kuriositäten wie etwa in der Kleinstadt oder auf dem Dorf. »Ich bin sehr gerne in Athen«, hat mir Vater Maximos einmal verraten, »weil ich dort durch die Straßen flanieren, in Buchhandlungen stöbern und in Restaurants einen Happen essen kann, ohne dass jemand auf mich achtet.« In Zypern jedoch kann er keine paar Meter auf der Straße gehen, ohne dass Taxifahrer anhalten und ihn mitnehmen wollen, ohne dass Menschen ihm nachlaufen und um seinen Segen bitten oder ihm die Hand küssen möchten. Ganz im Gegensatz zu seinen Jahren auf dem Heiligen Berg, wo er ein unbekannter Mönch gewesen war, hatte er infolgedessen aus Bewegungsmangel ein paar überflüssige Pfunde angesetzt. Kein Wunder, genoss er seinen Aufenthalt in der Neuen Welt.

Vater Maximos war der erste Redner bei der Konferenz. Er begann seinen Vortrag mit einer leichten Verbeugung, einem Lächeln und einem fröhlichen »Good Morning«. Dies waren auch schon die einzigen englischen Worte, die er von sich gab. Dann wandte er sich kurz zu mir um und signalisierte mir, dass er nun mit seiner Ansprache beginnen würde. Wie kaum anders zu erwarten, hatte er kein schriftliches Redemanuskript. Soweit ich weiß, hat Vater Maximos seit seinem Abschied vom Athos vor zwölf Jahren nie eine Rede nach einem schriftlichen Konzept gehalten, obwohl er über tausend Vorträge gehalten hat, die auf Band aufgezeichnet wurden und nun weltweit unter Griechisch sprechenden Anhängern zirkulieren. Irgendwie wirkte der Heilige Geist freier durch ihn, wenn er bei seinem Vortrag spontan blieb. Dies gab ihm Gelegenheit, seine Vorträge mit persönlichen Anekdoten, humorvollen Bemerkungen und aufmerksamkeitserregenden Einschüben auszuschmücken und war ein weiteres Kennzeichen von Vater Maximos' Charisma.

Das Mikrofon mit der Hand abdeckend, flüsterte ich ihm zu, er möge bitte langsam sprechen, damit ich das, was er sagte, exakt übersetzen könne. Ich befürchtete, mein Kopf wäre nicht schnell genug, um alle Nuancen und Details seiner Sätze zu erfassen. Auch ich verließ mich stark auf den Heiligen Geist, dass die Worte des Altvaters nicht verzerrt wiedergegeben werden würden. Glücklicherweise konzentrierte er sich auf ein Thema, über das wir schon oft gesprochen hatten. Daher war ich mir sicher, dass ich gegenüber einem professionellen Dolmetscher ohne Kenntnis des orthodoxen Christentums und seiner Heilweisen im Vorteil war.

Nach einer Entschuldigung für seine fehlenden Englischkenntnisse begann Vater Maximos seinen Vortrag. »Zuallererst«, sagte er vor einem zweihundertköpfigen Publikum, darunter etliche Priesteranwärter und künftige Pfarrer, »möchte ich euch die Grüße und den Segen der Orthodoxen Kirche Zyperns, der Apostolischen Kirche Zyperns, überbringen.«

Ich vermutete, dass nur wenige wussten, was die »Apostolische Kirche Zyperns« bedeutete. Deshalb nahm ich mir die Freiheit, Vater Maximos zu signalisieren, er möge ein paar Sekunden warten, damit ich dies kurz erklären könne. Ich sagte, die Kirche werde so genannt, weil das Christentum mit dem Apostel Paulus ins nur knapp dreihundert Kilometer westlich des Heiligen Landes gelegene Zypern gekommen war, der dort die Heiden das Christentum lehrte. In Begleitung seines Freundes Barnabas bekehrte er die Zyprioten zu der neuen Religion und legte damit die Grundlage für eine der ersten Kirchen der Christenheit.

Vater Maximos fuhr fort, er werde über die *Ekklesia* oder Kirche sprechen, wozu auch die Praktiken, Homilien und Lehren der heiligen christlichen Altväter aus allen Zeiten gehörten, nicht bloß die formelle Organisation. Weiter führte er einige bekannte Grundannahmen des christlichen Glaubens auf: Dass die Bibel besagt, Gott habe die Menschen nach Seinem Bilde geschaffen, sowie dass der Mensch ein Ebenbild und ein Spiegel Gottes in Seiner wahren Natur, Seinem wahren Wesen sei. Wahre Gesundheit ist für den Menschen daher sein Zustand vor dem sogenannten Sündenfall, dem *Fall*. Daraus folgt, dass wir, wenn wir den natürlichen, gesunden Zustand des Menschen verstehen wollen, zunächst über die Natur Gottes kontemplieren müssen.

Vater Maximos sprach langsam, um mir Zeit zum Übersetzen zu geben. Ich kam mir vor wie jemand, der Fahrrad- oder Autofahren lernt. Doch entgegen meiner Befürchtungen geriet die Übersetzung offenbar flüssig. Anschließend fasste er die Kernthemen östlich-orthodoxer Spiritualität zusammen: Dass Gott Liebe ist und daher auch die Menschen, die ja nach dem Bilde Gottes geschaffen sind, in ihrer tiefsten Tiefe Liebe sind. Wahrhaft gesund zu sein, bedeutet daher, im Einklang mit unserem innersten Wesen zu denken, zu fühlen und zu handeln. Der Fall hat unseren ursprünglichen gesunden Zustand zunichtegemacht, und die göttlichen Gaben, mit denen wir ursprünglich einmal ausgestattet waren, sind zu destruktiven Leidenschaften verkommen. Egoismus, nicht Liebe, wurde zur wichtigsten Triebfeder des Menschen.

Weiter erklärte Vater Maximos, die historische Gegenwart Christi, die Menschwerdung des Göttlichen Archetypen, sei dazu da gewesen, uns von unserer Entfremdung von Gott zu heilen. Sie war ein »therapeutisches Ereignis«. Vater Maximos und der orthodoxen Tradition, die er vertritt, zufolge, ist die Kirche als ein spirituelles Krankenhaus zu betrachten. Ihre wahre Aufgabe ist es, den Menschen zur Überwindung ihrer existenziellen spirituellen Krankheit zu verhelfen. Anschließend ging Vater Maximos ausführlicher auf die Bedeutung der *Askesis* oder spirituellen Übungen ein, etwa Fasten, systematisches und unaufhörliches Gebet, das Studium der Schriften und des Lebens der Heiligen, Wohltätigkeit, nächtliche Gebetswachen, Beichte und Kommunion. Bei alledem handelt es sich um die Methodik, die die *Ekklesia* zur Wiederherstellung von Ganzheit und spiritueller Gesundheit der Menschen anwendet. Er beschrieb sozusagen den Dreifachen Weg der östlichen Orthodoxie, ein Thema, über das ich mich bei früheren Begegnungen und Gesprächen eingehend mit Vater Maximos ausgetauscht hatte.[10]

Orthodoxe Altväter sprechen von drei verschiedenen Stadien, die jeder Mensch auf seinem Weg zum erneuten Einswerden mit Gott durchlaufen muss: *Katharsis* oder die Läuterung von egoistischen Leidenschaften, *Fotisis* oder die Aufklärung und Erleuchtung der Seele, die auf die *Katharsis* folgt, und *Theosis* oder das Einswerden mit Gott, die endgültige Bestimmung und Heilung der menschlichen Seele. In all den Jahren meiner Auseinandersetzung mit dieser Tradition habe ich diese drei Stadien insofern als archetypisch verstanden, als die Altväter sie als zum Aufbau der menschlichen Seele gehörig und als ihre endgültige Bestimmung betrachten. Dies bedeutet, ungeachtet der eigenen Religion oder persönlicher religiöser Überzeugungen beinhaltet Erlösung, dass diese drei Stadien durchlaufen werden. Einfach formuliert, man kann Gott nicht erreichen oder erkennen, ohne zuvor sein Herz von niederen Leidenschaften zu läutern.

»Der Nachweis für das Evangelium und sein von der Kirche behauptetes therapeutisches Versprechen«, fuhr Vater Maximos fort, »ist die Anwesenheit eben jener Menschen unter uns, die geheilt worden sind, nämlich der Heiligen. Wir sprechen hier nicht von irgendwelchen außerirdischen Wesen, sondern von Menschen wie dir und mir, die die therapeutischen Methoden der *Ekklesia* angewandt und daraufhin bei sich selbst beobachtet und der Welt bewiesen haben, dass ihre Pädagogik zur Heilung und Erlösung der Menschen führt. Seit zweitausend Jahren bezeugen die Heiligen, dass die Gnade Gottes den Menschen in seinem innersten Wesenskern heilt.

Wenn wir von der Erlösung eines Menschen in dieser Welt sprechen, dann reden wir nicht von jemandem, der oder die den ganzen Tag für sich allein im stillen Kämmerlein betet und liest, sondern von

10 Siehe Markides, *Mountain of Silence*, S. 212-224; deutsch: Der Berg des Schweigens, S. 331-350.

einem Menschen, der vielleicht ein ganz normales Leben führt. Der vervollkommnete Mensch in Christus zeigt bestimmte Charakteristika, welche die Gegenwart Gottes erkennbar machen. Christi Wort folgend, dass wir sie an ihren Früchten erkennen werden, zählt Paulus uns die Früchte des Heiligen Geistes auf: Liebe, Freude, Frieden, Geduld, Freundlichkeit, Güte, Treue, Sanftmut und Selbstbeherrschung.«

Vater Maximos beschloss seinen Vortrag mit den Worten, wenn wir diese Eigenschaften in unserem Denken, Empfinden und Handeln zeigten, dann sei dies ein Anzeichen dafür, dass der Heilige Geist in unserem Leben zugegen ist. Dies, so schloss er, ist nach dem Evangelium die wahre Heilung des Menschen und das wahre Ziel der Heilpädagogik der *Ekklesia*.

Am Nachmittag traf sich Vater Maximos mit etwa zwanzig Teilnehmern, überwiegend Seminaristen und Theologiestudentinnen und -studenten, die um eine Privataudienz bei ihm ersucht hatten. Es waren Amerikaner griechischer Abstammung der zweiten und dritten Generation. Da alle über brauchbare Griechisch-Kenntnisse verfügten, kam man überein, dass ein Übersetzer nicht nötig wäre. So hatte ich Gelegenheit zu beobachten und mir Notizen zu machen. Emily erklärte sich bereit, neben Vater Maximos zu sitzen und nötigenfalls zu übersetzen.

Vater Maximos strich sich über den Bart, lächelte breit, schaute in die Runde und lud sein kleines Publikum ein, alle Themen oder Fragen anzusprechen, die ihnen durch den Kopf gingen. Wenige Augenblicke später griff ein junger Seminarist zum Mikrofon und meldete sich in einem Griechisch mit amerikanischem Akzent zu Wort. Er war eindeutig in Amerika geboren und aufgewachsen.

»Letztes Jahr hatten wir im Seminar eine Debatte über die Rolle des Altvaters. Wir fragten uns, ob jeder von uns einen geistlichen Führer haben muss und ob man den Anweisungen eines solchen Altvaters bedingungslos Folge leisten soll. Es ist für uns ein echtes Problem, wenn Freunde solche Fragen stellen und wir keine befriedigende Antwort haben. Gehorsam ist für moderne Menschen ein kontroverses Thema. Ich frage mich, ob Sie diesen Punkt vielleicht für uns klären können.«

»Versteht Ihr die Frage, die Michael gestellt hat?«, fragte Vater Maximos. Offensichtlich war er diesem Seminaristen bereits beim Mittagessen begegnet und kannte ihn mit Namen. Michaels Frage brachte den Zusammenprall zweier scheinbar unvereinbarer Werte auf den Punkt: Einer modernen, pluralistischen amerikanischen Kultur, die Individualismus und Selbstständigkeit als höchste Werte fördert (teils eine Folge der protestantischen Arbeitsethik) und das athonitische Gebot des Gehorsams gegenüber einem Altvater als Mittel zur Erlangung der Vergöttlichung in Christus. Gehorsam bedeutet in diesem Fall das völlige Aufgeben eigener Wünsche, Meinungen und Sehnsüchte.

Vater Maximos lehnte sich zurück. »Wir brauchen Urteilsvermögen«, begann er, »um den Unterschied zwischen Gehorsam im Kontext des Mönchtums und Gehorsam im Kontext eines normalen Lebens in der Welt zu verstehen. Im Mönchtum besteht eine absolute Beziehung zwischen dem Altvater und seinem Schüler. Wir betrachten sie als Mysterium, als heiliges Band, das auf dem Gelöbnis des Mönchs beruht, Gott durch die Führung eines Altvaters ›bis zum Tod‹ unbedingt zu gehorchen. Es ist sehr wichtig, dass dies verstanden wird«, betonte Vater Maximos. »Wir gehorchen dem Altvater nicht um des Altvaters willen. Diese Beziehung ist kein Selbstzweck. Ziel ist vielmehr, durch Gnade die ewige Einheit mit Christus zu erlangen.

Diese Form mönchischen Gehorsams hat in einem normalen Leben in der Welt selbstverständlich nichts verloren. Im Gegensatz zu Mönchen, die völlig frei sind von gesellschaftlichen Verpflichtungen, unterliegen normale Menschen einer Vielzahl von Pflichten und Verpflichtungen: Gegenüber ihrer Familie, ihrem Ehemann, ihrer Ehefrau, ihren Kindern, ihrem Arbeitgeber und so weiter.

Ein geistlicher Vater, der normalen Menschen dient, muss ein feines Gespür haben, wenn er als seelsorgerlicher Arzt tätig sein will. Er muss wissen, bis zu welchem Punkt er Gehorsam erwarten sollte. Und auch die Schülerinnen und Schüler müssen die Grenzen des Gehorsams kennen.«

»Aber ist Gehorsam nicht undemokratisch? Läuft er nicht dem modernen Geist der Freiheit des Einzelnen zuwider?«, warf eine junge Frau ein.

»Noch einmal, wenn wir von Gehorsam sprechen, dann meinen wir eigentlich Gehorsam gegen die Gebote Gottes, nicht gegenüber den Launen eines bestimmten Menschen. Der geistliche Führer darf nicht Ziel des Gehorsams und der Anbetung sein; dies muss Christus Selbst sein. Der geistliche Führer ist nur ein Diener Christi. Der Altvater ist wie ein Arzt, in diesem Falle wie ein Seelenarzt. Wenn wir die Anordnungen unseres Arztes oder unserer Ärztin befolgen, dann deshalb, weil wir glauben, dass er oder sie über das Wissen verfügt, unsere Gesundheit wiederherzustellen. Es steht uns natürlich frei, den ärztlichen Rat zu ignorieren. In ähnlicher Weise steht es uns auch frei, die geistlichen Anordnungen unseres Altvaters zu ignorieren.«

»Besteht nicht die Möglichkeit von Missbrauch und Korruption in der Beziehung zwischen Altvater und Schüler?«, fragte Michael. »Auf diese Fragen und Bedenken stoßen wir, wenn wir mit Freunden über die Rolle des geistlichen Altvaters sprechen.«

»Natürlich besteht die Möglichkeit der Korruption«, bestätigte Vater Maximos. »Deshalb unterstreiche ich so deutlich die Notwendigkeit des Urteilsvermögens, das solchem Missbrauch vorbeugen kann. Wir müssen uns darüber im Klaren sein, dass wir den Geboten Gottes gehorchen müssen, wie sie in den Evangelien offenbart sind, und nicht den Launen eines bestimmten Menschen. Die eigentliche Rolle der *Ekklesia* und des geistlichen Führers ist es, Gottes heilige Gesetze für Laien auszulegen, und nicht, Macht über sie auszuüben. Wie gesagt, dies ist so ähnlich, als wenn man einem Arzt gehorcht, der einem sagt, man müsse diese oder jene Medizin nehmen, um wieder gesund zu werden.

Eure individuelle Freiheit wird also durch den Gehorsam gegenüber einem Altvater nicht eingeschränkt. Dies darf auch gar nicht sein. Besonders wichtig ist das für Menschen, die in der Welt leben. Es gibt viele Dinge, die in unserem Leben eine Rolle spielen, aber über den Zuständigkeitsbereich und den Handlungsspielraum des geistlichen Führers hinausgehen. Ein Hauskauf ist zum Beispiel nichts, wofür wir den Rat unseres geistlichen Führers suchen sollten. Im geistlichen Sinne setzt dies natürlich voraus, dass mein Vorhaben meine Bedürfnisse befriedigen soll und nicht meine Eitelkeit und meinen Egoismus.

Das heißt, wenn wir solche persönlichen Entscheidungen treffen und dabei im Einklang mit geistigen Gesetzen handeln wollen, müssen wir innerhalb der Grenzen des Notwendigen handeln und dürfen uns nicht von bodenlosen ungezügelten Gelüsten leiten lassen.«

»Bei Mönchen und Nonnen ist dies aber anders«, wandte ich ein.

»Das stimmt. Wenn ich Mönch oder Nonne bin, brauche ich den Segen meines Altvaters oder meiner geistlichen Mutter, selbst wenn ich nur einen Bleistift kaufen will. Das ist etwas anderes. Auch hier brauchen wir also wieder Urteilsvermögen. Dabei ist unbedingt hinzuzufügen, dass aufseiten der geistlichen Führungsperson mehr Urteilsvermögen erforderlich ist als aufseiten des Schülers oder der Schülerin.«

»Warum dies?«, fragte Michael.

»Nun, in aller Regel kann man von einem spirituell unerfahrenen Menschen kein hochentwickeltes Urteilsvermögen erwarten.«

»Vater Maxime«, fragte ein Mann etwa Mitte vierzig in gebrochenem Griechisch, »worauf kommt es besonders an, damit man Urteilsvermögen erlangt?«

»Die Altväter sagen, Urteilsvermögen sei ein Geschenk des Heiligen Geistes und ein Kind der Demut. Um Urteilsvermögen zu erlangen, sollte man sich von seinen Vorurteilen freimachen. Das Denken muss völlig geläutert sein, damit es annehmen kann, wozu Gott es anweist. Was dies bedeutet, können wir an den Mahnungen der Altväter an künftige geistliche Führer für den Umgang mit der Beichte erkennen. Sie sagen, um jemanden anzuhören, der zur Beichte zu dir kommt, musst du vorgefasste Meinungen unbedingt vermeiden.«

»Das rät auch die moderne Psychotherapie«, warf Emily ein, die auf diesem Gebiet promoviert hatte.

»Ich freue mich zu hören, dass die moderne Wissenschaft dem zustimmt, was die Väter der *Ekklesia* seit jeher in dieser Frage lehren«, erwiderte Vater Maximos. »Du musst dich im Zustand des Gebets befinden, damit Gott dich anleiten kann, was du dem Menschen raten sollst, der zur Beichte zu dir kommt. In diesem Gebetszustand kann es sehr wohl geschehen, dass du von Gott etwas völlig anderes erhältst als du dem betreffenden Menschen selbst gern gesagt hättest. Wenn du aber voreingenommen bist, selbst wenn hinter dieser Voreingenommenheit gute Absichten stehen, bist du nie und nimmer fähig, deinem Gegenüber zu sagen, was Gott für ihn oder sie wirklich möchte. Dies bedeutet, Urteilsvermögen setzt Demut voraus, die wiederum das Produkt von Gehorsam ist. Gehorsam wäscht deine Wünsche und deinen Stolz von dir ab und vernichtet deine vorgefassten Meinungen. Sobald deine Neigung zur Egozentrik mithilfe deines geistlichen Führers nachlässt, bist du frei, nicht nur die Wünsche anderer zu akzeptieren, sondern ihnen auch wirklich zu Diensten zu sein. Vor allem aber, wird infolge deines Gehorsams der Weg für dich frei, dass du Gottes Willen hören und erfüllen kannst.

Ich weiß, dass das, was ich sage, wahrscheinlich schwer zu akzeptieren ist, aber so läuft es im Mönchswesen nun einmal, gestützt auf die Erfahrungen der heiligen Altväter.«

In früheren Gesprächen hatte Vater Maximos die Bedeutung der Beichte als Mysterium und als Methode zum Erwerb von Tugenden wie *Metanoia,* Demut und Gehorsam gegenüber Gottes Geboten betont, was wiederum den Weg zur Erlangung des Heiligen Geistes ebnen kann.

An dieser Stelle entstand eine Pause, da Vater Maximos signalisierte, er sei bereit für die nächste Frage. »Bei Ihrem Vortrag heute Morgen haben Sie etwas sehr Wichtiges gesagt«, meldete sich Eleni, eine Bilanzbuchhalterin, die sich zu einem Masterstudium in Theologie entschlossen hatte. »Sie sagten, um die Essenz unseres Menschseins verstehen zu können, müssten wir das Wesen Gottes erkennen. Was haben Sie damit gemeint? Wer ist Gott? Was können Sie uns über Gott sagen, das über das Gebet hinausreicht?« Diese Frage gab Vater Maximos Gelegenheit, ausführlicher über ein Kernthema orthodoxer geistlicher Praxis zu sprechen.

»Sehr richtig. Wir müssen mehr über unseren Archetyp erfahren. Das heißt, um zu verstehen, wer wir wirklich sind, müssen wir Christus Selbst kennenlernen. Wie ich heute Morgen gesagt habe, lehrt das Christentum, dass wir nach dem Bilde Gottes erschaffen sind, nach einem Bild, das infolge des Falls zersplittert ist. Um zu erfahren, wer wir im Kern unseres Wesens wirklich sind, müssen wir deshalb die wahre Natur des Bildes Gottes kennenlernen. Das heißt, den Christus, der unser Archetyp und das Modell dessen ist, was wir sein können.«

»Meinen Sie damit, dass wir Gott durch Gebet kennenlernen können?«

»Nicht nur durch Gebet. Ja, das Gebet ist der vollkommenste Weg, Gott kennenzulernen, aber nicht unbedingt eine Methode für Anfänger. Zunächst müssen wir Gott durch normales menschliches Wissen kennenlernen.«

»Ich glaube, das verstehe ich nicht ganz.«

»Bevor wir anfangen können, an Gott zu glauben, muss jemand mit uns über Gott sprechen. So fragt Paulus: Wie sollen sie an den glauben, von dem sie nichts gehört haben? Wie sollen sie hören können, wenn keiner zu ihnen spricht? (Römer 10, 14) Das heißt, der erste Schritt, damit die Menschen Gott lieben und kennenlernen können, setzt voraus, dass jemand zu ihnen von Gott spricht. Eine weitere Möglichkeit besteht darin, ein Werk von jemandem zu lesen, der einen in die Wirklichkeit Gottes einführen kann. Das heißt, der erste Schritt, um Gott kennenzulernen, hängt ab von dem, was wir als Menschen von Natur aus mitbekommen haben.«

»Mit anderen Worten?«

»Mit anderen Worten, unser seelisches Alter, unser Kenntnisstand und unsere Verständnismöglichkeiten bestimmen, wie wir uns Gott am besten nähern.«

»Ist es nicht auch möglich, Vater Maxime«, warf ich ein, »dass man ohne diese Vorstufen mystisches Wissen über Gott erlangt? Das Leben des Paulus ist doch ein gutes Beispiel dafür.«

»Oh ja, natürlich. Es gibt Fälle, in denen Gott sich einem Menschen direkt offenbart, ohne dass Vermittler nötig wären, wie im Falle von Paulus auf der Straße nach Damaskus. Ja, zum ersten Mal wird das Erscheinen Gottes in der Schrift in der Genesis erwähnt, als Gott unmittelbar zu Abraham spricht und ihm sagt: ›Ich bin dein Gott und ich werde dich führen‹. Dann gibt Gott Abraham die bekannten Versprechen. (1. Mose 12,2) Isaak sagt er: ›Ich bin der Gott Abrahams.‹ Jakob gegenüber erklärt er: ›Ich bin der Gott Abrahams, Isaaks und Jakobs.‹ Und so wird er den Hebräern zufolge der ›Gott unserer Väter‹.«

»Der Gott Israels ist ein sprechender Gott«, ergänzte ich. »Er spricht durch die Propheten.«

»Das stimmt. Aber das ist nicht alles. Gott tut sich auf verschiedenen Wegen kund, zum Beispiel durch das Studium seiner Schöpfung und den Erwerb von Kenntnissen über sie.«

»Eben dies versucht man an den Universitäten.«

»Genau. Am wichtigsten aber: Gott offenbart sich den Menschen durch das Herz. Was das menschliche Dasein anbelangt, ist dies die vollkommenste Art der Gotteserkenntnis. Die Offenbarung Gottes im Herzen des Menschen erfolgt nur, wenn der Mensch sich dem ständigen und systematischen Gebet hingibt.«

Es trat eine kurze Pause ein, dann folgte die nächste Frage. »Ja, Teresa«, sagte Vater Maximos und erteilte damit einer Frau um die dreißig das Wort, die die Hand gehoben hatte. Sein Namensgedächtnis erstaunte mich immer wieder.

»Würden Sie sagen, dass wir Gott eher durch Erfahrung als durch Logik kennenlernen?«

»Ich glaube, wir lernen Gott durch beides kennen, durch unsere Erfahrung und durch unsere Logik. Menschen sind auch vernunftbegabte Wesen.«

»Aber ich habe immer gedacht«, hakte Teresa nach, »mit dem Verstand allein könnten wir Gott nicht erkennen.«

»Richtig. Der Verstand ist nur eine Stufe. Über sie muss man gehen, um zur nächsten zu gelangen. Durch Liebe und unmittelbare Erfahrung kann man Gott wahrhaft erkennen.«

»Vater Maxime«, warf Emily ein, »Sie haben gesagt, wir können Gott durch die Schöpfung erkennen, durch Wissen und durch unser Herz. Meinen Sie damit, durch unseren Umgang mit der Natur?«

»Nein, nicht durch unseren Umgang mit der Natur«, erläuterte Vater Maximos. »Wenn wir über die Herrlichkeit der Schöpfung und die Weisheit kontemplieren, die in die Schöpfung eingebettet ist, dann begreifen wir, dass alles von einem allmächtigen und allwissenden Gott erschaffen worden ist. Und Er hat alles um der Menschen willen erschaffen, damit sie Ihn kennenlernen. Dies bezeichnen die Kirchenväter als *logoi ton onton*, die Logik der Wesen. Das heißt, Sinn und

Zweck des Kosmos ist die Gnosis oder die Erkenntnis des Schöpfers und die Vergöttlichung der Schöpfung.«

»Vater Maxime, ist es nicht gefährlich, wenn man sagt, die Schöpfung sei um der Menschen willen entstanden?«, sinnierte Emily.

»Woran denkst du, Emily?«, fragte Vater Maximos mit leisem Zweifel.

»Stellt dieses Verständnis den Menschen nicht als dominante Art über alle anderen Geschöpfe der Natur und gibt es ihm nicht das Recht, die anderen Arten zu benutzen und auszunutzen? Hat nicht gerade dieses Privileg des Menschen zu unserem heutigen ökologischen Dilemma geführt? Ich denke da an das, was Thomas Berry in *Das Wilde und das Heilige*[11] schreibt, wonach es nämlich eben dieser Anthropozentrismus ist, die Auffassung, der Mensch sei die privilegierte Krone der Schöpfung, die ihm die exklusive Vorherrschaft über die Natur verschafft und den Weg zur Vernichtung und Dezimierung anderer Arten geebnet hat.«

»Nein«, erwiderte Vater Maximos, »ich halte dies für eine falsche Auslegung des Bibelwortes. Ein guter Vater oder eine gute Mutter untergräbt das Wohlergehen ihrer Familie nicht, sondern kümmert sich darum und sorgt dafür, dass sie wächst und gedeiht. Liebevolle Eltern sind die Hüter der Familie. So sollte auch unsere Beziehung zur Schöpfungswelt sein. Mit anderen Worten, wenn die Bibel lehrt, Gott habe den Menschen zur Krone der Schöpfung gemacht, dann ist dies nicht so zu verstehen, dass der Mensch zum Zerstörer der Schöpfung werden sollte. Es heißt *ergazesthe kay fylatteen* [beackere und schütze], was heißt, man soll die Schöpfung bearbeiten und schützen, damit man dadurch den Schöpfer erkennt und *Theosis* erlangt.«

»Das sollten wir, aber wir tun es nicht«, insistierte Emily. »Die Menschen haben bestimmte Worte in der Genesis missdeutet, etwa wenn es heißt, *kai katakyriefsate ten Gen*, was so verstanden wurde, als hieße es, wir sollten uns wie Eroberer der Erde statt wie ihre Hüter verhalten.«

---

11 Thomas Berry, *The Great Work: Our Way into the Future*, Three Rivers Press 2000; deutsch: *Das Wilde und das Heilige: the great work – unser Weg in die Zukunft*, aus dem Englischen von Baal Müller, Arun 2011.

»Dies ist ein grober Irrglaube«, erwiderte Vater Maximos. »Das Wort *kyrievo* im griechischen Ursprungstext bedeutet eigentlich »ich werde Herr von«, gerade so wie Gott der Herr der Welt ist, nicht um sie zu vernichten, sondern um sie zu bewahren und zu schützen. In diesem Sinne sollten wir die Bedeutung des erschaffenen Kosmos eigentlich verstehen. Gott hat uns nicht grünes Licht zur Zerstörung der Natur gegeben, sondern dafür, dass wir ihre Hüterinnen und Hüter werden und den Schöpfer in Gestalt einer Göttlichen Eucharistie rühmen.«

»Der Sinn ist bei der Übersetzung verloren gegangen«, murmelte ich.

»Das habe ich auch gerade gedacht«, fügte Teresa hinzu. »Durch fehlerhafte Übersetzungen haben sich viele Verzerrungen in die Bibel eingeschlichen.«

»Das ist bei Übersetzungen immer das Problem«, stimmte Vater Maximos zu. »Deshalb haben viele Christen, die sich ausschließlich vom Wortlaut der Bibel leiten lassen, eine solche Vielfalt unterschiedlicher Überzeugungen, Auslegungen und leider auch Verzerrungen herbeigeführt.«

»Aus demselben Grund kann das strikte Festhalten am Wortlaut auch zu allen möglichen Missverständnissen und Fundamentalismen führen«, fügte ich hinzu.

»Ganz sicher«, stimmte Vater Maximos zu. »Deshalb betrachten wir die Bibel als nur eine von mehreren geistlichen Quellen für unser Gottesverständnis.« Sodann betonte er, dass in der Orthodoxie ebenfalls die gesamte heilige Tradition und Erfahrung der *Ekklesia* einbezogen werden müsse. Dazu gehören auch die mystischen Erlebnisse der Heiligen sowie die Homilien und Dokumente, die sie hinterlassen haben.

Anschließend stellte Vater Maximos selbst eine hypothetische Frage. Was würde passieren, wenn bei einer großen Katastrophe alle Bibeln der Welt zerstört würden? Die Antwort lautet, dass die Heiligen die Bibel neu schreiben würden, denn die Bibel ist, wie der Heilige Siluan vom Athos einst sagte, auf ewig dem Herzen der Heiligen eingeschrieben, und immer, wenn die äußeren Umstände es erfordern, kann sie daraus geborgen werden.[12] Deshalb, fuhr Vater Maximos fort, sind nicht die Bibelwissenschaftler oder Theologen die wahren Deuter der Heiligen Schrift, sondern die Heiligen, deren Wissen auf unmittelbarer persönlicher Erfahrung und mystischer Erleuchtung gründet. Darum ist die Anleitung durch einen Altvater so wichtig, wenn man ernsthaft darum ringt, »den Heiligen Geist zu erlangen«. Genau aus diesem Grund ist Vater Maximos, wie er mir mehrfach versichert hat, auch so ungehalten gegenüber akademischen Theologen mit ihrer umständlichen, die Menschen bewusst in Unwissenheit lassenden Sprache und ihren Theorien, die nichts mit dem unmittelbaren Erleben göttlicher Wirklichkeit zu tun haben. Ein wahrer Theologe ist für Vater Maximos jemand, der die Wirklichkeit Gottes unmittelbar erfahren hat.

»Die *Ekklesia*, behauptete Vater Maximos, »steht über der Schrift und geht über diese hinaus. Sie schließt die Bibel ein, aber die *Ekklesia* ist die Heilige Tradition an sich. Das ist einigen nicht klar.«

»Eben dies ist der entscheidendste Unterschied zwischen der Sichtweise, mit der die Väter der *Ekklesia* die Heilige Schrift betrachten und wie der Protestantismus, insbesondere dessen fundamentalistische Richtung, sie versteht«, warf ich ein. Von Vater Maximos ausdrücklich dazu ermutigt, erklärte ich kurz, dass der fundamentalistische Protestantismus die Bibel als das fehlerlose Wort Gottes betrachtet, von Natur aus unfehlbar und über alle Fragen erhaben. In der mystischen Tradition der östlichen Orthodoxie gilt die Bibel hingegen als göttlich inspiriert, aber niedergeschrieben und aufgezeichnet von fehlbaren Menschen. Klassische und fundamentalistische Protestanten glauben an *sola scriptura*, was bedeutet, dass einzig und allein die Bibel die Wahrheit sagt.[13] Darüber hinaus ist die Bibel für die Gläubigen unmittelbar und ohne die Vermittlung durch Priester, Mönche und Heilige verständlich. Der Mensch ist wie ein Rebell, der sich mithilfe seines Verstandes und der unfehlbaren Heiligen Schrift eigenständig auf die Suche nach Gott begeben kann.

---

12 Sophrony (Sakharov), *The Monk of Mount Athos: Staretz Silouan*, deutsch: *Starez Siluan, Mönch vom heiligen Berg Athos.*

13 Eine ausführliche Erörterung dieser Frage findet sich in Matthew Gallatin, *Thirsting for God in a Land of Shallow Wells*, Conciliar Press 2002.

Mit der modernen Wissenschaft ist die Bibel jedoch einer rationalen Überprüfung unterzogen worden, und dabei traten eine Reihe auffälliger Widersprüche zutage. Für viele, die ihren Glauben ausschließlich auf die Unfehlbarkeit der Bibel gründeten, blieben nun nur noch zwei Möglichkeiten: Die moderne Wissenschaft in Bausch und Bogen abzulehnen und dem fundamentalistischen Weg zu folgen oder den Glauben an die Bibel zu verlieren und sie lediglich als Literatur zu begreifen, wie dies viele liberale Theologen tun. So erging es etwa auch Dr. Bart Ehrmann, Professor für Neutestamentliche Wissenschaft an der University of North Carolina. Er ist in einer fundamentalistischen Familie aufgewachsen und hat eine fundamentalistische Bibelschule besucht, wo er mit der Ideologie der *sola scriptura* indoktriniert wurde. Anschließend besuchte er die Universität Princeton, um sein Studium zu vertiefen. Dabei entdeckte er, dass die vier Evangelien und die übrigen Bücher des Neuen Testaments einige Diskrepanzen und widersprüchliche Narrative über die Ereignisse zur Zeit Jesu aufweisen. Dies genügte, dass er seinen Glauben vollständig verlor.[14] Dasselbe gilt für Charles Templeton, der seinen Glauben aus ähnlichen Gründen verloren hat. Er war ein guter Freund und Mitarbeiter des Evangelisten Billy Graham, und in den 1950er Jahren galten die beiden als die »zwei erfolgreichsten Vertreter der Massenevangelisierung in Nordamerika«. Vor seinem Tod im Jahr 2001 schrieb Templeton ein Buch mit dem vielsagenden Titel *Farewell to God: My Reasons for Rejecting the Christian Faith* (Abschied von Gott: Meine Gründe für die Ablehnung des christlichen Glaubens).[15]

Den Kirchenvätern und Heiligen des Ostchristentums zufolge ist das richtige Verhältnis zu Heiligen Schriften und der Bibel genau das Gegenteil von *sola scriptura*. Für sie ist die Bibel ein Instrument, das uns helfen soll, unmittelbare Gotteserfahrung zu erlangen, und kein

---

14 Bart Ehrman, *Jesus, Interrupted: Revealing the Hidden Contradictions in the Bible (and Why We Don't Know about Them)*, HarperOne 2009; deutsch: *Jesus im Zerrspiegel: die verborgenen Widersprüche in der Bibel und warum es sie gibt*, aus dem Englischen von Gerlinde Baumann, Gütersloher Verlagshaus 2010.

15 Charles Templeton, *Farewell to God: My Reasons for Rejecting the Christian Faith*, McClelland & Stewart 1999.

unfehlbares historisches Dokument. In seinen Reflexionen über dieses Thema und die Mystik im Bibelverständnis des Ostchristentums fragt der in Amerika geborene griechisch-orthodoxe Theologe Vater John Romanides: »Gibt es auch nur einen einzigen Kirchenvater, der die Heilige Schrift mit der Erfahrung der *Theosis* gleichsetzt? Nein, nicht einen, denn Gottes Offenbarung an die Menschheit ist die Erfahrung der *Theosis*. Da Offenbarung die Erfahrung der *Theosis* ist, eine Erfahrung, die alle Ausdrucksformen und Vorstellungen übersteigt, ist die Gleichsetzung von Heiliger Schrift und Offenbarung nach dogmatisch-theologischem Verständnis tatsächlich reine Häresie.«[16]

Weiter erklärte ich, ein fundamentalistisches Schriftverständnis sei nicht nur bei Protestanten zu finden, sondern auch bei anderen Konfessionen, einschließlich der östlichen Orthodoxie. John Romanides beklagt bei vielen östlich-orthodoxen Theologen, die blind seien für das mystische Verständnis ihrer Religion, eine Tendenz, in ihrer Schriftauslegung entweder fundamentalistisch zu werden oder »liberal« wie Bart Ehrman und Charles Templeton. Für Romanides und Vater Maximos verfehlen beide Tendenzen das authentische mystische Vermächtnis der patristischen Tradition, die sich auf das unmittelbare Erleben des Göttlichen richtet.

Nach weiteren Diskussionen und Erörterungen dieser Thematik signalisierte Vater Maximos, man möge die nächste Frage stellen.

Eine Frau Mitte fünfzig, die sich als Maria vorstellte und psychologische Beraterin war, fragte auf Griechisch mit amerikanischem Akzent: »Euer Eminenz, können Sie etwas zu dem sagen, was ich als Kind von meinen Eltern gehört habe, nämlich dass man in unserer Religion glaubt, dass die Sünden der Eltern noch ihre Kinder treffen?«

»Haben Sie das in der Kirche gehört?«, fragte Vater Maximos leicht amüsiert.

»Sowohl in der Kirche als auch außerhalb«, erwiderte Maria. »Ich arbeite mit Klienten, die psychische Probleme haben, und in der Kirche haben mir viele gesagt, diese Menschen müssten unter den Sün-

16 John Romanides, *Patristic Theology*, Uncut Mountain Press 2008. Auf diesen Auszug wurde ich durch eine E-Mail von Bischof Christodoulos vom Kloster Christi Himmelfahrt vom 25. Juli 2009 aufmerksam.

den leiden, die ihre Eltern oder sogar ihre Ahnen begangen haben. Welche Haltung vertritt die *Ekklesia* in dieser Frage?«

Vater Maximos nickte und begann mit einer Antwort. »Gut. Was Schuld anbelangt, und dies meine ich nun aus gesetzlicher Sicht, sind die Menschen nur für ihre eigenen Taten verantwortlich. Ich kann nicht für die Sünden meines Vaters, meiner Mutter oder meines Großvaters büßen. Nach der Heiligen Schrift gilt *ekastos peri aftou dosi logon*. Das heißt, dass vor Gott jeder Mensch für seine eigenen Taten verantwortlich ist und sonst nichts. Dies ist eindeutig. Das Schuldverständnis, von dem du sprichst, hat Christus Selbst im Neuen Testament ausdrücklich abgelehnt.«

»Warum glauben dann so viele Menschen daran?«, fragte Maria.

»Vielleicht wegen der Vererbung, deretwegen, was die Menschen heute über den genetischen Code, die DNA, wissen. Ein schizophrener Elternteil kann diese Krankheit zum Beispiel an sein Kind weitergeben. Dies ist ein rein biologisches Problem ohne jegliche geistige Folgen. Wie wir alle wissen, können wir biologische Probleme wie Diabetes, Herzerkrankungen und dergleichen leider erben. Aus biologischer Sicht kann man sehr wohl zu der Auffassung gelangen, dass wir das Erbe unserer Väter, Mütter und weiteren Vorfahren in uns tragen. Dies hat aber nichts mit Sünde zu tun. Wenn es um unsere Beziehung zu Gott geht, hat dies keinerlei Bedeutung.«

»Aber ich dachte, im Alten Testament gibt es irgendwo eine Stelle, wonach sich Probleme bis ins siebte Glied erstrecken«, meldete sich eine junge Frau zu Wort.

»Wenn es im Alten Testament eine solche Stelle gibt, dann können wir diese meiner Meinung nach nur so deuten, wie ich es gerade gesagt habe, als rein biologische Vererbung und nicht als Konsequenz moralischer Verantwortlichkeit.«

»Diese Auffassung von der ererbten Schuld gründet auf dem Glauben an die Erbsünde, die durch Augustinus Eingang in die westliche Theologie gefunden hat«, ergänzte ich.

»Ein gutes Argument«, sagte Vater Maximos. »Dies ist wahrscheinlich ein entscheidender Unterschied zwischen der östlich-orthodoxen theologischen Tradition und anderen Traditionen. Was also ist die

Erbsünde? Haben Adam und Eva gesündigt, und wir büßen heute immer noch dafür? Sollen wir glauben, dass Gott uns seit damals immer noch nicht vergeben hat? Müssen wir darunter leiden, was Adam und Eva vor undenklichen Zeiten getan haben?«

Vater Maximos beantwortete seine rhetorischen Fragen gleich selbst. »Die östlich-orthodoxe Überlieferung lehrt, dass Erbsünde sich nicht auf eine Auffassung von Schuld im rechtlichen Sinne bezieht, sondern auf eine ererbte Krankheit im Gefüge unseres menschlichen Wesens.

Wie ich heute Morgen betont habe«, fuhr er fort, »versteht die orthodoxe Tradition die Erbsünde als medizinisches, nicht als juristisches Problem.«

»Sie ist Bestandteil unserer existenziellen DNA«, schlug ich vor.

»Genau. Moralisch sind wir nicht dafür verantwortlich, was Adam und Eva vor Urzeiten getan haben. Aber ihre Entscheidungen hatten Auswirkungen für die gesamte Menschheit. Christus ist in die Welt gekommen, um uns von diesem morbiden Erbe zu heilen. Deshalb bezeichnen wir Ihn als den Zweiten Adam. Er ist gekommen, um uns von unserem ererbten Leiden zu heilen, indem er uns ein neues Leben schenkt.«

Eine weitere Frau hob die Hand: »Ich entschuldige mich für mein Griechisch«, sagte sie schüchtern.

»Keine Sorge, mein Englisch ist noch viel schlechter«, tröstete Vater Maximos sie.

»Christus behauptet«, fuhr die Frau fort, »dass man nur durch Ihn zum Vater kommt. Danach fragen die Leute immer wieder. Was passiert mit dem Rest der Welt, mit den Milliarden Menschen, die nicht als Christen geboren werden und vielleicht noch nie etwas von Christus gehört haben?«

Diese Frage wird mir jedes Mal gestellt, wenn ich vor einem neuem Publikum über meine Arbeit mit orthodoxen Mönchen und Mystikern spreche. Ich war sehr gespannt, wie Vater Maximos vor diesem Publikum damit umgehen würde.

»Ja, das hat Christus gesagt. Zugleich sagt der Evangelist Johannes im ersten Abschnitt seines Evangeliums, dass Christus das wahre

Licht ist, das jeden Menschen erhellt, der auf die Welt kommt. Das heißt, alle Menschen sind Ebenbilder Gottes und eingeladen, eins mit Ihm zu werden. Das heißt, dass alle Menschen durch ihr Gewissen erlöst werden können. Nicht das Evangelium wird uns erlösen, sondern unser Gewissen. Was verlangt Gott von uns, wie es die Zehn Gebote besagen? Er sagt uns, wir sollen nicht stehlen, nicht töten, nicht lügen, Vater und Mutter lieben, andere Menschen lieben. Ich muss diese Gebote nicht in den Evangelien lesen, um sie zu befolgen. Sie sind integraler Bestandteil meines wahren Wesens als Mensch. Die Evangelien führen mir meine natürliche Neigung, die Gebote zu befolgen, die aus meinem eigenen Gewissen kommen, lediglich wieder vor Augen. Sie gehören zum Wesen jedes Menschen, ob er nun Christ ist oder nicht. Deshalb können laut den heiligen Altvätern des orthodoxen Christentums alle Menschen durch weiter nichts als ihr Gewissen zu Gott gelangen. Sie können den natürlichen Zustand von Adam und Eva vor dem Fall erreichen.«

Vater Maximos sagte noch mehr über das Wesen des Gewissens.

»Die Väter sagen, das Gewissen habe folgende Eigenschaft: Je mehr man auf es hört, desto feiner wird es und desto größer wird sein Vermögen, weitere Wahrheit zu offenbaren. Je mehr man es ignoriert und ihm gegenüber gleichgültig wird, desto gröber wird es und desto stärker neigt es dazu, die Realität zu verzerren. Dies bedeutet, dass selbst die ungebildetsten Menschen, die vielleicht nie etwas vom Evangelium gehört haben, die Erfahrung Gottes machen können, vorausgesetzt, sie pflegen ihr Gewissen und hören darauf, ganz gleich wie fein es ist. Am Ende wird ihr Gewissen ihnen Erfahrungen schenken, die sie näher zu Gott führen. Abraham ist ein gutes Beispiel. Er hat vor Moses und den Zehn Geboten und natürlich vor der Ankunft Christi gelebt. Tatsächlich war er ein Götzendiener und hat Gott allein durch sein Gewissen erfahren.«

Anschließend forderte Vater Maximos das Publikum auf, weitere Fragen zu stellen. Ein junger Seminarist hob die Hand. »Vater Maxime«, bat er, »haben Sie für uns, die wir keine Mönche sind, ein Rezept, wie wir in der Welt ein geistlicheres Leben führen können?«

Vater Maximos lächelte: »Ich glaube, so ein Rezept hat uns Christus selbst gegeben. Das Evangelium ist das Rezept für unsere Heilung, vorausgesetzt natürlich, dass wir es umsetzen. Denke daran, was Christus über den Schlüssel zur Erlösung gesagt hat, nämlich über die Notwendigkeit von *Metanoia* oder Buße. *Metanoia* bedeutet im Griechischen nicht bloß Reue für Böses, was wir getan haben. Ich weiß nicht, wie man *Metanoia* ins Englische übersetzen kann, aber sie bedeutet eine grundlegende Umkehr unseres Denkens und Empfindens. Sie meint eine radikale Veränderung unseres Weltbilds in seinen Grundfesten und nicht bloß ein schlechtes Gewissen wegen unserer Fehler. Dies ist nur ein Teil von *Metanoia*. Die Gesamtsumme von *Metanoia* ist das Erlangen eines Geistes wie Christi Geist. Dies bedeutet, die Welt genauso zu sehen, wie Christus es uns gezeigt hat. Dies ist das Rezept für unsere Erlösung.«

Die nächste Frage kam von einem älteren Priester mit weißem Bart, der den traditionellen schwarzen Talar trug. Er sprach ein makelloses, akzentfreies Griechisch, was bedeutete, dass er wahrscheinlich Einwanderer der ersten Generation war.

»Vater Maxime«, fragte er, »zur Beichte kommen viele, die am Wendepunkt zur *Metanoia* stehen, aber dennoch keine echte Bekümmertheit oder Reue für das zeigen, was sie beichten. Was macht man als Beichtvater unter solchen Umständen?«

»Es ist nun einmal so, lieber Vater, dass wir bei der Beichte, ob wir nun selbst beichten oder anderen die Beichte abnehmen, eine Mischung aus allen möglichen Gefühlen durchlaufen. Dies gehört zu unserem Dasein nach dem Fall. Es passiert uns und allen anderen, ohne Ausnahme. Manchmal verspüren wir nach einem unbedeutenden Vorfall tiefe Reue. Ein anderes Mal verspüren wir nach einem gravierenden Problem gar nichts. Wie gesagt, dies sind Phänomene und Symptome unseres gefallenen Zustands, unserer existenziellen Krankheit, die wir in uns tragen. Es sind die ›Anwandlungen der Seele‹, wie die Väter sagen.[17] Dennoch dürfen wir uns nicht entmutigen lassen. Wenn wir Ergebnisse sehen wollen, müssen wir weiter am Geheimnis von Beichte und *Metanoia* teilnehmen.

17 Markides, *Gifts of the Desert*, S. 98-126; deutsch: *Der Fluss des Lebens: Das Geschenk der Wüste*, S. 128-161.

Ich will dir ein Beispiel aus der Medizin nennen. Nehmen wir einmal an, jemand hat Diabetes. Er hat nirgendwo Schmerzen. Er weiß nichts von seinem Problem und stirbt daher. Ein anderer, der ebenfalls keine Beschwerden verspürt, aber weiß, dass er regelmäßig zu Vorsorgeuntersuchungen zum Arzt gehen muss, erkennt schließlich seine Lage und ergreift geeignete Maßnahmen, die ihm das Leben retten. Ähnlich möchte ich die Menschen ermutigen, am Geheimnis der Beichte teilzuhaben, selbst wenn sie nichts verspüren. Dadurch, dass sie dies tun, ebnet Gott nach und nach den Weg für tiefere geistliche Erfahrungen. Mit anderen Worten, wenn Menschen sagen ›ich weiß gar nicht, warum ich zur Beichte gehen sollte, mich bedrückt doch nichts‹, erscheint ihr Denken zwar logisch, ist aber dennoch falsch. Wenn man nicht mehr zur Beichte geht, verpasst man womöglich die Chance zu echter Transformation und geistlichen Erfahrungen, die die Beichte bieten kann. Der Appetit kommt erst beim Essen, wie wir im Griechischen sagen.

Nehmen wir einmal an, jemand leidet an Magersucht«, fuhr Vater Maximos fort. »Nicht einmal die köstlichsten Gerichte kann er anrühren. Wenn er sich zwingt, etwas zu essen, kann er seinen Appetit vielleicht nach und nach wiedergewinnen. Wenn er aber das Essen völlig aufgibt, stirbt er. In ähnlicher Weise lade ich die Menschen ein, sich zum Geheimnis der Beichte zu überwinden, selbst wenn sie keine unmittelbaren Ergebnisse erkennen können oder nichts Besonderes verspüren. Gott ist immer da, um zu helfen. Im mindesten Falle ist die Scham, die sie beim Beichtgang verspüren, ein Zeichen ihrer geistlichen Entwicklung. Gott bemerkt ihren kleinen Beitrag und schenkt ihnen schließlich Seine Gnade.«

Vater Maximos hielt inne und wartete auf die nächste Frage. »Mich verwirrt, was die Väter der *Ekklesia* über das Jesusgebet sagen«, bemerkte Teresa. »Sie behaupten, wenn wir beten, müsse unser Geist oder *nous* im Herzen sein. Ich verstehe nicht, was das heißt.«

»Ich verstehe deine Verwirrung«, erwiderte Vater Maximos. »Die Tradition der *Ekklesia* lehrt dies als das *noetische* oder Herzensgebet. Wenn die Väter sagen, der *nous* oder Geist müsse sich mit dem Herzen vereinen oder in das Herz eindringen, dann meinen sie damit nicht diesen Geist und dieses Herz.« Dabei zeigte Vater Maximos auf seinen Kopf und anschließend auf sein Herz. »Sie meinen damit, dass die Energie des menschlichen Geistes sich mit den gesamten psychischen und körperlichen Kräften des Menschen vereinen muss. Sie meinen damit, dass bei der Anrufung Christi der ganze Mensch als Leib, Psyche, Seele und Geist einbezogen wird. Durch den Fall ist das Ebenbild Gottes in unserem Inneren zwar zerbrochen, aber wir sind aufgerufen, es im Gebet wieder zu einem integralen und einheitlichen Ganzen zusammenzusetzen. Auf diese Weise betet man unmittelbar zu Gott. Das *noetische* Gebet, ›Herr Jesus Christus, erbarme dich meiner‹, das wir ständig wiederholen, kann uns ungemein helfen, besonders am Anfang unseres geistlichen Bemühens.«

»Inwiefern?«

»Es ist kurz, inklusiv und enthält keine vielfachen, komplexen Bedeutungen. Deshalb kann man sich leicht darauf konzentrieren. Wenn man sich auf die eine einfache Bedeutung des Jesusgebets konzentriert, verblassen irgendwann alle Bedeutungen, auch die Worte des Gebets. An diesem Punkt vereinigt sich der menschliche Geist unmittelbar mit dem Heiligen Geist. Der Mensch wird still. Alle Gedanken entschwinden und bereiten dem Einswerden des Menschen mit Gott den Weg. Dieser Prozess ist eine Manifestation der Gnade Gottes. Dass die Gnade in uns überhaupt aktiviert werden kann, setzt selbstverständlich unsere Kooperation und unsere Willensfreiheit voraus. Es wird von uns erwartet, dass wir uns nach Kräften bemühen. Danach ergreift uns vielleicht die Gnade und führt uns, wohin sie will.«

»Ich habe eine Frage, Vater Maxime«, meldete sich ein junger Dekan zu Wort. »Ist das Vorhandensein von Versuchungen durch Dämonen im Wege verschiedener *logismoi* [Gedankenformen][18] ein Anzeichen dafür, dass unser geistliches Wachstum zum Stillstand gekommen ist? Ist dies ein Anzeichen dafür, dass wir innerlich nicht geläutert sind?«

»Nein. Ein Mensch, der von Dämonen und verschiedenen Formen von *logismoi* in Versuchung geführt wird, kann innerlich vollständig geläutert sein. Vergiss nicht, dass Christus selbst von Dämonen ver-

18 Eingehende Ausführungen über *logismoi* finden sich in Markides, *Mountain of Silence*, S. 115-146; deutsch: *Der Berg des Schweigens*, S. 183-206.

sucht wurde. Die Väter der *Ekklesia* lehren, dass Gedankenformen alle Menschen überkommen. Auf der Grundlage ihres geistlichen Wissens und ihrer Wissenschaft lehren sie, dass es bei der Entstehung von *logismoi* fünf Stufen gibt. Sie zeigen, wo wir geistlich verantwortlich sind. Die erste Stufe heißt ›Angriff‹, das heißt, ein *logismos* macht sich überfallartig an unser Denken heran und unterbreitet einen Vorschlag wie zum Beispiel, ›nimm dieses Mikrofon mit. Stehle es!‹ Wenn mir ein solcher Gedanke kommt, bedeutet das nicht, dass ich gesündigt habe. Nein. Damit habe ich nichts zu tun. Ich bleibe gelassen, und der *logismos* verschwindet. Diese erste Stufe ist ohne Sünde. Ich trage keinerlei Verantwortung dafür, selbst wenn ich von Tausenden solcher *logismoi* belästigt werde.«

»Viele werden von unreinen *logismoi* geplagt, sogar im Gebet, und dann fühlen sie sich schuldig und hören auf zu beten«, setzte der Priester nach.

»An dieser Stelle müssen wir sehr vorsichtig sein. Dies ist ein Fehler. Am besten ignoriert man solche *logismoi* und stellt nicht das Beten ein. Schenke ihnen keine Aufmerksamkeit, und du hast nichts zu befürchten«, erklärte Vater Maximos und fuhr dann mit seinem Überblick über die verschiedenen Stufen der *logismoi* fort.

»Die zweite Stufe bezeichnen die Väter als ›Austausch‹. Das heißt, wir fangen an, mit diesen *logismoi* zu sprechen. Soll ich oder soll ich nicht? Wir treten in einen Dialog mit dem *logismos* ein. Dies ist gefährlich, und es ist klug, sich gar nicht erst auf so etwas einzulassen. Aber immer noch gibt es hier weder Sünde noch Verantwortung. Die dritte Stufe ist die ›Zustimmung‹. In dieser Phase sage ich mir, ›ja, ich nehme das Mikrofon an mich‹. An dieser Stelle entsteht Sünde, und ich werde verantwortlich. Aufgrund ihrer umfassenden Erfahrung in diesen Dingen bezeichnen die Väter die vierte Stufe als ›Gefangenschaft‹. In dem Moment, in dem ich zustimme, wird mein Denken und Empfinden, das Lenkrad meines Lebens, zum Gefangenen des *logismos*. Ich kann nicht widerstehen und begehe die sündhafte Tat immer wieder. Sie wird, so sagen die Väter, zur destruktiven ›Leidenschaft‹, der fünften Stufe im Entstehungsprozess der Sünde.

Deshalb«, schloss Vater Maximos, »ist es wichtig, dass wir wachsam sind gegenüber der Invasion unseres Denkens und Empfindens durch destruktive *logismoi*, die unser spirituelles Leben untergraben. Noch einmal, die beste Haltung, um uns vor ihnen zu schützen, sind eine gesunde Gelassenheit und Gleichmut.

Denke immer daran, dass auch das Jesusgebet, über das wir gesprochen haben, ein sehr starkes Gegenmittel gegen diese Art von *logismoi* ist. Es stärkt unseren *nous*. Unser Denken und Empfinden wird gewappnet. Bei einem Angriff trifft der *logismos* auf unserem Denken auf und prallt ab. In Kopf und Herz dringt er nicht ein.«

Unsere Sitzung endete, als jemand vom Organisationskomitee hereinkam und uns mitteilte, wir hätten den Zeitrahmen unserer informellen Zusammenkunft bereits weit überschritten, und gleich werde das Abendessen serviert.

3
Symposium

Mehrere Mitglieder der Griechisch sprechenden Gruppe, die sich während der Konferenz in Boston mit Vater Maximos getroffen hatte, äußerten großes Interesse an einer Fortsetzung der Gespräche. Daher vereinbarten wir, uns im Anschluss an die Konferenz in einem orientalischen Restaurant in Boston, das für seine vegetarischen Gerichte bekannt ist, zum Abendessen zu treffen. Wir reservierten ein Nebenzimmer, sodass wir unter uns wären, wie man dies für eine ernsthafte Auseinandersetzung mit spirituellen Fragen braucht.

Achtzehn Personen saßen um den ovalen Tisch. Neben acht Teilnehmerinnen und Teilnehmern der Gesprächsrunde waren die Menschen mit dabei, die Vater Maximos nach Amerika begleiteten: Seine beiden Schwestern Niki und Anna, sein Schwager Andreas, sein enger Vertrauter Vater Nikodemos, der im Gegensatz zu Vater Maximos gut Englisch sprach, und Ioanna, eine junge griechische Philanthropin, die sich eine Auszeit von ihrem florierenden Unternehmen nahm, um die anderen auf dieser Pilgerreise zu begleiten. Mit dabei war auch Linda, eine griechisch-amerikanische Rechtsanwältin aus New York, die sich bereiterklärt hatte, einen Kleinbus zu mieten und Vater Maximos sowie seine Begleitung während ihres Aufenthaltes an der Ostküste zu fahren. Emily hatte sich wieder als Übersetzerin angeboten, falls es erforderlich wäre.

Vor dem Essen sprach Vater Maximos ein kurzes Gebet, wie er es auch vor jeder Versammlung tat, bei der er einen Vortrag halten sollte. Alle erhoben sich, und leise begann er: »Oh Christus, Wahres Licht, das jeden Menschen, der auf die Welt kommt, erhellt und von Sünden reinigt, möge sich das Strahlen deines Antlitzes unserer Seele aufprägen, damit wir das Unaussprechliche Licht schauen, und möge es unsere Schritte lenken, sodass wir deine Gebote befolgen, durch die Fürbitte deiner Hochheiligen Mutter und aller Heiligen. Amen.«

Nach einer kurzen Vorstellungsrunde wurden sofort die ersten Fragen gestellt, hauptsächlich von denen, die Vater Maximos gerade erst bei der Konferenz begegnet waren.

»Vater Maxime, was hat der Heilige Seraphim von Sarow gemeint, als er sagte, Sinn und Zweck der *Ekklesia* sei das Erlangen des Heiligen Geistes?«, fragte die psychologische Beraterin Maria, die sich, wie ich später erfuhr, mit dem Gedanken trug, in ein Frauenkloster einzutreten.

Vater Maximos holte tief Luft und wiederholte dann, die vordringlichste Aufgabe der *Ekklesia* sei es, den Menschen dazu zu verhelfen, dass sie Gott aus eigener Erfahrung kennenlernen. »Das Erscheinen Gottes im Leben des Menschen«, sagte er weiter, »trägt sehr konkrete und erkennbare Früchte, die ich gestern genannt habe.«

»Meinen Sie geistliche Früchte?«, fragte Maria.

»Ja. Paulus hat uns erklärt, was es heißt, im Besitz des Heiligen Geistes zu sein. In seinem Brief an die Galater, Kapitel 5, Verse 22 und 23, zählt er eine Liste von Eigenschaften oder Früchten des Geistes auf, wenn ihr euch erinnert. Dies sind, sagt er, *agape* (Liebe), *chara* (Freude), *eirene* (Frieden), *makrothymia* (Geduld), *chrestotis* (Freundlichkeit), *agathosyne* (Güte), *pistis* (Treue), *praotes* (Sanftmut) und *engratea* (Selbstbeherrschung oder Keuschheit) [nach der Übersetzung in der Lutherbibel 2017 und der »Gute Nachricht«-Bibel (»Selbstbeherrschung« statt »Keuschheit«).].«

»Lässt sich der Heilige Geist auf neun Charakterzüge eingrenzen?«, staunte ich laut.

»Dies ist natürlich keine erschöpfende Liste. Gottes Gaben sind unendlich. Paulus bietet uns einfach diese vorläufige Liste an, damit wir uns selbst überprüfen und schauen können, in welchen Maße sie in unserem Leben vorhanden sind. Das heißt, in welchen Maße wir Gott nahe sind.«

»Es sind Voraussetzungen eines gottverwirklichten Lebens«, stellte ich fest.

»So heißt es. Es ist, als ob Paulus uns sagte: ›Fragst du dich, ob der Heilige Geist in deinem Leben gegenwärtig und offenbar ist? Das lässt sich ganz einfach herausfinden. Nimm diese Liste von neun Eigenschaften, halte sie dir wie einen Spiegel vor und urteile selbst.‹ Frage dich in Gedanken: ›Besitze ich diese Eigenschaften: Liebe, Freude, Frieden, Geduld, Freundlichkeit, Güte, Treue, Sanftmut und Selbstbeherrschung?‹ Wenn ich sie besitze, oder wenn sie in mir aufzuleben beginnen, gut und schön. Wenn ich aber statt Liebe Hass vorfinde, statt Freude Verbitterung, wenn mich statt Frieden Feindseligkeit umtreibt, dann kann ich daraus schließen, dass der Heilige Geist in meinem Herzen nicht gegenwärtig ist. Er hat sich in meinem Dasein noch nicht fest etabliert.«

»Für uns bedeutet dies, dass noch ein langer Weg vor uns liegt!«, warf Emily ein.

»Wir haben selbstverständlich alle noch reichlich zu tun, bis, wie der Apostel sagt, Christus in uns lebendig wird und uns die Gaben seiner Gegenwart schenkt.«

Vater Maximos nahm sich etwas Hummus und fuhr fort: »Der Apostel Paulus hat die Früchte des Geistes in Form einer Skala, einer Hierarchie beschrieben. Die höchsten und erhabensten Gaben nennt er zuerst, und er endet mit den einfachsten und grundlegendsten.«

»Was bedeutet das?«, fragte Emily mit ihrer reflexhaften Abneigung gegen Hierarchien, die traditionell soziale Spaltung und Ungleichheit anzeigen.

»Denke einmal darüber nach«, antwortete Vater Maximos. »Er nennt Liebe zuerst, dann Freude, bis zu Selbstbeherrschung als Letztes auf seiner Liste.«

»Denken Sie, dass diese Aufzählung einer absichtlichen Logik folgt?«, fragte ich. Ich hatte bisher angenommen, es handele sich um eine Redefigur, einen Aspekt des literarischen Stils von Paulus, ohne tiefergehende Absicht oder Hintergedanken.

»Wenn wir uns diesen Abschnitt sorgfältig ansehen, erscheint die Reihenfolge beabsichtigt«, betonte Vater Maximos nachdrücklich. Bereits in einem früheren Gespräch mit mir hatte er postuliert, dass man jeden Abschnitt im Neuen Testament als nicht beliebig, sondern vielmehr gezielt so formuliert betrachten sollte, dass er den Menschen hilft, das Wesen Gottes zu verstehen, und ihnen zeigt, was sie tun müssen, um eins mit Ihm zu werden. Vater Maximos wiederholte, dass es in den Worten Jesu keine überflüssigen Aussagen gibt. Jeder Satz und jedes Gleichnis ist exakt so beabsichtigt und bringt große geistliche Wahrheiten und Weisheit zum Ausdruck.

Er schwieg ein paar Sekunden, da wir alle mit unserem Essen beschäftigt waren. Die Abfolge an vegetarischen Gerichten schien kein Ende zu nehmen.

»Können wir diese Liste durchgehen, Vater, und die Bedeutung jedes Begriffs erklären, damit wir erkennen können, wie sie miteinander verbunden sind?«, fragte Maria ein wenig beklommen. Vater Maximos schaute in die Runde, um zu sehen, ob Interesse an einer Vertiefung des Themas bestand. Er brauchte nicht zu fragen. Alle warteten gespannt darauf.

»Gut, schauen wir uns diese Gaben näher an und beginnen mit der letzten. Seht Ihr«, sagte Vater Maximos fröhlich, »er selbst war schon ganz oben, auf der Stufe der Liebe, und von dort konnte er die unteren Stufen überblicken, die man durchlaufen muss, um diese höchste Stufe zu erreichen. Betrachten wir diese Gaben deshalb in umgekehrter Reihenfolge. Wir beginnen am unteren Ende mit der Selbstbeherrschung und steigen dann auf der Leiter nach oben bis ganz hinauf zur Liebe.«

»Müssen wir davon ausgehen, dass Paulus Selbstbeherrschung und Mäßigung als Grundlage für alle anderen Gaben betrachtet?«, fragte Teresa.

»So ist es. Man kann nicht direkt zur Stufe wahrer Liebe gelangen. Zuerst muss man auf den unteren Stufen mit sich ringen und aufsteigen, bis man zur Liebe kommt. Wahre Liebe kommt nicht von selbst. Man muss daran arbeiten, darum ringen, bis man weiß, worum es dabei geht.«

»Selbstbeherrschung ist also die Voraussetzung für alle anderen Schritte?«

Vater Maximos nickte. »So haben wir es gesagt. Maßvolle Menschen verspüren nicht das Verlangen, alles einmal probieren zu müssen, alles und jeden zu ihrem Vergnügen und zu ihrer Bequemlichkeit auszunutzen. Bei Versuchungen üben sie sich in Zurückhaltung, gleich ob es um Essen, Sex, Wohlstand, Ruhm, Macht oder weltliches Vergnügen jeglicher Art geht.«

»Aber wie kann man Selbstbeherrschung entwickeln? Das moderne gesellschaftliche Leben ist einem in dieser Hinsicht keine Hilfe«, betonte ich und dachte dabei an die Begründer der Soziologie, denen das Aufkommen des ihrer Meinung nach zügellosen Egoismus und Individualismus, der auf den Zusammenbruch der alten mittelalterlichen Gemeinschaftsordnung folgte, Sorge bereitete. Sie befürchteten, dass der sich selbst überlassene Mensch Begierden entwickelt, die außer Kontrolle geraten und das gesellschaftliche Leben problematisch, wenn nicht gar unmöglich machen. Als Gegenmittel zu unersättlichen Begierden sollten dem Menschen deshalb durch »moralische Bildung« klare Richtlinien und Grenzen an die Hand gegeben werden. Dies ist eine alte Sorge, die sogar bis zu Konfuzius zurückreicht.

Vater Maximos war kein Soziologe. Die Frage moralischer Richtlinien betrachtete er nicht unter dem Gesichtspunkt des Erhalts einer reibungslos funktionierenden Gesellschaft, sondern aus der Sicht der Erlösung des Einzelnen. Die Methode, die er zur Entwicklung von Selbstbeherrschung vertrat, hatte daher keine soziologischen Gründe, sondern diente vielmehr spirituellen und existenziellen Zwecken.

»Um die Fähigkeit zur Selbstbeherrschung zu entwickeln und darin zur Meisterschaft zu gelangen«, fuhr er fort, »muss man an sich arbeiten. Man beginnt das geistliche Leben auf der einfachsten Stufe, indem man sich um äußere Dinge kümmert.«

»Eine akademische Laufbahn kann man erst beginnen, wenn man die Grundschule abgeschlossen hat«, warf Vater Nikodemus ein.

»Genau. Daran nehmen junge Menschen oft Anstoß, wenn sie in die Kirche kommen und um Rat fragen. Sie mögen keine Regeln und Vorschriften. Sie mögen es nicht, wenn man sagt ›tue dieses nicht, tu jenes nicht‹.

Als ich ein kleiner Junge war«, fuhr Vater Maximos fort, »wusste ich nicht genau, was ich tun musste, um ein gutes Mitglied der

Ekklesia zu sein. Also habe ich alle Gebote Gottes in ein Schulheft geschrieben. Dann fügte ich alle anderen Gebote hinzu, die ich im Neuen Testament finden konnte. Anhand dieser Gebote habe ich eine Liste erstellt, was ich tun durfte und was nicht. Ich schrieb also zum Beispiel, dass ich nicht in Cafés herumsitzen, nicht dieses und nicht jenes tun sollte. Ich weiß noch, dass ich mir als Frage notiert habe, ob Billardspielen eine Sünde sei oder nicht! Irgendwann schrieb ich dann: ›Nein, es ist keine.‹« Gemeinsam mit Vater Maximos lachten wir über seine frühen spirituellen Konflikte.

»Dass ich mir selber diese Regeln auferlegt habe, war schon schlimm genug, aber ich habe sie auch ein paar Freunden in der Nachbarschaft aufgegeben, Kindern wie ich, bei denen ich so tat, als seien sie ›meiner geistlichen Führung und meinem geistlichen Schutz‹ unterstellt. Doch als meine Mutter mein Heft entdeckte, riss sie es in Stücke.«

Nach einigen weiteren Schwänken aus seiner Kindheit erklärte Vater Maximos, die Gebote, die Gott der Menschheit durch die großen Propheten und Jesus gegeben habe, seien keine gesetzlichen, moralischen Prinzipien. Um zu verstehen, was dies bedeutet, müssen wir uns immer vor Augen halten, dass wir nach dem Bilde Gottes geschaffen sind und unser »Naturzustand« die ständige Kontemplation unseres Schöpfers ist. Das ist so wie bei Liebenden, sagte er, die ständig in Gedanken an den oder die Geliebte versunken sind. Der Fall, so fuhr er fort, hat diesen Zustand ständiger Gemeinschaft mit Gott unterbrochen. Statt an Gott zu denken, hat sich unsere Aufmerksamkeit den Dingen der Schöpfung, Objekten, zugewandt. Geistliches Ringen dient einzig und allein dem Zweck, unsere Verbindung zu Gott wiederherzustellen und wieder so zu sein und zu handeln, wie Gott uns »am Anfang« erschaffen hat.

»Mäßigung und Selbstbeherrschung sollen uns daher helfen«, fuhr Vater Maximos fort, »Kopf und Herz von den Objekten unserer Versklavung zu befreien, damit wir unseren Blick wieder auf Gott richten.«

»Was meinen Sie mit den ›Dingen dieser Welt‹, Vater?«, fragte Maria.

»Materiellen Besitz, Karriere, Erfolg, ideologische Fixierungen, alles, was uns das Herz stiehlt. Das Ergebnis ist immer dasselbe: Unsere Leidenschaft für Gott wird verwandelt in die Leidenschaft für erschaffene Dinge ohne endgültigen und bleibenden Wert, sei es Macht, Ruhm, Politik, Rauchen, Sex, Geld und so weiter.«

»Dies ist mit Götzendienst gemeint«, fügte ich hinzu. »Wir beten unsere eigenen Schöpfungen an.«

»Ja, genau.«

»Ist Fasten eine Möglichkeit, diesen Götzendienst zu überwinden?«, fragte Maria.

»Das Ziel des Fastens und aller anderen Regeln, die die *Ekklesia* aufgestellt hat, ist, dass sie uns helfen sollen, Kopf und Herz zu befreien, damit wir wieder auf Gott ausgerichtet sind. Es ist übrigens an sich überhaupt nichts Schlechtes daran, Milch zu trinken oder Fleisch oder Olivenöl zu essen [zu unterschiedlichen Zeiten, insgesamt fast die Hälfte des Jahres, sind orthodoxe Christen aufgerufen, nicht nur Fleisch und Fleischerzeugnisse zu meiden, sondern auch alle Öle, einschließlich Olivenöl].«

»Aber die Menschen haben daraus oft absolute Regeln gemacht«, betonte Teresa. »Sie haben sie zum Selbstzweck erklärt.«

»Das ist tragisch«, sagte Vater Maximos. »Den Menschen geht es oft mehr ums Fasten selbst als um den Zweck des Fastens, nämlich unsere Begierden zu zügeln, unseren Egoismus zu überwinden und unser Herz Gott zu öffnen. Für alle, die es mit dem geistlichen Leben ernst meinen, sind diese Praktiken schlicht eine Hilfe, ihren Geist wieder auf das auszurichten, was letztendlich real ist. Sie sind kein Selbstzweck.

Ganz ähnlich einem Liebenden, der an nichts anderes als den geliebten Menschen denken kann«, fuhr Vater Maximos fort, »ist der, der von der Liebe Gottes und dem Gedanken an Gott überströmt wird. Dies ist unser wahres Verlangen. Wenn unser ganzes Denken völlig von unserer Arbeit oder unserem Auto oder unserem Hobby oder der unermüdlichen Jagd nach weltlichen Vergnügungen oder was auch immer vereinnahmt wird, ist kein Raum für die Liebe Gottes.«

»Dann ist also alles, was uns vom Gedanken an Gott ablenkt, eine Form des Götzendienstes, der Sünde«, bemerkte ich.

»Genau das ist Sünde«, sagte Vater Maximos nachdrücklich. »Angewandte Mäßigung soll uns von der Neigung zu sündigen, uns von unserem höchsten Ziel ablenken zu lassen, befreien. Mäßigung gilt für das gesamte Spektrum unseres Handelns.«

»Aber wie können wir dann leben in dieser Welt der erschaffenen Dinge, in der wir uns befinden?«, fragte Teresa.

»Benutzt die Dinge dieser Welt, aber lasst euch nicht von ihnen benutzen. Werdet nicht von ihnen besessen.«

»Wir füllen unsere innere Leere mit allen möglichen Obsessionen«, warf ich ein, »sei es Macht, Ruhm, Politik, Rauchen, Glücksspiel, Sport, Essen, Sex, Fernsehen, Geldverdienen und so weiter.«

Vater Maximos kam eine Erinnerung, und er musste lachen. »Mich hat einmal jemand gefragt: ›Wie kommt's, dass Ihr Mönche nicht raucht?‹ Ich antwortete, wir hätten nicht das Bedürfnis zu rauchen, und schlug ihm vor, die Frage anders zu formulieren: Warum rauchen Menschen überhaupt? Es bedeutet, dass ihnen im Leben etwas fehlt, und sie werden Gefangene dieser destruktiven Gewohnheit.

Altvater Paisios pflegte zu sagen«, fuhr Vater Maximos fort, »dass die, die zu Suchtmitteln greifen, von ihrer Sucht geheilt werden können, wenn sie ein noch stärkeres Suchtmittel kosten, und damit meinte er Christus. Wenn du entdeckst, was du wirklich willst, dann hast du kein Bedürfnis nach billigem Ersatz. Dann wirst du wirklich frei. Du wirst Herr über die Dinge statt ihr Sklave.«

»In dem Versuch, sich in Mäßigung zu üben, legen manche ein Verhalten an den Tag, das für uns, die wir in der Welt leben, nicht nachvollziehbar ist«, sagte ich und spielte damit auf die Extreme an, zu denen manche Eremiten greifen, um sich von »der Welt« zu befreien.

»Ja, für uns, die wir ein normales Leben führen, ist ihr Verhalten unbegreiflich. Es gibt zum Beispiel einen Eremiten, der sein ganzes Leben in einer Höhle über einer wunderschönen Schlucht zugebracht hat«, ergänzte Vater Maximos. »Er hat sich nie erlaubt, die Schönheit um ihn herum eines einzigen Blickes zu würdigen, weil er nicht wollte, dass Kopf und Herz von Gott abgelenkt werden.«

»Das ist wirklich grotesk«, klagte Michael, der junge Seminarist.

»Aus unserer Sicht schon. Ich erzähle euch dies, um zu zeigen, wie weit manche Eremiten gehen, um sich einzig und allein auf Gott zu konzentrieren. Empfehlen würde ich dies ganz bestimmt nicht.«

Vater Maximos lachte auf seine typische Weise, weil ihm noch etwas einfiel. »Als ich Abt im Kloster Panagia war, brachte uns eine sehr nette Frau frisch gebackene Kekse. ›Ich habe sie für euch alle hier gebacken‹, sagte sie, ›damit ihr, wenn ihr auf dem Balkon sitzt und euch die Melancholie überkommt, ein paar Kekse zum Kaffee essen könnt.‹ ›Aber meine Liebe‹, erwiderte ich, ›wir haben gar nicht die Zeit, auf dem Balkon zu sitzen und Kaffee zu trinken. Wir haben anderes Wichtiges zu tun. Wir haben gar nicht so viel Zeit, dass uns Melancholie überkommen könnte!‹«

Vater Nikodemos, der die meiste Zeit geschwiegen hatte, fügte hinzu, er erinnere sich an diesen Zwischenfall; er war damals Mönch im Kloster Panagia gewesen. Wieder etwas ernster fuhr Vater Maximos fort, die Methoden der Eremiten und das klösterliche Leben im Allgemeinen seien zwar vielleicht extrem, aber sie ließen bestimmte unumstößliche Grundsätze geistlichen Lebens für uns deutlich werden. »Wir dürfen nicht zulassen, dass uns etwas von zeitlichem Wert das Herz stiehlt. Wenn wir unsere Hoffnung auf weltliche Dinge setzen, machen wir auf unserem Weg zu Gott einen Rückschritt.«

»Wie können wir anfangen?«, fragte Maria. »Ich meine, wie können wir uns in Mäßigung und Selbstbeherrschung üben?«

Vater Maximos aß ein Stückchen gefüllte Tomate, bevor er antwortete. »Die richtige Methode ist, im Kleinen anzufangen, etwa seinem eigenen Denken und Tun kritisch gegenüberzustehen. Nehmen wir einmal an, ein Gedanke sagt dir, du solltest etwas Bestimmtes tun, zum Beispiel einen neuen Fernseher kaufen. Überprüfe ihn. Frage dich: ›Brauche ich wirklich einen neuen Fernseher?‹ Wenn ja, dann gut, geh und kaufe einen. Aber stelle dir zuerst diese Frage und finde heraus, was deine wahren Bedürfnisse sind.«

Vater Maximos fuhr fort, als dächte er laut: »Die Menschen werden fanatisch in ihren politischen Ideologien. Sie machen etwas Vergängliches zu etwas Absolutem. Für uns ist nur Gott das Absolute.«

»Manche machen heute aber die Religion für alle Übel der Welt verantwortlich und behaupten, Religion sei eine Brutstätte für Fanatismus und Intoleranz«, merkte ich an.

»Ein echter Christ kann kein politischer oder religiöser Fanatiker sein«, erwiderte Vater Maximos trocken. »Denn man muss Menschen, die anders sind als man selbst, nicht nur akzeptieren, man muss sie auch bedingungslos lieben. Hinterfrage stets dein Urteil. Sogar Paulus musste Petrus aufsuchen, um ihn zu fragen, ob sein Erlebnis auf der Straße nach Damaskus echt war und keine Halluzination. Echtes geistliches Leben macht uns unweigerlich demütig, nicht fanatisch.«

»Sie lehren ein völlig anderes Christentum, Vater Maxime«, sagte ich. »Bei dem, wozu Sie sich bekennen, würden Fundamentalisten an die Decke gehen vor selbstgerechter Entrüstung.«

Vater Maximos lächelte und fuhr fort: »Ich möchte wiederholen, die Grundlage des geistlichen Lebens ist Selbstbeherrschung und Mäßigung, genau wie Paulus gesagt hat. Dazu gehört die Fähigkeit, unsere Wünsche zu zügeln. An dieser Stelle müssen wir unser geistliches Ringen beginnen. Wir brauchen Übung. Wie können wir mitfühlend, wohltätig und liebevoll werden, wenn wir nichts von uns selbst opfern?«

»Lautete deshalb das erste Gebot an Adam und Eva, dass sie nicht vom Baum der Erkenntnis essen sollen?«, fragte Michael.

»So sagen es die Altväter. Die Gebote Gottes sind die Medizin, die Er uns zu unserer Heilung angeboten hat. Die Gebote zu halten, befreit uns aus der Sklaverei unserer Leidenschaften und zügellosen Begierden. Wenn Gott sagte, ›Von diesem Baum sollt ihr nicht essen‹, war dies ein Gebot zum Maßhalten. Deshalb hat Christus vor Beginn seines Wirkens vierzig Tage und Nächte gefastet. Es war, um zu zeigen, dass der erste Schritt im geistlichen Leben darin besteht, Meisterschaft über unsere Begierden zu erlangen.«

Wir unterbrachen kurz, da die Kellner kamen, um unsere Teller abzuräumen, nur um sie durch einen neuen Gang köstlicher Gerichte zu ersetzen, alle vegetarisch und geeignet für die Fastenzeit.

Sobald die Unruhe, die durch das Herumreichen der Speisen entstanden war, sich gelegt hatte, fuhren wir fort.

Ich eröffnete die Diskussion. »Im religiösen Zusammenhang lassen die Begriffe *Mäßigung* oder Temperenz und *Selbstbeherrschung* üblicherweise an sexuelle Dinge und Alkohol denken, Vater Maxime. Ich glaube aber, wenn die Altväter davon sprechen, haben sie eine wesentlich umfassendere Vorstellung im Sinn.« Dabei dachte ich an die Temperenzler- oder Abstinenzbewegung zu Anfang des 20. Jahrhunderts in den Vereinigten Staaten, die von frommen Protestantinnen ins Leben gerufen worden war, angeblich mit dem Ziel, junge Männer, die aus ländlichen Regionen in die Städte zugewandert waren, vom Besuch der Saloons und übel beleumundeter Häuser abzuhalten.[19] Sie endete mit dem in Misskredit geratenen Prohibitionsgesetz und dem Auftritt von Al Capone und anderen seines Schlages.

»Wir sind aufgerufen, in allen unseren Leidenschaften, den körperlichen wie den psychischen, Mäßigung zu entwickeln«, erwiderte Vater Maximos. »Eine psychische Leidenschaft ist zum Beispiel ein übertriebenes Selbstbild und wenn man verlangt, dass die eigenen Ansichten und Wünsche stets Vorrang vor allem anderen haben müssen.«

»Also ist es möglich«, sagte ich, »dass man seine körperlichen Leidenschaften gemeistert, aber noch völlig von psychischen Leidenschaften beherrscht ist.«

»Eindeutig«, bestätigte Vater Maximos. »Menschen, die maßvoll sind, die ihre körperlichen Begierden gemeistert haben, sind leicht zu finden. Sie essen mäßig oder sehr wenig. Sie kleiden sich zurückhaltend und so weiter. Sehr viel schwieriger hingegen findet man maßvolle Menschen, die ihre psychischen Leidenschaften gemeistert haben. Es ist sehr schwer, Menschen zu finden, die nicht egozentrisch, durchtrieben, stolz und eitel sind, Menschen, die nicht darauf bestehen, dass ihre Meinungen und Wünsche immer mehr zählen als die anderer. Deshalb sind Körperübungen wie Fasten und Niederwerfungen vor Ikonen förderlich für das geistliche Leben, aber kein Selbstzweck und ganz bestimmt nicht ausreichend. Für echte Befreiung sind Andacht oder der Kampf gegen die subtileren Leidenschaften sehr viel wichtiger.«

---

19 Joseph Gusfield, *Symbolic Crusade: Status Politics and the American Temperance Movement*, University of Illinois Press 1986.

»Ich glaube, man kann einfach da anfangen, wo man gerade steht«, überlegte ich.

»Natürlich. Die Leute fragen mich, wie sie beginnen sollen, um geistliche Entwicklung zu ringen. Und dann sagen sie mir, ›Sehen Sie, Vater, ich hatte nie eine Beziehung zur *Ekklesia*.‹« Vater Maximos lehnte sich in seinem Stuhl zurück. »Was soll ich ihnen also raten? Solche Menschen sind vielleicht nicht bereit, sich auf ein subtileres Ringen mit ihren niederen Leidenschaften einzulassen. Ich schlage ihnen vor, ganz einfache Dinge zu tun: Regelmäßig zur Kirche zu gehen und morgens sowie vor dem Zubettgehen ein einfaches Gebet zu lesen, selbst wenn es mechanisch geschieht. Es einmal mit dem Fasten zu versuchen. Ein wenig bescheidener zu sein in ihrem Kleidungsstil und in ihrer Lebensweise im Allgemeinen. Wenn die Leute von diesen einfachen Fixierungen befreit sind, fällt es ihnen leichter, ihre Aufmerksamkeit höheren Dingen zuzuwenden, sie auf Gott zu richten.«

Ein Krankenwagen fuhr vorbei, und das Martinshorn unterbrach unser Gespräch kurz. »Wisst ihr, dass wir unser Herz und unseren Verstand potenziell auch an etwas äußerst Triviales hängen können, etwa an einen Nagel oder einen Füller?«, sagte Vater Maximos. »Selbst ein einziger Füller kann uns versklaven und verhindern, dass wir uns mit ganzem Herzen Gott zuwenden.«

Um dies näher zu erläutern, erzählte uns Vater Maximos, was der große Altvater Ephraim von Katounakia, ein Mann, der für seine hellseherischen und prophetischen Gaben berühmt war, einst getan hat.

»Einmal besuchte uns Altvater Ephraim in unserer *Skite*. Er musste einen Brief schreiben, und unser Altvater bot ihm seinen Füller an. Ephraim schrieb den Brief, und als er unserem Altvater den Füller zurückgab, sagte er: ›Hmm … was für einen schönen Füller du hast.‹ Dazu muss man wissen, dass selbst ein unbedeutender Gegenstand wie ein Füller auf dem Athos von hohem Wert ist. So etwas ist nicht immer leicht zu finden. Unser Altvater erwiderte: ›Nehmt ihn, Vater, ich habe noch einen. Ich komme ohnehin gelegentlich nach Thessaloniki und kann wieder welche besorgen. Ihr hingegen verlasst den Heiligen Berg nie. Also nehmt ihn bitte.‹ Widerwillig nahm Altvater Ephraim das Geschenk an, steckte den Füller ein und ging. Seine Eremitage lag zwei Stunden Fußweg entfernt. Sicher habt ihr gehört, wie schwierig die Fußwege auf dem Athos sind. Der Altvater musste über felsige Bergpfade wandern. Als er ging, war es 18 Uhr abends. Aber um Mitternacht hörten wir ein Klopfen an der Tür. Besuch um diese Zeit war etwas sehr Merkwürdiges. Wir öffneten, und was sahen wir? Altvater Ephraim. Er hatte den Füller in der Hand und sagte: ›Bitte, nimm ihn zurück. Dieser Füller hat mich von Gott abgeschnitten. Ich hatte das Gefühl, die Gnade habe mich verlassen.‹

Stellt euch das einmal vor: Er ist tatsächlich noch einmal vier Stunden hin- und zurückgegangen, um den Füller zurückzugeben, der ihn für sein Empfinden aus seinem Gebetszustand gerissen hatte.«

»So etwas ist für uns nur schwer nachvollziehbar«, betonte Maria. »Psychologen würden ein solches Verhalten als pathologisch bezeichnen.«

Vater Maximos, der Altvater Ephraim gut kannte, winkte ab. »Tatsächlich war Folgendes geschehen. Als er zu seiner Eremitage zurückging und anfing zu beten, merkte er, dass er sich nicht konzentrieren konnte. Der Füller ging ihm nicht mehr aus dem Sinn und lenkte ihn von seiner Konzentration ab.«

Vater Maximos schaute in die Runde und blickte in lauter verdutzte Gesichter. »Dies ist ein Beispiel dafür, was es für einen großen Heiligen bedeutet, seine Konzentration und seine Verbindung zu Gott zu verlieren. Es ist unerträglich. Für Altvater Ephraim war die Lösung daher einfach. Er musste loswerden, was seiner Beziehung zu Gott im Wege stand. Es ist kein Zufall, dass Christus gesagt hat: ›Wer sich selbst, ja sein Leben, mehr liebt als mich, der kann nicht mein Jünger sein.‹ Mit anderen Worten, Gott bittet uns, alle Beziehungen abzubrechen. Nicht, uns selbst zu hassen, nicht, uns abzulehnen, sondern uns von Selbstbefangenheit, von unserem Narzissmus zu befreien. Es erfordert großen Mut, von der Bindung an diese Welt frei zu werden, sodass wir nichts fürchten.«

Vater Maximos verwies gern auf eine Geschichte über Johannes Chrysostomos, der im 4. Jahrhundert Patriarch von Konstantinopel war und später heiliggesprochen sowie im Osten wie im Westen zu einem wichtigen Kirchenheiligen wurde. Er wurde von der Frau des damaligen Herrschers verfolgt, weil er ihren Machtmissbrauch und ihre Ausbeutung der Armen und Schwachen kritisierte. Als Johannes von Freunden gemahnt wurde, mit seinen Predigten gegen sie aufzuhören, denn sie habe die Macht, ihm zu schaden, machte er sich über ihren Rat lustig und entgegnete ihnen: »Nur Johannes kann dem Johannes schaden.« Vater Maximos führte dies gern als Beispiel für einen Menschen an, der nichts fürchtet, außer dass er seiner Beziehung zu Gott schaden könnte.

»Dies hat Mäßigung uns zu bieten«, fuhr Vater Maximos fort. »Sie kann uns von den Dingen dieser Welt befreien, von unseren Vorurteilen, unserem Aberglauben, unseren Fixierungen. Bewusst ausgeübte Selbstbeherrschung kann uns von den gröbsten wie von den allerfeinsten Dingen befreien, etwa unseren Ideen und lieb gewonnenen Überzeugungen.

Wenn jemand durch tätige Mäßigung von seiner Egozentrik befreit wird«, fuhr er fort, »kommt die zweite Frucht des Heiligen Geistes, welche nach Paulus die Sanftmut ist, ein Produkt der Demut. Denn seht ihr, aus Mäßigung und Selbstbeherrschung entsteht Demut, die wiederum der Sanftmut den Weg ebnet.«

»Ich weiß nicht, ob ich verstehe, was Sie meinen, Vater Maxime«, warf Michael ein.

»Schau, wenn du die Meisterschaft über deine Gedanken, Wünsche und Begierden erlangst, wenn du nicht mehr eigensinnig bist, dann keimt Demut in dir auf. Du hängst nicht mehr an Dingen. Und die erste Blüte der Demut ist Sanftmut, genau wie der erste Stachel des Stolzes die Wut ist.«

Als jemand fragte, ob Wut ein böses Gefühl sei, erklärte Vater Maximos, man könne auch auf positive Weise wütend sein, ohne dadurch zu sündigen. Manchmal, so sagte er, ist es notwendig, dass man Wut zeigt, um »Dinge in Ordnung zu bringen«, um eines höheren Gutes willen. Er behauptete, Wut sei eine natürliche Eigenschaft der Seele. Aber sie ist uns gegeben, damit wir dem Bösen widerstehen und sie zu guten Zwecken einsetzen, etwa so, als wenn eine Mutter ihr Kind zurechtweist und dabei nur dessen Wohlergehen im Sinn hat. Vater Maximos' Vorstellung von Wut ohne Sünde galt einer Wut, an der das Ego nicht beteiligt ist.[20] »Heilige werden nur wütend, wenn sie die Macht Gottes in sich aufbringen wollen, um einer Sünde zu widerstehen. Es gibt Momente, da musst du widerstehen, etwa wenn deine Freunde dich zu etwas drängen, das gegen dein Gewissen geht.«

Dann sprach Vater Maximos über zwei Eremiten, die sich fragten, wie es wohl wäre, wenn man wütend ist. Sie versuchten, ein Experiment zu machen und sich gegenseitig zu provozieren, aber es gelang ihnen nicht. Sie wussten einfach nicht, wie man wütend wird. »Wenn du die Stufe der Sanftmut erreicht hast, die wiederum ein Nebenprodukt der Mäßigung ist, ist kein Platz mehr für etwas, das die Macht hat, Wut und Verwirrung in dir auszulösen.

Deshalb«, fuhr Vater Maximos fort, »müssen wir zuerst darum ringen, Befreiung aus unserer Versklavung durch materielle Dinge zu erlangen, wozu auch Ideen und Ideologien gehören. Und ich muss sagen, dass die Versklavung durch Ideen und Ideologien sehr viel gravierender ist als die Versklavung durch materielle Dinge.«

»Inwiefern?«, fragte Teresa.

»Wie gesagt, Menschen, die in äußeren Dingen maßvoll sind, findet man leicht. Sie sind zurückhaltend gekleidet, essen wenig und können sich ganz allgemein bei körperlichen Freuden beherrschen. Ja, sie können sogar asketisch wirken. Dieselben Leute können jedoch Sklaven ihrer Vorstellungen, ihrer Meinungen, ihrer politischen Überzeugungen und Ideologien sein. In ihrer Ansicht über dieses und jenes sind sie streng und unbeugsam, und wenn jemand anderer Meinung ist oder ihnen widerspricht, werden sie wütend. Sie verlangen, dass andere ihre Ansichten und Wünsche unterstützen. Häufig lassen sie sich zu Monologen hinreißen und erwarten, dass andere sich ihrer Brillanz fügen.«

»Sie haben gerade Adolf Hitler beschrieben!«, warf ich ein. »Er hatte alle diese Eigenschaften und war unter anderem auch Vegetarier. Solchen Menschen begegnet man ständig. Dies klingt auch nach so mancher Person des öffentlichen Lebens. Hitler war der Archetyp, ein extremer Fall.«

---

20 Markides, *Gifts of the Desert*, S. 58-77; deutsch: *Der Fluss des Lebens: Das Geschenk der Wüste*, S. 81-103.

»Ja, ideologisch rigide Menschen sind streitsüchtig und beharren fanatisch auf der Richtigkeit ihrer Meinung«, sagte Vater Maximos. »Menschen, die unter solchen Leidenschaften leiden, kommen manchmal sogar an den Punkt, an dem sie bereit sind, um des Festhaltens an ihrer Position willen zu töten oder getötet zu werden. Sie können sich nicht von ihren Begierden lösen und niemals aufgeben, woran sie glauben wollen.«

»Ihre Meinungen sind änderungsresistent«, stellte ich fest. »Oft feiern wir solche Leute als große Helden. Können wir auch religiöse Märtyrer in diese Kategorie einordnen?«

»Nein. Damit meine ich nicht unsere Hingabe an Gott. Ich meine die Versklavung durch Meinungen und Überzeugungen, die nichts mit unserer Erlösung, sondern mit den Dingen dieser gefallenen Welt zu tun haben.«

»Und doch haben Ihre Feinde in Zypern Sie des Fanatismus und des Fundamentalismus bezichtigt«, bemerkte Vater Nikodemos.

Vater Maximos schmunzelte und seufzte. »Ja, das haben sie gesagt und noch vieles mehr. Es ist heute in Mode, Menschen der *Ekklesia* als fundamentalistische Fanatiker und dergleichen zu bezeichnen. Insbesondere mir werfen sie vor, der Anführer der Fanatiker zu sein.« Wir lachten über seinen ironischen Tonfall.

Damit spielte Vater Maximos auf Beschuldigungen an, denen er sich ausgesetzt sieht, seit er Anfang der 1990er Jahre vom Athos nach Zypern gekommen ist. Seine Kritiker werfen ihm vor, junge Menschen einer Gehirnwäsche unterzogen zu haben, sodass sie Karriere- und Heiratschancen aufgaben und ihm als Mönche und Nonnen in abgeschiedene Klöster folgten. Die örtlichen Kommunisten verhielten sich ihm gegenüber besonders ätzend. Sie warfen ihm vor, die jungen Leute »mit dem falschen Bewusstsein auszustatten«. Für die Kommunisten war Vater Maximos die Verkörperung der bekannten marxistischen Sentenz, Religion sei das »Opium des Volkes«. Für sie war er außerdem ein Abtrünniger. Sein eigener Vater, der bei einem Unfall ums Leben kam, als Vater Maximos noch klein war, war aktives Mitglied der Kommunistischen Partei und scharfer Kirchengegner gewesen. Als Kind musste Vater Maximos immer heimlich und gegen den ausdrücklichen Wunsch seines Vaters in die Kirche gehen.

»Das ist schon in Ordnung«, erwiderte Vater Maximos. »Aber ich stelle die Frage, können wir jemandem, der sich in authentischer und aufrichtiger Weise der Pädagogik der *Ekklesia* unterzieht, wie Christus sie vorgegeben hat, das Etikett des Fanatikers anheften? Kann ein Christ Fanatiker sein?«

»Vorsicht, hier sind jede Menge Christen anwesend, Vater Maxime«, warnte ich ihn halb im Scherz.

»Ich meine einen echten, aufrichtigen Christen. Ich denke, dies ist per definitionem unmöglich.«

»Inwiefern?«

»Von dem Moment an, in dem jemand zum Fanatiker wird, haftet er einem Irrglauben an.«

»Sie meinen, er wandelt dann nicht in den Fußstapfen Christi?«

»Genau. Ein solcher Mensch bewegt sich außerhalb der spirituellen Lehren, wie Christus und die großen Heiligen, die Ihm nachgefolgt sind, sie festgelegt haben. Die gesamte Heilpädagogik der Kirche baut auf gelebter Demut auf. Christus nachzufolgen, bedeutet, die Fähigkeit zum Zusammenleben mit anderen Menschen zu haben, die womöglich radikal anders sind als man selbst.

Dies bedeutet nicht«, fügte Vater Maximos rasch hinzu, »dass man seinen eigenen Glauben und seine Gottesbeziehung aufgibt. Zugleich aber lässt man den anderen so sein, wie er ist. Man möchte den anderen weder unterdrücken noch auslöschen, nur weil er den eigenen Glauben nicht teilt.«

»Genau dies würden manche Christen gern tun«, stellte ich fest.

»In Vergangenheit und Gegenwart haben Christen ...« begann Emily.

»Ich weiß, was du sagen willst, Emily«, unterbrach Vater Maximos. »Dies ist nicht das Problem Christi oder der *Ekklesia* als geistliches Krankenhaus. Es ist das Problem fehlbarer Menschen.«

Vater Maximos trank einen Schluck und fuhr dann fort: »Dazu fällt mir ein, was Altvater Joseph der Hesychast in einem kleinen Büchlein über diese Frage geschrieben hat. Der Titel des Aufsatzes war ›Irrglaube‹. Darin setzt er Irrglauben eindeutig mit Fanatismus gleich. Der Fanatiker steht im Bann seines Irrglaubens. Wer in seinen Ansichten unerschütterlich dogmatisch und absolutistisch ist und Menschen ablehnt, die andere Meinungen vertreten, steht im Bann des *plani,* des Irrglaubens.«

»Religiöse Menschen betrachten solche Eigenschaften aber oft als Tugenden«, wandte ich ein. »Ich meine, dogmatisch und absolutistisch zu sein. Leider ist dies auch in der Geschichte der Kirche in weiten Teilen tragische Realität.«

»Ja. Tatsächlich halten solche Leute die Lehren der Kirche womöglich ganz genau ein. Sie fasten, sie lesen Tag und Nacht in der Schrift, sie halten nächtliche Gebetswachen, sind großzügig und wohltätig, sie befolgen die kirchlichen Gebote buchstabengetreu, sie studieren sorgfältig das Wort Gottes und beten ununterbrochen.«

»Wo sehen Sie dann das Problem?«, fragte Michael.

»Häufig verabsolutieren solche Menschen diese Praktiken und binden sich an sie. Dabei verlieren sie den Grund, warum sie dies alles tun, aus den Augen.«

»Dies ist ein unvermeidliches Problem jeder Religion«, sagte ich. »Regeln und Vorschriften und verschiedene religiöse Praktiken, die zum Erhalt der Religion notwendig sind, werden zum Selbstzweck, weil die Menschen aus den Augen verlieren, warum diese Regeln überhaupt aufgestellt worden sind.«

»Genau. Die Menschen werden anderen gegenüber intolerant, weil diese nicht so handeln und sich nicht so verhalten wie sie. Die anderen sind nicht so fromm wie sie, sie beten nicht oder gehen nicht jeden Sonntag in die Kirche. Altvater Joseph zufolge sind solche fanatischen Einstellungen Formen des Irrglaubens. Spirituelle Menschen, sagt der Altvater, sind ganze Menschen. Sie tragen keine Lücken in sich. Sie sind in Christus vervollkommnet. Sie handeln mit Christus als ihrem Vorbild. Und Christus war nie ein Fanatiker. Christus hat mit denen, die nicht seiner Meinung waren, nicht gestritten. Menschen in Christi Fußstapfen vertreten ihre Ansichten zurückhaltend und bescheiden, ohne andere überzeugen zu wollen. Christus hat sich nie auf einen Streit eingelassen, um anderen Seine Lehre aufzudrängen.

Mehr noch, wenn er merkte, dass sein Gegenüber nicht empfänglich war, schwieg er einfach.«

»So hat er auch auf Pilatus reagiert«, merkte Maria an.

»Das ist das klassische Beispiel. Er erkannte, dass Pilatus für seine Lehre nicht aufgeschlossen war. Christus hat nicht seine göttliche Macht auf den Plan gerufen, um Pilatus in seinen Ansichten zu erschüttern und ihn zu überzeugen. Christus sagte Seinen Jüngern, sie hätten das Privileg, die Geheimnisse des Himmels zu erfahren, anderen werde die Lehre hingegen in Form von Gleichnissen vermittelt. Mit anderen Worten, die Möglichkeit, Wissen zu erlangen, erhielten nur die, die nach Wissen dürsteten und bereit waren, das Wort Gottes anzunehmen. Anderen würde Gott Seine Wahrheit nicht offenbaren.«

»Aber warum nicht?«, fragte Maria.

»Er hat andere gewiss nicht abgewiesen. Es geschah aus Liebe, dass Er ihnen Seine Wahrheit nicht offenbart hat.«

»Das verstehe ich nicht.«

»Wenn man Gottes Wort hört und es ablehnt, ist man in stärkerem Maße dafür verantwortlich.«

»Dann ist Unwissenheit in diesem Fall ein Segen.«

»Natürlich. Wenn du den Unterschied zwischen Gut und Böse kennst, dich aber für das Böse entscheidest, dann trägst du größere Verantwortung für dein Vergehen. Dasselbe ist es, wenn du Gottes Wege kennst, sie aber bewusst ablehnst. Deshalb offenbart uns Gott in Seiner Barmherzigkeit Seine Wege nicht, wenn wir nicht bereit sind, sie anzunehmen. Noch einmal, deshalb hat Christus nie versucht, jemanden zu überzeugen. Recht verstanden, könnten eigentlich weder Christus noch die Evangelien, noch die Heiligen, noch die *Ekklesia* fanatische Menschen hervorbringen.«

»Ich wünschte, dem wäre in der Kirche tatsächlich so. Doch leider gibt es dort jede Menge Fanatiker«, wandte ich kopfschüttelnd ein.

»Ja. Dies sind Phänomene, die mit der geistlichen Unreife Einzelner zusammenhängen, nicht mit der *Ekklesia* als solcher. Man sollte die Kirche nicht nach diesen spirituell kranken und unentwickelten Einzelnen beurteilen. Man sollte sie vielmehr nach denen beurteilen, die durch ihre Pädagogik geheilt worden sind. Ein Krankenhaus lässt sich nicht nach der Anzahl der Kranken evaluieren, die in seinen Mauern behandelt werden. Kann man denn sagen, weil ein Krankenhaus Kranke beherbergt, ist es auch selbst krank und nutzlos und muss geschlossen werden? Wäre das nicht absurd? Die Wirksamkeit eines Krankenhauses wird doch vielmehr anhand der Qualität seiner Ärzte und der Anzahl der Kranken, deren Gesundheit wiederhergestellt wurde, bemessen, nicht nach der Anzahl der Kranken, die sich darin aufhalten. So müssen wir auch die *Ekklesia* sehen, als Heil-Institution, und wir alle sind ihre Insassen. Die Gegenwart der Heiligen unter uns ist die Bestätigung für ihre therapeutische Effizienz.«

Wieder entstand eine Pause, da ein paar Kellner hereindrängten, um die Gedecke abzuräumen. Während sie den nächsten Gang vorbereiteten, fiel mir ein Vorfall im Zusammenhang mit Vater Maximos ein, der mich beeindruckt hatte. Zu seinen engen Vertrauten zählte auch Thanos, ein Umweltarchitekt, der eine Zeit lang Architekturprofessor in Slowenien gewesen war. Nach seinem Schulabschluss war er von Limassol zum Studium nach Slowenien gezogen. Vater Maximos und Thanos waren schon seit ihrer Schulzeit befreundet. Als er schließlich mit seiner slowenischen Frau und den beiden Kindern wieder nach Zypern zurückkehrte, wurde Thanos bei einigen Architekturprojekten des Bistums zu einem der wichtigsten Berater von Vater Maximos. Auch Emily und ich freundeten uns mit Thanos an, denn Emily und ihn verband ein leidenschaftliches Interesse für ökologische Nachhaltigkeit. Weil Thanos in regelmäßigem Kontakt mit Vater Maximos stand, verließ ich mich oft auf ihn, wenn es darum ging, ein Treffen zu arrangieren. So nahe standen sie einander als Freunde und im Beruf.

Aber Thanos war auch bekennender Atheist. Er sagte mir, er glaube nur an die Wissenschaft und an Dinge, die »beweisbar sind«. Außerdem fand er, mit Ausnahme von Vater Maximos seien die Angehörigen des klerikalen Establishments korrupt und reaktionär. Doch sein Atheismus beeinträchtigte ihre Freundschaft und Zusammenarbeit nicht im Geringsten. Thanos betonte mir gegenüber, er fühle sich zu Vater Maximos nicht nur deshalb hingezogen, weil sie einander bereits seit ihrer Jugend kannten, sondern weil er Vater Maximos als

»authentisch« empfand. Der selbstlose Lebensstil und die umfangreiche Gemeindearbeit des Altvaters passten gut zu Thanos linker politischer Einstellung, seiner veganen Ernährung und seinem ökologischen Engagement. Zu Beginn ihrer Beziehung hatte er Vater Maximos gefragt, ob sein Atheismus ihre Freundschaft und Zusammenarbeit gefährden könnte. Vater Maximos erwiderte, das spiele für ihn keine Rolle, und er nehme an, dass Thanos umgekehrt auch ihn, Vater Maximos, als Mann des Glaubens akzeptiere. Als ein griechisch-orthodoxer Bischof aus einem asiatischen Land Vater Maximos besuchte und die drei miteinander zu Mittag aßen, zeigte sich der Gast äußerst überrascht, als er von Thanos' Atheismus erfuhr. Wie war es möglich, so fragte er, dass die beiden angesichts ihrer radikalen Glaubensunterschiede so gute Freunde sein konnten? Vater Maximos antwortete mit einer Lobrede auf Thanos als einen Mann, der viele Früchte des Heiligen Geistes beispielhaft verkörpere, etwa Demut, Mäßigung oder Abgeklärtheit gegenüber materiellen Dingen. Dem Bischof sagte er: »Thanos hat alle Eigenschaften eines wahren Christen. Der einzige Unterschied zwischen uns ist, dass er bis jetzt noch nicht weiß, dass Gott ihm innewohnt.« Ich hatte mich selbst schon gefragt, wie Thanos so eng mit Vater Maximos verbunden sein und dabei überzeugter Atheist bleiben konnte.

Nachdem uns Tee, orientalische Süßigkeiten wie Baklava und Obst sowie Äpfel und Orangen serviert worden waren, nahmen wir unser Gespräch wieder auf.

»Vater Maxime, warum, glauben Sie, hat Paulus mit *pistis* die Frucht der Treue zu Gott, also des Glaubens an Ihn, ans untere Ende seiner Hierarchie gestellt?«, fragte Michael.

»Dies ist ein wichtiger Punkt. Paulus hat den Glauben nicht an die Spitze seiner Hierarchie gestellt, sondern der untersten Triade, nämlich Glaube, Sanftmut und Selbstbeherrschung, zugeordnet«, antwortete Vater Maximos und hob dazu drei Finger seiner rechten Hand. »Warum? Weil, so behauptet der Apostel, eine Zeit kommen wird, in der der Glaube überwunden wird. Nämlich dann, wenn wir direkten Kontakt zu Gott haben. Glaube ist dann nicht mehr notwendig, und es bleibt nur die Liebe, die höchste Stufe der spirituellen Hierarchie.«

»Dann ist also der Glaube nur ein Schritt auf unserem Weg zu Gott? So habe ich noch nie darüber nachgedacht!«, sagte Michael.

»Viele in der Kirche verstehen diesen feinen Unterschied nicht und legen Wert auf ›blinden Glauben‹ und Ähnliches als Selbstzweck. Keine Aufforderung, die Gott je an uns gerichtet hat, verlangt, ›Glaube daran, dass ich Gott bin‹. Nirgendwo im Neuen Testament wird ausdrücklich oder stillschweigend behauptet, es komme auf blinden Glauben an. Vielmehr werden wir aufgefordert, Gott, unseren Herrn, zu lieben. Wer Gott lediglich liebt, ist immer noch weit vom höchsten Ziel entfernt, nämlich sich in Liebe mit Gott zu vereinen. Dies ist der große Unterschied, den wir begreifen müssen.«

»In welcher Verbindung steht Glaube als Frucht des Heiligen Geistes dann zu den anderen beiden geistlichen Früchten, über die Sie gesprochen haben?«, fragte Michael noch einmal.

»Es ist wie bei einer Kette. Nur wer sich von den Dingen und Bedeutungen dieser Welt befreit hat und in die Gnade der Demut eingetreten ist, kann wahrhaft Glauben haben. Wenn man Egoist ist, kann man keinen Glauben haben.«

»Warum nicht?«

»Einfach deshalb, weil man dann statt an Gott an sich selbst glaubt«, erwiderte Vater Maximos. »Erinnerst du dich an die Worte des Apostels Paulus, dass Habgier Götzendienst ist? Warum? Weil ein habgieriger Mensch nur an seinen Wohlstand und Besitz glaubt. Natürlich ist nicht nur Habgier eine Form des Götzendienstes, sondern alle Leidenschaften, die uns zu Sklavinnen und Sklaven der Dinge dieser Welt machen.

Da fällt mir eine Geschichte ein, in der ein Abt einen Eremiten fragt, wie er vorgehen solle, um seinen Glauben zu stärken. Der Eremit antwortet: ›Wie kannst du deinen Glauben stärken, Vater, wenn dein Keller voller Käse, Wein und allen möglichen Vorräten ist?‹ Damit versuchte er dem Abt zu vermitteln, dass er seinen Glauben statt auf Gott auf materiellen Besitz gesetzt hatte. Es ist, als hätte der Abt sich vergewissert, ›Jetzt kann mir nichts mehr geschehen, weil mein Keller voller Lebensmittel ist‹. Oder ›Mir kann nichts passieren, weil ich Geld auf der Bank, ein gutes Haus‹ und Ähnliches habe.

Ich erinnere mich an einen Onkel, der aus Südafrika zurückgekehrt war und vor mir mit seinen drei Häusern und seinem Geld auf der Bank prahlte. Er berechnete, wie viel er bei seinen Ersparnissen jeden Monat ausgeben konnte. Glücklich und zufrieden freute er sich auf einen frühzeitigen Ruhestand. Doch kurz nachdem er mir von seinem wunderbaren Vermögen berichtet hatte, starb der arme Mann an einem Herzinfarkt. Sein Vermögen fiel an seine Brüder.

Im Evangelium nennt Christus den Mann, der zu seiner Absicherung in materielle Dinge investiert, geisteskrank. Ein solcher Mensch setzt seinen ganzen Glauben auf Schimärisches und Eitles. Wer eine so starke Bindung an materielle Dinge hat, kann keinen Glauben an Gott haben.«

Vater Maximos unterbrach sich kurz und fuhr dann fort: »Da fällt mir noch eine Geschichte vom Athos ein. Ein Eremit hängte ein Schloss vor seine Zelle, damit Diebe das Wenige, was er besaß, nicht stehlen konnten. Damals trieben sich auf dem Athos Diebe herum. Nachts wurde er von Dämonen angegriffen und verprügelt. Da erkannte er, dass nicht das Schloss ihn schützen konnte, sondern sein Glaube an Gott. Um sich für seinen Unglauben zu bestrafen, gelobte er, sechs Monate lang bei unabgeschlossener Tür und steckendem Schlüssel zu schlafen.«

»Aber wir sind keine Eremiten, Vater Maxime, und wahrscheinlich würde es auch von uns hier keiner merken, wenn wir von Dämonen angegriffen werden«, wandte ich ein und sorgte damit für Gelächter.

»Nun, diese Geschichten wurden geschrieben, um uns ein Beispiel dafür zu geben, was vollkommener Glaube wirklich bedeutet. Natürlich können wir nicht so leben wie ein Eremit. Doch wenn wir solche Geschichten hören, fassen wir Mut in unserem Ringen um Vervollkommnung. Ich habe schon oft gesagt, dass wir in den Rahmenbedingungen unserer eigenen Grenzen und Fähigkeiten kämpfen müssen. Nicht mehr und nicht weniger.«

»Ich vermute, mit Glauben meinen Sie Vertrauen und nicht Überzeugung, stimmt's?«

»Selbstverständlich. Wenn ich sage, ich glaube an Gott, dann heißt das nicht, dass ich glaube, dass es einen Gott gibt. Gott existiert, ob ich dies glaube oder nicht. Es heißt schlicht, dass ich völliges Vertrauen zu Gottes Vorsehung habe. Sobald man dieses Vertrauen in seinem Herzen trägt, fürchtet man nichts mehr, absolut nichts.

Die Kirchenväter lehren«, fuhr Vater Maximos fort, »dass es zwei Arten von Glauben gibt. Die erste Art ist einfach der Glaube, dass es einen Gott gibt wie er in der Heiligen Schrift offenbart wird. Diese Stufe muss man erreichen, um zur zweiten Stufe kommen zu können, den Glauben, den wir als *theoria* bezeichnen.«

Als ich vor etlichen Jahren mit meiner Erforschung der östlich-orthodoxen Spiritualität begann, stellte ich fasziniert fest, wie unterschiedlich das Wort *Theorie* in der Wissenschaft verwendet und bei den Kirchenvätern verstanden wird. *Theoria* bedeutet im Griechischen wörtlich »Gott sehen«. Das Wort ist zusammengesetzt aus den Wörtern *Theos* für »Gott« und dem Verb *oro*, was »ich sehe« heißt. Theorie, wie sie von der konventionellen Wissenschaft verstanden wird, ist eine Methode zum Erlangen von Erkenntnissen über die Wirklichkeit. Für die Väter der *Ekklesia* ist Gott die höchste Wirklichkeit. Deshalb ist es das Ziel der Gläubigen, die Stufe der *Theoria* zu erreichen, also die Stufe, auf der man Gott sehen kann, das heißt, aus eigener Erfahrung mit dem letztgültig und wahrhaft Wirklichen verbunden zu sein.

Der moderne orthodoxe Theologe und Philosoph Philip Sherrard erklärt, wahre Erkenntnis müsse immer auf der Vorannahme aufbauen, dass es am Grund der Welt eine Göttliche Realität gibt, die nur mit einem Organ zu erfassen ist, das sowohl unsere Sinne als auch unseren Verstand übersteigt. Andernfalls sei alles, was wir als Erkenntnis betrachten, nichts als eine Reihe vergänglicher Illusionen.[21]

»Diese zweite Art des Glaubens«, fuhr Vater Maximos fort, »ist kein abstrakter Glaube. *Theoria* ist der Glaube, der aus der unmittelbaren Gotteserfahrung geboren wird.«

»Fragt sich, wie kommt man dahin?«, bemerkte Maria.

»Dies ist die schwierigste und zugleich die einzig lohnende Aufgabe«, sagte Vater Maximos. »Sie ist das Resultat langer Jahre der Prü-

21 Philip Sherrard, *Christianity: Lineaments of a Sacred Tradition*, Holy Cross Orthodox Press 1998.

fungen, der Abenteuer und Versuchungen und unserer Reaktion auf die Schwierigkeiten des Lebens. Gott erscheint, wenn unsere Geduld sich erschöpft und alles finster und aussichtslos wirkt.«

»Die dunkle Nacht der Seele«, murmelte jemand.

»Dies ist der Zustand, den Christus im Garten Gethsemane erreicht hatte«, fuhr Vater Maximos fort. »Es ist der absolute Rand der eigenen Existenz. An diesem Punkt offenbart Gott Seine Gegenwart. Nach diesem allerletzten Grenzpunkt wird alles anders. Man bewegt sich in einer anderen Realität und beginnt, anders zu leben. Man transzendiert das Menschliche, das Vergängliche.«

Ich hatte den Eindruck, dass Vater Maximos aus persönlicher Erfahrung sprach, auch wenn er dies niemals zugeben würde. Er stellte seine Ansichten stets als ein Spiegelbild der Lehre der heiligen Altväter dar.

»Gott«, fuhr er fort, »ist nun in unserem Leben gegenwärtig, und weltliche Dinge sind nicht mehr relevant oder wünschenswert.«

»Aber wie kommt diese zweite Art des Glaubens im Menschen zustande?«, fragte Michael.

»Dies liegt allein in Gottes Hand. Es ist kein Produkt menschlichen Bemühens. In der Regel widerfährt dies Menschen aber auch dann, wenn sie vielleicht nur ein Fünkchen guter Absicht in dieser Richtung haben. Wenn der Mensch Gott die Tür vor der Nase zuschlägt, geschieht nichts. Es ist, als hielte man sich in einem Haus auf, das so dicht von der Außenwelt abgeschottet ist, dass noch nicht einmal ein einziger Sonnenstrahl hindurchdringt. Draußen mag die Sonne scheinen, aber im Haus befindet man sich in absoluter Dunkelheit. Wenn man ein Loch in die Wand bohrt, dringt ein Lichtstrahl hindurch. Bohrt man zwei Löcher, können zwei Sonnenstrahlen hineingelangen. Hebt man das Dach ab, wird das Innere des Hauses von Licht erfüllt. Tritt man aus sich heraus, wird man selbst von Licht erfüllt. So funktioniert Glaube. Gott ist in unserem Inneren. In Ihm leben, weben und sind wir. Aus Gottes Sicht ist alles bereits vervollkommnet.«

»Doch warum glauben wir nicht?«

»Weil wir alle dicht von den Sonnenstrahlen abgeschottet sind.

Wenn unser Herz empfänglich wird für den Glauben, dann schenkt uns Gott Sein Licht, je nach unserer Bereitschaft, es hineinzulassen. Es steht außer Frage, dass Gott keinem Menschen gegenüber ungerecht sein kann.«

»Wie können wir dann Glauben entwickeln?«, fragte Michael erneut.

»Indem wir aus allem, was uns begegnet, sei es positiv oder negativ, geistlichen Nutzen ziehen. Wenn wir auf Schwierigkeiten oder sogar wenn wir auf eine Tragödie treffen, sollten wir dies zu unserem geistlichen Vorteil nutzen. Dies sollten wir mit allem Guten tun, das uns widerfährt. Außerdem findet die geistliche Arbeit in unserem Inneren in Form von Gebet und Studium statt. Beides ist am Anfang äußerst wichtig. Wenn wir nicht beten, können wir spirituell nicht weiterkommen.«

»Auch wenn wir nicht wissen, wie man betet?«

»Auch wenn du nicht die leiseste Ahnung hast, wie man betet«, erwiderte Vater Maximos kategorisch. »Selbst wenn du nicht verstehst, was du sagst, und selbst, so wage ich zu behaupten, wenn du nicht an den glaubst, zu dem du betest. Gebet ist dein Dialog mit Gott und das Studium des Wortes Gottes. Das Studium des Evangeliums und der Worte der Heiligen ist wichtiger als die Anhäufung von Wissen über Spiritualität.«

»Wieso?«, fragte Teresa.

»Weil heilige Bücher aufgrund göttlicher Inspiration geschrieben werden, tritt unsere Seele in Gemeinschaft mit dem Geist, der diesen Schriften eingebettet ist. Sie sind Nahrung für die Seele, für unser ganzes Wesen.«

»Und dies geschieht ungeachtet dessen, ob wir es merken oder nicht«, fügte ich hinzu.

»So ist es. Aus unserer Sicht setzt geistliche Weiterentwicklung also Gebet und Studium voraus«, wiederholte Vater Maximos. »Durch ein Leben in der *Ekklesia* unterziehen wir uns ihrer Heilpädagogik und haben an ihren Mysterien teil. Nach und nach werden wir dann zur Erfahrung Christi geführt, der in uns ist. Zunächst geschieht dies, ohne dass wir überhaupt merken, was vor sich geht. Aber wenn wir durchhalten, wird irgendwann ein Schalter umgelegt, und wir werden erfüllt von Licht.

Wer in Gott lebt«, fuhr Vater Maximos fort, »lebt in Licht getaucht. Ein solcher Mensch hat keine Spur von Dunkelheit in sich. Er erfährt weder Verwirrung noch inneren Aufruhr. Und selbst wenn er fällt und eine Sünde begeht, wird sein Gleichgewicht durch *Metanoia* (Buße) wiederhergestellt. Der Fall bringt ihn nicht um und vernichtet ihn nicht. Gott als der Große Heiler ist allgegenwärtig und schenkt Seine Glaubensfrüchte Sanftmut und Selbstbeherrschung, die diesen Menschen zur Vervollkommnung führen.

Aber nun genug für heute Abend. Ich glaube, man wartet bereits darauf, dass wir gehen. Es ist schon halb zwölf«, sagte Vater Maximos.

»Aber wir haben noch nicht über die anderen Geistesfrüchte gesprochen«, gab Emily zu bedenken. Dann las sie rasch aus ihrem Notizbuch vor: »Wir müssen noch über Güte, Freundlichkeit, Geduld, Friede, Freude und zu guter Letzt über die Liebe sprechen.«

»Tja, Emily, du musst geduldig, friedlich und fröhlich sein«, scherzte Vater Maximos. »Aber wann und wo? Leider reisen wir schon bald wieder ab. Dieses Gespräch müssen wir auf ein anderes Mal verschieben.«

Eleni, die Geschäftsfrau, die sich zu einem Aufbaustudium der Theologie entschlossen und den ganzen Abend geschwiegen hatte, schlug vor, unser geistliches Symposium am folgenden Abend in ihrem Haus in Brookline fortzusetzen. Alle nahmen die Einladung sofort an, und auch Vater Maximos konnte nicht ablehnen. Glücklicherweise hatten er und seine Begleitung noch einen Tag Aufenthalt in der Bostoner Gegend, um Sehenswürdigkeiten zu besichtigen und damit seine Schwester Anna in einer gesundheitlichen Frage, die ihren pubertierenden Sohn betraf, einen Spezialisten konsultieren konnte.

4

Früchte des Geistes

Elenis geräumiges zweistöckiges Backsteinhaus befand sich ganz in der Nähe der Universität Boston. Es war umgeben von einem schön gepflegten Garten und öffnete sich zu einem kleinen Park. Dank einer Gastprofessur, die ich 2004 an der Bostoner Uni innegehabt hatte, kannte ich die Gegend gut.

Auf der Fahrt zu Eleni erzählte ich Vater Maximos von einigen meiner lieb gewonnenen Erlebnisse an der BU. Vor dem Verwaltungsgebäude an der Commonwealth Avenue hielt ich kurz an und zeigte meinem Freund die Skulptur zu Ehren von Martin Luther King jun., der 1955 an der BU promoviert worden war. Zufällig, und ich wage zu sagen wie durch eine Ironie des Schicksals, hatte auch der verstorbene Erzbischof Makarios von Zypern, der der Republik Zypern von 1960 bis 1977 als erster Präsident vorgestanden hatte, Ende der 1940er Jahre zwei Jahre lang an der BU studiert. Meine Bewunderung für King, für das, wofür er stand, und für seine Rolle in der amerikanischen Bürgerrechtsbewegung konnte ich vor Vater Maximos ebenso wenig verhehlen wie meine wenig schmeichelhafte Meinung über Erzbischof Makarios wegen dessen katastrophaler Rolle in der jüngeren Geschichte Zyperns. Während der Baptistenpfarrer Martin Luther King Mahatma Gandhis Methode des gewaltlosen Widerstands folgte, um Gerechtigkeit für die schwarze Minderheit in Amerika einzufordern, war Bischof Makarios 1955 für den gewaltsamen Sturz der britischen Kolonialherrschaft eingetreten, mit verheerenden Folgen für die griechischen wie die türkischen Zyprioten. Das Endergebnis dieses unchristlichen Unglücks war die Invasion und Teilung Zyperns durch die türkische Armee 1974. Ich habe Vater Maximos einmal halb im Scherz gesagt, seine Anwesenheit auf Zypern solle wohl die durch Makarios' Politik befleckte geistliche Ehre der zypriotischen Kirche wiederherstellen.

Als Vater Maximos nach Kings Vermächtnis fragte, erläuterte ich ihm, dass die schwarzen Pfarrer in den dunklen Tagen der Sklaverei und der Rassentrennung eine wichtige Rolle für den Erhalt ihrer Gemeinden gespielt haben und daher seither unter Afroamerikanern eine Führungsposition einnehmen.[22] Ich hatte den Eindruck, ich gab Vater Maximos einen Crashkurs in zeitgenössischer amerikanischer Geschichte, wie ich sie beobachtet und erlebt hatte, seit ich Anfang der 1960er Jahre nach Amerika gekommen war. Am Ende gab ich ihm eine Frage mit: »Was wäre gewesen, wenn Makarios Martin Luther King kennengelernt, sich mit ihm angefreundet und den gewaltlosen Widerstand als Methode zur Befreiung Zyperns von der britischen Kolonialherrschaft übernommen hätte?« Vater Maximos lächelte, ohne zu antworten.

Als wir um 17 Uhr bei Eleni ankamen, waren die anderen bereits eingetroffen. Sie bot uns eine kleine Stärkung an, und wir nahmen in ihrem gemütlichen Wohnzimmer Platz. Ohne Zeit zu verlieren, eröffnete ich das Gespräch damit, dass ich Vater Maximos an unsere unabgeschlossene Diskussion über die neun Früchte des Geistes erinnerte, die der Apostel Paulus auflistet, nämlich Liebe, Freude, Frieden, Geduld, Freundlichkeit, Güte, Glaube, Sanftmut und Selbstbeherrschung. »Bisher«, sagte ich, »haben wir die drei letzten besprochen: Selbstbeherrschung, Sanftmut und Glaube. Wir waren gerade dabei, zu den nächsten beiden Stufen überzugehen, Güte und Freundlichkeit.«

Vater Maximos nickte. »Nach dem Evangelium ist Güte eine Eigenschaft Gottes. Erinnert euch, als jemand Jesus herausfordernd als *Didaskale Agathe* [Guter Meister] ansprach, erwiderte Jesus: ›Warum nennst du mich gut?‹ und erklärte dann, nur Gott sei gut. Dies bedeutet, ein wahrhaft guter Mensch ist jemand, der nicht die geringste Spur Böses im Herzen trägt. Sagen wir, gut ist jemand, der in der

22 Siehe Keith A. Roberts und David Yamane, *Religion in Sociological Perspective,* Wadsworth 2004, S. 239-249.

Tiefe seines Wesens völlig geläutert und rein ist. Wenn der Heilige Geist in einem Menschen vollständig aktiviert ist, tritt eine höchste Form der *Katharsis* ein.«

»Güte setzt einen Menschen also wieder in seinen Urzustand als Ebenbild Gottes ein«, bemerkte jemand.

»Richtig. Jeder Mensch trägt Christus in seinem Innersten. Deshalb ist ein wahrhaft guter Mensch frei von explosiven Gefühlen und psychischen Ecken und Kanten. Der Christus im Inneren tritt in seinem Leben in Erscheinung.«

»Vater Maxime«, warf ich ein, »würden Sie nicht sagen, dass Güte und Freiheit von ungestümen Gefühlen weitgehend davon abhängen, in was für einer Familie man aufgewachsen ist und welchen gesellschaftlichen Hintergrund man hat?«

»Natürlich ist das so. Günstige Bedingungen können die Aktivierung der Energien des Heiligen Geistes begünstigen. Aber dies ist keine unumstößliche Regel.«

Mit diesem Einwurf hatte ich im Hinterkopf, dass religiöse Menschen bei der Frage, was das Schicksal eines Menschen prägt, zu einer Überbetonung des freien Willens neigen, im Gegensatz zum soziologischen Denken, das überzeugend darlegt, dass das gesellschaftliche Umfeld bei der Entwicklung des Menschen eine zentrale Rolle spielt.

»Es gibt jedoch Fälle, die zeigen, dass der Heilige Geist auf äußerst überraschende Art und Weise wirkt«, betonte Vater Maximos. »Es gibt Beispiele dafür, dass Verbrecher und Räuber im Sinne Jesu wahrhaft gute Menschen geworden sind, das heißt Ebenbilder Gottes. Abba Moses, der Äthiopier, war etwa so ein exemplarisches Modell des guten Menschen. Doch in seinem früheren Leben war er wirklich böse gewesen. Dieser Räuber wurde durch einen einfachen Vorfall in seinem Leben verwandelt. Er kletterte über eine Mauer, um in unlauterer Absicht in ein Frauenkloster einzudringen. Doch die Art, wie die Nonnen mit ihm umgingen, berührte sein Herz. Dies war der Moment der Gnade.«

»Das kann man sich kaum vorstellen«, sagte Eleni und schüttelte den Kopf. »Wie ist eine solche Bekehrung vom Verbrecher zum Heiligen zu erklären?«

»Offensichtlich hatte sein Herz einen Sprung, durch den die Gnade Gottes eindringen konnte. Er wurde Eremit und ein völlig verwandelter Mensch. Er hatte sich geläutert und war nun völlig befreit von seinem früheren Leben. Dies sind Mysterien, die wir mit unserem Verstand nicht erklären können. Es heißt, vor seiner Bekehrung sei er einmal so sehr in Wut geraten, dass er die gesamte Schafherde eines armen Hirten mit bloßen Händen umgebracht habe. So einen Ruf hatte er. Nach dem, was ihm in jenem Kloster widerfahren war, durchlief er eine tiefe *Metanoia* und wurde schließlich ein berühmter Kirchenheiliger.«

»Für die Menschen ist so etwas doch nur sehr schwer nachvollziehbar und kaum zu akzeptieren«, sagte Eleni noch einmal. »Es widerspricht ihrem Gerechtigkeitsempfinden.«

»Ich weiß wohl um diese Schwierigkeit. Aber ich habe solche Fälle selbst immer wieder erlebt. Ich habe beobachtet, wie drastisch Menschen verwandelt werden können, wenn sie die Pädagogik der *Ekklesia* durchlaufen. Es ist wirklich ein erstaunliches Wunder, wenn man mitansehen darf, wie ein Mensch, der so viel Böses in seinem Herzen angehäuft hat, nach und nach von Kohle zu Gold verwandelt wird. Die Gnade des Heiligen Geistes dringt in einen solchen Menschen ein, vertreibt den Gestank aus seinem Herzen und läutert ihn.«

Weiter sagte Vater Maximos, *Metanoia* habe einen Anfang, aber kein Ende. Sie ist ein Prozess des Gutwerdens in Gottes Ewigkeit und Barmherzigkeit. Das heißt, *Metanoia* ist kein statischer Zustand, sondern ein dynamischer Wendepunkt auf unserem ewigen Weg zur Einswerdung mit Gott. Es gibt kein Ende unseres ständigen Lernens und Wachsens in Liebe und Weisheit.

Dann berichtete Vater Maximos von einer persönlichen Lernerfahrung in seiner Zeit als *Protos* (Gouverneur) oder höchster Repräsentant der Mönchsrepublik Athos 1992. Damals war er jung und hatte den Ehrgeiz, ein erfolgreicher Gouverneur zu sein. Es gab ein schwieriges Problem, das er zu lösen hatte. Irgendwie, so sagte er uns, war er zu manchen ein wenig barsch. »Ich fühlte mich im Recht, aber ich war ein wenig streng. Dann kam ein Altvater zu mir und sagte: ›Bitte, wählt mildere Worte, Vater.‹ Dieser Satz blieb mir im Gedächtnis. So etwas sagt man auf dem Athos oft: ›Wähle ein wenig mildere Worte, Vater.‹ Dieser Vorfall hatte dauerhafte Auswirkung auf meinen Umgang mit Menschen. Wenn du jemanden kritisieren musst, dann tunke deine bitteren Worte nicht in Essig und mache sie damit noch bitterer. Tauche sie stattdessen in Honig.«

»Aber wer kann das schon?«, sinnierte Michael.

»Nur ein Mensch, der sein Herz von Egoismus geläutert hat, der wahrhaft gute Mensch«, erwiderte Vater Maximos. Aber um Güte zu erlangen, muss man durch das Feuer echter *Metanoia* gehen, was bedeutet, dass man Demut, Selbstbeherrschung und den Glauben an Gott lernen muss. Weißt du, *Metanoia* ist ein sehr schmerzhafter Prozess. Aber genau dieser Schmerz trennt deinen schmutzigen Teil von den reinen Teilen. Dann wird der Mensch an Leib und Seele wahrhaft charismatisch. Sein ganzes Wesen wird schön, ganz gleich, wie er äußerlich erscheint. Er ist gelassen und im Reinen mit sich und bringt anderen Trost. Er ist gut, so wie Gott gut ist. Das Charisma der Güte entsteht als eine Frucht des Heiligen Geistes.«

Daraufhin ging Vater Maximos in seinen Ausführungen zur nächsten Frucht des Heiligen Geistes über, die Paulus zufolge Freundlichkeit lautet. »Im griechischen Original bezeichnet Paulus die Freundlichkeit als *Chrestotis,* mit dem griechischen *e* in der Silbe *chre* und nicht mit *i* wie in *Christotis,* was ›von Christus gesalbt werden‹ oder ›christifiziert werden‹ bedeutet. *Chrestotis* mit *e* bedeutet etwas anderes. Es bedeutet Nützlichkeit. Anscheinend hat der Apostel gemeint, dass der Mensch nützlich wird.«

»Entschuldigen Sie, wenn ich Sie unterbreche, Vater Maxime«, warf ich ein, »aber als ich Sie zum ersten Mal über *Chrestotis* habe sprechen hören, habe ich im Neuen Testament nachgeschlagen, zunächst im griechischen Original, wo es *Chrestotis* heißt, mit *e,* wie Sie betont haben, dann aber in der *King James Version,* wo es mit ›Sanftmut‹ übersetzt wird, und anschließend in der *Revised Standard Version,* wo es ›Freundlichkeit‹ heißt. Welche Version ist richtig?«[23]

---

23 In den deutschen Bibelübersetzungen spricht die Lutherbibel 2017 von »Freundlichkeit«, die bewusst in heutige Sprache übersetzte BasisBibel hingegen von »Großzügigkeit«: (Anm. d. Ü.)

»Alle sind richtig. Ich glaube, dass ein sanftmütiger und freundlicher Mensch zugleich ein nützlicher oder hilfreicher Mensch ist. Ich werde das gleich erklären. Aber danke, dass du diese Unterschiede in den Übersetzungen angesprochen hast. Ich beginne mit der Annahme, dass die korrekte Deutung des Wortes *Chrestotis* einschließt, dass man nützlich im Sinne von hilfreich ist. *Chrestotis* bedeutet also mehreres. Es ist wichtig, dass wir die Bedeutung dieser Worte durchdringen, damit wir wissen können, was Paulus wahrscheinlich gemeint hat, als er diesen Begriff verwendete.

Um es also noch einmal zu wiederholen, ein Mensch, der *chrestos* ist, kann in dreifacher Hinsicht entgegenkommend und biegsam sein: In Gottes Hand, in seiner Beziehung zu anderen und in sich.«

Ich bemerkte allseits leichte Verwirrung. Wie wird man nützlich oder biegsam in Gottes Hand? Vater Maximos erklärte: »Der Gott-zentrierte Mensch legt keine Widerstände, Zweifel oder Ängste in seine Beziehung zu Gott. Er ergibt sich Gott und hat keinerlei Befürchtungen, was wohl am nächsten Tag geschieht.

Als ich noch ein Kind war, wollte ich nicht zu Gott beten und sagen, ›Dein Wille geschehe‹«, fuhr Vater Maximos fort. »Ich sagte mir: ›Was ist, wenn Gott etwas von mir will, was ich gar nicht möchte? Ist es nicht besser, wenn ich Gott bitte zu tun, was *ich* möchte?‹ So habe ich als kleiner Junge gedacht. Damals wusste ich nicht, dass Gott nie gegen den Willen eines Menschen verstößt und nie etwas wünscht, das nicht gut für uns ist.

Der nützliche oder biegsame Mensch hat also keine Angst vor Gott. Er gibt sich Gott in absolutem Vertrauen hin. Zugleich fürchtet ein solcher Mensch auch seine Mitmenschen nicht. Und er hat keine Angst vor sich selbst. Er hat keine schlechte Beziehung zu sich selbst. Spirituelle Arbeit hilft uns, uns selbst näher zu kommen. Sie hilft uns, eine gute Arbeitsbeziehung zu uns selbst aufzubauen. Diese Arbeit beseitigt Phobien und Widerstände und verringert zugleich die Distanz zwischen uns und anderen. In rechter Weise ausgeführt, schenkt spirituelle Arbeit den Menschen die bei Paulus erwähnten Gaben, die sie wahrhaft frei machen.«

»Aber gehört Angst nicht zum Menschsein dazu, etwa die Angst vor dem Tod?«, fragte Teresa.

»Nein, die Angst vor dem Tod und übrigens auch jede andere Angst gehört nicht zu einem authentischen menschlichen Dasein.«

Angesichts all der Tragödien und des Bösen in der Welt erschien mir Vater Maximos' Behauptung bemerkenswert.

»In Wirklichkeit«, erklärte er, »geht alle Angst letztendlich auf das Fehlen von Liebe zu und Vertrauen auf Gott zurück. Wir ergeben uns nicht in Gott, weil wir Angst haben. Ich bin mir sicher, dass hier kaum jemand sagen würde: ›In Ordnung, lieber Gott, sage mir, was ich tun soll, und ich tu's.‹ Kaum jemand wäre zum Beispiel dazu bereit, tief in einem Dschungel voller wilder Tiere zu leben, wenn Gott dies von ihm verlangte. Ich bin mir nicht einmal sicher, ob ich das könnte. Aber die wahrhaft befreiten Menschen haben keine Angst. Sie bewegen sich in völliger Freiheit, eben gerade weil sie ›nützlich‹ oder ›*chrestoi*‹ sind.«

»Menschen, die nützlich sind für andere und freundlich zu sich selbst, sind sicher selten«, sagte Emily.

»Leider ja. Unser größtes Problem sind wir selbst. Ich erinnere mich, dass eine weise geistliche Mutter einst eine Nonne beriet, mit der schwer auszukommen war. Diese Nonne sorgte im Kloster für Probleme und hatte daher Schuldgefühle. Eines Tages ging sie zu ihrer geistlichen Mutter und berichtete ihr von ihrer Absicht, das Kloster zu verlassen, damit sie nicht länger der Auslöser von Spannungen und Spaltungen sei. Die geistliche Mutter riet ihr zu bleiben und an sich zu arbeiten. ›Außerdem‹, sagte sie, ›wo du auch hingehst, dich selbst nimmst du immer mit.‹«

»Und was ist die Moral von der Geschichte?«, fragte Emily.

»Die Moral ist«, antwortete Vater Maximos, »dass in Wirklichkeit wir selbst die Ursache aller unserer Probleme sind. Dies sollte der Ausgangspunkt unserer spirituellen Arbeit sein. Finde heraus, wer du bist. Lerne dich selbst kennen. Lerne deine Schwächen, deine Fehler, deine Unzulänglichkeiten kennen. Rechtfertige dein Verhalten nicht, aber sei dir selbst ein fairer Richter, ohne Panik, ohne Angst oder pathologische Schuldgefühle. Lasse dich nicht entmutigen, weil du Böses in dir entdeckst. Untersuche dich einfach, so wie du bist. So kannst du an den Aspekten arbeiten, die eine Korrektur erfordern. Wenn du bewusst an dir arbeitest, wenn du an deinen Schwächen arbeitest, dann vertiefe dich ins Gebet und das Studium der Schrift. So lassen die destruktiven Leidenschaften allmählich nach, und Schritt für Schritt lernst du dich selbst besser kennen und kommst mehr ins Reine mit dir.«

Vater Maximos schwieg eine Zeit lang, um uns Zeit zum Nachdenken über seine Worte zu geben. Dann fuhr er mit einer rhetorischen Frage fort. »Erkennt ihr, dass wir uns selbst der beste Freund sind?« »Wir haben keinen engeren und vertrauteren Freund als uns selbst. Es mag euch paradox erscheinen, aber für viele ist es die reine Hölle, wenn sie ganz alleine bleiben müssen. Sie können nicht allein sein, nicht einmal einen Augenblick. Deshalb bist du selbst der erste Mensch, mit dem du Freundschaft schließen musst. Denn dann bist du in der Lage, dich mit viel Liebe und Mitgefühl zu betrachten.

Ich weiß noch, wie beeindruckt ich war, als ich zum ersten Mal Altvater Paisios begegnet bin. Bei ihm bestand völlige Harmonie zwischen Körper, Geist und Seele. Alle drei arbeiteten wirklich im Einklang und im Zusammenspiel miteinander darauf hin, Gott zu erreichen. Kein Teil rebellierte gegen den anderen, etwa der Körper gegen den Geist. Der Leib hasste die Seele nicht und die Seele nicht den Leib. Es war eine vollkommene Symphonie, eine spirituelle Einheit aller drei. Außerdem erinnere ich mich an die Worte eines Heiligen, dass das Alleinsein spirituellen Lohn in sich trägt.«

»Was für ein Lohn ist das?«, bohrte Eleni nach, während ich spürte, dass Vater Maximos mit einer Antwort zögerte.

»Man genießt Gottes Gegenwart im Herzen und freut sich darüber hinaus auch über sich selbst. Man erkennt, was für ein schönes Menschenwesen man ist. Man muss sich selbst in diesem Zustand sehen, bevor man andere so sehen kann. Ohne das Bewusstsein, dass man selbst ein wunderschönes Wesen ist, wird man eifersüchtig, wenn man andere in ihrer ganzen Größe sieht.

Dann sagt jemand etwa: ›Weißt du, ich habe einen sehr netten, guten Menschen gesehen, einen schönen Menschen, eine schöne Frau.‹ Er meint vielleicht wirklich, was er sagt, ohne die geringste Spur von

Hinterlist im Herzen. Und doch verspürt derselbe Mensch zugleich einen Hauch heimlichen Neids.«

»Das ist merkwürdig«, sagte Michael. »Wie kann man völlig arglos und dennoch neidisch sein?«

»Ein neidischer Mensch ist einfach jemand, der noch nicht erkannt hat, dass auch er schöne Charakterzüge und Eigenschaften hat, die andere vielleicht nicht haben. Er geht davon aus, dass er nichts hat und alle guten und erhabenen Züge nur bei anderen zu finden sind.

Wenn wir eine gesunde Beziehung zu uns selbst haben, dann können wir alle gute Gaben, mit denen wir versehen worden sind, wahrnehmen und wertschätzen, ohne uns unzulänglich zu fühlen, was sich wiederum in Form von Narzissmus ausdrückt. Wenn wir uns, immer mit Demut, so wahrnehmen, dann richtet sich unser Geist auf Gott, unseren Schöpfer, wenn wir über unser Menschsein nachdenken. Dann sehen wir, dass wir derselben vollkommenen Harmonie folgen wie die Musik eines großen Orchesters. Ihr mögt fragen, woran das liegt. Dies liegt daran, dass Gott, der uns nach seinem Bilde geschaffen hat, harmonisch ist. Nichts an Ihm ist überflüssig oder mangelhaft. In Gott ist alles ausgewogen. Deshalb sind auch wir in der Tiefe unseres Wesens vollkommen. Wenn wir in uns hineinschauen und weder Verbitterung noch aufwühlende Gefühle entdecken, dann erkennen wir die Schönheit von Gottes Schöpfung. Dann bauen wir in unserem Inneren eine gute Beziehung zu uns selbst auf. Wir werden brauchbare Gefäße für Gottes Gnade und sind uns nicht mehr selbst feind. Wir wissen dann, wer wir sind, und werden uns selbst zum Freund.

Vor vielen hundert Jahren sagte Abba Isaak: ›Finde Frieden in dir, und es wird Friede im Himmel und auf Erden sein.‹ Ähnlich sagte der Heilige Seraphim von Sarow vor hundert Jahren: ›Erlange Frieden in dir, und tausend Menschen werden friedlich.‹ Wenn du in dir zur Harmonie gelangst und dir selbst zum Freund wirst, dann wird dir zugleich dein ganzes Umfeld, Himmel und Erde, zum Freund. Für einen solchen Menschen gibt es keine Feinde, keine ›unreinen‹ Menschen. Den Reinen ist alles rein.«

»Manche würden so einen Menschen missverstehen und als naiv bezeichnen«, merkte ich an.

»Die verstehen bloß nicht, was in so einem Menschen vor sich geht«, erwiderte Vater Maximos. »Der ausgeglichene Mensch blickt hinter die Äußerlichkeiten seiner Mitmenschen, selbst wenn sie zum Beispiel Diebe oder Halunken sind. Der Mensch ist von Natur aus gut, denn so wurde er von Gott erschaffen. Deshalb können solche Menschen jeden lieben, ganz gleich, wer er ist oder was er tut. Ich bin immer sehr beeindruckt von der Weitsicht und dem Scharfblick der Altväter, die ich kennengelernt habe. Sie können in einem Menschen die Wirklichkeit hinter den Äußerlichkeiten erkennen und sind daher fähig, ohne Ausnahme wirklich jeden zu lieben.«

»Meinen Sie mit Scharfblick eine Form der Prophetie?«, fragte Eleni.

»Nein, die Prophetie ist eine höher entwickelte und bedeutendere Gabe. Scharfblick ist eine der ersten und schlichten Gaben des Heiligen Geistes. Er gestattet denen, die über ihn verfügen, durch einen hindurch zu sehen und sozusagen in der Seele zu lesen.« Ich verstand Vater Maximos in dem Sinne, dass Menschen mit dieser Gabe mit einer erhöhten intuitiven Fähigkeit ausgestattet sind, andere zu verstehen.

Zur Erläuterung, was er meinte, erzählte uns Vater Maximos von einem Erlebnis bei seiner ersten Begegnung mit dem legendären Altvater Ephraim von Katounakia auf dem Athos. Der Altvater stand in dem Ruf, nicht nur über Scharfblick, sondern auch über viele weitere »fortgeschrittene« Geistesgaben zu verfügen.[24]

»Wie ich mich erinnere, habe ich mich 1976 bei meinem zweiten Besuch auf dem Athos entschlossen, in Katounakia, der rauen und unzugänglichen Region des Heiligen Berges, Altvater Ephraim zu besuchen. Ich war achtzehneinhalb Jahre alt und reiste mit Klassenkameraden, die schon einmal dort gewesen waren. Ich begleitete sie nur sehr ungern, denn mein erster Besuch auf dem Athos war nicht angenehm verlaufen. Aber das ist eine andere Geschichte. Ich hatte echt Angst, was mich dort wohl erwarten würde. Und diese verflixten Freunde bestanden auch noch darauf, in jene entlegene Region des

---

24 Siehe Markides, *Mountain of Silence*, S. 153-164; deutsch: *Der Berg des Schweigens*, S. 238-255.

Athos zu gehen, die über furchterregenden Abgründen thront. Ich flehte sie an, wir sollten doch zumindest in einem normalen Kloster wohnen. Aber sie hatten sich in den Kopf gesetzt, nach Katounakia zu gehen, wo die Eremiten leben. Unterwegs gaben sie ein paar echt wilde Geschichten zum Besten. Ein bestimmter Universitätsprofessor hatte Altvater Ephraim aufgesucht, und kaum dass der Altvater ihn erblickte, hatte er ihm auch schon seine Sünden aufgezählt. Außerdem sprachen sie von einem Besucher, den der Altvater angeblich mit einem Tritt aus dem Zimmer befördert hatte. So ging es weiter, bis ich vor Angst wie versteinert war. ›Gibt es denn dort keinen normaleren Menschen, den wir besuchen könnten?‹, bekniete ich sie. Mir war, als ob mir die Seele aus dem Körper wiche! Der Weg zu diesen felsigen Bergen war nicht leicht. Ich hatte von der Karoulia gehört, jener anderen schrecklichen Region auf dem Athos, wo man sich an Ketten abseilen muss, weil die Höhlen der Eremiten nicht anders zugänglich sind.

Zitternd vor Angst ging ich also nach Katounakia. Meine große Befürchtung war, Altvater Ephraim könnte vor meinen Klassenkameraden meine ganzen Sünden ausspucken. Ich wäre vernichtet gewesen. Zu alledem erzählten mir meine Freunde, Altvater Ephraim sei riesengroß, und sein Gesicht strahle wie die Sonne. In meiner Fantasie hatte ich ihn bereits zu einem außerirdischen Wesen aufgebauscht, das alles über mich wusste und mich vor aller Öffentlichkeit demütigen würde. In Wirklichkeit erwies sich Papa Ephraim als sehr charismatischer Altvater. Wegen meiner Ängste stellte ich mich ganz weit hinten an, um seinen Segen zu erhalten. Er war genauso, wie sie ihn beschrieben hatten: Groß und mit strahlendem Gesicht, erfüllt von der Gnade des Heiligen Geistes.

Der erste in meiner Gruppe stellte sich vor. ›Vater‹, sagte er und küsste ihm die Hand, ›ich bin Nikos.‹ Der Altvater sagte nur: ›Willkommen Niko. Bitte nimm Platz.‹ Der nächste stellte sich vor: ›Ich heiße Aristoteles.‹ ›Willkommen, Aristotele. Bitte nimm Platz.‹ Der dritte sagte: ›Ich bin Kostas‹ und küsste seine Hand. ›Willkommen, Kosta. Bitte nimm Platz. Allmächtiger Gott, sagte ich mir, er sagt überhaupt nichts, zu keinem. Ich befürchtete, er wartete nur darauf, seinen ganzen Zorn über mir auszuschütten. Zum Glück bot der nächste nach Kostas dem Altvater eine Schachtel *Kourambiedes* an [ein beliebtes Gebäck mit Zuckerguss]. Wir wollten ihn bestechen, damit er nicht ganz so grob zu uns wäre. Der Altvater warf ihm einen strengen, missbilligenden Blick zu, und ich sah, dass die Hand meines Freundes zitterte. Altvater Ephraim fragte: ›Was ist das?‹ Mein Freund murmelte ›*Kourambiedes*‹. ›*Kourambiedes!*‹, wiederholte der Altvater und schüttelte missbilligend den Kopf. Und dann sagte er streng: ›Weißt du, was für ein Ort dies ist?‹ Kaum hörbar antwortete mein Freund: ›Ja, Vater, Katounakia.‹ ›In Katounakia essen wir keine *Kourambiedes*. Wirf sie sofort aus dem Fenster.‹ Mein Freund erstarrte. Eine solche Reaktion hatten wir nicht erwartet. Mit zitternden Händen warf er die Süßigkeiten also schleunigst aus dem Fenster. Ich dachte, jetzt wirft er uns gleich alle hinterher. Ich war der letzte, der zu ihm hereinkam. Ich verbeugte mich vor dem Altvater und küsste ihm die Hand. Noch währenddessen packte er mich bei der Hand und erklärte triumphierend: ›Ahaaaa! Endlich haben wir den Dieb erwischt!‹«

Sobald sich unser Gelächter wieder gelegt hatte, fuhr Vater Maximos mit seiner Erzählung fort. »Ich konnte mich kaum auf den Beinen halten und dachte, ich würde gleich ohnmächtig vor Angst. Der Schweiß lief mir in Strömen herunter, obwohl es tiefster Winter war. Er schaute mich mit durchdringendem Blick an, wandte den Kopf ab, sah die anderen an und sagte ›Hmmm …. Dieser da‹, verkündete er ihnen, ›ist unserer Abstammung.‹ ›Oh‹, sagte ich mit einem Seufzer der Erleichterung. ›Sind Sie zufällig aus Zypern, Vater?‹ Ich war so naiv! Der Altvater hob die Hand und erwiderte: ›Du schläfst! Du schläfst!‹«

Vater Maximos erklärte nichts weiter, sondern sagte nur, von diesem Tag an sei Vater Ephraim ihm einer seiner liebsten Altväter geworden, und während seiner Jahre auf dem Athos habe er ihm geistliche Unterweisung erteilt. Außerdem berichtete er, bei dieser ersten Begegnung habe ihm Altvater Ephraim Einzelheiten aus seinem Leben genannt, die er nicht auf gewöhnlichem Wege in Erfahrung gebracht haben konnte. Für Vater Maximos bestätigte dies Altvater Ephraims Ruf, dass er mit reichen Geistesgaben gesegnet war.

»Altväter wie er können zwar manchmal streng sein, aber sie können auch jedermann bedingungslos lieben, gerade weil sie den anderen über die äußeren Persönlichkeitsmerkmale hinaus in seinem natürlichen Zustand zu sehen vermögen«, erklärte Vater Maximos. »So war Altvater Ephraim wirklich, nicht der angsteinflößende Mensch, als den ich ihn mir vorgestellt hatte, bevor ich ihn kennenlernte. Altväter wie Papa Ephraim können sogar die Schlimmsten unter uns lieben, weil sie wissen, dass menschliche Leidenschaften erworben sind und nicht naturgemäß zur Seele des Einzelnen dazugehören. Was sie in jedem Menschen sehen, ungeachtet seiner Sündhaftigkeit, ist die Gegenwart Christi. Deshalb lieben sie jeden Menschen so wie Gott ihn liebt.«

»Sie haben einmal erwähnt, dass die heiligen Altväter sogar Dämonen lieben«, bemerkte ich.

»Genau. Sie lieben sie genauso wie Gott sie liebt. In ihrem innersten Wesen sind Dämonen gut. Nur ihre Absichten sind böse. Schließlich sind sie gefallene Engel. Sie wurden gut erschaffen.«

»Für die Leute ist dies aber sehr schwer zu begreifen«, wandte ich ein, weil ich merkte, dass fast niemand unter den Anwesenden nachvollziehen konnte, was Vater Maximos sagte.

»Das verstehe ich, aber Gott macht in Seiner Liebe keinen Unterschied und liebt daher alles und jeden bedingungslos«, betonte Vater Maximos. Ich verstand das Prinzip, das er damit vermitteln wollte, nämlich, dass Gottes Liebe der gesamten Schöpfung eingebettet ist, bedingungslos. Er hatte mir bereits einmal gesagt, dass sich viele Menschen daran stoßen, wenn sie dies hören. Aber für Vater Maximos kann Gott gar nicht anders, als jedes Wesen zu lieben, ungeachtet seines momentanen gefallenen Zustands.

»Noch einmal«, fuhr Vater Maximos fort, »wer eine gute Beziehung zu sich selbst hat, entwickelt auch gute Beziehungen zu anderen und zu seinem Umfeld. Wer lernt, eine gute Beziehung zu anderen zu haben, hat auch eine gute Beziehung zu Gott. Auf diese Weise in der Welt zu sein, führt den Menschen zu wahrer Freiheit und Befreiung, ohne dass irgendetwas seine Persönlichkeit auch nur im Geringsten beeinträchtigen würde, sei es Angst, Hinterlist, Selbstsucht oder Bosheit. Dies ist der Mensch, der *chrestos* ist oder nützlich, freundlich und sanft. Er bereitet anderen keine Schwierigkeiten und fühlt sich von ihnen nicht bedrängt.«

»Kurzum, man kommt gut mit ihm aus. Das meinen Sie mit nützlich oder *chrestos*«, stellte ich fest.

Vater Maximos stimmte zu. Das Gegenteil des *chrestos* Menschen ist der unausstehliche und verdrießliche Mensch. Er ist wie ein Dorn, wie Essig. Überall, wo er auftaucht, sorgt er für Streit und Probleme. Als Arbeitgeber ist er ein Tyrann. Als Arbeitnehmer kommt er mit anderen nicht aus und stürzt alle ins Chaos.«

»Solche Menschen findet man überall«, bemerkte ich, »auch in der Kirche.«

»Besonders in der Kirche«, fügte Vater Maximos lachend hinzu. Dann fiel ihm ein Kommilitone ein, der sich ständig mit seinen Lehrern stritt. »Er war wild. Einmal sprach er voller Hass über einen Professor. Er sagte, er werde sein Blut trinken, ihm die Augen ausreißen und dergleichen.«

»Und er war Theologiestudent?«

»Ja, er befand sich in der Ausbildung zum Priester. Ich versuchte ihn zu beraten. ›Mein lieber Kosta‹, sagte ich zu ihm, ›warum stellst du dir deinen Professor nicht als deinen geistlichen Altvater vor? Gehorche ihm als eine Form geistlicher Übung.‹ Seine Antwort war: ›Was hast du da gesagt? Eher reiße ich ihm den Kopf ab!‹«

Vater Maximos wurde nie müde zu wiederholen, dass wir alle Schwierigkeiten, die uns im Leben begegnen, als Chance zu geistigem Wachstum begreifen müssen. »Habt ihr einen schwierigen Vorgesetzten?«, fragte er einmal eine Gruppe von Lehrern. »Dann baut dies in den Kontext eurer *Askesis*, eurer regelmäßigen geistlichen Übungen, ein. Es ist sehr wichtig, dass man den anderen nicht als bösen Menschen betrachtet. Seht ihn oder sie nicht als den Feind und euch selbst als das gute und unschuldige Opfer. Seht ihn nicht als Nero und euch als Märtyrer. Versucht, den anderen als euch selbst zu betrachten, und akzeptiert ihn in diesem Geiste. Macht euren Haushalt, euer Umfeld, euren Arbeitsplatz zum Spielfeld für geistliche Übungen.

Um *chrestos* zu werden, müsst ihr erkennen, dass dies eine laufende geistliche Übung in eurem Leben ist. Wartet nicht auf besondere Umstände und günstige Bedingungen. Fangt da an, wo ihr gerade seid, im Büro, bei der Arbeit, überall. Lernt Geduld. Lernt, eure Schwierigkeiten in den Rahmen eurer täglichen geistlichen Praxis einzubauen. Denkt euch zum Beispiel eure Ehe als Herausforderung, um euch selbst zu überwinden. Dies ist die einzige Einstellung, die ihr haben müsst, wenn ihr wollt, dass eure Ehe hält und geistliche Früchte trägt.

Im Klosterleben ist es dasselbe, man ist aufgefordert, sich selbst zu überwinden. Wenn man in der Ehe oder im Kloster darauf besteht, nur das zu tun, was man will, hat dies katastrophale Folgen. Wenn ihr nicht lernt, im Alltag euer Kreuz zu tragen, verpasst ihr die tausend Chancen, die Gott jeden Augenblick für euch erschafft, damit ihr als Mensch vervollkommnet werden könnt.

Das *Gerontikon* [eine Schriftenreihe über das Leben großer Altväter] ist voller Beispiele für kleine Maßnahmen, durch die viele zu Riesen der Tugend geworden sind. Abba Agathon hat zu Gott gebetet: ›Lieber Gott, hilf mir, heute deinen Willen zu tun, damit ich sagen kann, dass ich wenigstens einen Tag lang getan habe, worum du mich gebeten hast.‹ Und was, glaubt ihr, hat er getan? Nichts anderes als sonst auch. Er hat nicht gesagt: ›Ich will mich hinsetzen und von morgens bis abends beten.‹ Nein. Er hat gefragt: ›Was habe ich heute zu tun?‹ Dann sagte er sich: ›Ich muss zur Mühle, um meinen Weizen zu mahlen.‹ Er lud sich seinen Sack Weizen auf die Schultern und ging zur Mühle. Nebenbei bemerkt, als ich zum ersten Mal auf den Athos kam, gab es diese Mühlen noch. Sie verfügten weder über Maschinen noch über Tiere, die den Mühlstein drehten. Dies musste von Hand geschehen, und die Mönche mussten es selbst machen. Weizen zu mahlen, war eine langwierige, schwere körperliche Arbeit. Genau in dem Moment, als Abba Agathon gerade seinen Weizen ausstreuen wollte, kam ein anderer und bat ihn, ob er ihn zuerst mahlen lassen könne, denn er habe es eilig. Abba Agathon sagte: ›Aber gerne.‹ Der andere sagte: ›Wenn du schon da bist, kannst du mir helfen, den Stein in Bewegung zu setzen?‹ ›Ja, gut.‹ Sie mahlten den Weizen, der andere füllte sein Mehl ab und ging. Als Abba Agathon nun zum zweiten Mal seinen Weizen abladen wollte, kam wieder jemand, und das Ganze begann von vorne. Danach kamen noch zwei und baten ihn um dasselbe. Die Nacht brach herein, und Abba Agathon konnte seinen Weizen immer noch nicht mahlen. Er lud ihn sich wieder auf den Rücken und ging zurück in seine Eremitage. Nach klösterlicher Überlieferung gilt dies als Beispiel für vollkommene geistliche Arbeit. Abba Agathon hatte sich nicht beschwert. Er hatte sich nicht geärgert. Er hatte nicht gesagt, ›Alles, was recht ist, Jungs, ihr seid von hier. Ich bin von weit her aus der Wüste gekommen. Lasst mich meinen Weizen mahlen.‹ Solche Beispiele zeigen, dass diese Eremiten gesegnet waren, nicht wegen langer Zeiten des Fastens und Betens, sondern wegen einfacher Akte der Freundlichkeit, die wir alle nicht zustande brächten.«

»Das ist tröstlich«, meinte Eleni. »Es bedeutet, dass es Hoffnung gibt, selbst für uns, die wir in der Welt leben.«

»Genau das ist die Lektion aus solchen Geschichten«, betonte Vater Maximos.

An dieser Stelle flocht ich ein, im Zusammenhang mit dem, was Vater Maximos gerade gesagt habe, sei es sehr interessant, dass viele, die eine Nahtod-Erfahrung gehabt haben, behaupten, sie hätten genau dies daraus gelernt. In der Phase der »Lebensrückschau« innerhalb der Nahtod-Erfahrung erlebten sie, dass kleine Akte der Freundlichkeit auf der Skala des spirituellen Wachstums in Wahrheit mehr zählen als große weltliche Errungenschaften und der Erwerb von Trophäen.[25] Vater Maximos wies im Anschluss darauf hin, dass großer Erfolg im Leben oft eine Falle sein kann, die uns vom geistlichen Pfad abbringt, weil er uns, wenn wir nicht aufpassen, womöglich in den Narzissmus treibt.

»Geschichten aus dem Leben von Heiligen wie Abba Agathon«, fuhr Vater Maximos fort, »sind von didaktischem Wert für alle, die in der Welt leben. Eremiten wie er wissen, wie man alltägliche Begegnungen und Herausforderungen in Schritte verwandelt, die zu Gott führen. Ein geistliches Leben bedeutet für sie nicht bloß Fasten, Be-

---

25 Raymond Moody, *Life After Life*, Bantam Books 1976; deutsch: *Leben nach dem Tod: Die Erforschung einer unerklärten Erfahrung*, mit einem Vorwort von Elisabeth Kübler-Ross, aus dem Amerikanischen von Hermann Gieselbusch und Lieselotte Mietzner, Rowohlt 1977.

ten, die Lektüre heiliger Schriften oder der regelmäßige Kirchgang. Solche Altväter sind mit den Früchten der *Chrestotis* gesegnet. Sie sind brauchbare Gefäße in Gottes Hand, nützlich für sich selbst und nützlich sowie zuvorkommend und voll Freundlichkeit in ihren Beziehungen zu anderen Menschen.«

Wir unterhielten uns noch ein wenig weiter über die Gabe der *Chrestotis*, dann legten wir eine kurze Pause ein. Als wir wieder zusammenkamen, schlug ich vor, zur nächsten geistlichen Gabe überzugehen. »Am unteren Ende beginnend«, sagte ich, »haben Sie, Vater Maxime, bisher über Selbstbeherrschung, Sanftmut, Treue oder Glauben, Güte und Freundlichkeit gesprochen. Bleiben noch Geduld, Friede, Freude und Liebe.«

»Gut. Machen wir weiter mit Geduld«, sagte Vater Maximos mit einem wissenden Lächeln. »Gott ist unendlich geduldig. Er tut nichts in Hektik und Eile.«

»Zum Beispiel?«, fragte Teresa.

»Gut. Hier ein einfaches Beispiel. Gott hätte die Welt im Bruchteil einer Sekunde erschaffen können. Doch Er hat sechs Tage dazu gebraucht, kosmische Tage, wohlgemerkt. Er verlangt, dass auch wir geduldig sind. Es dauert neun Monate, bis wir im Mutterleib zu einem Menschen heranwachsen. Und dann brauchen wir Zeit, um wirklich erwachsen zu werden. Es erfordert sehr viel Geduld, bis der Mensch heranreift.«

»Somit befindet sich also alles in einem evolutionären Prozess geduldiger Veränderung«, fasste ich zusammen.

»Mehr oder weniger. Veränderung kann selbstverständlich auch plötzlich eintreten, aber das ist etwas anderes.

Wenn wir als vollständig ausgereifte Wesen aus dem Mutterleib kämen, könnten wir nicht wahrhaft Mensch werden«, sagte ich. »Wir brauchen Zeit, um zu wachsen, eine Sprache zu erlernen und sozialisierte Wesen zu werden. Daher können wir also sagen, dass Geduld und Durchhaltevermögen große Tugenden sind, weil sie sich in Harmonie mit dem Wirken Gottes und des Universums befinden.«

»Gut formuliert. Wir haben bereits gesagt, dass die Früchte des Geistes die Kennzeichen sind, die einen gesunden Menschen charakterisieren. Der Mensch als gefallenes Wesen ist krank, aufgespalten und verzerrt infolge seiner Leidenschaften und Sünden. Dann tritt Gott wie ein guter Arzt auf den Plan und macht ihn wieder gesund. Die Kennzeichen wiederhergestellter Gesundheit sind die Früchte des Geistes, wie Paulus sie aufführt.«

»Es überrascht mich, dass Geduld eine höher entwickelte Gabe ist als Glaube«, bemerkte Emily.

»Ja, das ist sie. Genauer gesagt, Geduld entsteht aus dem Glauben.«

»Inwiefern?«

»Weil ein Mensch, der an Gott glaubt, nicht panisch werden kann. Gott macht sich nie Sorgen, Er könnte den Zug oder eine Chance verpassen. Wir Menschen rennen immer wie besessen hinter guten Gelegenheiten her, damit wir nur ja nichts verpassen, was wir uns wünschen, oder ein Ereignis nicht mitbekommen.«

»Man beobachte nur einmal den Aktienmarkt, dann bekommt man eine Vorstellung davon, was Vater Maximos sagt«, schlug ich vor.

»Gott verhält sich in einem Zustand absoluter Gewissheit. Er hat keine Phobien, gerät nicht in Panik, steht nicht unter Druck – falls wir zur Beschreibung Gottes überhaupt solche anthropomorphen Metaphern benutzen können.«

»Wer also den Heiligen Geist in sich hat, der handelt und verhält sich wie Gott«, bemerkte Eleni.

»Wer den Heiligen Geist in sich hat, erfährt Sicherheit im Herzen. Ein solcher Mensch fürchtet sich vor nichts, weil es in Wirklichkeit nichts gibt, wovor man sich fürchten müsste.«

»Stress und Ängste sind das tägliche Brot der Psychotherapeuten«, betonte Emily.

»Was ich gesagt habe, gilt nicht für psychiatrische Phänomene im Zusammenhang mit Angst und Leid. Ich spreche von gewöhnlichen Menschen, die ansonsten psychisch gesund sind, aber aufgrund der Umstände in ihrem Leben unter Stress und Ängsten leiden.«

»Ein geduldiger und nachsichtiger Mensch ist also jemand, der trotz aller Umstände ohne Angst lebt«, fasste ich zusammen.

»Richtig. Solche Menschen sind von der Angst befreit. Um sie herum kann die Welt zusammenbrechen, aber sie fürchten nichts, weil ihr Sein in Gott verankert ist, und daran messen sie ihr Leben. Sie haben keine Versagensängste. Erfolg und Scheitern gehören zum Leben. Wenn solche Menschen scheitern, akzeptieren sie es. Wenn sie wieder erfolgreich sind, akzeptieren sie ihren Erfolg.«

»Sie begegnen Erfolg und Scheitern mit Abgeklärtheit«, fügte ich hinzu.

»Ja, natürlich mit Abgeklärtheit. Ihr Leben gründet nicht auf Vergänglichem.«

»Und was, wenn sie Atheist sind?«, fragte ich.

»Dann sind sie keine Atheisten nach herkömmlichem Verständnis.«

»Wie bitte?«, fragte ich.

»Das Evangelium bezeichnet die Menschen, die nicht an Gott glauben, als ›närrisch‹. Zugleich gibt es Menschen, die glauben, dass es Gott gibt und in Wirklichkeit doch Atheisten sind.«

»Dies klingt wie ein Widerspruch in sich. Wie können wir an Gott glauben und zugleich Atheist sein?«, warf Michael ein.

Vater Maximos lächelte und fuhr fort: »Ein echter Atheist ist ein Mensch, der keine echte Beziehung zum Geist Gottes hat. Der Heilige Geist ist in seinem Herzen nicht aktiv. Ein solcher Mensch kann äußerlich tieffromm wirken, er geht jeden Sonntag zur Kirche und tut alles, was man von einem Christen erwartet, aber sein Herz ist völlig abgeschottet von den Energien des Heiligen Geistes.«

»Von Geistesfrüchten keine Spur«, fügte ich hinzu.

»Das ist der wahre Atheist. Gott kommt in seinem Leben nicht vor.« Anschließend ging Vater Maximos näher auf die Frucht der Geduld und Nachsicht ein.

»Die Heiligen sind furchtlos, weil sie eine direkte Verbindung zum Geist Gottes haben. Daher können sie alles mit Frieden im Herzen und ohne eine Spur von Angst ertragen.«

»Ich vermute, deshalb heißt es in der Kirche, Gott sei allgegenwärtig und erfülle alle Dinge«, merkte Maria an.

»Richtig. Nur der Geist Gottes kann einen Menschen erfüllen. Weißt du, Gott hat folgendes Attribut: Ganz gleich, ob Seine Gegenwart in unserem Dasein gering oder mächtig ist, immer fühlen wir uns erfüllt und vollständig.«

»Gottes Gegenwart lässt keine Lücken, in denen Angst und innere Unausgefülltheit entstehen könnten, wie sie für viele heutige Intellektuelle und Philosophen so typisch sind«, sagte ich.

»Ja. In Gottes Gegenwart empfindet der Mensch völlige Ruhe. Aber wichtig ist«, fuhr Vater Maximos fort, »dass wir in geistlicher Hinsicht nicht faul werden. In der Gnade Gottes setzen wir unser Bemühen mit noch größerem Eifer und vermehrter Intensität fort. Die Gnade drängt uns, diese Liebe zu kosten, die aus der Tiefe unseres Menschseins kommt.«

»Angst ist eine Folge davon, dass der Mensch die Dinge selbstständig tun will, noch dazu möglichst schnell und nur aus eigener Kraft und eigener Überlegung«, sagte ich. »Dies erzeugt Druck und Zweifel, Bedenken, dass es einem nicht gelingen, dass man es nicht rechtzeitig schaffen könnte.«

»Das ist unser übliches menschliches Dilemma«, erwiderte Vater Maximos. »Alle diese Gemütsverfassungen und Gefühle verschwinden, sobald Gottes Gegenwart in unserem Leben aktiviert wird. Der Mensch kommt innerlich zur Ruhe, ohne deshalb anderen gegenüber gleichgültig zu werden. Er ist mitfühlend und leidet mit den Leidenden, geht aber alles so an wie Gott die Probleme dieser Welt angeht.«

»Das klingt ja alles ganz wunderbar«, warf Teresa ein. »Die Frage ist aber doch, wie erreichen wir diese Stufe der Langmut?«

»Langmut ist ein Kind der anderen Geistesfrüchte, über die wir gesprochen haben. Wir sind Menschen und wir haben es eilig. Uns fehlt Geduld. Wie können wir aus kleinmütigen und feigen in geduldige und langmütige Menschen verwandelt werden? Wie ihr euch vorstellen könnt, ist dies ist gar nicht so leicht. Man erreicht es nicht von einem Tag auf den anderen. Und es gelingt nicht, indem wir erklären, dass wir von heute an geduldig, nachsichtig und großherzig sind.«

»Wie fängt man es dann an?«, fragte Eleni.

»Man beginnt mit dem Glauben an Gott als die höchste Wirklichkeit, die die Welt regiert, und mit der Überzeugung, dass nichts geschehen kann, ohne dass Gott es zulässt. Was geschieht, kann schlecht für dich sein, katastrophal oder was auch immer. Fürchte dich nicht. Gott lässt dich nie im Stich. Das hat er uns versprochen. Deshalb dürfen wir Drohungen, egal welche, die uns irgendwer entgegenschleudert, niemals akzeptieren.«

Dann sprach Vater Maximos davon, wie Jesus Pontius Pilatus geantwortet hatte, als dieser ihm sagte, er habe die Macht, ihn auf freien Fuß zu setzen oder kreuzigen zu lassen. Jesu Antwort lautete, der römische Prokonsul habe nicht mehr oder weniger Macht über ihn als Gott ihm gestatte.

Vater Maximos wiederholte unablässig, dass unser Ego unser größter Feind ist, was Psychologen als »Narzissmus« bezeichnen würden, und dass wir auch im ganz normalen Alltag an unserem Ego arbeiten können. Dann erzählte er von Abba Dorotheos, einem der frühen Väter der *Ekklesia,* der seine Mönche im Umgang mit ihren Wünschen und Begierden unterwies, damit sie ihren Egoismus abbauen könnten. »Er brachte ihnen einfache Übungen bei. Wenn sie zum Beispiel Hunger hatten und neugierig darauf waren, was der Koch für den jeweiligen Tag zubereitet hatte, riet ihnen der Abba, diesem Drang zu widerstehen. Oder wenn jemand auf sie zukam und sie um einen Gefallen bat, dann waren sie aufgefordert, ihm diesen Gefallen zu erweisen, auch wenn sie absolut keine Lust dazu hatten. Weiter sagte Vater Maximos, wenn man die Schriften der Kirchenväter lese, erkenne man, wie man jedes Ereignis im Alltag heiligen könne, so trivial und unbedeutend es auch erscheinen mag.

»Wisst ihr«, fuhr Vater Maximos fort, »wenn ihr eure Mitmenschen mit allen ihren Fehlern bedingungslos akzeptiert, geht euer Herz allmählich auf. Wir werden unbeschwerte Menschen. Menschen Gottes haben diese Eigenschaft. Sie akzeptieren und trösten andere. Geduld als Frucht des Heiligen Geistes ist ein direktes Attribut Gottes, der uns zur Entdeckung unserer wahren Identität führt, dass wir nämlich Ebenbilder Gottes sind. Doch um andere zu trösten, haben wir zuerst Gott in unser Herz gelassen. Wir haben Trost in Gott gefunden, und infolgedessen werden durch unsere Gegenwart andere getröstet. Abba Isaak der Syrer sagte, Kleinmut sei die Mutter der Hölle.«

»Inwiefern?«, fragte Maria.

»Kleinmütige Menschen haben immer etwas, was ihnen Sorge bereitet, wovor sie sich fürchten, was ihnen Angst macht. Sie martern sich und andere. Menschen hingegen, in deren Herz der Heilige Geist aktiviert ist, beschreiten den Mittelweg. Sie sind in Harmonie und innerlich ausgeglichen. Wenn wir diese Stufe erreichen, begegnen wir sogar unseren Unzulänglichkeiten mit Großmut und Großzügigkeit.« Anschließend sprach Vater Maximos über den »Perfektionismus-Komplex« als geistliche Krankheit und unterstrich, wie weise es ist, uns selbst mit allen unseren Grenzen zu akzeptieren.

Nach diesen letzten Bemerkungen legten wir eine Pause ein und genossen das Abendessen, das unsere Gastgeberin großzügig für uns zubereitet hatte. Die Pause galt allerdings nicht für Vater Maximos. Wie ich schon oft beobachtet hatte, wurde er auch jetzt sofort von mehreren Gästen umlagert, die ihm weitere Fragen stellten. Einige erbaten seinen Rat zu persönlichen Problemen. Unsere Gastgeberin musste Vater Maximos befreien, indem sie ihn um einen Segen für die Speisen bat. Danach füllten wir unter seiner Führung unsere Teller mit einer Auswahl köstlicher veganer Gerichte, zubereitet gemäß den Speisevorschriften der Großen Fastenzeit, also ohne Fleisch und Fleischerzeugnisse.

5
Wahrer Friede

Es war bereits nach acht, als wir das Abendessen beendeten. Ich brannte darauf, unser Gespräch wiederaufzunehmen, denn ich war mir nicht sicher, ob wir Paulus' Liste der Geistesfrüchte vor Vater Maximos' Abreise am folgenden Tag würden vollständig besprechen können. So übernahm ich die Rolle des inoffiziellen Koordinators und bat die Gäste, sich mit ihren Teetassen wieder ins Wohnzimmer zu begeben, damit wir unser Gespräch fortsetzen könnten.

»Die nächste Geistesfrucht, die wir zu besprechen haben«, sagte ich nach einem Blick in mein Notizbuch zu Vater Maximos, »ist Friede – ein sehr wichtiges Thema, wenn man bedenkt, was heute in der Welt so vor sich geht!«

Vater Maximos nickte. »Alle reden heutzutage vom Frieden, alle wollen ihn, aber wo ist dieser Friede? Bei Jesu Geburt haben die Engel ›Frieden auf Erden‹ versprochen, aber bisher ist der Frieden ausgeblieben. Warum lügen sie uns an?

Auch Jesus selbst«, fuhr Vater Maximos fort, »hat kryptische Bemerkungen gemacht, die für uns häufig verwirrend sind. Damit meine ich seine Worte: ›Ich bin nicht gekommen, Frieden zu bringen, sondern das Schwert.‹«

»Da hat er ein wahres Wort gesprochen«, stellte ich fest.

»Deshalb ist eigentlich klar, dass das Evangelium, wenn es von Frieden spricht, nicht die Abwesenheit von Krieg meint«, schloss Vater Maximos. »Hier ist innerer Friede gemeint.«

»Ich hoffe, dies soll nicht heißen, dass wir nicht den Weltfrieden anstreben sollten«, warf Emily ein.

»Natürlich müssen wir den Weltfrieden anstreben. Das steht außer

Frage«, stellte Vater Maximos klar. »Aber bevor wir echte Friedensstifter werden können, müssen wir Frieden im Herzen haben. Dies ist mit Frieden im Sinne des Evangeliums gemeint.«

»Christus hat die Friedensstifter gesegnet.«

»Das stimmt. Aber wir müssen fragen, was essenziell das Wesen des Friedens ist, von dem Christus spricht, von dem die Engel gesungen und die Evangelisten geschrieben haben.« Vater Maximos nippte an seiner Teetasse. »Paulus selbst sagt eindeutig, dass Christus unser Friede ist.«

»Ich vermute, er hat diese Feststellung aufgrund seines Erlebnisses auf der Straße nach Damaskus getroffen, also weil er unmittelbar Verbindung zu Christus oder das Christus-Bewusstsein erlangt hatte«, regte ich an.

»Wenn du es so nennen willst, ja. Der entgegengesetzte Zustand ist Verwirrung, Angst, Furcht, Konflikt. In einer solchen Gemütsverfassung quält der Mensch sich und andere. Wenn Christus in unser Herz eindringt, erlangen wir echten Frieden in uns.«

»Können Sie etwas konkreter werden, Vater Maxime?«, bat Maria. »Was genau sind für Sie die entscheidenden Eigenschaften eines friedlichen Menschen?«

»Ein friedlicher Mensch ist jemand, bei dem alle Teile seiner inneren Welt in völliger und schöner Harmonie zusammenwirken. Alles spielt mit wunderbarer Präzision zusammen, genau wie die verschiedenen Instrumente in einem Orchester in Übereinstimmung miteinander gebracht werden, damit eine herrliche Symphonie entstehen kann.«

»Aber was bedeutet dies in der Praxis?«

»Wie ich schon oft gesagt habe: Der Mensch ist als harmonisches Ganzes erschaffen, weil er ein Ebenbild Gottes ist. Wie die Schrift uns sagt, ist Friede der im Inneren weilende Geist Gottes. Friede ist ein Attribut Gottes, und der Mensch, erschaffen nach dem Bilde Gottes und Ihm ähnlich, verfügt über das natürliche Vermögen, ebenso zu agieren. Erst der Fall hat die Disharmonie erzeugt, die seither die Menschheit plagt. Die Herausforderung, die sich dem Menschen stellt, besteht darin, sein zerbrochenes göttliches Bild wieder zusammenzusetzen, damit er erneut harmonisch und friedlich sein kann.«

»Harmonie zwischen Körper, Geist und Seele führt zum inneren Frieden«, warf ich ein.

»Ja. Dies ist der Friede, den die Menschen wirklich brauchen, ob ihnen dies nun bewusst ist oder nicht.«

»Aber wie kommen wir zu diesem Frieden?«, klagte Eleni. »Das ist der springende Punkt.«

»Uns wieder in diesen Zustand der Harmonie zu versetzen, erfordert ein ständiges schrittweises Bemühen. Ich habe schon oft gesagt, dass dies nur zu erreichen ist, wenn wir unsere Beziehung zu Gott zur Grundlage unserer inneren Arbeit machen. Andernfalls sind unsere Mühen höchstwahrscheinlich vergeblich.«

»Ist es nicht möglich, dass nicht gläubige Menschen diese innere Harmonie mit anderen Mitteln, etwa mithilfe der humanistischen Psychotherapie, erreichen?«, fragte Emily.

»Wenn wir uns von den Lehren der heiligen Altväter leiten lassen, dann lautet die Antwort nein. Wenn Gott fehlt und alles auf rein menschlicher Grundlage aufgebaut ist, dann verfallen wir den Altvätern zufolge in Irrglauben. Die Grundlage von *Plani* oder Irrglauben ist ihnen zufolge Selbstgenügsamkeit, die wiederum Stolz und Egoismus hervorbringt.«

»Ist Selbstvertrauen ein Irrglaube?«, fragte Emily.

»Ein gesundes Selbstvertrauen ist gut. Ich spreche aber von der ausschließlichen Konzentration auf sich selbst, ohne jede Anerkennung, dass wir letzten Endes auf Gott gegründet und von Ihm abhängig sind. Es ist so, als wollte man *Theosis* oder das Einswerden mit Gott ohne Gott erreichen.«

Weiter betonte Vater Maximos, der fehlende innere Friede sei durch egozentrische Leidenschaften und ungezügelte Begierden bedingt. Außerdem wies er darauf hin, dass alle äußeren Kriege, alle Gewalt sowie alle gesellschaftlichen und zwischenmenschlichen Konflikte von unserer inneren Disharmonie herrühren. Freiheit und Gerechtigkeit sind für ihn daher nur erreichbar, wenn wir uns unter großen Anstrengungen darum bemühen, inneren Frieden zu finden. Revolutionäre, die für Gerechtigkeit kämpfen, begreifen auch bei hehrsten Absichten nicht, dass sie, wenn sie mit der Veränderung nicht bei sich selbst beginnen, nur noch schlimmere Verhältnisse schaffen als zuvor.

»Der Geist Gottes eint die Menschen immer, das Gegenteil Gottes jedoch spaltet sie und trennt sie voneinander«, fügte Vater Maximos hinzu. »Konflikte und Uneinigkeit zwischen Menschen, Trennung, Streit, Kriege, Kämpfe und Ähnliches sind nicht Attribute des Geistes Gottes. Im Gegenteil, der Geist Gottes hilft dem Menschen, mit allen eins zu sein.«

»Die meisten Menschen glauben, dass die äußeren Umstände ihnen nicht gestatten, im Frieden miteinander zu leben«, betonte ich. »So schreibt man zum Beispiel auch in Zypern die Schuld am fehlenden echten Frieden zwischen Griechen und Türken äußeren Kräften zu. Altvater Paisios pflegte Zyprioten, die ihn aufsuchten, zu sagen, wenn sie Frieden mit den Türken schließen wollten, sollten sie bei sich selbst anfangen und nicht nach äußeren Feinden und anderen Ausreden suchen.«

»Da hatte er recht, wie du sehr gut weißt. Dies ist die übliche Auffassung aller Väter der *Ekklesia*. Der Mensch, der mit Gott vereint ist, der Frieden in sich hat, ist mit der ganzen Menschheit vereint, selbst mit denen, die ihn nicht mögen. Schließlich gibt es immer Menschen, die uns aus irgendwelchen Gründen, berechtigt oder unberechtigt, nicht leiden können. Entsprechend gibt es auch Menschen, die wir nicht mögen, was uns in geistiger Hinsicht natürlich schadet.«

»Aber kann man mit solchen Menschen wirklich in Frieden vereint sein?«, fragte Michael, der Seminarist.

»Absolut!«

»Wie?«

»Wir können mit der ganzen Menschheit im Gebet vereint sein. Die christlichen Eremiten zeigen uns, dass dies möglich ist. Physisch sind sie von allen getrennt, und doch sind sie infolge ihres unaufhörlichen Gebets durch Gnade mit der ganzen Welt vereint.«

»Meinen Sie damit, wir sollten es den Eremiten nachtun?«, fragte Eleni erstaunt.

»Ja, was das Beten für andere anbelangt schon, insbesondere für die, mit denen wir Schwierigkeiten haben. Nehmen wir einmal an, jemand mag uns aus diesem oder jenem Grund nicht. Sagen wir, wir haben diesem Menschen etwas angetan, sodass er berechtigterweise nichts mit uns zu tun haben will. Vielleicht sind wir aber auch völlig unschuldig. Was machen wir unter diesen Bedingungen? Betrachtet es einfach als gegebene Tatsache, dass die stärkste Brücke zwischen uns und dem anderen das Gebet ist. Das Gebet ist wie die Haken, die Fischer mit ihren Seilen auswerfen, um Boote an den Kai zu ziehen. Selbst wenn der andere uns zutiefst hasst statt uns lediglich nicht zu mögen, kann sein Hass durch Gebet verfliegen.«

»Wäre es nicht besser, wir würden dieses Problem Gott überlassen, uns um unsere eigenen Angelegenheiten kümmern und den Kontakt zu so einem Menschen meiden?«, fragte Maria.

»Da hat uns Christus etwas anderes gesagt«, erwiderte Vater Maximos. »Natürlich ist es möglich, dass das Problem ausschließlich beim anderen liegt und wir daran vollkommen unschuldig sind. Sagen wir einmal, der andere hat aus irgendeinem seltsamen Grund ein Problem damit, dass es uns überhaupt gibt. Schon unsere bloße Anwesenheit macht ihn wütend. Können wir ihn dann ignorieren und uns in so einer Situation wohlfühlen?«

»Gut, aber was kann man tun?«

»Christus sagt uns im Evangelium, was wir tun sollen. Wenn du am Altar ein Opfer darbringen willst und dir einfällt, dass ein Bruder etwas gegen dich hat, dann musst du zuerst zu ihm gehen und mit ihm sprechen, und erst dann mit deiner Opfergabe wiederkommen. Wenn jemand etwas gegen uns hat, müssen wir unser Opfer abbrechen, selbst wenn wir völlig unschuldig sind. Zuerst müssen wir mit dem anderen darüber sprechen und uns dabei bewusst sein, dass es auch unser Problem, auch unsere Wunde ist. Der andere ist unser Bruder, und er gerät schon in Aufruhr, wenn er nur an uns denkt. Das können wir nicht übergehen.«

»Was kann man in einem solchen Fall noch tun, außer beten?«, fragte Teresa.

»Du musst alles Erdenkliche tun, um dem anderen diesen Stein vom Herzen zu nehmen, gleich ob du völlig unschuldig bist oder nicht. Allerdings ist auch klar, dass dies sehr viel Mut erfordert. Es ist nicht leicht.«

»Würden Sie sagen, dass es das Klügste wäre, stillzuschweigen und dem anderen so gut als möglich aus dem Weg zu gehen?«, fragte Teresa.

»Nein. Wie gesagt, dies ist nicht die geistliche Art des Umgangs mit so einem Problem. Es ist nicht der Weg des Evangeliums. Das Evangelium fordert uns auf, das Problem, das unser Bruder oder unsere Schwester mit uns hat, als Herausforderung für uns zu betrachten. Daher fordert es uns auch auf, aktiv an der Lösung des Problems mitzuwirken.

Dabei muss man sich unbedingt vor Augen halten, dass man sich dem anderen in solchen Situationen am besten im Gebet nähert. Es kann viele Jahre systematischen Betens erfordern, in denen man Gott bittet, das Herz des anderen wissen zu lassen, dass wir ihn wirklich lieben und nichts gegen ihn haben. Wir müssen diese Verantwortung auf uns nehmen und sagen: ›Auch ich bin schuld an dieser Situation.‹ Allein die Tatsache, dass ich existiere, macht mich verantwortlich. Ich bin mitschuldig daran, dass der andere so aufgewühlt ist. Gäbe es mich nicht, gäbe es auch das Problem nicht. Deshalb bin ich verantwortlich.«

»Das ist aber sehr hart und schwer zu verdauen, Vater Maxime«, beklagte sich Maria.

»Aber dies ist der Weg des Evangeliums, der Weg der Heiligen. Du betest unter Tränen und Schmerzen für das Wohl des anderen. Du betest so, dass nach und nach die Gnade den anderen heimsucht und sein Herz erweicht, indem sie seinem Geist Klarheit und Verständnis schenkt.«

»Glauben Sie, dass der andere dadurch seinen Fehler erkennt?«, wunderte sich Maria.

»Nein. Wir sollten Gott nicht bitten, dem anderen seinen Irrtum klarzumachen. Das wäre egoistisch. Wir müssen zu Gott beten, Er möge unserem Bruder helfen zu verstehen, dass er nicht Gefühle im Herzen tragen sollte, die ihm schaden. Ob er uns liebt oder nicht, spielt für uns keine Rolle. Wir beten, weil wir unseren Bruder lieben. Punkt. Wir möchten ihn nicht geistig oder psychisch leiden sehen, weil er das Gefühl hat, dass unsere bloße Existenz ein Problem für ihn ist.«

Ein paar Sekunden herrschte Stille, weil alle über diese außergewöhnliche Aufgabe nachdachten. »Ist euch klar«, fuhr Vater Maximos fort, »dass wir dies sogar für die Verstorbenen tun können? Wir haben Beispiele für heilige Altväter, sowohl aus früherer als auch aus heutiger Zeit, die nach jahrelangem sorgenvollen Beten für die Seelen gottentfremdeter Verstorbener diese Seelen schließlich ins Reich Gottes geführt haben.«

Niemand fragte, wie man so etwas überprüfen könne, aber gemäß der geistlichen Kultur der östlichen Orthodoxie hätte die Antwort ohnehin nur lauten können, dass ein solcher Zustand von den Heiligen, die mit dem Heiligen Geist begnadet sind, überprüft werden kann.

»Diese Heiligen«, fuhr Vater Maximos fort, »haben für diese verstorbenen und unvollkommenen Seelen die Bürde der Hölle auf sich genommen und haben es dadurch Christus wahrhaft nachgetan. Wegen ihrer Gebete wurde der Heilige Geist aktiviert, ging auf die Seelen dieser Menschen zu und führte sie aus ihrer Hölle.

Es ist also wichtig, dass wir uns Folgendes bewusst machen: Wenn unsere Brüder nicht im Reinen mit uns sind, können wir uns nicht guten Gewissens zurücklehnen und sagen: ›Ich habe getan, was ich konnte, aber er will mich nicht sehen oder mit mir reden oder mich lieben. Was kann ich schon tun? Ich halte mich raus. Soll er machen, was er will.‹

Nein. Wir sollten tun, was wir können, um auf diesen Menschen zuzugehen, weil wir nämlich eines nicht getan haben: Wir haben nicht unter Tränen für unseren Bruder oder unsere Schwester gebetet, für die Seele des Menschen, der leidet, wenn er nur an uns denkt, ob zu Recht oder zu Unrecht. Wer Gott in sich trägt, kann es nicht gleichgültig hinnehmen, wenn ein anderer seelisch leidet.«

Für mich war klar, dass Vater Maximos aus Erfahrung sprach. Seit er in Zypern angekommen war, hatten einige Angehörige des höheren Klerus ihr Möglichstes getan, um ihn zu einer Rückkehr auf den Athos zu zwingen. Vater Maximos hatte sich an seine eigene Lehre gehalten und dadurch einige seiner früheren Feinde dazu gebracht, ihn zu tolerieren und zu respektieren, wenn nicht gar seine Anwesenheit auf der Insel zu akzeptieren.

»Einmal im Jahr feiern wir das Leben des Heiligen Parthenios, eines großen Heiligen, der mit vielen Gaben des Heiligen Geistes reich begnadet war. Zu den besonderen Vorfällen in seinem Leben gehörte auch der Versuch, eine junge Frau von der Besessenheit durch einen Dämon zu befreien. Der Dämon fragte ihn: ›Wenn du mich aus ihr vertreibst, wo soll ich dann deiner Meinung nach hin? Lass mich zumindest anderswo hineinfahren, etwa in eine Herde Schweine, wie Jesus es erlaubt hat.‹ Darauf erwiderte der Heilige: ›Fahre in mich.‹« An dieser Stelle unterbrach Vater Maximos seine Erzählung unvermittelt. »Das sollte übrigens keiner nachmachen. Sonst fährt der Dämon in euch und bleibt da!«

»Keine Sorge, Vater Maximos. Ich bin mir sicher, hier hat niemand die Absicht oder Neigung, einen Dämon in sich einzuladen«, sagte ich unter allgemeinem Gelächter.

»Gut. St. Parthenios jedenfalls war ein großer Heiliger, daher war die junge Frau in dem Moment, in dem er dem Dämon sagte ›fahre in mich‹, von ihrer Besessenheit befreit, und der Dämon verschwand. Der Dämon knurrte: ›Ich bin verbrannt!‹ Denn wisst ihr, er konnte nicht in den Tempel Gottes einfahren. Der Heilige war Gottes Tempel, und kein Dämon konnte darin eindringen. Darin liegt die Größe eines Heiligen wie Parthenios. Er hat den Dämon nicht anderswohin geschickt, sondern er war bereit, sich selbst einem so großen Risiko auszusetzen, um den anderen Menschen zu befreien«, schloss Vater Maximos.

Ich erwähnte, dass moderne Menschen nicht an Dämonen glauben, was laut Vater Maximos heutzutage der größte Erfolg des Teufels sei, habe er doch den größten Teil der Welt davon überzeugt, dass es ihn nicht gibt. Akademiker verwerfen solche Geschichten regelmäßig als reine Einbildung, die jeder Grundlage in der objektiven Realität entbehrt. Aber in den Lebensgeschichten der Heiligen treten Besessenheit durch Dämonen und Exorzismen zu allen Zeiten häufig auf. Nach Vater Maximos' Erfahrung sind der Teufel und seine Untaten so real wie die Wunder, die der Heiligen Jungfrau zugeschrieben werden.

»Ich möchte euch ein eigenes Erlebnis erzählen, das mit dem zu tun hat, worüber wir gerade sprechen«, sagte Vater Maximos. »Vor einigen

Jahren habe ich in Nikosia vor einem ziemlich großen Publikum einen Vortrag gehalten. Dabei kam ein Mann auf mich zu, den ich noch nie gesehen hatte, und sagte mir, er benötige eine Nieren-Transplantation. ›Vater‹, sagte er, ›können Sie bitte im Publikum bekanntgeben, dass ich eine Niere brauche? Vielleicht könnte mir jemand eine spenden.‹ Ich war völlig verblüfft und wusste nicht, was ich ihm sagen sollte. Deshalb erwiderte ich: ›Glaubst du wirklich, dass das möglich ist? Wer sollte schon eine Niere hergeben wollen?‹ Er antwortete: ›Nenne ihnen meine Blutgruppe, und die Leute mit der passenden könnten dann noch ein wenig bleiben, und wir könnten über eine mögliche Spende sprechen.‹ Ich war völlig ratlos, und mir war nicht wohl bei der Sache. Er sagte: ›Mensch, was sind das denn für Christen, die zu Ihren Vorträgen kommen?‹ Da wurde mir klar, dass wir alle, mich eingeschlossen, in einer prekären Lage wären, wenn jemand käme und uns um eine Niere bäte. Was würde ich tun, wenn er mich um eine meiner Nieren bäte?«

Wir lächelten irritiert, als Vater Maximos fortfuhr. »Gottseidank hatte ich eine andere Blutgruppe als er, daher war ich aus dem Schneider. Ich hatte wirklich Angst, wir könnten dieselbe Blutgruppe haben. Denn wisst ihr, wenn ich meine eigene Lehre befolgen wollte, dann hätte ich bereit sein müssen, ihm eine meiner Nieren zu spenden. Daraufhin habe ich mich gefragt, ob wir wirklich fähig sind, mit anderen eins zu sein. Sind wir bereit, uns für andere zu opfern? Wenn wir von all der Disharmonie und dem Unfrieden hören, die unsere Mitmenschen Tag für Tag erleiden, verspüren wir dann die opferbereite Liebe, von der die Heiligen sprechen? Dies ist doch ein sehr seltenes Phänomen.«

Vater Maximos war absolut davon überzeugt, dass ein Gebet, wenn es aufrichtig und mit großer Liebe und Konzentration erfolgt, zum Eingreifen des Heiligen Geistes führt, der dadurch den Menschen Frieden und Heilung schenkt. Und dieser innere Friede kann dann in äußeren Frieden, gesellschaftlichen und politischen Frieden übersetzt werden. Unzählige Male wiederholte er, dass Friedensstifter zuerst Frieden in sich selbst finden müssen, sonst trägt ihr Bemühen um äußeren Frieden in den meisten Fällen keine greifbaren Früchte.

»Ich möchte euch noch ein Beispiel aus meiner persönlichen Erfahrung nennen«, fuhr er fort. »Eine junge Highschool-Lehrerin, die in ihrem Beruf noch neu war, erzählte mir einmal, sie habe Schwierigkeiten, Ruhe und Ordnung in ihre Klasse zu bringen. Ein wildes und ungezogenes Grüppchen veranstaltete regelmäßig einen Höllenlärm, wenn sie ins Klassenzimmer kam. Die arme Frau zitterte jedes Mal, wenn sie vor ihnen stand. Ich bat sie, die Vornamen der Schülerinnen und Schüler auf ein Blatt Papier zu schreiben und es mir zu geben, damit wir die Namen jeden Tag in der Liturgie verlesen konnten. Außerdem bat ich sie, auch selbst für diese Jugendlichen zu beten. Ich versicherte ihr, sie würde eine merkliche Verhaltensänderung bei ihnen erleben. Einige Zeit später wandte sie sich erneut an mich und sagte: ›Wissen Sie was, Vater? Die jungen Leute, die so viel Chaos angerichtet haben, sind ruhiger geworden.‹ Ich erwiderte, sie seien ruhiger geworden, weil sie für sie gebetet habe.

Ich sagte ihr«, fuhr Vater Maximos fort, »durch ihre Gebete habe die Gnade Gottes das Herz der Jugendlichen heimgesucht und es erweicht. Das Gebet hatte Frieden ins Klassenzimmer gebracht. Wenn wir nicht für die Menschen beten, die uns Probleme bereiten, und sie stattdessen nur beschuldigen und verurteilen oder uns über sie beklagen, verschlimmert sich ihr Verhalten meistens. Unsere toxischen Gefühle werden tatsächlich zu dämonischer Energie, die ihnen gesandt wird. Deshalb sind wir für andere verantwortlich, wenn sie schlimmer werden als zuvor. Je bewusster wir in geistiger Hinsicht sind, desto größer unsere Verantwortung für ihren Zustand. Die anderen sind geistig vielleicht nicht bewusst. Vielleicht haben sie noch nie etwas vom Evangelium gehört. Vielleicht führen sie kein spirituelles Leben und wissen nichts von den geltenden geistigen Gesetzen oder sind dafür nicht empfänglich. Aber was ist mit uns, die wir vermutlich darum wissen? Was tun wir? Gehen wir mit dem anderen so um, wie das Evangelium es uns lehrt? Oder suchen wir Ausreden und sagen uns: ›Er verurteilt mich, also verurteile ich ihn; er verleumdet mich, also verleumde ich ihn; er lehnt mich ab, also lehne ich ihn ab; er ignoriert mich, also ignoriere ich ihn; er verflucht mich, also verfluche ich ihn‹ und so weiter. So hält man Satans Werk nicht auf.

Dazu fällt mir eine Geschichte ein, in der Satan vor einem Abt erscheint und ein Gespräch mit ihm beginnt. Satan sagt zum Abt: ›Den ganzen Tag richte ich unter deinen Mönchen Chaos an. Ich sorge dafür, dass sie sich bei der Feldarbeit und bei den anderen Aufgaben, die du ihnen zugewiesen hast, streiten, und ich habe sie fast beim Wickel. Leider schaffen sie es jeden Abend, die Fallen und Netze, die ich für sie aufgestellt habe, zu beschädigen.‹ Daraufhin fragt ihn der Abt: ›Wie machen sie das?‹ Und Satan erwidert: ›Jeden Abend machen sie Niederwerfungen und bitten einander um Vergebung.‹

Wer von euch schon einmal in einem Kloster war, der weiß, dass am Ende des *Apodypnons* [eines kurzen Gebetsgottesdienstes nach dem Abendessen] alle Mönche auf die Knie fallen und einander um Vergebung bitten für den Fall, dass tagsüber etwas vorgefallen ist, das sie verärgert hat. Anschließend segnet der Abt sie, und sie gehen in ihre Zellen.

Im Kloster darf man keine negativen Gefühle gegen jemanden hegen. Wenn man eine Beschwerde hat, wird von einem erwartet, dass man zum entsprechenden Bruder hingeht, eine tiefe Verbeugung macht und um Vergebung bittet. So werden Satans Fallen zerstört, und er kann uns nicht mehr spalten.«

»Ist dies vielleicht das Geheimnis, warum Klöster schon seit Jahrtausenden bestehen, wohingegen andere Gemeinschaftseinrichtungen in der Regel eine recht kurze Lebensdauer haben?«, fragte ich.

»Ja, natürlich. Eine Gemeinschaft, die sich ständig streitet, wird irgendwann zerstört. Um aber auf den Ausgangspunkt zurückzukommen: Wenn wir mit einem anderen uneins sind, ist das nicht das Problem des anderen, sondern unseres. Andere wollen uns vielleicht nicht, aber wir müssen geistlich eins mit ihnen sein, weil wir wissen, dass wir einander lieben müssen. Wenn andere uns nicht mögen, sind wir dennoch verpflichtet, sie zu lieben, und es muss uns betrüben, dass allein unsere Existenz und Gegenwart für sie problematisch ist. So bauen wir Brücken zu anderen. So sollten wir auf andere zugehen, wenn wir ihnen in ihrem innersten Wesen helfen wollen. Wenn wir andere verurteilen, werden sie womöglich noch schlimmer.«

»Woher wissen die anderen denn, dass ich sie verurteile?«, fragte Michael.

»Verurteilung, Schuldzuweisungen und Verleumdungen sind satanische Energien, die ins Herz des anderen übertragen werden. Durch diese Übertragung wird der andere noch schlimmer. Wenn er nur eine Sache gegen dich vorzubringen hat, dann hat er nun bald fünf oder zehn. Wenn du aber umgekehrt für den anderen betest und es unwahrscheinlich ist, dass er dies weiß, dann nimmt sein Herz dein Gebet voll und ganz an.«

»Was, wenn sein Herz dafür nicht empfänglich ist?«

»Das macht nichts. Vielleicht hat er ein Herz aus Stein und ist voller Hass gegen dich. Das spielt keine Rolle. Gebet kann Stein erweichen, sogar Granit. Bete einfach, und du wirst sehen, wie sich dies auf den anderen auswirkt. Betrachte es einfach als Tatsache, dass man unmöglich für jemanden beten kann, ohne dass es Auswirkungen auf ihn hat. Dein Gebet ist nie vergebens.«

»Ist es nicht doch möglich, dass dieses Axiom vielleicht in einem von einer Million Fällen nicht gilt, dass ein Gebet keinerlei Auswirkungen hat?«, hakte Michael nach.

»Wenn du es so formulierst, ist es vielleicht möglich«, erwiderte Vater Maximos mit einem Lächeln. »Vielleicht ist das Gebet für Dämonen die Ausnahme von der Regel. Immerhin beten ja Heilige sogar für Dämonen, und doch werden sie anscheinend immer schlimmer. Die bereuen nie.«

»Wenn sie das täten, hätten sie ihre Aufgabe ja auch verfehlt«, warf ich ein und erntete Gelächter.

»Egal, woran es liegt, sie zeigen jedenfalls absolut keine Reue«, erwiderte Vater Maximos. »Ein Mensch ist aber kein Dämon. Ungeachtet seines geistlichen Zustandes gibt es in seinem Inneren immer Risse, durch die das Gute eindringen kann.«

»Aber was, wenn ein solcher Mensch nicht reagiert, egal was man tut und wie viel man betet?«, sinnierte Maria.

»Dann bist du die Einzige, die von den Gebeten profitiert. Aber noch einmal, man kann wirklich unmöglich für jemanden beten, ohne dass er oder sie auf irgendeiner Ebene etwas davon hat. Dies ist ein geistliches Gesetz. Letzten Endes läuft es darauf hinaus, dass wir werden müssen wie Christus. Dies ist der ideale Mensch, der mit allen in Frieden vereint ist. Wenn der Friede fehlt, sollten wir deshalb nicht unsere Zeit verschwenden und den Fehler bei anderen suchen.«

»Leider ist das äußerst schwierig, Vater Maxime«, sagte Eleni. »Eine solche Einstellung erfordert außerordentliche geistliche Kraft und Reife.«

»Ja sicher! Aber dies ist das Ideal, nach dem es zu streben gilt. Statt für den anderen zu beten, setzen wir normalerweise unser logisches Denken oder unseren sogenannten gesunden Menschenverstand ein. In Wirklichkeit aber ist unser logisches Denken in solchen Situationen unser Feind. Unsere Logik sagt uns: ›Siehst du nicht, dass sie dich verleumdet? Und dann tust du nichts dagegen, außer für ihr Wohlergehen zu beten? Entgegen deiner guten Absichten setzt sie alles daran, dich zu ruinieren?‹ Unsere Logik hat gute Argumente. Doch das Evangelium fordert uns auf, über unsere Logik hinauszuwachsen. Dies ist die Bedeutung von *Metanoia,* die radikale Veränderung unseres Denkens und Empfindens. Unsere Logik sagt uns: ›Du hast recht, wenn du nicht mit ihr sprichst, schließlich spricht sie ja auch nicht mit dir; du hast recht, wenn du sie nicht liebst, schließlich schert sie sich ja auch nicht um dich; warum solltest du ihr etwas Gutes tun, wenn sie dich verleumdet?‹ – und so weiter.

So sagt es uns die übliche weltliche Logik«, fuhr Vater Maximos fort. »Die Logik des Evangeliums sagt hingegen: ›Du hast recht, sie liebt dich nicht. Ja, sie hasst dich sogar. Du musst noch mehr beten, sie noch mehr lieben.‹«

»Das ist unmöglich«, stöhnte jemand.

»Ja, es ist sehr schwer. Ich sage dies alles und weiß dabei noch nicht einmal, ob ich es selbst so umsetze. Es ist ein heftiger Kampf, das eigene Ego umzubringen, sich selbst zurückzuweisen. Aber bittet Christus uns nicht genau darum, uns unserem weltlichen Ich entgegenzustellen und die Botschaft des Evangeliums anzunehmen?«

»Das klingt ja alles schön und gut, aber wie erlangen wir derart erhabene geistliche Errungenschaften?«, klagte Eleni.

»Nun, wie ich euch in diesem Gespräch zu zeigen versucht habe, ist dies ein stufenweiser Prozess. Wir können nicht von einem Tag auf den anderen Heilige werden. Es ist ein ständiges Ringen. Es kann uns gelingen, wenn wir auf dem geistlichen Weg Christus ständig in Kopf und Herz tragen und unser Verhalten an seinem messen. Wir sollten unsere Entscheidungen und unser Handeln immer mit Christus vergleichen. Frage dich: ›Wie hätte Christus in meiner Situation reagiert?‹ Beurteile dich, indem du dich mit Christus, unserem Göttlichen Archetypus, vergleichst. Nur so sollten wir uns verhalten, wenn wir vervollkommnete Menschen werden wollen.

Wenn wir also in uns gehen und feststellen, dass unser Verhalten dem Christi ähnelt, dann können wir uns freuen«, fuhr Vater Maximos fort. »Andernfalls sollten wir uns demütigen. Rechtfertige dich nie. Wer sich rechtfertigt, gelangt nie zur *Metanoia*.«

»Wie demütigt man sich?«, sinnierte Maria.

»Gottseidank gibt es in unserem Alltag reichlich Gelegenheit, sich zu demütigen! Je mehr Schwierigkeiten wir im Leben haben, desto größer die Gelegenheit zur Demut.«

Teresa seufzte. »Leichter gesagt als getan.«

»Wir sind ungeduldig und deuten die Chancen, die uns die Vorsehung bietet, oft in weltlichem, egoistischem Sinne. Wir suchen eine Rechtfertigung auf weltliche Art. Hätten wir wirklich Demut gelernt, würden wir nicht mitansehen müssen, wie unsere Familien auseinanderbrechen. Wir hätten nicht die gesellschaftlichen und politischen Probleme, vor denen wir heute stehen.

Wir selbst, nicht andere, verursachen die Probleme«, betonte Vater Maximos nachdrücklich. »Es spielt keine Rolle, ob andere uns Probleme machen, selbst wenn sie die denkbar schlimmsten Menschen sind. Worauf es ankommt, ist unser eigener innerer Zustand. Wenn wir in uns keinen Frieden finden, dann schüren wir zwangsläufig Streit und Konflikte zwischen uns und anderen, sei es mit Einzelnen oder mit Gruppen, sogar wenn wir unter lauter Engeln leben.«

In diesem Zusammenhang erinnerte sich Vater Maximos an eine Begegnung zwischen Altvater Paisios und einem Theologen und eifrigen Altkalendaristen (Anhänger des Julianischen Kalenders), der für Hölle und Verdammnis eintrat. Menschen, die sich nicht an den alten

Kalender hielten, wollte er zu Hölle und ewiger Verdammnis verurteilen, eine Einstellung, die ihm nachvollziehbarerweise Probleme in seinen Beziehungen eintrug. »Mein Lieber«, sagte ihm Altvater Paisios voller Verzweiflung, »wenn ich dereinst ins Paradies kommen und dich dort vorfinden sollte, möchte ich lieber anderswohin! Wenn du so weitermachst, richtest du überall Chaos und Verwüstung an.«

Nachdem unser Gelächter verklungen war, legten wir bei Tee und Gebäck eine Pause ein.

»Sprechen wir nun über Freude, die vorletzte Geistesfrucht, die Paulus in seinem Brief erwähnt«, begann Vater Maximos. »Ich brauche nicht noch einmal zu sagen, dass Gottes Geistesfrüchte in Wirklichkeit unendlich sind. Freude ist die Realität in der tiefsten Tiefe unseres Wesens«, erklärte er.

»Dies ist eine gewagte Behauptung bei all dem Leid und Elend in der Welt«, sagte Emily nur halb im Scherz.

»Ich meine die wahre Freude, die nur Gott schenken kann. Wisst ihr, Gott hat die Menschen ursprünglich erschaffen, damit sie fröhlich sind. Er hat das Paradies für sie erschaffen. Der Mensch ist zur Freude erschaffen. Deshalb wird das Paradies in der Heiligen Schrift als ein Ort der Glückseligkeit und Freude, des Glücks und der Zufriedenheit beschrieben.«

»Wir sind zu Freude und Fröhlichkeit erschaffen und erleben doch nur Schmerz und Leid«, bedauerte Teresa.

»Das gehört nicht zu unserem wahren Wesen. Im Schmerz kann der Mensch keine Ruhe finden, ganz gleich, wie viel wir darüber philosophieren. Der Schmerz ist erst nach dem Fall ins Leben des Menschen getreten.«

»Hat Christus deshalb nach seiner Auferstehung die ersten Frauen, denen er begegnete, mit dem Wort *chairete* [freut euch] begrüßt?«, fragte Eleni.

»Guter Punkt. Gott hat dem Elend des menschlichen Daseins ein Ende gemacht und die Freude offenbart, die Gottes Wesen immanent ist, aber natürlich nicht die weltliche Form von Freude und Vergnügen.«

»Was ist für Sie der Unterschied zwischen weltlicher Freude und Gottes Freude?«, fragte Michael.

»Weltliche Freude ist natürliche Freude, aber nicht vergleichbar mit der Freude, die Gott der menschlichen Seele schenkt. Dazu besteht ein riesiger Unterschied. Weltliche Freude ist vergänglich. Sagen wir, ich habe im Lotto gewonnen und bin voll Freude. Dies ist ein Ereignis, das außerhalb von mir geschieht. Ich nehme die Anregung durch das äußere Ereignis an und freue mich. Meine Freude währt jedoch nur so lange, wie das Ereignis anhält. Wenn das äußere Ereignis endet, versiegt auch meine Freude.«

»Die äußeren Ereignisse, die uns Freude bringen, sind immer schwach und drohen zu enden«, betonte ich und dachte dabei an die zahlreichen Verluste, die wir unweigerlich erleiden, wenn wir älter werden.

»Ja. Das Leben verspricht uns keinen unendlichen Quell der Freude, egal was wir tun. Nehmen wir einmal an, wir leben in einem Utopia«, fuhr Vater Maximos fort. »Nehmen wir an, dass alle Umstände und Ereignisse in unseren Leben so schön, so ideal und so vollkommen positiv sind, dass Glücklichsein zu unserem Alltag gehört. Doch trotz dieses Glücks gibt es *ein* Ereignis, das wie ein Damoklesschwert stets alles zu zerstören droht, der dräuende Albtraum unseres unvermeidlichen Todes. Der Tod löscht diese weltliche Freude aus.«

»Die Zeit ist unser Feind. Jeder Augenblick, der vergeht, bringt uns unserem Ende näher«, murmelte jemand.

»Die Freude dieser Welt ist durch den Tod bedroht, und alles, was endlich ist, kann der Seele des Menschen letzten Endes keine Freude bringen«, fuhr Vater Maximos fort. »Alles, was ein Enddatum hat, kann dem Menschen, der doch nach dem Bilde des unendlichen und ewigen Gottes geschaffen ist, keinen wahren Trost schenken. Wahrhaft froh kann der Mensch nur innerhalb dessen sein, was absolut seins ist, in der ewigen Freude, die Gott Selbst kennzeichnet. Ruhe und Freude findet der Mensch, wenn die Dinge, die Freude auslösen, die Insignien der Ewigkeit tragen. Alles, was das Siegel des Todes trägt, kann kein dauerhaftes Glück schenken, weil wir wissen, dass es eines Tages verschwunden sein wird. Göttliche Freude hingegen ist ein Zustand, der in der Tiefe menschlichen Daseins ruht.«

»Manchmal packt uns angesichts unserer Sterblichkeit die Panik«, bemerkte ich. »Wir verdrängen die Angst vor dem Tod und tun alles Mögliche, um zu vergessen, dass unsere Lebensuhr tickt.«

Vater Maximos nickte. »Die Menschen würden alles tun, um der Zeit ein Schnippchen zu schlagen.«

»Würden Sie nicht sagen, dass dies eine natürliche Reaktion ist, Vater Maxime?«, fragte ich.

»Selbstverständlich! Wir sind nicht für Verfall und Tod geschaffen. Alles, was von begrenzter Dauer ist, löst diese Unsicherheit in uns aus. Bei Beerdigungen hört man die lächerlichsten Reden. So sagen die Leute etwa: ›Gehe hin in Frieden, wir werden deiner ewig gedenken.‹ Aber wer lebt schon ewig, um der Verstorbenen zu gedenken?«

»Warum singen wir dann im Gedenkgottesdienst ›Möge ihr Gedenken ewig währen‹?«, fragte Emily.

»Nur Gott gedenkt unser ewig. Die Menschen gedenken unser, solange sie leben. Doch wenn sie gestorben sind, was wird dann aus dem Gedenken?«

»Hundert Jahre nach unserem Tod denkt keiner mehr an uns«, verkündete ich.

»Noch viel früher. Gedenken wir der Menschen, die vor fünfzig Jahren verstorben sind? Damals war ich noch nicht einmal geboren. Nur Gott gedenkt unser ewig. Nur Gott schenkt uns dieses Gefühl von Ewigkeit, diese Sicherheit, diese absolute Gewissheit, dass nicht einmal unser größter Feind, der Tod, bewirkt, dass wir zunichtewerden und dem Vergessen anheimfallen. Die Erfahrung Christi macht vielmehr der Tod zunichte. In diesem Moment tritt wahre Freude in unser Leben.

Die Freude Gottes ist nicht wie die Freude, die wir hier auf dieser Welt erleben, und wenn wir beide miteinander vergleichen wollen, so sind sie wie Licht und Dunkelheit. Es ist der Gegensatz zwischen etwas Unvergänglichem und dem Vergänglichen. Wenn man die Freude Gottes einmal gekostet hat, sind alle Freuden dieser Welt überwunden, ausgelöscht. Sie können einen nicht blenden. Wie könnte der Mond dich blenden, wenn du das Sonnenlicht gesehen hast?«

Da wir Vater Maximos seit vielen Jahren kannten, war Emily und mir intuitiv klar, dass diese Weisheit nicht nur auf seiner Lektüre der

Werke der großen Altväter der Christenheit beruhte. Wir waren uns sicher, dass die wichtigste Quelle seines Charismas als Vortragsredner wie als Gesprächspartner seine eigene unmittelbare Erfahrung war. Zweifellos hatte auch seine intensive Lehrzeit bei einigen führenden Heiligen vom Athos, etwa Papa Ephraim von Katounakia und Altvater Paisios, eine bedeutende Rolle bei der Entwicklung dieser geistigen Gaben gespielt.

»Die Freude Gottes hängt nicht von Reizen ab, die mit äußeren Dingen verbunden sind«, fuhr Vater Maximos fort. »Sie ist immerwährend und unveränderlich. Deshalb weckt sie im Herzen des Menschen diese Gewissheit um Gottes Gegenwart, die einem niemand nehmen kann.«

»Hier könnte es ein Problem geben«, warf Eleni ein. »Man könnte sich fragen, wie angesichts des vielen Leids um uns herum eine solche Freude möglich sein soll. Steht denn ein solcher Mensch dem Schmerz anderer distanziert und gleichgültig gegenüber?«

»Dies ist ein Mysterium und ein Paradoxon. Der Mann Gottes ist ständig voller Freude und nimmt doch zugleich Anteil am Leid der Menschen, wie die Heilige Schrift sagt. Dies liegt daran, dass seine Freude nicht losgelöst ist von *Agape* oder Liebe. Ein solcher Mensch kann wegen des Leids anderer tiefen Schmerz empfinden, doch in der Tiefe seines Wesens ist es die Freude an Gottes Gegenwart, die den Schmerz der Menschheit lindert.«

»Was den Umgang mit den Problemen des Menschseins anbelangt, hat ein solcher Mensch ein völlig anderes Empfinden«, fügte ich hinzu.

»Unbedingt. Ein solcher Mensch befindet sich in einem stetigen Zustand der Freude, ganz gleich, was um ihn herum geschieht. Nichts und niemand kann sein Herz fesseln. Schließlich ist Christus selbst der Quell seiner Freude. Deshalb ist es in Wahrheit eine evangelische Botschaft, wenn Christus die Myrrhe bringenden Frauen nach der Auferstehung mit *chairete* begrüßt.«

Daraufhin erklärte Vater Maximos die Bedeutung der Auferstehung als freudige Botschaft, dass es nach dem Kreuz, das jeder tragen muss, immer eine Auferstehung und eine freudige Wiedervereinigung mit Gott gibt. Altvater Paisios sagte einmal einem rebellischen jungen Mann, der ihn aufsuchte: »Hier auf dem Athos glauben wir nicht an Aufstand, sondern an Auferstehung!«

»Es ist tatsächlich möglich, dass um uns herum alles grau und düster, unser Herz aber voller Freude ist«, fuhr Vater Maximos fort. »Ich weiß nicht, ob ihr schon einmal dabei wart, wenn jemand gestorben ist. Ich habe Menschen gesehen, die vor Freude strahlten, als sie im Sterben lagen. Sie haben den Tod besiegt, wie im Falle von Vater Theophylaktos [der Name bedeutet wörtlich »der von Gott Behütete«], einem alten Mönch auf dem Athos. ›Großvater, habt Ihr Angst?‹, fragte ich ihn. ›Nein‹, erwiderte er. ›Ich rezitiere ständig das *Efché*, das Jesusgebet.‹ Es war, als wäre er auf dem Weg zu seiner Hochzeitsfeier. Sein Gesicht strahlte, als er verschied. Ich habe andere gesehen, denen diese Verbindung zu Gott im Leben gefehlt hat, und ihr Ende war eine echte Tragödie.«

»Wie entsteht diese Freude Gottes im Herzen eines Menschen?«, fragte Michael.

»Gemäß den Lehren der Altväter setzt sie ein, wenn jemand unermüdlich geistlich danach strebt, Gottes Gebote zu halten. Er wird dabei mit Erschöpfung und vielen Schwierigkeiten zu kämpfen haben. Aber nach und nach entstehen in seinem Herzen auch die ersten Strahlen der Gottesfreude, was ihm den Ansporn gibt, seinen Weg weiterzugehen.«

»Wie?«

»Wenn der Mensch sich müht, geistlich mit Gott eins zu werden, erwachsen in seinem Herzen der Wunsch nach spirituellem Erwachen und die notwendige Energie dazu.«

»Ich vermute, die Gottesschau kann einem helfen, seine menschlichen Grenzen zu überwinden«, fügte ich hinzu.

»Richtig. In dem Zusammenhang muss ich an einen alten Eremiten denken, der regelmäßig an unserem Kloster vorbeikam und auf dem Rücken Proviant für andere Mönche und Eremiten trug. Er war sehr arm, lebte in einer Hütte und hatte ständig Hunger. Wenn ich ihn fragte: ›Wie geht es Euch heute, Vater?‹, dann antwortete er immer

›Ich habe Hunger!‹. Damals war ich für die Küche zuständig, also gab ich ihm etwas zu Essen. Seine Aufgabe war es, auf stundenlangen Fußmärschen Proviant für die anderen Mönche heranzuschaffen. Ich fragte ihn, warum er die anderen ihre Besorgungen nicht selbst machen ließ, statt ihre schweren Lasten zu schultern. Seine Antwort lautete: ›Ach, da ich sowieso nach Karyes [das Verwaltungszentrum des Athos, wo es auch einen großen Lebensmittelladen gibt] gehe, macht es mir nichts aus, den anderen ein bisschen Proviant mitzubringen. Sie müssen arbeiten, und ich mache ja bloß einen Spaziergang.‹ Tatsächlich machte er diese regelmäßigen Runden, bei denen er sommers wie winters stundenlang zu Fuß unterwegs war, ausschließlich anderen zuliebe. So alt er auch war, stets trug er eine schwere Last auf dem Rücken. Doch er war immer froh und strahlte vor Glück. Man sah es ihm im Gesicht an. Er beklagte sich nie. Wenn er gefragt wurde, wie es ihm gehe, antwortete er *Doxasi O Theos* [Gelobt sei Gott]. Er war nie wütend und lächelte immer. Als er starb, bemerkten wir, dass seine Füße in einem schrecklichen Zustand waren, aufgerissen bis auf die Knochen.«

»Wer die Kultur auf dem Athos nicht kennt, könnte ihn für psychisch angeknackst halten«, bemerkte ich.

»Unsinn. Er war weder dumm noch psychisch krank. Er strahlte einfach die Gnade Gottes aus. Das Paradoxon des Evangeliums ist Folgendes: Aus dem Leiden des Kreuzes entstehen Leben und Freude. Aus harter und ermüdender Arbeit erwächst Ruhe. Durch unermüdliche und beschwerliche geistliche Arbeit, indem man sozusagen täglich stirbt, findet der Mensch letztendlich zu wahrer Freude.«

Ich wies darauf hin, dass das, wovon Vater Maximos hier sprach, eine allgemeine Grundregel der Freude ist. Man kann keine wahre Freude empfinden, wenn man nicht zuvor Schmerz erfahren hat. Ohne Hunger schmeckt das beste Essen nicht. Ohne Durst ist Wasser kein Genuss. Ohne überstandenes Leid keine Freude.

»Wir leben in einer Welt der Gegensätze«, sagte ich, »von heiß und kalt, Freude und Schmerz, Engeln und Dämonen. Gut und Böse sind in dieser gefallenen Welt offenbar zu gleichen Teilen vertreten.«

»Genau dies ist die Bedeutung des Kreuzes«, fügte Vater Maximos hinzu. »Es bereitet den Weg zur Auferstehung, zu wahrer Freude. Es bedeutet, dass ich durchs Leben gehe und mein Kreuz mit Freuden trage.«

»Das Kreuz an sich ist ein Symbol der Folter, das in römischer Zeit für Verbrecher gedacht war«, betonte jemand.

»Ja, aber Christus hat dieses Symbol geheiligt«, fügte Vater Maximos hinzu. »Christus verwandelt das Kreuz in Freude. Unser Schmerz, unsere Unannehmlichkeiten, unsere Schwierigkeiten und all unser Leid an sich sind nicht gut. Aber diese Probleme können verwandelt werden, sodass sie reiche geistliche Früchte tragen. Christus verwandelt das Bittere in Süßes, Dunkelheit in Licht.«

Vater Maximos schloss, indem er noch einmal betonte, dass der Mensch zur Freude, nicht zu Schmerz und Leid geschaffen sei. Erst unser gefallener Zustand hat uns die Freude aus dem Herzen entzogen und uns in Schmerz, Leid, Unsicherheit, Furcht und Angst vor unserem bevorstehenden Tod gestürzt. Es ist illusionär, diese Probleme überwinden zu wollen, indem man sich ausschließlich mit vergänglichen Dingen beschäftigt, behauptete Vater Maximos. In solchem Streben kommt die menschliche Seele nicht zur Ruhe.

»Der einzige Weg zu wahrer Freude«, schloss er, »führt über den Wiederaufbau unserer absoluten Beziehung zu Gott, mit der unmittelbar erlebbaren Verbindung zum Göttlichen, mit der Gegenwart Gottes in unserem Herzen. Dann wird unser Herz zum aufnahmefähigen Kelch, der die Früchte des Heiligen Geistes annimmt, die absolute und unaussprechliche Freude, die in uns entspringt, wenn wir danach streben, Gottes Gebote zu halten, das heißt, Gott und damit auch jeden anderen Menschen zu lieben. Unser ureigenstes Wesen sagt uns, dass wir echte wesensgemäße Freude außerhalb Gottes nicht finden können.«

Unser Gespräch dauerte bis nach elf. Leider mussten wir es beenden, ohne uns mit der letzten Gabe in der Hierarchie zu beschäftigen, die Paulus in seinem berühmten Brief entwirft. »Das müssen wir ein anderes Mal machen«, sagte Vater Maximos lächelnd und stand auf. Seine Begleiter und er brauchten noch etwas Ruhe, bevor sie früh am nächsten Morgen nach New York aufbrechen würden.

Eleni sprach allen aus dem Herzen, als sie mit Bedauern bemerkte, es sei nicht abzusehen, wann sie wieder Gelegenheit haben würde, Vater Maximos über *Agape*, Liebe, die letzte paulinische Geistesfrucht, sprechen zu hören. Ich versuchte zu beschwichtigen, indem ich versprach, ein künftiges Gespräch mit Vater Maximos zu diesem Thema aufzuzeichnen und allen, die bei diesem spontanen Symposium dabei gewesen waren, per E-Mail zu schicken. Nur den Zeitpunkt dieses künftigen Gesprächs konnte ich nicht zusagen. Ich vermutete, es würde wohl bei einem künftigen Besuch in Zypern stattfinden, wo ich meine Forschung über und meine Ausbildung bei dem Altvater vom Athos fortsetzen wollte.

6

Neblige Gefilde

In den letzten dreißig Jahren sind die Sommer in Zypern immer heißer geworden, während die jährlichen Regenmengen stetig und in alarmierender Weise nachgelassen haben. Seit der Jahrtausendwende machen Temperaturen um 38 Grad im Juli und August den Älteren und allen, die im Freien arbeiten, das Leben besonders schwer. Für ökologisch bewusste Menschen sind die Probleme durch die Erderwärmung und zugleich starke Umweltzerstörungen auf lange Sicht zu einer erkennbaren Bedrohung für das Leben auf der Insel geworden. Ausbleibender Regen und fehlende seriöse Planungen zum Umgang mit der Wasserknappheit haben die Regierung 2008 zu drastischen Kürzungen bei der Versorgung der Haushalte und der Landwirtschaft gezwungen. Dadurch wurde es in den Sommermonaten jenes Jahres auch nötig, Wasser aus Griechenland zu importieren, das für zig Millionen Euro nach Zypern transportiert werden musste.

Dies waren die Umstände, die wir bei unserer Ankunft in Zypern Anfang Juni 2008 antrafen. Wir wohnten in Limassol, der großen Küstenstadt, wo wir die Verbindung zu Freunden und Verwandten pflegten, uns das Wassersparen angewöhnten und beim Schwimmen im Meer Abkühlung von der Hitze suchten. Unterdessen schmiedete ich Pläne für ein Treffen mit Vater Maximos, sobald er von einer ausgedehnten Griechenland-Reise und einer Pilgerfahrt auf den Athos zurückgekehrt wäre.

»Die Hitze wird heute wieder unerträglich«, sagte Emily, als wir beim Frühstück den Wetterbericht hörten. »Lass uns nach Kourion fahren und Vladimiros mitnehmen.«

Ich war einverstanden. Emily ging zum Telefon, um nachzufragen, ob unser über achtzigjähriger Freund an unseren Lieblingsstrand, zwanzig Autominuten westlich von Limassol, mitkommen wollte. Vladimiros sagte freudig zu, und eine halbe Stunde später holten wir ihn ab.

»Danke, dass ihr an mich gedacht habt«, sagte unser großer und stattlicher Freund mit einem breiten Lächeln. In Shorts, mit Baseball-Cap und weißem T-Shirt zwängte er sich auf den Beifahrersitz, den Emily ihm angeboten hatte. »Es ist gut, bei dieser Hitze aus dem Haus zu kommen.« Klimaanlagen sind in Zypern weniger verbreitet, als man meinen könnte.

Vladimiros war ein gefeierter Schriftsteller, Autor von Kurzgeschichten und pensionierter Journalist. Seine Frau Elena, eine berühmte Dichterin und Kinderbuchautorin, war gerade erst nach Athen geflogen, um dort durch eine Reihe von Tests ein paar verdächtige Schatten untersuchen zu lassen, die vor Kurzem auf ihrer Lunge entdeckt worden waren. Der Ausflug an die Küste war eine willkommene Ablenkung von seinen Sorgen um sie und bot ein wenig Erleichterung von der Hitze. Der herzensgute und gesellige Mann freute sich immer über Gesellschaft von Freunden. Aus solchen Begegnungen wurden regelmäßig Geschichten in seinen Erzählungen.

In seinem langen Leben hatte Vladimiros viele Freundschaften geschlossen, doch die meisten Freunde waren bereits verstorben. Durch unsere Besuche auf der Insel kannten wir ihn und seine Frau seit vielen Jahren, und wir hatten zahlreiche gemeinsame Interessen, etwa lokale und internationale Politik sowie die Welt der Literatur. Insbesondere Emily mit ihrem literarischen Hintergrund stand sowohl Elena als auch Vladimiros sehr nahe.

Wir beschlossen, die landschaftlich schönere Strecke zu fahren statt über die neue vierspurige Schnellstraße. Die alte Straße ist uns lieber, denn sobald man den Hafen passiert hat, sind der verfallende Asphalt und die ästhetisch wenig ansprechenden Betonhäuser dort abrupt zu Ende. Von da an erstrecken sich Weinberge und Zitronenhaine, vor dem Wind durch Zypressensäume geschützt, bis nach Kourion. Der ganze Landstrich ist als landwirtschaftliche Fläche ausgewiesen, und bislang hat man die Immobilienhaie, die seit Jahrzehnten die Küstengebiete aufkaufen, in Schranken halten können. Die gesamte Region Fasouri gehört zu einer britischen Militärbasis und ist damit britisches Hoheitsgebiet. Als Zypern 1960 nach 82 Jahren Kolonialherrschaft seine Unabhängigkeit von den Briten erlangte, wurde festgelegt, dass eine Fläche von rund 160 Quadratkilometern dauerhaft unter britischer Oberherrschaft verbleiben sollte. Die Briten weigerten sich entschieden, die »Erschließung« zuzulassen, weniger aus Liebe zur Umwelt als vielmehr aus Angst vor Terrorismus. Der Umweltschutz war eher ein willkommener Nebeneffekt des nahen britischen Militärstützpunkts.

Die Gegend um Fasouri war Sumpfgebiet, bis einige unternehmerisch denkende Israelis auf die Insel einwanderten. Der Staat Israel war damals noch nicht gegründet, und Zypern stand noch unter britischer Kolonialherrschaft. Die Israelis legten den Sumpf trocken und verwandelten das moskitoverseuchte Gebiet in eine fruchtbare Oase.

Als wir am Rande von Fasouri angelangt waren, wo die Zweige der Zypressen, die zu beiden Seiten der Landstraße stehen, über Kilometer hinweg ein dichtes Dach bilden, klagte Vladimiros über die gesundheitlichen Probleme, die seine Frau und ihn belasteten, seit sie älter wurden. »Altwerden ist nicht einfach«, sagte er und seufzte. »Die meisten Freunde sind nicht mehr da, und meine Augen lassen mich auch im Stich. Ich sehe noch, aber ich kann nicht mehr lesen.« Er holte tief Luft und fuhr dann fort: »Für einen Schriftsteller ist das ein schrecklicher Zustand.« Bei diesen Worten musste ich an den französischen Existentialisten Jean-Paul Sartre denken. Als sein Augenlicht immer schwächer wurde, erklärte er, das Leben habe für ihn keinen Sinn mehr, da er nicht mehr lesen und schreiben könne.

Vladimiros jedoch konnte trotz seines Augenproblems mit einem Bleistift in großer Schrift schreiben. Seine handschriftlichen Erzählungen ließ er dann abtippen. Zum Lesen allerdings war er vollkommen auf Elena angewiesen, die beträchtlich jünger war.

»Als Schriftsteller habe ich immer versucht, meinen Leserinnen und Lesern einen gewissen Optimismus zu vermitteln, was das Leben und die Zukunft anbelangt. Aber ich stelle zunehmend fest, dass mir dies nicht mehr gelingen will«, sagte Vladimiros.

»Aber warum?«, fragte Emily, beugte sich vor und stützte die Arme auf die Rückenlehne der Vordersitze.

»Ich kann nicht erkennen, dass noch etwas Positives vor mir liegen sollte, das mir Hoffnung geben könnte. Ich bin jetzt Anfang Achtzig, und mein Blick wird trüb. Was für eine Zukunft könnte ich noch vor mir sehen?«

Ein paar Sekunden schwiegen wir nachdenklich. Vladimiros hatte gerade erst einen Kurzgeschichten-Band mit dem passenden Titel *Neblige Gefilde* veröffentlicht, in dem es um die Probleme ging, vor denen ältere Menschen stehen. Ich war traurig. Die Augen fest auf die schattige Straße vor mir geheftet, versuchte ich, den Kummer meines Freundes zu verarbeiten. Um seine Angst zu lindern, meinte Emily, wenn man über achtzig Jahre alt werden darf, könne man dies doch auch als Privileg und großes Glück betrachten.

»Denke nur einmal an die erstaunlichen Erfahrungen, die Elena und du in über vierzig gemeinsamen Jahren habt machen dürfen, und wie meisterlich du sie in wunderbare Romane und Kurzgeschichten umgesetzt hast«, sagte Emily. Sie hatte eifrig alles gelesen, was die beiden geschrieben hatten. Vladimiros und Elena waren für ihr literarisches Schaffen mit mehreren Preisen ausgezeichnet worden und mit führenden Künstlern und Schriftstellern aus Zypern, Griechenland und anderen Ländern befreundet. »Wie viele Menschen können zurückschauen und sich darüber freuen, dass sie so viel im Leben erreicht haben wie du?«

»Ein Zwanzig- oder Dreißigjähriger kann doch nur hoffen, so lange leben und einen so reichen Schatz an Erfahrungen sammeln zu dürfen wie du«, fügte ich hinzu. »Für einen jungen Menschen ist das Leben, das vor ihm liegt, keine Garantie, sondern nur eine Möglichkeit. Für dich ist es Wirklichkeit. Sieh es doch einmal so. Denke nur daran, wie viele junge Männer und Frauen in Kriegen sterben, die sie nicht begonnen haben. Wie viele Menschen können sicher sein, dass sie 82 werden?«

Dabei dachte ich an das Werk von Viktor Frankl, dem Wiener Psychiater, der Auschwitz überlebt und danach eine Schule der existenziellen Psychotherapie begründet hat, die er als »Logotherapie« bezeichnete.[26] Ein bisschen Logotherapie wollte ich gleich bei Vladimiros anwenden, indem ich ihm von Frankls Leben und Werk erzählte, um ihn ein wenig aufzumuntern, wie ich hoffte.

»Aber in meinem Alter ist es schwer, anders zu denken«, sagte Vladimiros und schüttelte den Kopf. »Bald ist alles zu Ende. Wie soll das Leben für mich von jetzt an noch einen Sinn haben?«

»Wieso denkst du, dass alles zu Ende geht?«, fragte ich achselzuckend und tat dabei so, als plagten mich keine Ängste, jetzt, da ich die sechzig überschritten hatte. Ich fuhr langsamer, damit wir die Schönheit der Umgebung besser genießen konnten.

»Als Sokrates zum Tode verurteilt wurde«, fuhr ich fort, »stellte er sich seinen Anklägern entgegen und erklärte: ›Ich werde bald in den Tod gehen, ihr hingegen werdet weiterleben. Wer von uns besser dran ist, weiß nur Gott.‹«

»Aber Sokrates hat an Gott geglaubt«, erwiderte Vladimiros schmunzelnd.

»Ja, er hat daran geglaubt, was alle Weltreligionen lehren, nämlich dass der Tod nicht das Ende von allem, sondern der Beginn von etwas Neuem ist.«

Verstohlen blickte ich zu unserem Freund hinüber. Meine Argumentation schien keinen Eindruck auf ihn zu machen. Er schwieg ein Weilchen und schüttelte dann den Kopf.

»Ich kann nicht akzeptieren, dass ich ohne meine Sinne leben soll. Unterm Strich verliere ich gerade mein Augenlicht, und bald verliere ich auch noch meine anderen Sinne. Wenn sie verschwunden sind, bin ich auch weg. Ich werde null und nichtig«, sagte er mit einem Hauch Verbitterung. Er war ein Mann, der das Leben trotz aller Schwierigkeiten leidenschaftlich liebte und seine Frau sogar noch mehr. Eine unserer Sorgen war, wie er wohl weiterleben sollte, falls Elena vor ihm ginge.

»Glaubst du das wirklich?«, feixte ich. »Dass wir existieren, weil wir fünf Sinne haben? Und das ist alles?«

---

26 Viktor E. Frankl, *Man's Search for Meaning*, Pocket Books 1984, S. 143-144; deutsche Originalausgabe: *Trotzdem ja zum Leben sagen. Ein Psychologe erlebt das Konzentrationslager*, Penguin 2018, S. 191. Auf seine Logotherapie geht Frankl ausführlich in dem Band *Der Mensch auf der Suche nach Sinn* ein, Herder 1973, insbes. S. 39-64. (Anm. d. Ü.)

»Was gibt es denn sonst noch? Wenn mein Hirn futsch ist, bin ich futsch. Danach kommt nichts mehr, nur das ewige Aus. Deprimierend, aber wahr«, erwiderte Vladimiros.

Ich hatte Mitgefühl mit Vladimiros und seinen Schwierigkeiten zu akzeptieren, dass man unweigerlich älter wird und eines Tages aus diesem Leben scheiden muss. Mit den Jahren war mir dies bei vielen älteren Freunden aufgefallen, die ihr Leben auf einem ausschließlich säkularen Wirklichkeitsverständnis aufgebaut hatten. Wenn im Gespräch die Rede auf den Tod kam, wechselten sie nervös das Thema, als wäre er ein Tabu. Meinen akademischen Mentor und Freund Leonard zum Beispiel, der in internationalem Ansehen stand und achtzehn wissenschaftliche Bücher über Psychologie verfasst hatte, grauste es vor dem Sterben. Als er achtzig wurde, antwortete er jedes Mal, wenn ich ihn anrief und fragte, wie es ihm ginge, »nicht gut«. Wenn ich ihn dann zu einer Erklärung drängte, lautete seine Standardantwort: »Weißt du, wie alt ich bin?« Mit 89, unmittelbar nach dem Tod seiner Frau, verfiel Leonard in eine tiefe Depression. Er starb ein Jahr später, voller Angst vor der Auslöschung seines Seins, was der Tod seiner Auffassung nach unweigerlich bedeutete. Überlegungen, das Leben könne nach dem Tod weitergehen, zog er nicht ernsthaft in Betracht. Wie die meisten wissenschaftlichen Psychologen betrachtete er solche Vorstellungen als Wunschdenken oder infantile Fixierungen und Projektionen. Wie Vladimiros war auch Leonard ein freundlicher und hochintelligenter Mann, aber er glaubte an den Alleinvertretungsanspruch der Naturwissenschaften als Vermittler der Wahrheit. Und wie Vladimiros hatte auch Leonard das Syndrom der Moderne, über das ich in Kapitel Eins gesprochen habe, gründlich verinnerlicht. Es war mir unmöglich, ihn von etwas anderem zu überzeugen. Den größten Teil seines Lebens hatte er als Professor an einer sehr leistungsorientierten Elite-Universität gelehrt. Doch für Geist und Seele ist auf den Fluren der konventionellen akademischen Psychologie kein Platz.

Mir ist klargeworden, dass Nihilismus oft die Konsequenz eines modernen Weltbilds ist, das sämtliche Spuren einer spirituellen Grundlage des erschaffenen Kosmos gründlich beseitigt hat. Viele moderne säkulare Philosophen sind zu dem Schluss gekommen, dass

Welt und Menschheit ein grausamer Scherz sind, ein tragisches Unglück, wie Bertrand Russell uns glauben machen will. Solche Auffassungen sind zum unbestrittenen und stillschweigend akzeptierten Weltbild vieler führender Köpfe in den Wissenschaften, im Feuilleton und in der Kunst geworden. Kein Wunder also, dass sehr viele begabte Menschen von Depressionen und Freudlosigkeit geplagt sind. Emily und ich fühlen uns privilegiert, dass wir Menschen wie Vater Maximos begegnen durften, die uns im Kern unseres Daseins in einem radikal optimistischen und freudigen Verständnis bestätigt haben, in einem Verständnis, das man gerne mit aller Welt teilen möchte.

In diesem Zusammenhang fällt mir ein, dass ich vor Kurzem einen Artikel über das Leben und Werk Woody Allens gelesen habe, des berühmten Filmregisseurs, Komikers, Schauspielers und Amateur-Saxofonisten, in dem von seiner Angst vor der Auseinandersetzung mit seiner eigenen Sterblichkeit die Rede war. Sein Fall steht stellvertretend für die Haltung der kulturellen Elite. Mit 72 Jahren und als erklärter Atheist sprach er davon, dass er nachts wachliege vor Entsetzen über »die Leere« und »Gleichgültigkeit« des Universums, das ihn schon seit seiner Jugend plage. »Mir fällt eigentlich kein gutes Argument dafür ein, warum man sich für das Leben und gegen den Tod entscheiden sollte«, behauptete er. Das Filmemachen gebe ihm nichts weiter als Ablenkung von seiner Angst vor dem Tod. Nachdem er viele Freunde verloren hatte, wie es uns allen mit zunehmendem Alter ergeht, änderte sich sein Zeitempfinden, weil er zu der Erkenntnis gelangte, »wie kurz alles ist« und wie »sinnlos« das Leben.[27]

Wenige Menschen sind sich so bewusst, welche Folgen ihr Unglaube für sie hat, und gehen so offen damit um wie Allen. Ich kenne viele Kollegen, die ihren Glauben jahrelang vor sich selbst und anderen verborgen haben, bis schließlich der verhängnisvolle Herzinfarkt zuschlug. Diese Erkenntnis veranlasste Ernest Becker zu seinem Buch *Die Überwindung der Todesfurcht*[28] über unsere Tendenz, die

27 Jennie Yabroff, »Take the Bananas and Run«, *Newsweek*, 18. August 2008, S. 57-58.

28 Ernest Becker, *The Denial of Death*, Free Press 1998; deutsch: Die Überwin-

Tatsache unserer Sterblichkeit durch »Unsterblichkeits-Projekte« zu verdrängen, seien es die Bücher, die wir schreiben, die Filme, die wir drehen, der Wohlstand, den wir anhäufen, der Respekt, den wir uns in unserer jeweiligen Gemeinschaft zu verdienen suchen, oder die »edlen Gründe«, die wir vorbringen. So sagte mir etwa ein weiterer Freund, der Psychologe ist und an Gott, aber nicht an die persönliche Unsterblichkeit glaubt, einmal: »Unsterblich werde ich durch die Gene, die ich an meine Kinder weitergebe.« Ungeachtet seines Glaubens an Gott, glaubte auch er, dass es nach dem Tod für den einzelnen Menschen »aus ist«.

Vladimiros war weder Schauspieler noch wissenschaftlicher Psychologe wie mein verstorbener Freund Leonard, aber wie so viele heutige Schriftsteller und Intellektuelle war auch er nicht gläubig, geschult am marxistischen Weltbild des historischen Materialismus sowie der Überzeugung, dass nur das physische Universum real und Religion eine Form des Aberglaubens ist, die mit der Verwirklichung der kommunistischen Utopie unweigerlich in der Versenkung verschwinden wird. Dank eines Stipendiums hatte er in seiner Jugend während des Kalten Krieges an einer bulgarischen Universität Philosophie und Ästhetik studiert, als Bulgarien noch zum sowjetischen Einflussbereich gehörte. Vladimiros lernte Bulgarisch und Russisch und mischte sich unter die führenden Schriftsteller und Lyriker des Ostblocks. Bei seiner Rückkehr nach Zypern trug er daher das Stigma des Kommunismus, trat der Kommunistischen Partei bei und arbeitete als Journalist für die Parteizeitung. In der sowjetischen Gorbatschow-Ära und weil er sich für die Demokratisierung der AKEL, der kommunistischen Partei Zyperns, einsetzte, wurde er dann zusammen mit anderen »Progressiven« kurzerhand wegen Zersetzung aus der Partei ausgeschlossen.

Auch wenn er kein Marxist-Leninist mehr war, hatte sich Vladimiros, wenn keine Aversion gegen Religion, so doch eine tiefe Skepsis gegenüber ihren wichtigsten Prämissen bewahrt. Die katastropha-

---

dung der Todesfurcht: Dynamik des Todes, aus dem Englischen von Eva Bornemann, Goldmann 1985 (Erstausgabe: Dynamik des Todes: Die Überwindung der Todesfurcht, Walter 1976).

le Rolle, die die Kirche bei den politischen Problemen der Insel gespielt hatte, hatte seine negative Einstellung gegenüber religiösen Behauptungen oder Glaubensinhalten noch verstärkt. Und dies, obwohl sein Großvater väterlicherseits Priester und seine Eltern fromme Kirchgänger gewesen waren. Vladimiros war ein echtes Kind der Aufklärung. Er glaubte daran, dass die Menschheit allein durch den Gebrauch der menschlichen Vernunft und wissenschaftliche Erkenntnisse vervollkommnet werden kann. Einen Augenblick lang überlegte ich, ob ich den Mund halten sollte, wie ich dies bei doktrinären Materialisten normalerweise für ratsam halte. Aber aus diesem Holz war Vladimiros nicht geschnitzt. Ich bewunderte seinen aufgeschlossenen Geist und seine Bereitschaft, gegenteilige Meinungen anzuhören. Diese Haltung war durch seine zweijährige Amtszeit als Kulturattaché der zypriotischen Vertretung bei den Vereinten Nationen in New York Anfang der 1990er Jahre noch verstärkt worden – eine sehr glückliche Zeit in ihrem Leben, wie Vladimiros und Elena uns oft versicherten.

Ich sah mich veranlasst, eine andere Einschätzung des Wesens der letztendlichen Wirklichkeit anzubieten. »Erlaube, dass ich dir widerspreche, Vladimire«, sagte ich, als wir bereits kurz vor Kourion waren. »Ich vertrete in dieser Sache die genau gegenteilige Ansicht. Ich glaube, Gott ist die letztendliche Wirklichkeit, und ich glaube nicht, dass mit dem Tod alles endet. Ich glaube nicht, dass wir Menschen nach dem Tod null und nichtig werden. Tatsächlich deuten alle Indizien in die gegenteilige Richtung, auf einen neuen Anfang hin.«

Vladimiros sah mich überrascht an, als könne er nicht glauben, was er da hörte. Was er dachte, konnte ich mir nur vorstellen: Wie konnte ein Universitätsprofessor an eine derart mittelalterliche Vorstellung glauben? Ja, Elena erzählte Emily ein paar Tage später, Vladimiros habe ihr ungläubig berichtet: »Kyriacos glaubt an das, worüber er schreibt!« Er war davon ausgegangen, dass alles, was ich über christliche Mystik geschrieben habe, eine rein akademische Übung oder eine Art investigativer Journalismus wäre. Im Grunde, so hatte er angenommen, sei ich ein säkularer Intellektueller wie er, mit einer instinktiven Aversion gegen alles Religiöse.

Ich bog von der Hauptstraße ab Richtung Strand. Rechts von uns zog ein Eukalyptuswald vorbei, links erstreckten sich Erdbeerfelder. Einen knappen Kilometer weiter bogen wir auf eine schmale Straße ein, die an der Küste entlang nach Westen verläuft. Glücklicherweise war die Gegend touristisch nicht erschlossen, mit Ausnahme dreier einfacher, unauffälliger traditioneller Restaurants, denen die Briten hier den Betrieb gestatteten. Insgesamt war die Region praktisch unerschlossen, ein Park am Meer, ohne dass er offiziell als solcher bezeichnet wurde. Deshalb liebten wir den Ort. Er erinnerte uns an unsere Jugend, wo man überall in Zypern solche unberührten Flecken genießen konnte. Hundert Meter nördlich des Strands ragten steil die Klippen auf, ähnlich dem majestätischen Meeressaum an der englischen Ostküste. Wagemutige Drachenflieger nutzen das Klippendach als Absprungstelle. Mehrere von ihnen schwebten über uns wie riesige Adler mit bunten Flügeln.

Die Region Kourion hatte einst zu einem antiken Königreich gehört, das in vorchristlicher Zeit von einem Erdbeben zerstört wurde. Tatsächlich war auf dem Plateau in der Nähe der Absprungstelle ein antikes griechisches Amphitheater entdeckt und renoviert worden. In den Sommermonaten fanden hier unter freiem Himmel Aufführungen klassischer und moderner Theaterstücke sowie Konzerte statt.

Wir parkten beim dritten, abgelegensten und bescheidensten Restaurant. Unter Sonnenschirmen aus Schilfgras wartete Vladimiros bei einem kühlen regionalen Bier auf uns, während wir uns beim Schwimmen im Meer kurz erfrischten. Nach einem Mittagessen, bestehend aus Fisch und Salat, gefolgt von einem türkischen Mokka, nahmen wir unser Gespräch über das Leben, den Tod und das Jenseits wieder auf.

»Was hat dich denn zum Glauben gebracht?«, fragte Vladimiros neugierig.

»Schau, Vladimire«, antwortete ich, »mit den Jahren ist mir klar geworden, dass das Weltbild, das wir vom 19. Jahrhundert übernommen haben, nicht mehr haltbar ist. Es ergibt einfach keinen Sinn. Ich meine, die Ansicht, dass nur konkrete Materie real und nur, was sich uns mit unseren Körpersinnen erschließt, wahr ist.«

»Aber was waren die Gründe, die dich zum Glauben gebracht haben?«, hakte Vladimiros nach.

Ich dachte einen Augenblick nach und sagte dann, unter anderem sei es wohl meine Begegnung mit den mystischen Lehren aller großen Religionen gewesen; das aufkommende neue Verständnis in der Wissenschaft, das über das mechanistische Modell des Universums hinausgeht, das neue Paradigma, das die Newtonsche These von der Funktionsweise der Welt radikal hinterfragt; die wissenschaftlichen Studien in Bezug auf den Tod, insbesondere die aufgelaufene Literatur über Nahtod-Erfahrungen; die Belege für die Nichtlokalität des Geistes und den sogenannten schamanischen Bewusstseinszustand; vor allem aber meine persönlichen Begegnungen mit lebenden christlichen Mystikern, Eremiten und Heiligen in den letzten 25 Jahren.

»Das ist eine lange Liste«, stellte Vladimiros fest und nippte an seinem Kaffee. »Wie wäre es mit einem konkreten Beispiel?«

Bei Vladimiros würde ich mit einer Antwort aufwarten müssen, die über das Übliche, das er, der in einer christlich-orthodoxen Kultur aufgewachsen war, nur allzu gut kannte, hinausging, das war mir klar. Denn offensichtlich hatte diese Erziehung nicht verhindern können, dass er Agnostiker, wenn nicht gar eingefleischter Atheist geworden war. Mit anderen Worten, ich konnte ihn nicht von einem jenseitigen Leben überzeugen, wenn ich ihm mit Dingen kam wie Offenbarung, Ende der Welt, Jungfrauengeburt, Jüngstes Gericht, Auferstehung des Fleisches und Wiederkunft Christi. Rationale Intellektuelle bestärken solche Argumente nur in ihrer Überzeugung, dass an der klassischen Religion nichts dran ist außer Propaganda und fantasievoller Mythologie. Vladimiros konnte nur ein Argument ernst nehmen, das wissenschaftlichem Denken und vernünftigen Überlegungen nicht im Wege stand.

»Gut. Fangen wir mit den großen Weltreligionen an, nicht nur mit dem Christentum«, antwortete ich. »Es ist doch sehr beeindruckend, dass die Mystiker aller Weltreligionen, trotz ihrer großen Glaubensunterschiede, darin übereinstimmen, dass das physische, beobachtbare Universum nur ein sehr kleiner Teil einer größeren Wirklichkeit ist, die unsere Körpersinne nicht erfassen können. Alle Religionen sind sich darin einig, dass es eine Wirklichkeit gibt, die die natürliche Welt einschließt und übersteigt, und dass diese Wirklichkeit durch mystische Ekstase erschlossen und erfahren werden kann. Man hat ihr unterschiedliche Namen gegeben: Gott, Brahman, Allah, Jahwe, der Eine, das Absolute, der Große Geist und so weiter.«

»Auch die meisten großen Weisen und Philosophen vertreten in dieser Frage eine ähnliche Ansicht«, fügte Emily hinzu.

»Genau«, fuhr ich fort. »Mit Ausnahme führender Philosophen des 19. und 20. Jahrhunderts wie Marx, Freud, Russell und Sartre haben die meisten Weisen dieser Welt – Sokrates, Platon, Aristoteles, Plotin, Kant, Hegel, Shankara – ihre Philosophie auf dieser grundlegenden Annahme über die Beschaffenheit der Wirklichkeit aufgebaut, das heißt, dass das physische Universum nicht alles ist. Aber nur die Mystiker bieten eine empirische Bestätigung für diese Tatsache. Die Mystiker der verschiedenen religiösen Traditionen haben Methoden entwickelt, wie man sich dieser transzendenten Wirklichkeit nähern und sie erkennen kann.«

»Wovon sprichst du?«, warf Vladimiros mit zweifelndem Blick ein.

»Die Hindu-Weisen haben zum Beispiel die verschiedenen Yoga-Systeme entwickelt wie Bhakti-, Jnana-, Raja- und Karma-Yoga. In Stammesreligionen findet man ekstatische Erfahrungen traditioneller Schamanen. So haben Anthropologen tatsächlich den ›schamanischen Bewusstseinszustand‹ entdeckt, wie sie ihn nennen, eine außerkörperliche Erfahrung, die als eine Bewusstseinsform, die sich grundlegend von anderen Zuständen wie etwa Wachen, Schlafen, Hypnose und so weiter unterscheidet, wissenschaftlich untersucht worden ist.

Im alten Griechenland«, fuhr ich fort, »gab es die Mysterienschulen wie die des Pythagoras, die Platon und Sokrates beeinflusst hat, die wiederum selbst mystische Erlebnisse hatten.

Im Christentum, das mich am meisten interessiert, gibt es die hesychastische Tradition des Athos, die spirituelle Methodik der inneren Stille (*Hesychia*), die die Eremiten und Mönche seit den Anfängen des Christentums anwenden. Nach christlich-orthodoxer Überlieferung offenbart sich einem Gott zum Beispiel nur, wenn man sein Herz von egoistischen Wünschen und Leidenschaften läutert. Ist dies erreicht, kann die ringende Seele etwas erleben, was die Kirchenväter als das ›Ungeschaffene Licht Gottes‹ bezeichnen. Dies ist ein ekstatisches Erlebnis, das den Menschen vollkommen verwandelt. Es hat nichts mit zerebralem, intellektuellem Wissen zu tun.«

»Inwiefern kann man darauf vertrauen, dass das, was sie berichten, auf Realität und nicht auf Fantasie beruht?«, fragte Vladimiros. Was ich ihm präsentiert hatte, waren für ihn vielleicht ganz neue Ideen, seine Frage aber war die klassische Reaktion eines Skeptikers auf solche Phänomene.

»Wenn man die Berichte von Menschen liest, die solche Erfahrungen hatten, ist man unweigerlich beeindruckt. Aber natürlich kann man es erst wissen, wenn man das Erlebnis selbst gehabt hat. Ich glaube allerdings, dass die Erfahrungen der großen Propheten, der Heiligen und Mystiker eine so außergewöhnliche Kraft haben, dass es zumindest mir unmöglich ist, sie als bloße Wahnvorstellungen abzutun.«

»Mein Problem mit Religion ist«, warf Vladimiros ein, »dass sie so viel Unheil auf der Welt angerichtet hat. Im Namen des jeweiligen Gottes wurden sehr viele Kriege geführt, sei es beim Aufstieg und der Ausbreitung des Islam, bei den Kreuzzügen oder der Inquisition oder bei den aktuellen Kriegen im Nahen Osten, selbstverständlich ganz zu schweigen von der katastrophalen Rolle, die die Kirche bei unseren Problemen mit den Türken gespielt hat.«

»Ja, das ist ein berechtigter Einwand. Religiöser Fanatismus ist seit jeher ein Problem. Aber wenn du die Gewalt, die im Namen der Religion ausgeübt worden ist, mit der Gewalt vergleichst, die im Namen säkularer Ideologien ausgeübt wurde, wirst du feststellen, dass säkulare Ideologien rücksichtsloser und grausamer gewütet haben und die Anzahl der Menschenleben, die ihr zum Opfer gefallen sind, sogar noch größer ist als die, welche die Religionen gefordert haben«, erwiderte ich.

»Was meinst du damit?«, fragte Vladimiros.

»Schau nur einmal das 20. Jahrhundert an und die Millionen, die in Kriegen und Revolutionen umgekommen sind, die entweder von Nationalismus oder von Ideologien wie Kommunismus oder Nazismus getrieben waren. Das 20. Jahrhundert, das als das säkularste gilt, war das blutigste Jahrhundert der gesamten Geschichte. Denke an die Nazis und den Holocaust. Denke an Stalin und Mao, an Pol Pot und Kambodscha. Zusammengenommen haben sie den Tod von unzähligen Millionen Menschen verursacht, um ihre Vorstellung von einer guten Gesellschaft voranzutreiben.«

Vladimiros nickte, als ich Stalin und Mao erwähnte. Ich hatte den Verdacht, dass er in seiner Jugend anders über sie gedacht hatte. »Vor vielen Jahren hat der Soziologe Peter Berger in seinem Buch *Welt der Reichen, Welt der Armen: Politische Ethik und sozialer Wandel* darauf hingewiesen, dass die säkularen Ideologien aus soziologischer Sicht insgesamt nachweislich bedeutend destruktiver waren als religiöse Ideologien.[29] Das sollten wir uns vor Augen halten, wenn wir mit dem Finger auf die Religion als Ursache aller Probleme in der Welt zeigen. Vielleicht wäre die Welt viel schlimmer gewesen, wenn die Religion auf ihr ausradiert worden wäre, wie es einige militante Atheisten heute gerne sähen.«

Dabei dachte ich an die aktuelle Flut von Büchern neoatheistischer Autoren wie etwa des Biologen Richard Dawkins und des Journalisten Christopher Hitchens, die die heutige Malaise des religiösen Fundamentalismus als ein Problem betrachten, das der Religion an sich inhärent ist. Im Verbund mit einigen anderen haben sie sich auf einen Kreuzzug begeben, die Welt von der Religion zu befreien und sie durch reine Rationalität und wissenschaftliches Denken zu ersetzen.[30]

»Ich bestreite nicht, dass Religion in der Geschichte oft eine destruktive Rolle gespielt hat«, stellte ich klar. »Denke aber daran, dass die meisten Probleme, an denen der Religion die Schuld zugeschrieben wird, nur indirekt mit Religion zu tun haben.«

---

29 Peter Berger, *Pyramids of Sacrifice: Political Ethics and Social Change*, Basic Books 1974; deutsch: *Welt der Reichen, Welt der Armen: Politische Ethik und sozialer Wandel*, aus dem Amerikanischen von Wilhelm Höck, List 1976.

30 Richard Dawkins, *The God Delusion*, Mariner Books 2008; deutsch: *Der Gotteswahn*, aus dem Englischen von Sebastian Vogel, Ullstein 2007. Christopher Hitchens, *God Is Not Great: How Religion Poisons Everything*, Twelve 2007; deutsch: *Der Herr ist kein Hirte: wie Religion die Welt vergiftet*, aus dem Amerikanischen von Anne Emmert, Blessing 2007.

»Aber schau nur einmal den Konflikt zwischen Katholiken und Protestanten in Irland an oder das zypriotische Problem zwischen Griechen und Türken oder die Kämpfe zwischen Buddhisten und Hindus in Sri Lanka oder zwischen Juden und Palästinensern im Nahen Osten, die Kriege im Irak und in Afghanistan, um nur einige wenige zu nennen!«, rief Vladimiros aus und gestikulierte heftig. Unser Gespräch ließ ihn sichtlich aufleben.

»Wenn wir diese Konflikte genauer betrachten, erkennen wir, dass die zugrunde liegenden Ursachen viel mit wirtschaftlicher und politischer Ausbeutung und Unterdrückung zu tun haben, etwa durch Kolonialismus und Neokolonialismus, und nur indirekt mit Religion. Mit Ausnahme vielleicht von Bin Laden und al-Quaida geht es bei den Disputen nicht um theologische Differenzen oder um die Verbreitung einer bestimmten religiösen Ideologie oder eines Glaubens. Ja, die Religion spielt eine Rolle, weil sie eine starke Kraft für die Eigen- und die Gruppenidentität ist. Die Menschen sind so sozialisiert, dass sie von sich als Angehörige einer bestimmten Religion denken.« Ich hielt einen Moment inne und gab dann eine Anekdote über Irland zum Besten, die mir mein Kollege, der Anthropologe Henry Munson, einmal erzählt hatte. »Auf dem Höhepunkt der Auseinandersetzungen zwischen Protestanten und Katholiken hält ein maskierter Terrorist in einer dunklen Seitenstraße in Belfast einen Fußgänger an. Das Gewehr auf ihn gerichtet, fragt er: ›Bist du Katholik oder Protestant?‹ Der erschrockene Mann antwortet: ›Weder, noch. Ich bin Atheist.‹ Daraufhin fragt der Maskierte: ›Aber bist du katholischer oder protestantischer Atheist?‹«[31]

Vladimiros' schallendes Gelächter wärmte uns das Herz. »Mein Interesse«, fuhr ich fort, »gilt dem mystischen Kern dieser Religionen. Wenn man das Leben der wichtigsten Figuren der großen Weltreligionen betrachtet, stößt man auf eine andere Wirklichkeit. Die führenden Persönlichkeiten des Christentums zum Beispiel, sei es Christus selbst oder Paulus oder die großen Heiligen aus allen Jahrhunderten, lehren den Frieden des Evangeliums. Es ist die spirituelle Unreife der

31 Munson schreibt diese Anekdote dem Soziologen Peter Berger zu.

Menschen, die zu gewaltsamen Konflikten führt. Neulich wurde ich von einer griechisch-zypriotischen Lokalzeitung interviewt und wies darauf hin, was Vater Maximos schon oft gesagt hat, nämlich, wären die griechischen Zyprioten wahre Christen gewesen und hätten sie Christi Lehren umgesetzt, hätten wir keinerlei Probleme mit den Türken.«

»Das steht definitiv fest«, murmelte Vladimiros zustimmend.

»Weißt du«, fuhr ich fort, »das Problem, von dem du in Bezug auf die Religion gesprochen hast, ist das Problem der spirituellen Reife der Menschen. Ich weiß, dass du nicht gläubig bist, aber die Mehrheit der Menschen auf der Welt ist es. Doch spirituell sind sie nicht alle gleichaltrig, wie Vater Maximos mir einmal gesagt hat. Da gibt es welche, behauptet er, die sehen Gott als furchterregenden Oberherrn, der sie in die Hölle werfen kann, wenn sie sich schlecht benehmen. Menschen mit einer derart infantilen Vorstellung sind die ›Sklaven Gottes‹. Auf sich selbst gestellt und ohne die Angst vor der Hölle würden sie Entsetzliches tun. Dieser Menschentyp benötigt die Gottesfurcht, damit sie nicht Akte des Bösen vollbringen und ihren Mitmenschen Schaden zufügen. Aus Furcht vor der ewigen Verdammnis tötet man nicht, stiehlt nicht, begeht keinen Ehebruch. Solche Menschen hatte Voltaire im Sinn, als er bei Tisch seinen gebildeten Gästen zuflüsterte, bloß nichts über ihre atheistischen Überzeugungen verlauten zu lassen, denn wenn die Bediensteten mitbekämen, dass es keinen Gott gebe, würden sie allen die Kehle durchschneiden!

Der zweite Menschentypus sind die ›Angestellten Gottes‹«, fuhr ich fort. »Diese Menschen tun Gutes, weil sie von Gott einen Lohn dafür erwarten. Sie arbeiten darauf hin, ihren Platz im Paradies zu verdienen. Sie arbeiten für Gott, sie vollbringen gute Taten, und am Ende des Tages erwarten sie ihren göttlichen Lohn. Die meisten Menschen sind in diesem Sinne religiös. Sagen wir, sie bilden die religiöse Mittelklasse. Aber auch diese Einstellung gegenüber Gott ist nicht die reifste und authentischste.

Der dritte Typus sind gemäß den christlichen Altvätern die ›Gott Liebenden‹. Dies sind Menschen, die das wahre Wesen Gottes in Seiner vollständigen und bedingungslosen Liebe zu allen Menschen und zur gesamten Schöpfung erfahren haben. Sie betrachten alle Menschen als Ebenbild Gottes und erkennen, dass es das Ziel des Lebens ist, eins mit Gott zu werden. Dies sind die spirituell reifsten Gläubigen. Sie haben Gott aus eigener Erfahrung kennengelernt.

Wenn wir also über Religion sprechen, ist es klug, diese Unterscheidungen im Hinterkopf zu behalten. Liebende Gottes kann man in allen Religionen finden, ebenso wie Sklaven und Angestellte. Meiner Meinung nach wird jeder, der sich die Mühe macht, die Weltreligionen vorurteilsfrei und unvoreingenommen zu studieren, feststellen, dass christliche Heilige und Mystiker mehr mit den Weisen Tibets und Indiens gemein haben als mit christlichen Fundamentalisten.«

»Jetzt bin ich aber neugierig auf die anderen Faktoren, die dich zum Glauben gebracht haben«, sagte Vladimiros nach kurzem Nachdenken über meine Worte, »etwa das ›aufkommende neue Paradigma‹ in der Wissenschaft, wie du es genannt hast. Woran denkst du dabei?«

»Ich meine, dass eine zunehmende Anzahl von Wissenschaftlern die Grundthese, auf der die moderne Wissenschaft aufbaut, infrage stellt. In Bezug auf unser Gespräch über meine Glaubensgründe scheint mir, dass die neuen Thesen das Bild von einer Welt stützen, die nicht aus sich selbst heraus zu erklären ist.«

»Das verstehe ich nicht.«

»Nehmen wir einmal das neue kosmologische Verständnis der Schöpfung als solcher. Seit Mitte der 1960er Jahre ist die Urknalltheorie von der Entstehung des Universums die allgemein anerkannte Ansicht praktisch aller Astronomen. Wie du weißt, besagt die Urknalltheorie, dass das Universum vor etwa 13,7 Milliarden Jahren durch eine Ur-Explosion entstanden ist. Die gesamten 100 Milliarden Galaxien des bekannten Universums waren auf weniger als ein Atom komprimiert, und plötzlich gab es eine Explosion. Der Staub der dabei erzeugten Teilchen hat das gewaltige und fein abgestimmte System der Schöpfung erschaffen.

So lautet heute die Schlussfolgerung führender Denker«, betonte ich. »Allan Sandage, einer der einflussreichsten Astronomen des 20. Jahrhunderts und vor allem bekannt für seine Berechnung des Alters des Universums, hat zum Beispiel erklärt, dass man den Urknall nur als ein Wunder betrachten kann.[32] Und dieses Wunder hat ein weiteres modernes wissenschaftliches Verständnis der Entstehung des Menschen hervorgebracht. Es wird als ›*anthropisches* kosmologisches Prinzip‹ bezeichnet und bedeutet, dass sich das Universum so entwickelt hat, dass die Entstehung der Menschheit möglich wurde. Mit anderen Worten, Entstehung und Evolution des Universums haben zu ihrem inneren Zweck die Entstehung bewusstseinsfähiger Wesen wie wir es sind. Dies ist ein spirituelles Schöpfungsverständnis.

Patrick Glynn kommt nach gründlicher und systematischer Durchsicht aller modernen wissenschaftlichen Schöpfungstheorien sogar zu dem Schluss, dass ›das *anthropische* Prinzip faktisch besagt, die Menschheit sei (anscheinend) die Zweckursache des Universums. Die grundlegendste Erklärung des Universums lautet, dass es offenbar ein Prozess ist, der auf den Zweck oder das Ziel der Erschaffung des Menschen ausgelegt wurde.‹[33] Darüber hinaus hat Andrew Greeley, der berühmte Professor für Religionssoziologie an der University of Chicago, darauf hingewiesen, dass ›Glynns Argumente für die Existenz Gottes als Ursache dafür, dass sich das Universum auf die Erschaffung der Menschheit hin entwickelt hat, die Beweislast für das Gegenteil jenen Intellektuellen auferlegen, die diese Frage für längst beantwortet halten‹. In dem Sinne nämlich, dass Gott tot ist.

Siehst du, was da vor sich geht?« fuhr ich fort. »Die moderne Wissenschaft bietet nun eine Sicht der Wirklichkeit, die sich radikal von der unterscheidet, die im 19. Jahrhundert und zu Darwins Zeit vorgeherrscht hat, wonach das Universum eine Maschine ohne inneren Sinn und Zweck ist.«

Ich ließ den Blick übers Meer schweifen, und dabei fiel mir wieder ein, dass ich vor vielen Jahren im *New York Times Magazine* einen anderen Artikel zu diesem Thema gelesen hatte. Darin witzelte der Autor, in den letzten paar hundert Jahren hätten sich die Naturwissenschaftler abgemüht, den Berg des Wissens zu bezwingen, nur um

---

32 Zitiert in Richard Tarnas, *Cosmos and Psyche: Intimations of a New World View*, Plume 2007, S. 435.

33 Patrick Glynn, *God: The Evidence*, Forum 1997, S. 32.

festzustellen, dass auf seinem Gipfel ein Haufen Theologen auf sie wartete.

»Parallel zu diesen Entwicklungen in der Kosmologie«, fuhr ich fort, »kamen Veränderungen auch von Wissenschaftlern, die sich mit der subatomaren Ebene, das heißt, mit der Quantenphysik beschäftigen. Auch in diesem geheimnisvollen Mikrokosmos haben die Wissenschaftler entdeckt, dass ihr Denken integraler Bestandteil dessen ist, was sie beobachten.«

»Ich weiß nicht, ob ich dir folgen kann.«

»Zum Beispiel haben die Wissenschaftler entdeckt, dass ein Teilchen sich wie ein Teilchen verhält, wenn der beobachtende Wissenschaftler erwartet, dass es sich wie ein Teilchen verhält, und dass es sich wie eine Welle verhält, wenn der Experimentator oder die Experimentatorin erwarten, dass es sich wie eine Welle verhält. Dies bedeutet, dass unser Bewusstsein sich auf geheimnisvolle Weise in Kommunikation mit der physischen Materie befindet.«

»Vergiss Masaru Emoto nicht«, erinnerte mich Emily.

»Richtig. Dies ist möglicherweise ein weiteres gutes Beispiel dafür, dass unsere Gedanken Auswirkungen auf die Materie haben«, sagte ich und erklärte Vladimiros die Arbeit des japanischen Wissenschaftlers, der – wenngleich zugegebenermaßen umstrittene – Beweise dafür vorgelegt hat, dass unsere Einstellung sowie unser Denken und Empfinden das Verhalten von Wasser auf subatomarer Ebene beeinflussen können.[34] Wenn Menschen konzentriert liebevolle Gedanken an Wasserproben schickten, die dann eingefroren wurden, sahen deren Kristalle, die mit Spezialkameras fotografiert wurden, in den für das Experiment verwendeten Proben deutlich anders aus als in den Kontrollproben, so wies Emoto nach. Die Proben aus dem Experiment wiesen atemberaubend schöne kristalline Muster auf, während die Kontrollproben vergleichsweise langweilig wirkten.«

»Ich habe wirklich gestaunt, als ich bei einem Vortrag von Emoto

34 Masaru Emoto, *Messages from Water*, Hado Kyoikusha Co Ltd. 1999; deutsch: *Die Botschaft des Wassers*, aus dem Englischen von Urs Thoenen, Koha Verlag 2002.

auf einer Konferenz in Montreal Bilder von seinen Proben gesehen habe«, unterstrich Emily.

»Dies liefert offenbar die Bestätigung für das orthodoxe Ritual der Wasserweihe, besonders am Fest der Erscheinung des Herrn«, fügte ich hinzu, als ich den Anflug eines skeptischen Lächelns auf Vladimiros' Gesicht bemerkte.

»Emotos Experimente könnten solche Bräuche wissenschaftlich untermauern«, fuhr ich fort und erklärte weiter, dass damit die Behauptung der Orthodoxen, geweihtes Wasser habe eine andere Qualität als gewöhnliches Wasser und überdies therapeutische Eigenschaften, eher den Tatsachen als reiner Fantasie entsprechen könnte.

»Und was heißt dies alles jetzt für dich?«, fragte Vladimiros.

»Es heißt, dass unsere Gedanken auf dieser feinstofflichen, subatomaren Ebene womöglich Auswirkungen auf das Verhalten von Materie haben. Es heißt, dass zwischen unseren Gedanken und Gefühlen und dem materiellen Universum, das wir lediglich für tote Materie gehalten haben, ein ständiger unbewusster Austausch stattfindet. Oder einfach ausgedrückt: Das Universum ist offenbar von spiritueller Energie durchdrungen. Es ist anscheinend doch keine tote Maschine, wie man im 19. Jahrhundert angenommen hat, was Philosophen zu dem Schluss brachte: ›Gott ist tot.‹ Nach dreißigjährigen Forschungen kam Richard Tarnas, ein führender moderner Philosoph und Historiker, zu dem Schluss, die Indizien deuteten darauf hin, dass das Universum, in seinen Worten, ›von einer mächtigen schöpferischen Intelligenz und einem ordnenden Prinzip von wahrhaft erstaunlicher Kraft, Komplexität und Schönheit geprägt ist‹.[35]

Diese Veränderungen finden also sowohl auf der Makro- als auch auf der Mikroebene statt. Wir leben in spannenden Zeiten. Wissenschaftler entdecken, was bereits die antiken Philosophen und alle großen Mystiker behauptet haben, dass nämlich was oben ist, auch unten ist. Vielleicht sagen wir deshalb im Vater Unser ›wie im Himmel, so auf Erden‹. Einigen Beobachtern zufolge leben wir in einer Zeit, die uns in eine neue Aufklärung führen könnte, die die westliche Auf-

---

35 Tarnas, *Comos and Psyche.*

klärung im 17. und 18. Jahrhundert in den Schatten stellt. Es könnte eine Zeit werden, in der das Beste aus der Wissenschaft und das Beste aus der Religion zusammenfinden und uns eine radikal neue und, so möchte ich sagen, eine optimistischere und holistischere Sicht der Wirklichkeit ermöglichen. Dann wären wir gar nicht mehr fähig, uns deprimiert oder sinnentleert zu fühlen, weil unser Bewusstsein sich in Harmonie mit dem Gefüge des Universums befindet, das heißt, weil es erfüllt ist von Sinn.«

»Du meinst Gott«, stellte Vladimiros klar.

»Ja. Und weil ich mit Paulus glaube, dass Gott die Wirklichkeit ist, in der wir ›leben und weben und sind‹ [Apostelgeschichte 17,28], sind wir als Ebenbilder Gottes ebenfalls unsterbliche Wesen. Der Tod erscheint als Illusion. Sein Stachel verliert die Kraft, die er hat, wenn wir glauben, dass diese begrenzte Welt, in der wir leben, alles ist.«

»Ich wünschte, ich könnte an das glauben, was du sagst«, bemerkte Vladimiros kopfschüttelnd. Seine Reaktion ermutigte mich, und so fuhr ich fort.

»Siehst du, Vladimire, allen spirituellen Überlieferungen zufolge sind wir Götter, die an selbstverschuldetem Gedächtnisschwund leiden.«

»Götter, die an selbstverschuldetem Gedächtnisschwund leiden!«

Ich wies darauf hin, dass Platon glaubte, Wissen sei in Wirklichkeit *Anamnesis* oder das Schöpfen von Wissen, über das wir eigentlich bereits verfügen, aus dem Reservoir unseres Seins. »Ja. Ziel unseres Lebens ist es, zu unserem wahren Wesen zu erwachen und zu erkennen, dass wir Gott in uns haben«, fuhr ich fort. »Wenn dieser Moment gekommen ist, wissen wir, wer wir sind, was der wahre Sinn unseres Daseins ist und wer Gott ist.«

Ich war mir sicher, dass solche Ideen für Vladimiros neu waren. Was ich sagte, verwarf er nicht, wie andere es getan hätten, die ideologisch an ein atheistisches Weltbild gebunden sind. Meinem Gefühl nach war er einfach von der Berührung mit solchen Ideen abgeschirmt worden, wie die meisten modernen Intellektuellen.

»Und was ist mit dem Tod?«, fragte Vladimiros, als wir beschlossen, barfuß am Strand spazieren zu gehen. »Welche Beweise können wir finden, dass der Tod eine Illusion ist, wie du sagst? Bloß an eine solche Vorstellung zu glauben, reicht mir nicht.«

»Du hast recht. Wir können uns dieser Wirklichkeiten nie sicher sein, bis wir sie selbst erlebt haben.«

»Es ist natürlich noch keiner gestorben und dann wiedergekommen, um uns zu erzählen, wie es im Jenseits aussieht«, bemerkte Emily.

»Natürlich nicht. Doch aufgrund der Erzählungen großer Heiliger und Mystiker sowie aufgrund von Berichten über außerkörperliche Erfahrungen und wissenschaftlichen Studien zu Nahtod-Erfahrungen können wir erste vorsichtige Schlüsse ziehen.«

Daraufhin erklärte ich Vladimiros kurz, was unter einer Nahtod-Erfahrung zu verstehen ist, die mit dem Erscheinen von Raymond Moodys bahnbrechendem einschlägigen Werk[36] in den Vereinigten Staaten zum stehenden Begriff geworden ist. Nach einer Promotion in Philosophie sowie anschließend in Psychiatrie beschäftigte sich Moody als Erster mit diesem umstrittenen Gebiet. Ausgelöst wurde sein Interesse durch Berichte von Menschen, die von ihren Ärzten für tot erklärt worden waren, aber aus unerfindlichen Gründen wieder ins Leben zurückgefunden hatten. Sehr viele berichteten, sie hätten sich außerhalb ihres Körpers befunden, hätten ihren Körper tot unter sich liegen sehen, seien dann durch einen Tunnel gegangen und auf der anderen Seite von verstorbenen Verwandten sowie einem strahlenden Wesen begrüßt worden, das ihnen totale und bedingungslose Liebe entgegengebracht habe. Irgendwann erlebten sie einen sehr detaillierten Rückblick auf ihr Leben und erkannten dabei auch, welche Auswirkungen ihr Tun im Positiven wie im Negativen auf andere gehabt hatte. Menschen, die ein solches Erlebnis hatten, berichteten, sie hätten das Gefühl gehabt, »nach Hause« zu kommen, und wären gerne für immer dort geblieben. Doch das christusähnliche Wessen habe sie angewiesen, in ihren Körper zurückzukehren, weil sie im Leben noch etwas zu erledigen hätten. Am erstaunlichsten und sehr verblüffend für Moody und seine Mitarbeiter waren die Patienten, die angeben konnten, was während ihres todähnlichen Zustands geschehen war.

36 Moody, *Life After Life*; deutsch: *Leben nach dem Tod.*

Sie wussten, was im Diesseits passiert war, als sie bereits für klinisch tot erklärt worden waren. Dieser Aspekt der Nahtod-Erfahrung ist mit den Mitteln der herkömmlichen Psychologie nicht zu erklären, und es erhebt sich die Frage, ob Bewusstsein außerhalb des materiellen Körpers existiert. Dies lässt darauf schließen, dass Geist und Persönlichkeit vom Gehirn unabhängig sein könnten und wir unseren physischen Körper und das Gehirn nur für das Leben auf dieser Welt benötigen.

»Das Interessante ist«, sagte ich zu Vladimiros, »dass diese Menschen durchgängig die Angst vor dem Tod verlieren, weil ihnen klar wird, dass es den Tod nicht gibt, wie sie sagen. Davon sind sie felsenfest überzeugt. Außerdem sind die meisten danach ein besserer Mensch geworden. Sie behaupten, das Wichtigste, was sie aus ihrer Nahtod-Erfahrung gelernt hätten, sei, dass wir auf diese Welt kommen, um lieben zu lernen und an Wissen und Verständnis zu wachsen.«

»Interessant«, murmelte Vladimiros.

»Sehr. Mit dieser Entwicklung sehen wir eine wissenschaftliche Bestätigung für den uralten Glauben an ein Leben nach dem Tod. Vor der Moderne hatten wir keine Möglichkeit, Menschen mit einer Nahtod-Erfahrung, medizinisch gesprochen, ›zurückzuholen‹. Jetzt können wir wissenschaftlich verifizieren, dass ein Mensch klinisch tot ist, aber auch attestieren, dass derselbe Mensch während seiner Nahtod-Erfahrung sehr lebhafte Erlebnisse hat. Das Gehirn ist außer Funktion, praktisch ›tot‹, doch der Mensch ist bei vollem Bewusstsein.«

»Gibt dir diese medizinische Entwicklung die Zuversicht, dass es ein Leben nach dem Tod gibt?«, fragte Vladimiros.

»Sie ist ein wichtiger Faktor, den wir berücksichtigen müssen, wenn wir über den Tod und das Wesen des Menschen nachdenken«, erwiderte ich. »An und für sich liefert sie natürlich keinen Beweis für ein Leben nach dem Tod. Ich glaube nicht, dass dies in einem streng wissenschaftlichen Sinne beweisbar ist. Aber wenn man diese Indizien mit allen anderen Faktoren verbindet, die wir bisher untersucht haben, etwa die Lehren der großen Heiligen und Mystiker, liefern sie weitere Unterstützung dafür. Nicht zuletzt stützt die Nahtod-Erfahrung die Vorstellung, dass Geist und Gehirn nicht ein und dasselbe sind. Was du also vorhin gesagt hast, dass wir nur unsere fünf Sinne sind, stimmt einfach nicht. Auch wenn der Körper klinisch tot ist, kann man existieren, fühlen, denken, Erinnerungen haben und Ereignisse beobachten, die in dieser Welt stattfinden. Dies bedeutet, dass wir nicht unser Körper sind. Einige Forscher haben dafür heute den Begriff ›Nichtlokalität des Geistes‹ geprägt.[37] Ihre Schlussfolgerung lautet, das Gehirn sei lediglich das Instrument, durch das unser Geist und unsere Persönlichkeit sich ausdrücken. Damit will ich Folgendes sagen: Unsere Fähigkeit, in unserem Leben auf dieser Welt zu denken, Erinnerungen zu haben, eine bewusste Persönlichkeit mit Vorlieben und Abneigungen auszubilden, menschliche Beziehungen einzugehen, beliebige Fertigkeiten zu entwickeln und Wissen zu erwerben, hängt nicht ausschließlich von einem physischen Körper ab. Der physische Körper ist erforderlich, damit wir in dieser Welt leben sowie unseren bewussten Geist und unsere Persönlichkeit entwickeln können. Wenn aber der Körper durch den Tod vergeht, besteht die Persönlichkeit weiter. Dies kann man meiner Meinung nach vorläufig vernünftigerweise aus den indirekten Belegen schließen, die wir bis zu diesem Punkt unserer menschlichen Erfahrung haben. Kurzum, wir existieren auch nach dem Tod weiter. Verstehst du, was ich meine?«

»Ich versuche es«, sagte Vladimiros nachdenklich. »Was sagen also die Mystiker und Altväter, mit denen du dich beschäftigt hast, darüber, was nach dem Tod mit uns geschieht?« Ich war mir nicht sicher, ob er diese Frage aus persönlichem Interesse stellte oder weil er einfach neugierig war, was andere in dieser Frage meinen. Doch ich hatte das Gefühl, dass diese Frage auf einer tieferen Ebene von einem echten Interesse herrührte, was mit ihm geschehen könne, wenn er nicht mehr da wäre. »Um es dir ganz offen zu sagen«, fuhr er fort,

---

37 Larry Dossey, *Healing Beyond the Body: Medicine and the Infinite Reach of the Mind,* Shambhala 2003; deutsch: *Heilungsfelder: wenn die Seele den Körper heilt,* aus dem Amerikanischen von Karl-Friedrich Hörner, Crotona 2012. Amit Goswami, *The Visionary Window: A Quantum Physicist's Guide to Enlightenment,* Quest Books 2000.

»wenn ich Priester von Hölle und Verdammnis reden höre oder vom Tag des Jüngsten Gerichts und der Auferstehung der Toten bei der Wiederkunft Christi und dergleichen, dann empfinde ich Religion als absolut abstoßend. Wie kann ein denkender Mensch heute an solche Mythen glauben?«

»Ich verstehe, was du meinst«, antwortete ich. »Ich persönlich glaube nicht an eine objektiv existierende Hölle, die Gott erschaffen hat, um uns Sünder zu bestrafen. Ich glaube allerdings an eine subjektive Hölle.«

»Was ist der Unterschied?«

»Meinem Verständnis nach hat Gott uns für das Paradies erschaffen, nicht für die ewige Verdammnis, wie viele fanatische Gläubige behaupten, wenn sie Ungläubigen drohen wollen. Alle großen Religionen sprechen vom endgültigen Ende des Leidens und vom Erlangen reiner Glückseligkeit in diesem Leben. Eben dies kennzeichnet auch die großen Heiligen. Sie haben das Paradies bereits erreicht, das tief in jedem Menschen vergraben ist. Wenn wir schon von Hölle und Paradies reden wollen, dann würde ich sagen, nur das Paradies ist objektiv real.«

»Warum kann man dasselbe nicht auch von der Hölle behaupten?«

»Weil ich glaube, dass aus Gott nur Gutes kommen kann. Zumindest aus der Sicht des Christentums ist das Paradies real und wartet auf jeden Menschen, der seine destruktiven Leidenschaften und niederen Begierden überwindet. Unsere Hölle jedoch erschaffen wir uns selbst, und darin bleiben wir, bis wir unseren Egoismus überwinden. Ich glaube, dies ist ein evolutionärer Prozess, der auch im Jenseits weitergeht.«

Seinem Gesichtsausdruck nach zu urteilen, hatte sich Vladimiros bisher noch nicht mit solchen Fragen beschäftigt.

»Diese Ideen habe ich in meinen früheren Büchern erörtert. Aber inzwischen stimme ich mit den Weisen und Heiligen überein, die behaupten, dass die Läuterung der Seele, damit sie wahre paradiesische Glückseligkeit erlangen kann, sich über den Tod des physischen Körpers hinaus fortsetzt. Gott, der ja reine Liebe und Mitgefühl ist, gibt uns Sündern sicher weiterhin Gelegenheit, in Sein Reich einzugehen. Aber dies geschieht nicht von selbst. Wir müssen etwas dafür tun und echte *Metanoia* durchlaufen, einen radikalen Wandel unseres Denkens und Empfindens.«

»Du nimmst also an, dass wir auch nach unserem Tod noch denken und empfinden können!«

»Genau das habe ich dir nahebringen wollen, zumindest als sinnvolle Möglichkeit in Anbetracht unseres momentanen Wissensstandes. Ich weiß, dass das für dich wahrscheinlich befremdlich klingt.«

»Ja, so könnte man sagen …«

»Lass es mich erklären. Auf der Grundlage meiner Begegnungen mit Mystikern aus der ganzen Welt und meiner einschlägigen Lektüre sowie aufgrund der Informationen, die wir bislang durch die Nahtod-Erfahrungen zusammengetragen haben, zeichnet sich ein schlüssiges Bild der Seele nach dem Tod ab. Damit meine ich Informationen, die über das hinausgehen, was klassische Religion uns zu bieten hat. Was ich nun sagen will, ist Spekulation, gestützt auf die vorläufigen Informationen, die wir meiner Meinung nach bisher gesammelt haben.«

»Ich höre«, sagte Vladimiros interessiert.

»Was nach dem Tod mit uns geschieht, kann niemand mit Gewissheit sagen. Dies ist das große Geheimnis, das Philosophen wie Platon zu der Äußerung veranlasst hat, die gesamte Philosophie sei Vorbereitung auf den Tod. Aber Weise aus der ganzen Welt sprechen mit solcher Überzeugung und Kraft über das Jenseits, dass ich, der ich nicht über ihre Erfahrungen verfüge, mich veranlasst sehe, ihre Worte zur Kenntnis zu nehmen.«

»Und was hast du erfahren?«

»Sie behaupten, nach dem Tod passiere uns weiter nichts, außer dass wir keinen physischen Körper mehr haben. Faktisch werden wir von den Einschränkungen durch den materiellen Körper befreit. Sie sagen, dass die Gesetze, die das physische Universum regieren, etwa die Schwerkraft, uns im nachtodlichen Zustand nicht mehr bremsen. Im Jenseits erschaffen unsere Gedanken und Gefühle buchstäblich unsere Wirklichkeit. Nach dem zu urteilen, was ich gelesen habe, können die Menschen dann augenblicklich irgendwo oder bei jemandem sein, einfach indem sie an den entsprechenden Ort oder die entsprechende Person denken. Von dieser Vorstellung habe ich bei Anthropologen gelesen, die Forschungen in anderen Kulturkreisen durchgeführt haben.[38] Wir behalten, so behaupten sie, unser Bewusstseinszentrum sowie das Vermögen zu denken, zu empfinden und Erinnerungen zu haben, genau wie in diesem Leben. Nach unserem Übergang haben wir zunächst die Tendenz, mit unseren Gedanken, Gefühlen und Wünschen eine Welt ähnlich der zu erschaffen, die wir auf Erden kannten. Darüber hinaus versuchen wir, unsere Bedürfnisse in gewohnter Weise zu befriedigen, das heißt zu essen, zu trinken und so weiter, obwohl wir für unsere Existenz in diesen geistigen Dimensionen weder Essen noch Trinken brauchen. Mit der Zeit sowie mit der Hilfe von Geistführern und Engelwesen erkennen wir dies. Außerdem sind wir zumeist mit anderen zusammen, mit denen wir auch in diesem Leben gerne zusammen waren, das heißt mit Freunden und lieben Familienangehörigen. Auch hier helfen uns Geistführer und Engelwesen, uns an die neue Situation zu gewöhnen.

Dann fangen wir an, aus den Erfahrungen unseres eben zu Ende gegangenen Lebens zu lernen. Wir erkennen, wo wir anderen geholfen und wo wir sie verletzt haben. In gewissem Sinne ist die Hölle eine Form der Selbstbestrafung. Gott straft uns nicht. Vielmehr bestrafen wir uns selbst durch die höllischen Umstände, die wir mit unserem Denken und Handeln in diesem Leben geschaffen haben. Kurzum, wir kommen in eine Hölle oder ein Paradies, die oder das wir bereits im Diesseits erschaffen haben. Heilige Männer auf dem Athos, so habe ich erfahren, kommen schon während sie noch auf dieser Welt leben ins Paradies. Entsprechend kommen auch verbrecherische Naturen in eine Hölle, die sie sich selbst aufgebaut haben und in der sie sich bereits befinden. Wir arbeiten also in jedem Augenblick an unserer Zukunft im Jenseits!«

»Mit anderen Worten«, fügte Emily, der diese Überlegungen vertraut waren, hinzu, »die Menschen erschaffen selbst ihre relative Hölle und ihr relatives Paradies.«

»So ist es wohl. Genau wie hier des einen Hölle des anderen Para-

---

38 Michael Harner, *The Way of the Shaman*, Bantam Books 1982; deutsch: *Der Weg des Schamanen: Ein praktischer Wegweiser zu innerer Heilkraft*, aus dem Amerikanischen von Agnes Klein, Ansata 1983.

dies sein kann. Wenn man zum Beispiel in diesem Leben Spieler war, kommt man sich vielleicht vor wie im Paradies, wenn man sich mit seinen Kumpels in einem verrauchten Keller beim Pokern wiederfindet! Für einen spirituell entwickelten Menschen könnte ein solches Umfeld hingegen eine wahre Hölle sein. Manche frisch Verstorbene glauben, sie seien noch am Leben, sagt man. Sie brauchen vielleicht ein Weilchen, bis sie merken, dass sie tot sind. Und übrigens« fügte ich augenzwinkernd hinzu, »es heißt, dass Atheisten weiterhin behaupten, es gebe keinen Gott und kein Leben nach dem Tod.«

»Du bist dir also sicher, dass es tatsächlich so zugeht, wenn wir sterben?«, fragte Vladimiros.

»Selbstverständlich bin ich mir nicht sicher. Ich sage dir nur, was ich in den Berichten anderer Forscher gelesen habe. Wissen können wir es erst, wenn wir dort sind.« Schweigend gingen wir am Strand entlang, während die Sonne mit sanftem roten Schimmer hinter den Klippen unterging. Dann wischten wir den Sand von unseren Füßen, stiegen ins Auto und machten uns auf die Heimfahrt.

»Ich glaube, wir können unmöglich wissen, was nach dem Tod wirklich mit uns geschieht. Wir können nur darauf vertrauen, dass alles gut wird, da der gesamte Prozess von einem allwissenden und allliebenden Gott gesteuert wird, den wir mit zunehmender spiritueller Entwicklung kennenlernen und mit dem wir eines Tages eins werden«, sagte ich auf unserer Rückfahrt nach Limassol. »Den Altvätern auf dem Athos zufolge sind große Heilige bereits dort und ›sterben nicht, wenn sie sterben‹.«

»Du hast vergessen zu erwähnen, was die Mystiker über hasserfüllte Menschen sagen oder über Menschen, die schwere Verbrechen begangen haben«, warf Emily ein.

»Sie behaupten, wer Schreckliches getan hat, gelangt in einen höllischen Zustand, wo er mit den Folgen seiner Untaten konfrontiert wird. Diese Höllen sind eine Art Rehabilitationszentrum oder spirituelles Krankenhaus. An diesen Orten erhalten die Menschen vermutlich wieder neue Chancen, sich spirituell weiterzuentwickeln, vorausgesetzt sie durchlaufen echte Reue und *Metanoia*. Andernfalls werden sie in ihrer Hölle endlos lange weiter von den hasserfüllten Gefühlen gequält, die sie im Herzen tragen. Dies ist also die Hölle. Aber nicht Gott hat sie erschaffen. Weise sagen, dass wir durch unsere Gedanken, Gefühle und Taten in jedem Augenblick unsere Hölle selbst erschaffen. Und früher oder später, entweder in diesem Leben oder im Jenseits, müssen wir uns den Konsequenzen unseres Handelns stellen. Es ist ein allgemein anerkannter Grundsatz des spirituellen Lebens, dass das Universum von Gesetzen regiert wird, auf der physischen wie auf der geistigen Ebene. Letztendlich wird die Schöpfung von einem durch und durch gerechten und liebenden Gott beherrscht, und wir ernten, was wir gesät haben. Wie dies genau geschieht, das weiß nur Gott.«

Ein wenig nervös berichtete ich Vladimiros von einem Erlebnis im Zusammenhang mit der geistigen Welt, das Emily und ich gerade erst bei der Jahrestagung des *International Institute of Integral Human Sciences* in Montreal gehabt hatten.

Diese Tagung war von Dr. John Rossner und Dr. Marylin Rossner ins Leben gerufen worden. John war Professor für vergleichende Religionswissenschaften an der Concordia University (inzwischen emeritiert), seine Frau Marylin Professorin für Kinderpsychologie (inzwischen ebenfalls emeritiert) und weltbekannt als »intuitives Medium«. Vor dreiunddreißig Jahren hatten sie beschlossen, zur Förderung eines tieferen Wirklichkeitsverständnisses diese Tagungen einzurichten und dort Wissenschaftler, die an vorderster Front neuester Erkenntnisse arbeiten, Gelehrte aus einer breiten Vielfalt religiöser Traditionen sowie Vertreter unterschiedlichster spiritueller Praktiken zusammenzubringen. Aufgrund meiner Arbeit wurde ich zu ihren Tagungen eingeladen, und so hatten Emily und ich in den letzten acht Jahren, in denen die Rossners und wir gute Freunde geworden waren, das Privileg gehabt, einige der erstaunlichsten Forschungsvorhaben aus allen Teilen der Welt kennenzulernen, Forschungen, die meiner Meinung nach einer endgültigen Versöhnung zwischen Religion und Wissenschaft den Weg ebnen und dazu führen könnten, seitens der Wissenschaft anzuerkennen, dass die Welt der physischen Materie nicht die einzige ist, die es gibt, und das physische Universum tatsächlich die äußere Manifestation tiefer geistiger Wirklichkeiten ist.

Bei dieser Tagung hatten wir das Vergnügen, Dr. Raymond Moody, den Entdecker der Nahtod-Erfahrung, kennenzulernen und mehrmals mit ihm zu speisen.

Beim letzten Treffen des IIIHS moderierte ich den Vortrag des Elektronik- und Computerspezialisten Dr. Mark Macy, der 1995 zusammen mit zwölf internationalen Kolleginnen und Kollegen in England ein *Netzwerk für Instrumentelle Transkommunikation* (ITK, früher: Tonbandstimmenforschung) gegründet hat. Damit sollte versucht werden, zwischen Himmel und Erde, oder genauer und wie sie auf ihrer Website formulieren, »zwischen unserer Welt und den feinstofflicheren geistigen Welten unter Einsatz von Technik als Medium«[39] eine Kommunikationsbrücke zu errichten.

»Für mein Verständnis«, sagte ich Vladimiros, »sind derartige Behauptungen eigentlich haarsträubend.«

»Ich bin froh, das zu hören«, gab Vladimiros zurück.

»Andererseits fanden wir, es lohne sich, uns mit unserem Urteil zurückzuhalten und abzuwarten, was dieser Wissenschaftler zu sagen hatte. So gehe ich bei der Untersuchung solcher Dinge seit jeher vor. Was wir bei Dr. Macys Vortrag beobachtet haben, war, gelinde gesagt, verblüffend. Er zeigte Bilder, die angeblich aus der geistigen Welt übermittelt worden waren und das Leben dort außergewöhnlich detailliert darstellten. Macy selbst behauptete, er habe einen fast fünfzehnminütigen Anruf von einem verstorbenen Kollegen namens Konstantin Raudive erhalten und diesen aufgezeichnet. Wir konnten die Aufnahme anhören und damit auch die erstaunliche ›Information‹ über die jenseitige Welt, die sein Bekannter angeblich übermittelt hat.«

Ich erzählte Vladimiros, dass Macy früher Atheist gewesen war. Gott und das Jenseits waren ihm als Wunschdenken erschienen. Doch dies änderte sich 1988, als bei ihm Darmkrebs diagnostiziert wurde. Jetzt, im Angesicht des Todes, musste er wissen, was mit den Men-

39 Siehe spiritfaces.com. Siehe auch Mark Macys Bücher *Miracles in the Storm: Talking to the Other Side with the New Technology of Spiritual Contact*, New American Library 2001 und *Spirit Faces: Truth About the Afterlife*, Weiser Books 2006.

schen nach ihrem Tod geschieht. Er sagte, auf den Glauben allein wollte er sich nicht verlassen. Als Wissenschaftler brauchte er solide Beweise, um sich von etwas überzeugen zu lassen, was sein rationales Verständnis übersteigt. 1991 lernte er in Europa eine Gruppe von Forschern kennen, die behaupteten, mithilfe technischer Geräte im Kontakt mit Geistwesen zu sein. Diese Begegnung hat sein Leben in persönlicher und beruflicher Hinsicht grundlegend und dauerhaft verändert.

Solche Behauptungen könne man als Wunschdenken und Scharlatanerie abtun, sagte ich Vladimiros. Doch aufgrund meiner Erfahrungen mit Mystikern und Wissenschaftlern, die auf diesem Gebiet forschen, war mir eine derart simple Schlussfolgerung nicht möglich. Mark Macys außergewöhnliche Forschungsergebnisse waren mit einem Verhalten gepaart, in dem sich Bescheidenheit und Überzeugtheit von seinen Erkenntnissen verbanden.

Außerdem erwähnte ich, dass mir während Macys Vortrag eine Geschichte wieder eingefallen war, die ich über Altvater Porphyrios gehört hatte, einen Mönch vom Athos, dem man so viele wundersamen Ereignisse zuschrieb, dass er zur Legende geworden war. Er starb, nachdem er jahrzehntelang in einer Kirche auf dem Omonoia-Platz im Zentrum von Athen als Priester tätig gewesen war. Ein Schüler von Altvater Porphyrios, der in Australien lebte und nicht wusste, dass der Altvater verstorben war, rief ihn einen Monat nach seinem Tod an. Wie es heißt, ging Altvater Porphyrios ans Telefon und sagte seinem Schüler, er solle ihn nicht wieder anrufen, denn er weile nicht mehr unter den Lebenden, sondern im Himmel! Mark Macy würde dies als einen Fall von instrumenteller Transkommunikation bezeichnen. Moderne Elektronik und Computerkommunikation machen solche unwahrscheinlichen Phänomene möglich. Beeindruckt hat mich außerdem, was Macy über die geistige Welt zu sagen hatte. Für Vladimiros fasste ich seine Beschreibung folgendermaßen zusammen:

»Meiner Erfahrung nach überlagern alle geistigen Welten einander und auch unsere physische Welt, getrennt durch Schwingung, nicht durch Entfernung oder Raum. Im Grunde sind die geistigen Welten also überall, und in ihrer Beschaffenheit reichen sie von ganz feinen göttlichen Welten jenseits aller Form und Struktur (das Reich der Engel oder ätherischen Wesen) bis zu relativ dichten und dunklen Welten (das Reich der Geister und verlorenen Seelen). Dazwischen liegen viele Paradieswelten, in welche die meisten Menschen nach ihrem Tod kommen und wo sie ein wunderbares Dasein ohne Schmerz und Leid führen. Als Menschen und als Forscher auf geistigem Gebiet ziehen wir Geister aus den verschiedenen Reichen an, die mit unserem Temperament, unserer Einstellung und unseren Gefühlen im Einklang stehen und in unser Leben und unsere Arbeit hineinwirken.«[40]

»Und dies alles glaubst du wirklich?«, fragte Vladimiros.

»Nun ja, was ich in den Arbeiten von Macy und ähnlichen Forschern entdecke, ist faszinierend. Es stellt unsere materialistische Auffassung vom Wesen der Wirklichkeit und von dem, wer wir sind, infrage. Was er über die geistige Welt sagt, entspricht dem, was viele Mystiker über die jenseitige Welt behaupten. Vielleicht sind sie da etwas Konkretem auf der Spur. Vielleicht kann ihr Werk uns ein umfassenderes Verständnis von Leben und Tod vermitteln«, fügte ich hinzu, während wir nach Limassol hineinfuhren.

Vladimiros schwieg nachdenklich. Als wir vor seinem Haus angelangt waren, fragte er mich ganz direkt: »Sag mal, wie denkst du eigentlich über Sterbehilfe? Warum sollte man weiterleben, wenn man das Gefühl hat, dass nichts mehr vor einem liegt außer Alter, Elend und Verlust – geliebter Menschen, des Verstandes und der Sinne? Warum sich dann nicht das Leben nehmen und es hinter sich bringen? Verstehe mich nicht falsch. Ich habe nichts dergleichen vor, aber mit diesen Gedanken tragen sich viele Bekannte in meinem Alter.«

»Ja, dieses Problem ist mir bewusst«, sagte ich. »In Amerika steigt die Suizidwahrscheinlichkeit bei älteren Menschen unverhältnismäßig stark an, insbesondere wenn sie geliebte Angehörige, Ehepartner und Freunde verlieren. Manche bezeichnen den Suizid bei älteren Menschen sogar bereits als Epidemie. Zur Antwort kann ich nur auf die spirituellen Traditionen der Menschheit zurückgreifen, nicht nur auf das Christentum, sondern auf alle Religionen. Den Suizid verur-

40 Siehe spiritfaces.com.

teilen alle unisono. Gemäß der christlichen Spiritualität, die ich nun einmal am besten kenne, kommen wir auf diese Welt, um spirituelle Lektionen zu lernen und in der Liebe zu wachsen, in Richtung auf das Einswerden mit Gott hin. Vater Maximos wird nicht müde zu betonen, dass wir alles, was uns begegnet, spirituell nutzen müssen, seien es Erfolge oder Tragödien. Darüber hinaus bedeutet Selbsttötung, einem Menschen das Leben zu nehmen, was im Christentum eine Todsünde ist. Mit anderen Worten, dein Körper gehört dir nicht, und du kannst damit nicht machen, was du willst. Er ist ein Geschenk Gottes, damit du dieses physische Universum erleben kannst. Sich das Leben zu nehmen, ist in gewissem Sinne Mord. Außerdem behaupten Mystiker, dass Selbstmörder nicht davonkommen. Sie können den Problemen nicht entgehen, die sie zum Suizid getrieben haben. Die Umstände, mit denen sie nicht fertig werden konnten, verfolgen sie auch im Jenseits. Kurzum, Suizid ist so, als ob man im Leben durchgefallen wäre. Man hält sich damit selbst vom spirituellen Wachstum ab. Übrigens sehen dies auch einhellig alle so, die eine Nahtod-Erfahrung hatten. Sie behaupten, dies hätten sie aus ihrer Erfahrung gelernt.

Ich glaube, die Befürworter der Sterbehilfe wissen nichts von geistigen Gesetzen«, fuhr ich fort, »und ihre Behauptungen basieren auf rein säkularen Grundlagen. In ihrer Gleichung kommen weder der Geist noch Gott vor. Deshalb ist die Selbsttötung für sie ein ›unveräußerliches Recht‹!«

Später fiel mir im Zusammenhang mit Vladimiros' Frage ein Auszug aus einem Werk des berühmten Psychoanalytikers Carl Gustav Jung wieder ein, den ich in meinen Unterlagen aufgehoben hatte. Zwei Jahre vor seinem Tod, mit 84 Jahren, behauptete Jung in einem Interview: »Unter allen meinen Patienten jenseits der Lebensmitte, …, ist nicht ein Einziger, dessen endgültiges Problem nicht das der religiösen Einstellung wäre. Ja, jeder krankt in letzter Linie daran, dass er verloren hat, was lebendige Religionen ihren Gläubigen zu allen Zeiten gegeben haben, und keiner ist wirklich geheilt, der seine religiöse Einstellung nicht wieder erreicht ….« In einem Brief an eine berühmte Chicagoer Sozialpädagogin, die nach der Bedeutung dieser Sätze gefragt hatte, erklärte Jung, die Ursache unserer heutigen kulturellen und gesellschaftlichen Malaise sei der Zusammenbruch eines spirituellen Unterbaus, der dem Leben der Menschen traditionell Richtung und Sinn gegeben habe.

Deshalb leben wir, wie Jung sagte, in »verrückten Zeiten«.[41] Ich weiß nicht, wie sehr wir unserem Freund an jenem Tag in Kourion geholfen haben, den Pessimismus angesichts seines Alters und der unausweichlichen Realität unserer Sterblichkeit zu überwinden. Doch ich hoffte, dass er durch unser Gespräch zumindest mit einem anderen Weltbild in Berührung gekommen war. Auf jeden Fall waren wir froh, als er ein paar Tage später anrief, um uns mitzuteilen, dass Elenas Krebstest negativ ausgefallen war. Um ganz sicherzugehen rieten die Ärzte zu weiteren Untersuchungen und aufmerksamer Beobachtung. Wir versprachen Vladimiros, dass wir Vater Maximos und unsere Freunde im Kloster Panagia darum bitten würden, für die Gesundheit der beiden zu beten. Ich freute mich, als ich ihn sagen hörte: »Danke!«

---

41 Der sinngemäß wiedergegebene Korrespondenzauszug stammt aus einem Brief Jungs vom 12. November 1959 an Ruth Topping, der erstmals auf einer Meinungsseite der *New York Times* vom 19. November 1993 mit dem Titel »C. G. Jung, ›Crazy Times‹« veröffentlicht wurde, diese wiederum zitiert in William J. Meyer, »Private Faith or Public Religion: An Assessment of Habermas's Changing View of Religion«, *The Journal of Religion*, Vol. 75, No. 3 (Juli 1995), S. 371-391.
Das wörtliche Zitat zuvor ist einem Vortrag entnommen, den Jung im Mai 1932 vor der Elsässischen Pastoralkonferenz zu Straßburg gehalten hat: *Die Beziehungen der Psychotherapie zur Seelsorge*, Rascher 1932, S. 12. In der englischen Fassung ist es enthalten in *Modern Man in Search of a Soul*, Mariner Books 1955. Offenbar hat Jung seine Aussage später in einem Interview wiederholt. (Anm. d. Ü.)

7

Über den Tod hinaus

Drei Tage nach unserem Ausflug mit Vladimiros nach Kourion kehrte Vater Maximos aus Griechenland nach Zypern zurück. Am Tag seiner Ankunft rief ich an und vereinbarte einen Termin mit ihm am nächsten Vormittag um elf. Ich freute mich darauf, an unsere alte Verbindung wieder anzuknüpfen und gemeinsam mit ihm ein paar Gedanken über Sterblichkeit zu vertiefen, die im Mittelpunkt der Gespräche mit unserem älteren Freund gestanden hatten. Um neun Uhr morgens rief mein Freund Stephanos an und überraschte mich mit der Nachricht, Vater Maximos werde live im Radio sprechen. Die Zuhörerinnen und Zuhörer konnten anrufen und Fragen zum geistlichen Leben stellen. Ich schnappte mir mein Mini-Transistorradio und machte mich zu Fuß auf zu Vater Maximos' Büro und Residenz am Bischofssitz, der fünfunddreißig Minuten von unserer Wohnung entfernt direkt neben dem Radiosender lag. Noch bevor Vater Maximos' Radio-Interview zu Ende wäre, wollte ich in seinem Büro sein.

Ich durchquerte den Zoologischen Garten, den zentralen Park von Limassol, mit seiner sorgfältig zurechtgestutzten und gepflegten Flora, kam an einer neu errichteten Puschkin-Statue vorbei, ein Anzeichen für die zunehmende russische Präsenz in der Stadt, und erreichte schließlich die Küstenstraße auf der anderen Seite des Parks. Dort ging ich nach Westen in Richtung Stadtmitte. Zu meiner Linken lag der Strand mit Hunderten sonnenbadender Touristen, auf den eine gut anderthalb Kilometer lange, mit großen Palmen bestandene Promenade folgte. Rechts von mir lag das Geschäftszentrum von Limassol mit seinen engen Gassen, archaischen Gebäuden, antiken Festungen und zahlreichen Cafés, Tavernen und Souvenirläden. Durch Hut und Sonnenbrille vor der blendenden Mittelmeersonne geschützt, ging ich mit dem Transistorradio dicht am Ohr so vor mich hin und hörte der Radiosendung zu.

Unter den Anrufenden war eine Frau, die unter Tränen berichtete, ihr Vater sei vor Kurzem gestorben. Ihr graute vor der Aussicht, er könnte auf ewig in der Hölle gelandet sein. In seinem Leben, so berichtete sie, hatte er sich nie etwas aus der Kirche gemacht, hatte nie einen Gottesdienst besucht, war nie zur Beichte gegangen und hatte auch nie die Kommunion empfangen. »Mein Vater«, schluchzte die Frau, »ist in meinen Armen gestorben. Er war ein guter Mann.«

In seiner üblichen beruhigenden Art antwortete Vater Maximos: »Gott ist nicht ungerecht. Gott ist gütig, und Sie sollten sich keine Sorgen über das Schicksal seiner Seele machen. Gott ist liebevoll und mitfühlend und möchte nicht, dass jemand in der Hölle verkommt. Da können Sie sich ganz sicher sein!«

Die arme Frau ließ einen vernehmlichen Seufzer der Erleichterung hören. So wie ich Vater Maximos im Laufe der Jahre kennengelernt hatte, hätte ich nichts anderes von ihm erwartet. Häufig beklagte er das verzerrte Gottesbild vieler Christen, die Gott als eine Art zornigen Tyrannen sehen, dem es Spaß macht, Sünder ins lodernde Feuer ewiger Verdammnis zu werfen. Ich musste an meinen verstorbenen Schwiegervater denken. Der sehr beliebte Schulrektor war bekannt für seinen trockenen Humor. Kurz vor seinem Tod im Alter von 89 Jahren erhielt er Besuch vom örtlichen Priester, der ihm die letzte Ölung spenden wollte. Vor der heiligen Kommunion fragte ihn der Priester, ob er seine Sünden vor Gott bekennen wolle. Mein Schwiegervater winkte ab und erwiderte: »Vater, ich wüsste nicht, dass ich je Streit mit dem Allmächtigen gehabt hätte.« Daraufhin erteilte ihm der Priester die Kommunion ohne Beichte.

Als ich im Büro ankam, traf ich dort zu meiner Freude meinen Freund Lavros an, der Vater Maximos in Umweltfragen beriet. Während wir darauf warteten, dass Vater Maximos' Radio-Interview beendet wäre, erzählten Lavros und ich einander, was es bei uns Neues gab.

Wenige Minuten später stieß Vater Maximos zu uns. Trotz seines vollen Terminkalenders wirkte er ausgeruht. Ich erwähnte, dass das

Thema, über das er im Radio gesprochen hatte, genau zu dem passte, worüber Emily und ich am Vortrag mit Vladimiros diskutiert hatten. Interessiert hörte sich Vater Maximos an, mit welchen Argumenten ich unserem Freund hatte helfen wollen, seine Angst vor dem Alter zu überwinden. Er setzte eine verständnisvolle Miene auf, kommentierte unseren Dialog aber nicht. Daher war ich mir unsicher, ob Vater Maximos mit meinen Argumenten einverstanden war, insbesondere was das Leben nach dem Tod betrifft.

Zur Klärung kam es jedoch nicht mehr, weil Vater Isaak, ein enger Vertrauter von Vater Maximos, in dringender Angelegenheit ins Büro kam. Bevor Lavros und ich uns verabschiedeten, vereinbarten wir ein baldiges neues Treffen mit Vater Maximos, bei dem wir unser Gespräch fortsetzen wollten. Außerdem erinnerte ich Vater Maximos daran, dass ich noch seine Ansichten über die Liebe erfahren musste, die letzte Geistesfrucht, über die wir vor fast zwei Jahren in Boston nicht mehr hatten sprechen können. Tatsächlich hatte ich ihn schon mehrfach an dieses unabgeschlossene Gespräch erinnert. Im Scherz meinte ich, mein Buch wäre unvollständig, wenn wir diesen Dialog nicht zu Ende führen könnten. Er nickte lächelnd und versicherte mir, der Heilige Geist werde dafür sorgen, dass wir dieses Gespräch beenden könnten.

»Nun ja«, sagte ich, als Lavros und ich uns zum Gehen wandten, »letztendlich ist in unserer Welt nur eines sicher, nämlich dass wir sterben werden und nie wissen, wann.«

Es vergingen ein paar Sekunden, ohne dass Vater Maximos reagiert hätte. Dann sagte er leise: »Die erste Aussage stimmt, die zweite aber nicht.«

»Wie meinen Sie das?«, fragte ich neugierig.

»Auf dem Athos habe ich Altväter kennengelernt, die Tag und Stunde ihres Todes ganz genau kannten.«

Ich setzte mich wieder hin, ebenso Lavros und auch Vater Isaak. Daraufhin erklärte Vater Maximos seine kryptische Bemerkung. »Als Beispiel will ich euch Vater Joachim nennen, einen rumänischen Altvater, den ich in meiner Zeit als Mönch auf dem Athos kennengerlernt habe. Vater Isaak kennt ihn auch«, sagte er.

»Eines Tages verkündete Vater Joachim allen im Kloster, in einer Vision sei ihm die Heilige Jungfrau erschienen und habe ihm angekündigt, am Montagmorgen um neun werde sie kommen und ihn in den Himmel mitnehmen. Vater Joachim wirkte sehr glücklich, als er dies sagte; er glaubte, er werde von niemand Geringerem als der Muttergottes in den Himmel geleitet. Wir aber dachten, er mache Witze. Er hatte einen Ruf als humorvoller Mönch, und es gab keine erkennbaren gesundheitlichen Probleme. Schon gar nicht gab es irgendwelche Anzeichen, dass seine Zeit abgelaufen sein könnte.

Wenn ich mich recht erinnere, hat er dies am Dienstag nach dem Frühstück verkündet«, fuhr Vater Maximos fort. »Am Donnerstagmorgen fiel uns auf, dass er nicht in der Kirche war. Natürlich machten wir uns große Sorgen. Beim morgendlichen Gottesdienst fehlte Vater Joachim nie. Wir eilten zu seiner Zelle und klopften an die Tür. Es kam keine Antwort. Wir klopften noch einmal. Nichts. Wir versuchten, die Tür zu öffnen, aber sie war verschlossen. Wir befürchteten, er könnte zu krank sein, um zu antworten, oder schlimmer, er sei bereits tot. Deshalb beschlossen wir, die Tür aufzubrechen. Als wir endlich drin waren, trafen wir ihn auf dem Boden sitzend an, um ihn herum brennende Kerzen. Er betete vor einem kleinen Altar mit Ikonen der Heiligen Jungfrau und Christi. Seelenruhig drehte er sich zu uns um und maßregelte uns: ›Hab ich euch nicht gesagt Montag? Montag und nicht Donnerstag! Alle raus!‹

Am Montagmorgen«, fuhr Vater Maximos fort, »verstarb Altvater Joachim exakt zu der Stunde, die er angegeben hatte. Die Heilige Jungfrau nahm ihn mit in den Himmel, wie sie es versprochen hatte.«

»Ein anderes Mal erzähle ich dir, wie meine Frau Maria gestorben ist«, sagte Lavros zu mir. »Vater Maximos kennt die Einzelheiten, deshalb will ich das jetzt nicht wiederholen. Auch sie hat in einer Vision von ihrer Schutzheiligen ihren genauen Todestag erfahren.«

Von solchen Phänomenen hörte ich nicht zum ersten Mal. Aber nun erfuhr ich zum ersten Mal innerhalb des Christentums davon. Derartige Geschichten waren mir bei meiner Erforschung anderer spiritueller Traditionen begegnet. Zum Beispiel heißt es, dass große tibetische Lamas ihre Schüler über das exakte Datum und die Uhrzeit ihres Todes informieren. Kurz vor dem prophezeiten Zeitpunkt begeben sich die Lamas in tiefe Meditation und verweilen darin bis zum letzten Atemzug. Man weiß, dass diese Lamas sich nicht absichtlich das Leben nehmen. Der Buddhismus lehnt Suizid ebenso ab wie das Christentum. Sie wissen einfach innerlich, wann es soweit ist, dass sie diese Welt verlassen, und wie Vater Joachim bereiten sie sich darauf vor. Solche Geschichten aus anderen spirituellen Traditionen lieferten meiner Meinung nach eine Bestätigung für das, was Vater Maximos über Altväter wie Vater Joachim behauptete: Alle Menschen sterben, aber es stimmt nicht, dass kein Mensch weiß, wann. Vielleicht wissen es die geistlich Fortgeschrittensten unter uns häufig doch.

»Altvater Joachim«, fügte Vater Maximos hinzu, »hatte einen *osiakos thanatos*.«

»Was bedeutet das?«

»Einen glückseligen Tod, einen in geistlichem Sinne idealen und wünschenswerten Tod. So sagen wir auf dem Athos, wenn jemand einen guten Tod hat.«

»Ein guter Tod!«, staunte ich. »Wie anders denkt man auf dem Athos über den Tod als wir gewöhnlichen Leute. Für Normalmenschen wie uns klingt die Vorstellung von einem *osiakos thanatos* wie ein Widerspruch in sich.«

Lavros lachte. »Dieses Gespräch erinnert mich an etwas, was mir einmal in Vatopedi [ein Kloster auf dem Athos] passiert ist. Ich war dort auf Pilgerreise, als gerade ein älterer Mönch beerdigt wurde. Nach der Beerdigung kamen wir im *Archondariki* [Empfangshalle] zusammen, wo uns, wie es der Brauch war, Gebäck und Tee gereicht wurden. Es war fast wie auf einer Party. Alle waren fröhlich. Ein Mönch kam lächelnd auf mich zu, hob seine Teetasse und sagte: ›Zum Wohl, Mr. Lavro. Mögen auch Sie einen *osiakos thanatos*, ein glückliches Ende haben!‹ Ich war verstört. Meine Miene verfinsterte sich, und ich murmelte: ›Seien Sie bloß still, Vater!‹«

»Jetzt, da du es erwähnst«, sagte Vater Maximos in unser Gelächter hinein, »als junger Mönch hatte ich bei einer Beerdigung in Thessaloniki ein ähnliches Erlebnis. An jenem Tag musste ich außerhalb des Athos einige Besorgungen machen, und da ich noch etwas Zeit hatte, ging ich dem Priester in der Kirche zur Hand, die ich oft besuchte, wenn ich in der Stadt war. Als die Beerdigung zu Ende war, begaben sich alle zum Haus des Verstorbenen. Jung und unerfahren wie ich war, schockierte ich die Trauernden, indem ich unter ihnen herumging und allen, statt ihnen mein herzliches Beileid auszusprechen, einen *osiakos thanatos* wünschte. Die Leute sahen mich entsetzt an und bekreuzigten sich nervös. Andere klopften auf das nächstgelegene Stück Holz. Mir war gar nicht klar, was sie hatten, bis der Priester auf mich zukam und mir ins Ohr flüsterte: ›Vater, so etwas sagen wir hier nicht. Du jagst den armen Leuten Angst ein!‹ Woher hätte ich wissen sollen, dass es die Leute so sehr kränkt, wenn man über den Tod spricht?«, fragte Vater Maximos und zuckte augenzwinkernd mit den Schultern.

Mit welch unerschütterlichem Gleichmut die großen Altväter dem Tod begegnen, wurde mir vor einigen Jahren klar, als ich in einem griechischen Radiosender ein Interview mit dem Chirurgen hörte, der Altvater Paisios operiert hatte. Der hochverehrte Altvater war vom Athos nach Athen gebracht worden, als sein Krebs ein fortgeschrittenes Stadium erreicht hatte. Es war nur noch eine Frage von Stunden, bis er sterben würde. Den Chirurgen verblüffte die völlige Ruhe des Altvaters trotz der grausamen körperlichen Schmerzen. Altvater Paisios sprach den Besuchern an seinem Sterbebett Mut zu: »Trauert nicht um mich«, sagte er ihnen mit seinem typischen quirligen Humor, den er nie verlor, »mir ist es noch nie besser gegangen. Schließlich habe ich mich mein Leben lang auf diesen Moment vorbereitet, und ich freue mich darauf, bald von Christus begrüßt zu werden.«

Altvater Paisios' Furchtlosigkeit angesichts seines bevorstehenden Todes ähnelte der anderer christlicher Heiliger, aber auch der großer nichtchristlicher Seelen wie Sokrates und Buddha. Ich weiß noch, wie sehr mich als Teenager beeindruckt hat, wie heroisch Sokrates in seiner *Apologie* über sein Todesurteil spricht. Und im *Kriton* verbringt Sokrates, nachdem er den giftigen Schierlingstrunk eingenommen hat, seine letzten Augenblicke damit, dass er seine weinenden Schüler tröstet. Ähnlich sorgte sich auch Gautama Buddha, der an der Ruhr starb, nachdem ihm unabsichtlich verdorbenes Essen gereicht worden war, mehr um das Wohl anderer, insbesondere des Menschen, der ihn versehentlich vergiftet hatte, als um seinen eigenen Tod.

So berichtet Huston Smith: »Obwohl er sehr litt, dachte er daran, dass Cunda [der Schüler, der seinen Tod verursacht hatte] sich vielleicht für seinen Tod verantwortlich fühlte. Seine letzte Bitte war daher, man möge Cunda sagen, von allen Mahlzeiten, die er in seinem langen Leben zu sich genommen habe, nähmen zwei eine besondere Stellung ein, weil sie ihm besondere Segnungen zuteil werden ließen. Die eine war die Mahlzeit, die ihm die Kraft gegeben hatte, unter dem Bo-Baum Erleuchtung zu erlangen, und die andere die, die ihm jetzt das letzte Tor zum Nirvana aufschloss.«[42]

Solche Beispiele für Gleichmut im Angesicht des bevorstehenden Todes stehen im Gegensatz dazu, wie wir gewöhnlichen Menschen unserem Ende begegnen. Tatsächlich vermeiden es Ärzte aus Sorge um den emotionalen Zustand ihrer unheilbar kranken Patienten häufig, ihnen zu sagen, wie es wirklich um sie steht, sodass viele sterben, ohne zu wissen, dass sie im Sterben liegen.

Doch wie ich Vladimiros erklärt hatte, können auch normale Menschen, die eine Nahtod-Erfahrung erlebt haben, die Angst vor dem Tod überwinden. Ich erinnere mich an eine Konferenz, an der ich 1993 anlässlich der Eröffnung des *Office of Alternative Medicine* an den *National Institutes of Health* in Washington D.C. teilgenommen habe. Außer Schulmedizinern und Wissenschaftlern waren auch Vertreter alternativer Heilweisen sowie Menschen eingeladen, die ein ungewöhnliches Erlebnis gehabt hatten, das auf herkömmliche Weise nicht zu erklären war. So berichtete Dannion Brinkley, ein Mitarbeiter und Studienteilnehmer von Raymond Moody, der zwei Nahtod-Erfahrungen gehabt hatte, dem mit etwa hundert Fachleuten besetzten Publikum, nachdem er eine Kostprobe des »Jenseits« erhalten habe, habe er nicht nur jegliche Angst vor dem Tod verloren, sondern könne es gar

42 Huston Smith, *The World's Religions*, HarperCollins 1991, S. 87-88; deutsch: *Eine Wahrheit - viele Wege: die großen Religionen der Welt*, aus dem Englischen von Roland Irmer, Bauer 1993; S. 121.

nicht erwarten, endgültig tot zu sein![43] Die überzeugende Gewissheit, mit der er sprach, ließ bei uns keinen Zweifel daran aufkommen, dass er uns tatsächlich ein tiefgreifendes mystisches Erlebnis schilderte und nichts vorspielte. »Wenn es nach mir ginge«, sagte er, »wäre ich sofort wieder dort … ich habe mich mit Händen und Füßen dagegen gewehrt, wieder in meinen Körper zurückzukehren.« Und: »Ich würde zehn Leben im Diesseits geben, wenn ich dafür zehn Minuten dort sein dürfte.« Skeptiker würden natürlich einwenden, dass der Körper eine Art Wunderdroge ausschüttet, die uns euphorisch macht, bevor wir sterben, und dass diese Droge bei einer Wiederbelebung irgendwie ausgeschaltet wird. Vielleicht! Doch Menschen wie Raymond Moody, die dieses Phänomen in seiner ganzen Komplexität untersucht haben, reduzieren es nicht auf die Körperchemie, sondern betrachten es als ontologisch reales Geschehen. Betroffene wie Dannion Brinkley, die solche Erlebnisse tatsächlich gehabt haben, lehnen die Idee, dass es sich dabei lediglich um durch chemische Veränderungen im Gehirn erzeugte Wahnvorstellungen handelt, einhellig ab.

Die Einstellung der großen Heiligen und Weisen zum Tod ist, wie ich bereits ausgeführt habe, eine völlig andere, als wir gewöhnlichen Menschen in der Regel mit der Nachricht unseres bevorstehenden Todes umgehen. Elisabeth Kübler-Ross hat der Sterbeforschung in der zweiten Hälfte des 20. Jahrhunderts den Weg bereitet, bis dahin ein Tabuthema. Sie hat untersucht, wie normale Menschen reagieren, wenn sie von ihren Ärzten erfahren, dass ihre Erkrankung tödlich ist. Dabei stellte sie fünf einzelne Phasen fest, die wir Normalmenschen (ausgenommen Unfallopfer), die wir weder große Heilige sind noch je eine Nahtod-Erfahrung erlebt haben, zumeist durchlaufen, wenn wir erfahren, dass wir bald sterben werden. Die erste Reaktion ist typischerweise das *Nicht-Wahrhaben-Wollen*. Normale Menschen

---

43 Dannion Brinkley, *Saved by the Light: The True Story of a Man Who Died Twice and the Profound Revelations He Received*, Harper Torch 1995; deutsch: *Geborgen im Licht: die wahre Geschichte des Mannes, der zweimal starb*, aus dem Amerikanischen von Clemens Wilhelm, aktualisierte Neuausgabe, Knaur Taschenbuch-Verlag 2010 (Erstausgabe: *Zurück ins Leben: die wahre Geschichte des Mannes, der zweimal starb*, Droemer Knaur 1994). Dannion Brinkley, *At Peace in the Light: A Man Who Died Twice*, HarperOne 2008.

können nicht akzeptieren, dass sie sterben werden. Die zweite Phase ist *Zorn*. Die Menschen betrachten ihren bevorstehenden Tod als gewaltiges Unrecht und werden, wenn sie gläubig sind, wütend auf Gott und die Welt. Die dritte Phase ist *Verhandeln*; hier hoffen die Betroffenen, den Tod umgehen zu können, indem sie mit Gott verhandeln. Die vierte Phase ist *Resignation*, die oft in die Depression führt. Nur wenige erreichen die fünfte Phase, *Zustimmung*. In dieser Phase lässt sich der Mensch nicht mehr von Angst und Furcht lähmen, sondern versucht, aus seinen verbleibenden Tagen oder Stunden das Beste zu machen.[44]

Ich vermute, dass sich spirituell fortgeschrittene Seelen nach Kübler-Ross' Einstufung in Phase fünf befinden, ohne die anderen vier durchlaufen zu müssen. Gemessen an dem, wie sehr sie ihren bevorstehenden Tod begrüßen, stellen sie vielleicht aber auch eine ganz eigene Phase dar. Solche Menschen wirken als archetypisches Beispiel, wie man einen *osiakos thanatos*, einen glückseligen Tod ohne Furcht, Angst und Verzweiflung, erlebt. Außer einigen wenigen Heiligen und großen Weisen, über die ich gelesen habe, kenne ich niemanden, bei dem man von einem *osiakos thanatos* sprechen könnte.

Bei unserem Ausflug nach Kourion fragte mich Vladimiros auch ganz persönlich, ob ich Angst vor dem Tod hätte. »Große Angst. Ich bin ein ganz gewöhnlicher Sterblicher.« Allerdings sei meine Angst nicht mehr ganz so groß wie früher, fügte ich hinzu. Meine Einstellung habe sich geändert, seit ich meinen Glauben wiedergefunden und mich mit der umfangreichen Literatur über Tod und Sterben beschäftigt hätte, darunter auch ermutigende Berichte von Mystikern und Wissenschaftlern, die sich eingehend mit dem Thema befasst haben.[45]

Eines war allen, die ihre Angst vor dem Tod überwunden hatten,

---

44 Elisabeth Kübler Ross, *On Death and Dying*, Macmillan 1969, zitiert in John J. Macionis, *Society: The Basics*, 9. Auflage, Prentice Hall 2007, S. 870. Deutsch: Elisabeth Kübler-Ross, *Interviews mit Sterbenden*, aus dem Amerikanischen von Ulla Leippe, Kreuz-Verlag 1971.

45 Siehe Dinesh D'Souza, *Life After Death: The Evidence*, Regnery 2009; deutsch: *Leben nach dem Tod: warum es nicht irrational, sondern logisch ist, an das Jenseits zu glauben*, aus dem Amerikanischen von Gisela Kretzschmar, Goldmann 2001. Gary E. Schwartz, *The Afterlife Experiments: Breakthrough Scientific Evidence of Life After Death*, Atria Books 2002.

gemeinsam, nämlich die unerschütterliche und tiefe Überzeugung, dass das Leben mehr umfasst als unsere momentane Lebenszeit. Diese Überzeugung stützte sich offenbar auf die unmittelbare persönliche Erfahrung transzendenter Wirklichkeiten.

Ein paar Tage nachdem wir uns mit Vater Maximos über den Tod unterhalten hatten, hielt ich in Limassol einen Vortrag über meine Arbeit, da meine Bücher gerade in griechischer Übersetzung erschienen waren. In der anschließenden Fragerunde bat ich meinen Freund Lavros, der zusammen mit Emily in der ersten Reihe saß, von seinen eigenen Erfahrungen auf dem Heiligen Berg zu berichten. »Erzähle einfach, was du erzählen möchtest«, sagte ich, ohne ihn vorgewarnt zu haben. Es war eine spontane Aufforderung. Ohne Weiteres stand er auf, wandte sich zum Publikum und erzählte die Geschichte über die Beerdigung des älteren Mönchs, bei der er zugegen gewesen war. Dann erklärte er, was der Athos für ihn persönlich bedeutete.

»Den Mönchen vom Athos«, sagte er, »ist es gelungen, sich von der morbidesten Angst zu befreien, die alle Menschen haben, von der Angst vor dem Tod. Ihr Beispiel und ihr Umgang mit diesem grundlegenden menschlichen Problem schenken mir nun, da ich auf die achtzig zugehe, viel Trost und Hoffnung.«

An jenem Abend saß ich mit Emily auf dem Balkon unserer Wohnung, um die Meeresbrise zu genießen und die Argumente noch einmal durchzugehen, die ich im Gespräch mit Vladimiros und Vater Maximos vorgebracht hatte.

Diese Themen waren für uns leider nicht rein akademisch. In den letzten Jahren hatten wir eine ganze Reihe von Freunden und Verwandten verloren und waren daher ständig mit Fragen um Leben und Tod beschäftigt. Die Erinnerung an Emilys Bruder Akis, der im Vorjahr beim Pferderennen in Nikosia von einem scheuenden Pferd getroffen und dadurch ums Leben gekommen war, war noch frisch und hing wie ein dunkler Schatten über uns. So viel wir auch über den Tod und das Leben danach philosophieren können, der Verlust eines geliebten Menschen ist immer zutiefst erschütternd, besonders wenn er unerwartet kommt. Auch Vater Maximos war in haltloses Weinen ausgebrochen, als Vater Arsenios, einer seiner besten Freunde und engsten Vertrauten sowie sein Nachfolger als Abt des Klosters Panagia auf Zypern, ausgerechnet auf dem Athos bei einem Helikopterabsturz ums Leben gekommen war.

Ohne unsere spirituelle Arbeit der letzten Jahre und ohne unsere Verbindung zu Vater Maximos wäre für Emily der Schmerz um den Verlust ihres Bruders noch zehnmal schlimmer gewesen, wie sie mehrfach betont hat. Der dreizehn Jahre ältere Akis war für sie nicht nur ein geliebter Bruder, sondern in ihrer Kindheit auch ein zweiter Vater gewesen.

Nach unserem abendlichen Gespräch las Emily ein Buch über Permakultur, womit sie sich seit mehreren Jahren intensiv beschäftigte, und ich wandte mich wieder der Lektüre von Philip Sherrards bahnbrechendem Werk *Christianity: Lineaments of a Sacred Tradition* zu. Der Inhalt faszinierte mich, ein ganz neuer Ansatz in der östlich-orthodoxen Theologie, der meinem Empfinden nach alle modernen Intellektuellen ansprechen könnte, ungeachtet ihres Glaubens oder ihrer religiösen Orientierung.

Sherrards Leben war so ungewöhnlich wie seine Begegnung mit der Theologie. Als Theologe ein Autodidakt, konvertierte er vom Anglikanismus zur Orthodoxie. Seine Konversion war das Resultat einer langjährigen Liebe zum heutigen Griechenland: seiner Sprache, seiner Geschichte, seiner Kultur und seiner Religion. Sie begann, als er im Zweiten Weltkrieg als junger britischer Offizier in Griechenland stationiert wurde. Der Autor zahlreicher Bücher hat auch viele führende moderne griechische Schriftsteller und Lyriker ins Englische übersetzt. Allen voran übersetzte er zusammen mit dem Oxforder Wissenschaftler und griechisch-orthodoxen Bischof Kallistos Ware, ebenfalls ein Konvertit aus dem Anglikanismus, die monumentale *Philokalie,*[46] die für das geistliche Leben der östlichen Orthodoxie vielleicht ebenso wichtig ist wie die Bibel. Beide Konvertiten haben entscheidend dazu

46 Kallistos Ware (Hrsg.), *Philokalia: The Complete Text, Compiled by St. Nikodemos of the Holy Mountain and St. Malarios of Corinth,* Band 4, übersetzt von Kallistos Ware, Philip Sherrard und G. E. H. Palmer, Faber & Faber 1999. Eine vollständige deutsche Übersetzung der Philokalia ist unter dem *Titel Philokalie der Heiligen Väter der Nüchternheit* erschienen, Erstausgabe Verlag »Der christliche Osten« 2004, 4. Auflage Beuroner Kunstverlag 2016 (Anm. d. Ü.).

beigetragen, dass das Ostchristentum im Westen bekannt wurde. Der regelmäßige Athos-Pilger Sherrard verbrachte den letzten Teil seines Lebens auf der Insel Euboea, unweit von Athen, wo er den Menschen, die ihn um geistlichen Rat ersuchten, als Laien-Altvater diente.

Wegen seines breiten Wissens und seiner aufgeschlossenen Ansichten fühlte ich mich sehr zu seinem Werk hingezogen. Tief verwurzelt in der östlichen Orthodoxie, war er doch auch offen für die Weisheitstraditionen anderer Kulturen und entging daher der großen Versuchung vieler streng religiöser Intellektueller und Theologen, die Welt von einem exklusivistischen Standpunkt aus zu betrachten. Als Kind der westlichen Aufklärung, das zugleich der mystischen Tradition der östlichen Orthodoxie tief verbunden war, diente er wie Kallistos Ware als Brücke zwischen dem Besten des christlichen Ostens und dem Besten des säkularen Westens.

Emily in ihrer Lektüre unterbrechend, bemerkte ich, es sei ganz erstaunlich, wie Sherrard einen Entwurf des Lebens im Jenseits gezeichnet habe, der sowohl überzeugend war als auch im Einklang mit anderen, unterschiedlichsten Quellen stand. »Sherrard behauptet, die Seele bleibe nach dem Tod des materiellen Körpers nicht körperlos«, fuhr ich fort, während Emily ihre Brille abnahm. »Tatsächlich schreibt er sogar, nach dem Tod besäße die Seele einen voll funktionstüchtigen Körper. Er verfügt immer noch über eine geordnete Struktur, durch welche die Seele handeln, denken, sehen, hören und fühlen kann.«[47]

»Dies erinnert mich an andere Ansichten zu diesem Thema, insbesondere an das, was die Leute in Montreal gesagt haben«, stellte Emily fest.

»Stimmt. Aber das Faszinierende an Sherrard ist, dass derartige Auffassungen von einem berühmten östlich-orthodoxen Theologen vertreten werden. Traditionellere Theologen haben mit solchen gewagten Aussagen vielleicht ihre Schwierigkeiten. Hier kommt noch mehr«, sagte ich, durch Emilys Reaktion ermutigt.

---

47 Sherrard, *Christianity*, S. 183.

»Bei unserem physischen Tod [treten] für uns kaum Veränderungen [ein]. Wir bewohnen immer noch dieselbe Welt, die wir auch vor unserem physischen Tod bewohnt haben, oder glauben dies zumindest. Denn die Welt, die wir vor unserem physischen Tod bewohnt haben, besteht ... aus ... Gedankenbildern, an die unsere Seele gebunden ist; und diesen gesamten psychischen Komplex nehmen wir in den nachtodlichen Zustand mit. Die Bilder, aus denen er sich zusammensetzt, haben dann ebenso viel Macht über uns wie jetzt. Ja, in gewisser Weise haben sie dann sogar noch mehr Macht über uns als jetzt, denn jetzt ... können wir durch einen Willensakt einige im Entstehen verhindern. Wir verdrängen sie. Dann jedoch können sie ganz nach ihrer eigenen inneren Logik ungehindert wachsen.«[48]

»Faszinierend!«, rief Emily aus.

Ich las weiter: »In unserem postmortalen Zustand bleiben unsere Gewohnheiten erhalten, wenngleich die Mittel, die wir zu ihrer Befriedigung haben, nun andere sind. Sie bleiben erhalten, weil wir immer noch die Sklaven jener Bilder oder Erscheinungen oder Fantasien sind, mit denen unsere Seele nach unserem physischen Tod noch genauso angefüllt ist wie sie es vor diesem Tod war, und die die Frucht unseres ungeläuterten Ichs und Ich-Bewusstseins sind – Bilder oder die ihnen entsprechenden Gedanken, die für uns durch und durch real sind und denen wir uns womöglich nicht ohne weiteres entziehen können.«

»Sherrard muss auch durch seine vergleichende Lektüre anderer religiöser Traditionen beeinflusst worden sein«, stellte Emily fest.

»Das ist ziemlich offensichtlich, finde ich. Was ich an Sherrard mag, ist unter anderem, dass er, statt an anderen religiösen Traditionen alles zu dämonisieren, wie dies einige fundamentalistische Theologen tun, den Mut hat, Gemeinsamkeiten zu benennen. Dazu schreibt er weiter:

48 Ebendort, S. 187.

»Daher die große Bedeutung unseres Erdenlebens, denn in unserem Leben setzen wir diese Sequenzen oder diese Bewusstseinsströme in Gang. Wie wir in unserem unmittelbaren postmortalen Zustand sind und welche Richtung unser Leben dann nimmt, hängt davon ab, welche Richtung wir ihm hier gegeben haben. Das Gericht, das wir in dieser Phase erleben, ist, so gesehen, unser eigenes Urteil über uns selbst. … In diesem Sinne ist es wahr, dass wir uns unsere Hölle und unseren Himmel selbst schaffen. Wenn wir in der Stunde unseres physischen Todes immer noch in der Welt der Lügen und Irrtümer gefangen sind, die Paulus als den ›Leib des Todes‹ (Römer 7,24) beschreibt – dann sind wir in der Hölle. In dem Maße, in dem wir uns von diesem Leib des Todes befreit haben oder aus ihm auferstanden sind, empfangen wir die Segnungen des Himmels.«[49]

»Andererseits betont Sherrard, dass wir unsere derzeitigen Illusionen, wenn wir sie nicht überwinden, auch über das Grab hinaus mit uns herumschleppen«, fuhr ich fort.

»Diejenigen aber, die ihrem falschen Selbst in diesem jetzigen Leben gestorben sind und bereits ihre innere Wiedergeburt erlebt haben – die Entdeckung ihres höheren Selbst – sehen den Tod nicht und sterben nicht: Sie erstehen auf zum ewigen Leben, zu jenem Leben, in dem das Hier und Jetzt ihres Erdenlebens ihnen bereits Nahrung und Mitte geworden ist.«[50]

»Was, wenn wir uns in unserem nachtodlichen Zustand immer noch mit unseren niederen Leidenschaften identifizieren?«, warf Emily ein. »Was sagt Sherrard dazu? Können wir hoffen, je aus diesem Zustand zu entkommen?«

»Dieses Problem spricht er am Ende des Kapitels ›Death and Dying: A Christian Approach‹ [Tod und Sterben: Eine Annäherung aus christlicher Sicht] an. Vorausgesetzt wir haben im jetzigen Leben an-

49 Ebendort. S. 189-190.
50 Ebendort, S. 195.

gefangen, uns von unseren Illusionen und der Bindung an unser falsches Selbst zu befreien, so behauptet er, werden wir auch über den Tod des physischen Körpers hinaus Gelegenheit haben, unseren spirituellen Aufstieg zur vollständigen Befreiung fortzusetzen. Wir sind dann in der Lage, unsere spirituellen Möglichkeiten zu verwirklichen. Das glaube ich auch. Weiter sagt er:

> »Vorausgesetzt wir erleiden keinen Rückfall, können wir diese Möglichkeiten auch im postmortalen Zustand weiter verwirklichen, können wir uns auch weiterhin von Unwissenheit und Selbstliebe befreien. Es ist sehr gut möglich, dass wir nach unserem physischen Tod weitere Läuterung, weitere Verfeinerung benötigen, auch wenn wir im Zustand der Reue gestorben sind. Aber Gott kann niemals aufhören, seine Gnade über uns zu ergießen, und unsere Aufnahmebereitschaft dafür kann niemals enden, ganz gleich, auf welcher Seite des physischen Todes wir uns befinden. Was die Frage nach der Ewigkeit der Hölle anbelangt oder ob wir auf ewig in einem Zustand der Hölle verbleiben können: Um bis in alle Ewigkeit zum Verbleib in einem solchen Zustand verdammt zu sein, wäre Voraussetzung, dass entweder Gottes Gnade nie dorthin reichen könnte oder wir, wenn wir uns in der Hölle befinden, zwar noch über die Aufnahmefähigkeit für diese Gnade verfügen, aber jegliches Vermögen sie umzusetzen verloren hätten. Beide Voraussetzungen stellen eine Illusion und Absurdität der schlimmsten Art dar. Wenn wir von Ewigkeit sprechen, dann sprechen wir außerdem nicht von einem Zustand, auf den wir unsere zeitlichen Kategorien anwenden können. Daher sind wir nicht in der Position zu behaupten, die Ewigkeit könne auch nur eine einzige Sekunde dauern.«[51]

Emily schüttelte den Kopf: »Der Mann ist wirklich furchtlos.«
»Und klug«, fügte ich hinzu, da ich schon immer gegen die Vorstel-

---

51 Ebendort, S. 180-199.

lung von der ewigen Verdammnis gewesen war, die ich für eine monströse Doktrin halte, welche den Gläubigen seit Jahrhunderten das Leben vergällt.

»Gut. Genug vom Tod geredet«, sagte Emily und stand auf. »Zeit für eine Partie Backgammon.«

Sie brachte das *Tavli*, das Backgammon-Spiel, auf den Balkon, und wir würfelten und verschoben die Steine nicht ohne uns dabei ordentlich aufzuziehen. In Zypern gehörte dies im Sommer zu unserer abendlichen Entspannung, wenn wir Fragen um Leben und Tod vorübergehend beiseitelassen und uns trivialeren, aber vergnüglichen Fragen von Sieg und Niederlage widmen konnten.

8

Pilgerreise

Im darauffolgenden Jahr waren wir wieder in Zypern, damit ich meine Forschungen über die mystische Tradition des Ostchristentums fortsetzen konnte. Dank eines Sabbatsemesters, das mir meine Universität gewährt hatte, konnten wir dieses Mal mehrere Monate bleiben. Von Lehrverpflichtungen befreit, hatte ich vor, dieses Buch abzuschließen. Emily freute sich darauf, an ihrem Projekt in Agia Skepi (Heiliges Schutzdach) weiterzuarbeiten, der Drogenentzugsklinik, die Vater Maximos vor etlichen Jahren in Zypern initiiert hatte. In den letzten beiden Sommern hatte Emily zusammen mit den australischen Permakultur-Pionieren Charles und Julia Yelton direkt neben dem Entzugszentrum in ehrenamtlicher Arbeit einen essbaren Permakultur-Waldgarten angelegt.[52] Gemeinsam wollten sie einen Garten gestalten, der den therapeutischen Zielen von Agia Skepi dienen konnte. Darüber hinaus hofften sie, der Garten könnte zum Modell für die Verbreitung dieser neuen Form nachhaltiger Landwirtschaft in Zypern werden. Sie genossen die volle Unterstützung vieler engagierter Umweltschützer, darunter auch unseres Freundes Lavros.

Ende Februar 2009, auf dem Höhepunkt des Frühlings, kamen wir in Zypern an. Im Gegensatz zum Vorjahr war Regen gefallen, endlich grünte es überall, und die Wildblumen blühten. Ich hatte mehrfach Gelegenheit, über Land zu fahren, wenn ich Vater Maximos auf verschiedenen Fahrten zu Klöstern begleitete, die seiner Aufsicht unterstanden. Geistliche Zentren wie das Kloster Panagia, Mesa Potamos

---

52 Bill Mollison, *Introduction to Permaculture*, Tagari Publications 1997; deutsch: *Handbuch der Permakultur-Gestaltung*, Österreichisches Institut für Angewandte Ökopädagogik, Permakultur-Akademie im Alpenraum, 2010.

und das Frauenkloster St. Heracledios lagen entweder in Bergwäldern oder weit entfernt von städtischem Gebiet, umgeben von üppig grünen Parks und Obstgärten.

Dieser jüngste Besuch in Zypern schenkte mir nicht nur den Zugang zu Vater Maximos, sondern auch die Gelegenheit, andere regionale Zentren des Ostchristentums zu besuchen, etwa die Klöster auf dem Athos und das antike Katharinenkloster auf dem Sinai. Mein Freund Antonis sorgte als treibende Kraft dafür, dass ich immer wieder mit dem Athos in Berührung kam.

Seit fast zwanzig Jahren pilgerte Antonis regelmäßig zum Athos. Zweimal im Jahr besuchte er mit einer kleinen Gruppe von Freunden die Klöster dort, einmal im Frühjahr und einmal im Herbst. Dieser regelmäßige Rückzug aus »der Welt«, wie die Mönche und Eremiten auf der Halbinsel alle Orte außerhalb des Athos nennen, war für ihn eine Notwendigkeit. Immer, wenn er vom Heiligen Berg zurückkam, fühlte er sich emotional und spirituell aufgerichtet. Mit seinen Worten: »Ich brauche diese Pilgerreisen, um meine Akkus wieder aufzuladen, damit ich im Dschungel der Geschäftswelt überleben kann.« Mehrfach hatte ich ihn und seine Begleiter bei ihrer spirituellen Einkehr begleitet. Jede Reise war voller neuartiger Erfahrungen und Überraschungen. Der Athos ist wie nichts sonst auf der Welt.

Deshalb zögerte ich nicht, als Antonis mich bat, ihn und seine Gruppe zu einem weiteren Abenteuer auf dem Athos zu begleiten. Auch ich musste meine Akkus wieder aufladen. Außerdem musste ich weitere Feldforschung betreiben und Material sammeln, um mein Verständnis der spirituellen Kultur des christlichen Ostens zu vertiefen.

Als wir Vater Maximos von unseren Plänen erzählten, strahlten seine Augen, und im Scherz meinte er, er sei eifersüchtig auf uns. Der Athos war seine wahre Heimat, die er 1993 hatte verlassen müssen, als seine Altväter ihn gebeten hatten, eine Art neuer Apostel für »die Welt« zu werden. Vater Maximos gab uns seinen Segen und empfahl uns Klöster, die wir besichtigen, und Altväter, die wir aufsuchen sollten. Bei den Vorbereitungen auf die Reise wurde mir bewusst, wie hilfreich es war, in ein ganzes Athos-Netzwerk eingebunden zu sein.

Dank Antonis' organisatorischer Fähigkeiten, die durch seine jahrzehntelange Erfahrung mit der Leitung seiner Hotels und Baufirmen den letzten Schliff erhalten hatten, musste ich mir keine Gedanken um Flüge, Taxifahrten, Hotelreservierungen, Schiffsfahrkarten, Visa und andere logistische Angelegenheiten machen.

Eine weitere Attraktion der Reise war Antonis selbst. Er war immer begierig, Neues zu lernen, eine Eigenschaft, die ihn zu einem sehr angenehmen Reisebegleiter machte. Er hatte keinerlei Scheu zu sagen, was er dachte, und er stellte seine pointierten Fragen in jedem Gespräch, ob es nun um die Lösung des ewigen politischen Problems in Zypern ging oder um die wundersame Kultur der östlich-orthodoxen Heiligen.

Emily arbeitete gerade in Agia Skepi, als Antonis mich abholte. Zwanzig Minuten später waren wir bei ihm zu Hause in den Hügeln über Limassol. »Selbst wenn Famagusta eines Tages an den griechischen Inselteil zurückgegeben wird, werden wir leider nicht dorthin zurückkehren«, bedauerte er beim Betreten des Hauses. »Für Frosoulla und mich ist es dann zu spät für eine Rückkehr. Nach so vielen Jahren sind wir in Limassol endgültig heimisch geworden.«

»Das sehe ich«, antwortete ich und staunte über ihr schön gebautes neues Haus. Wie Emily waren auch Antonis und seine Frau Frosoulla Flüchtlinge aus Famagusta, und wie bei Emily war es seit dreißig Jahren ihre größte Sehnsucht, in die geliebte Stadt ihrer Jugend zurückzukehren. Seit der Invasion, als die Insel 1974 von der türkischen Armee besetzt wurde, ist das einst florierende Touristenzentrum zu einer Geisterstadt verkommen, mit Stacheldraht abgeriegelt und nur noch von Eidechsen, Schlangen, Nagern und Wildkatzen bewohnt.

Antonis war in die Küche gegangen, um noch schnell einen Happen zu essen, als Frosoulla mit zwei großen Gemälden eines bekannten Künstlers aus der Region ins Haus kam. Ich half ihr, die Kunstwerke an der Wohnzimmerwand anzuordnen, und wir plauderten über Kunst, ihr neues Zuhause und ihre schwindende Hoffnung auf eine Rückkehr nach Famagusta.

Nachdem sich auch Frosoulla zu Antonis in die Küche begeben hatte, vertiefte ich mich in die Bibliothek der beiden, die nicht nur

Antonis' berufliche Fachliteratur enthielt, sondern auch Werke über griechische Literatur, Weltgeschichte, klassische Philosophie und griechische Orthodoxie. Als Absolvent der *London School of Economics* verfügt Antonis über die Leidenschaft eines idealistischen Intellektuellen, die vom Pragmatismus eines Geschäftsmannes im Zaum gehalten wird, eine Kombination, die ihm als Unternehmer auf der Insel sehr zugute kommt. Ich griff mir einen Band aus seiner reich bestückten Sammlung über östliche Orthodoxie und setzte mich aufs Sofa. Auf der gegenüberliegenden Seite gab ein Fenster den Blick über die Stadt und das Meer frei. Ich blätterte ein wenig in dem Buch und las hier und da einen Abschnitt.

»Gefällt dir Altvater Porphyrios?«, fragte Antonis, als er ins Zimmer kam und sah, was ich las – Leben und Homilien eines der bemerkenswertesten modernen Heiligen der griechischen Orthodoxie.[53]

»Sehr. Ich halte ihn für einen der außergewöhnlichsten Menschen des 20. Jahrhunderts.«

»Absolut. Erinnerst du dich noch, was der verstorbene Paisios uns über Altvater Porphyrios erzählt hat, als wir ihn besucht haben?« Antonis sprach von unserer Begegnung mit dem legendären Eremiten Paisios bei meinem ersten Besuch auf dem Athos im Frühjahr 1991.[54]

»Das ist lange her. Woran denkst du?«

»Weißt du noch, als er sagte, Altväter wie Porphyrios gebe es nur alle 200 Jahre?«

»Ja, natürlich. Ich erinnere mich auch an seine scherzhafte Bemerkung, Porphyrios sei wie ein Farbfernseher, er, Paisios, hingegen nur ein altes Schwarz-Weiß-Gerät. Weißt du, Porphyrios erinnert mich an Pater Pio aus Italien. Er war auch in Farbe.« Damit spielte ich auf Pater Pios Ruf als führender wundertätiger Heiliger der katholischen Kirche im 20. Jahrhundert an.

Antonis wirkte überrascht. »Anscheinend glaubst du, dass es auch außerhalb der Orthodoxie Heilige gibt.«

»Nun, ich glaube nicht, dass wir Gott auf Byzanz beschränken können!«, sagte ich und stellte Prophyrios' Buch wieder ins Regal. »Das

53 Porphyrios, *Wounded by Love,* Romiosyni Books 2005.
54 Markides, *Riding with the Lion;* deutsch: *Auf dem Löwen reiten.*

habe ich auch Vater Maximos gesagt, als er mir einmal dieselbe Frage gestellt hat.«

»Und was hat er dazu gemeint?«

»Nichts, woran ich mich erinnern würde. Ich habe ihn zum Kloster Panagia gefahren. An dem Tag war er sehr müde. Er hat sich einfach kommentarlos angehört, was ich zu sagen hatte, und ist dann eingenickt.

Ich weiß, die meisten frommen Orthodoxen denken, wir seien als Einzige von der Göttlichen Gnade privilegiert, und nur in unserer spirituellen Tradition seien wahre Offenbarungen, Weisheit und Heilige zu finden«, fuhr ich fort. »Aber in einer globalisierten Welt lassen sich solche Vorstellungen nur schwer aufrechterhalten. Schlimmer noch, zumeist führen sie zu religiöser Engstirnigkeit und Intoleranz. Darüber hinaus verprellen solche Ansprüche auf ein Monopol an der Göttlichen Wahrheit modern denkende Menschen aus der Kirche.«

»Und was ist mit dem Filioque? Was machst du damit?«, fragte Antonis nach kurzem Schweigen.

»Da ich kein Theologe bin, erfreue ich mich des Privilegs der Unwissenheit und Verantwortungslosigkeit«, witzelte ich. »Offen gestanden, ich mache meinen Glauben nicht an solchen meiner bescheidenen Meinung nach haarspalterischen metaphysischen Kontroversen fest, die ohnehin nur eine Handvoll Theologen verstehen. Es macht mir kein Kopfzerbrechen, ob der Heilige Geist nun direkt aus dem ›Vater‹ oder aus dem ›Vater und dem Sohn‹ hervorgeht. Dieses Detail des west-östlichen theologischen Disputs ist für mich nicht entscheidend. Vielleicht ist es das für andere, aber ich begreife nicht, was das ganze theologische Gewese soll. Sagen wir so: Mir macht das keine schlaflosen Nächte. Da spreche ich lieber das Jesusgebet.«

Und ich fuhr fort: »Ich bin mir sicher, dass die Mehrheit der Christen dieses Problem nicht versteht oder sich nicht im Geringsten darum schert. Ja, ich bin mir sogar sicher, dass die meisten noch nicht einmal dieses Wort gehört haben. Wenn du mich jetzt aber fragst, welche Seite der Kontroverse mir näher ist, dann sage ich dir, dass mir die orthodoxe Version näher ist, weil es im Glaubensbekenntnis heißt, dass der Heilige Geist unmittelbar aus dem Vater hervorgeht. Schließlich bin ich in einer orthodoxen Kultur aufgewachsen, die mich gelehrt hat, die Welt auf eine bestimmte Art und Weise zu sehen. Wäre ich in Irland geboren, würde ich die Welt zweifellos mit irischen theologischen Augen sehen und wäre vollkommen einverstanden damit, dass der Heilige Geist aus ›dem Vater und dem Sohn‹ hervorgeht.«

Der Filioque-Streit ist einer der angeblichen Gründe für das Große Schisma von 1054 n. Chr., als der römische Papst und der Patriarch von Konstantinopel sich gegenseitig exkommuniziert haben. Dieses Ereignis führte zur Spaltung des Christentums, beginnend mit der Ablösung der römisch-katholischen von der östlich-orthodoxen Kirche. Seither dämonisieren die verschiedenen Ausdrucksformen des Christentums einander, egal ob Orthodoxe, Katholiken oder Protestanten.

»Glaubst du nicht, dass es zwischen Orthodoxen, Katholiken und Protestanten ernstzunehmende Unterschiede gibt?«, fragte Antonis.

»Sicher. Aber meiner Meinung nach liegt dies nicht am Filioque. Doch ich kann mich natürlich täuschen.«

»Was betrachtest du dann als die wesentlichen Unterschiede zwischen dem westlichen und dem östlichen Christentum?«

»Sie unterscheiden sich darin, wie man Gott erkennen kann. Der westliche Teil des Christentums legt mehr Wert auf eine intellektuelle Annäherung an Gott, wohingegen sich der Osten auf eine empirischere und mystischere Annäherung konzentriert. Dies ist der wesentliche Unterschied. Zugleich glaube ich aber auch, dass dies keine unüberbrückbare theologische Kluft ist. Für eine klarere Sicht und ein besseres Verständnis der höchsten Wirklichkeit, also Gottes, braucht es beide Ansätze. Die anhaltende Spaltung hat mehr mit Geschichte und Politik zu tun als mit Theologie.«

Antonis schwieg nachdenklich und packte ein paar letzte Dinge ein. »Anscheinend bist du also überzeugt, dass Christus auch in anderen Kulturen und Religionen offenbar werden kann«, bemerkte er, während er den Reißverschluss an seinem Koffer zuzog und diesen zur Tür stellte.

»Unbedingt. Ich glaube fest an das Johannesevangelium, wonach Christus der Logos ist, der hinter der gesamten Schöpfung steht und sich in beliebiger Weise sowie zu jeder Zeit und an jedem Ort offenbaren kann. Der Logos ist das Licht, das jeden Menschen erhellt, der auf die Welt kommt. Bist du nicht auch dieser Meinung?« Antonis' Antwort gar nicht erst abwartend, fuhr ich mit einem Zitat von Huston Smith fort, emeritierter Professor für Philosophie am MIT und führender Vertreter der vergleichenden Religionswissenschaften. In einem Interview hatte der Sohn von Missionaren in China und fromme Christ Smith vor Kurzem gesagt, seiner Meinung nach werde Gott »durch Jesus vollständig beschrieben, ist aber nicht auf Jesus beschränkt«.

Ich wartete ein paar Sekunden ab, um zu sehen, wie Antonis reagieren würde, aber er schwieg nur nachdenklich. Dann fügte ich hinzu: »Ich würde Smiths Satz in der Art abwandeln, dass die östliche Orthodoxie Christus vollständig beschreibt, Christus aber nicht auf die östliche Orthodoxie beschränkt ist.«

Dann erzählte ich einige Geschichten über das Leben des katholischen Altvaters Pater Pio, die ebenso unglaublich waren wie die über die Altväter Porphyrios und Paisios: Wunder zu seinen Lebzeiten und nach seinem Tod; erstaunliche Heilungsphänomene, prophetische Visionen, selbstloser Dienst an hunderttausenden Gläubigen und Ähnliches. Ich bedauerte, dass orthodoxe Menschen kaum etwas über solche Altväter im Westen wissen, gerade so wie westliche Menschen praktisch nichts über Altväter wie Porphyrios und Paisios wissen.[55]

»Wie du siehst, bin ich von meiner Ausbildung und Einstellung her überzeugter Anhänger von interkulturellem und interreligiösem Austausch und gegenseitigem Verständnis«, fügte ich hinzu.

»Befürwortest du das Vermischen von Religionen, damit etwas Neues entsteht?«, fragte Antonis.

»Keineswegs! Ich bin kein Fürsprecher des Synkretismus, den klassische Theologen fürchten. Ich bin gegen eine derartige künstliche Vermischung religiöser Kulturen. Eher trete ich für die Erhaltung au-

---

55 Paisios, *Spiritual Counsels*, Band I: *With Pain and Love for Contemporary Man*, Band II: *Spiritual Awakening*, Band III: *Spiritual Struggle*, Band IV: *Family Life*, aus dem Griechischen übersetzt, Holy Monastery of John the Theologian, 2006, 2008, 2010 und 2012.

thentischer spiritueller Traditionen als notwendige kulturelle Gefäße göttlicher Weisheit ein. In Bezug auf das Christentum brauchen wir allerdings echtes Verständnis zwischen Ost und West sowie mit anderen Religionen. Stattdessen ist aber immer wieder schmerzlich ein völliges Missverständnis und Vorurteil nicht nur gegenüber anderen christlichen Richtungen, sondern auch gegenüber anderen Religionen festzustellen. Offen gestanden, ich glaube nicht, dass Christus möchte, dass wir so denken und handeln. Aber das ist etwas anderes.«

»Christus macht also keinen Unterschied«, schlussfolgerte Antonis.

»Nun, ich denke doch ganz sicher nicht! Sonst wäre er nicht Christus.«

Anschließend fragte Antonis, was ich von dem Wunder hielte, das nach Angaben vieler Gläubigen jedes Jahr während der Auferstehungs-Feierlichkeiten im Heiligen Land geschieht. Er sprach von dem Phänomen, das angeblich während der Oster-Gottesdienste um Mitternacht über Jesu Grab auftritt. Wegen des intensiven Gebets des Orthodoxen Patriarchen von Jerusalem, das er alleine und in völliger Dunkelheit verrichtet, entzündet sich eine Kerze ganz von selbst, so glaubt man. Es heißt, dass dieses Licht aus dem Nichts entsteht und in den ersten Momenten nicht brennt wie ein normales Feuer. In den ersten Momenten ist es angeblich eher ein unaussprechlich helles Licht als ein gewöhnliches Feuer. Anschließend wird es vom Patriarchen an die Gläubigen weitergegeben, die vor dem Grab gespannt warten. Sie entzünden ihre Kerzen und stimmen das »*Christos Anesti ek Nekron*« – »Christus ist von den Toten auferstanden« an. Orthodoxe Gläubige behaupten, der Patriarch verwende keinerlei physische Mittel, um die Kerze anzuzünden, und alles würde streng durchsucht, um sicherzustellen, dass bei diesem jährlich auftretenden paranormalen Phänomen kein Trick im Spiel sei.

»Ich muss zugeben«, sagte Antonis, »dass ich es nach der sorgfältigen Lektüre unzähliger Augenzeugenberichte nicht mehr als reine Augenwischerei abtun kann. Tatsächlich hat es meinen Glauben an Christus sogar gestärkt, dass ich mich damit beschäftigt habe. Wie denkst du darüber?« Diese Frage war mir schon mehrfach gestellt worden.

»Dies ist ein Phänomen, das angeblich auf der physischen Ebene stattfindet«, sagte ich, »also in der Dimension, die wir mit unseren Sinnen wahrnehmen können. Die anerkannte Autorität, die bestätigen könnte, dass es sich dabei um ein echtes physisches Phänomen und nicht um eine kollektive Halluzination handelt, wie Skeptiker zweifellos behaupten würden, ist die Naturwissenschaft. Was mich betrifft, ist dies eine empirische Frage, die mit den Methoden konventioneller Wissenschaft untersucht werden kann.«

»Ich glaube nicht, dass die Kirchenoberen eine Untersuchung des Phänomens durch Wissenschaftler zulassen werden.«

»Dann bleibt es auf der Ebene des Glaubens, und auch dies nur bei Orthodoxen«, sagte ich in leicht ironischem Ton. »Versteh mich nicht falsch, ich glaube durchaus an Wunder. Schon die Erschaffung des Universums vor vierzehn Milliarden Jahren ist ein anhaltendes Wunder. Die mystischen Erfahrungen der großen Heiligen wie auch ganz normaler Menschen sind ein Wunder. Außergewöhnliche Heilungsphänomene, die den Gebeten großer Heiliger zugeschrieben werden, können als Wunder betrachtet werden. Ich habe kein Problem damit, sämtliche Heilungswunder im Neuen Testament zu akzeptieren. Aber ein konkretes Phänomen wie das regelmäßige spontane Entzünden von Kerzen an einem bestimmten Ort zu einer bestimmten Zeit kann und muss von einem wissenschaftlichen Team untersucht werden, wenn es nicht nur von frommen orthodoxen Christen akzeptiert werden soll.«

»Aber glaubst du, dass so etwas möglich ist?«, hakte Antonis nach.

»Da ich von meiner Ausbildung her Skeptiker bin, kann ich nur aufgeschlossen bleiben und es als Hypothese akzeptieren, die der empirischen Bestätigung bedarf«, antwortete ich ihm. »Mein Vorbild ist der Heilige Thomas. Ich verlange Beweise, bevor ich an irgendetwas glauben kann, insbesondere an etwas von solch stupender Größe. Natürlich muss man sich in dem Moment, in dem man, wie ich, andere Dimensionen der Wirklichkeit akzeptiert, die Möglichkeit offenhalten, dass solche außergewöhnlichen Behauptungen auf der Wahrheit beruhen könnten, statt sie von vornherein als Massenwahn abzulehnen. Ich habe jedoch keinerlei Zweifel, dass die meisten modernen

Psychologen und andere Sozialwissenschaftler solche Behauptungen nicht in der objektiven Außenwelt verorten würden, sondern, wie mir ein Kollege einmal gesagt hat, ›in den Köpfen der Gläubigen‹.«

Dem fügte ich hinzu, dass hartgesottene Skeptiker ein Phänomen wie das spontane Entzünden von Kerzen wohl in die gleiche Kategorie einordnen würden wie den berüchtigten indischen Seiltrick.

»Den indischen Seiltrick?«

»Ein indischer Fakir wirft ein aufgerolltes Seil so in die Luft, dass es gerade stehen bleibt, ein Junge klettert daran hinauf und verschwindet. Hunderte Male haben Menschen berichtet, sie hätten mit eigenen Augen gesehen, wie der Junge an dem Seil hinaufgeklettert und verschwunden sei. Und ihre Berichte stimmten überein. Wissenschaftler haben dies für einen klassischen Fall von Massenhalluzination gehalten und den Trick unter diesem Aspekt untersucht. Dazu stellten sie Videokameras auf. Zu ihrem Erstaunen beobachteten sie das Phänomen mit eigenen Augen. Der Junge kletterte hinauf und verschwand. Mit Entsetzen sahen sie, wie abgetrennte Körperteile des Jungen herunterfielen. Der Fakir sammelte sie auf und legte sie in einen Korb. Dann kletterte er selbst an dem Seil hinauf und kam schließlich zusammen mit dem Jungen wieder herunter, beide mit einem strahlenden Lächeln. Nach Angaben der Wissenschaftler gab es unter den über hundert Zeugen, einschließlich ihrer selbst, keinen, der diese ›Fakten‹ bestritten hätte.«

»Aber das ist doch lächerlich!«, protestierte Antonis.

»Warte einen Moment! Als die Wissenschaftler den Film entwickelten, zeigte dieser lediglich Folgendes: Der Fakir warf das Seil in die Luft, es kam wieder herunter, und der Junge, der neben ihm stand, war ihm die ganze Zeit nicht einen Zentimeter von der Seite gewichen.«[56]

»Willst du damit sagen, dass der Patriarch von Jerusalem etwas Ähnliches vollführt wie der indische Fakir?«, fragte Antonis ungehalten. »Einen Trick?«

---

56 Andrija Puharich, *Beyond Telepathy*, Souvenir 1974, S. 33-34, zitiert in Richard Smoley, *The Dice Game of Shiva: How Consciousness Creates the Universe*, New World Library 2009, S. 35-37.

»Nein, das sage ich nicht. Ganz entschieden nicht. Tatsächlich habe ich Heilungsphänomene gesehen, die in Brasilien und auf den Philippinen von amerikanischen Wissenschaftlern auf Video aufgenommen worden sind und ebenso ehrfurchtgebietend waren wie das, was der Fakir veranstaltet hat. Aber in diesen Fällen haben die Kameras das aufgezeichnet, was die Zeugen, einschließlich der Wissenschaftler, mit eigenen Augen gesehen haben. Deshalb ja, außergewöhnliche Phänomene ereignen sich ständig, aber wenn wohlmeinende Skeptiker, und damit meine ich nicht die doktrinären, davon Notiz nehmen sollen, dann müssen solche Phänomene unter kontrollierten experimentellen Bedingungen untersucht und bestätigt werden. Andernfalls stoßen sich die Leute an solchen Behauptungen, und zwar nicht nur Skeptiker und Anhänger anderer Religionen, sondern auch andere Christen, die nicht orthodox sind und den Orthodoxen womöglich Trickserei zu Propagandazwecken vorwerfen, um sich gegenüber allen anderen in eine Position spiritueller Überlegenheit zu bringen.

Was der indische Fakir zeigt und was wir uns bewusst machen müssen«, fuhr ich fort, »ist, dass unsere Sinne nicht immer die verlässlichsten Führer zu Wirklichkeit und Wahrheit sind. Ich glaube übrigens, dass es ein Fehler ist, solche Phänomene als bloße Trickserei abzutun. Dass die Kamera im Falle des indischen Fakirs die Szene nicht so aufgezeichnet hat, wie alle anderen sie gesehen haben, ist nicht unbedingt ein Beweis dafür, dass nichts geschehen ist. Wir können es nicht einfach als kollektive Halluzination abtun. Dieser Fakir hat etwas getan, was die weitere Untersuchung lohnt, etwas, woraus sich Fragen über das Wesen des Bewusstseins im Verhältnis zur Materie ergeben.«

»Wie können wir dann überhaupt etwas wissen?«

»Das ist die quälende, grundlegende Frage, mit der Philosophen und Naturwissenschaftler schon seit Urzeiten ringen, genau wie alle großen Soziologen, die den Kanon meines Fachs geprägt haben.«

»Woran denkst du?«

»Nun ja, es gibt keine einfachen Antworten. Objektivität ist äußerst problematisch, wenn nicht unmöglich zu erreichen.«

»Warum sagst du das?«

»Weil wir uns Wirklichkeit und Wahrheit immer von unserem jeweiligen Standpunkt aus nähern. Wir sehen Teile der Wirklichkeit und halten sie für das Gesamtbild. Philosophen und Soziologen haben erkannt, dass wir von Kindheit an durch unsere Kultur konditioniert werden, die Welt auf eine bestimmte Art und Weise zu denken und zu verstehen, ›durch einen Spiegel in einem dunklen Bild‹, wie Paulus sagt. (1. Korinther 113,12) Wir sehen die Welt nicht direkt und ›objektiv‹ wie sie an und für sich ist oder wie Gott sie geschaffen hat, sondern durch unsere ererbte kulturelle Brille. Ein tibetischer Buddhist zum Beispiel sieht die Welt und was jenseits von ihr sein mag mit seiner Konditionierung als Tibeter, gerade so wie ein Hindu oder ein Christ oder ein Muslim die Welt durch die Brille ihrer jeweiligen Kultur sehen. Wir neigen zu der absoluten Überzeugung, dass unsere Wahrnehmung der Welt die einzig mögliche ist, dass wir im Vergleich zu allen anderen einmalig privilegiert sind. Dabei kennen wir einfach keine andere Sichtweise. Allein dadurch, dass wir Menschen sind, sind wir also dazu verdammt, die Welt in voreingenommener Weise zu sehen.

Soziologen haben außerdem darauf hingewiesen«, fuhr ich fort und hatte dabei das seltsame Gefühl, gerade eine Vorlesung über soziologische Theorie zu halten, »dass unsere Klassenzugehörigkeit, unsere Ethnizität, unser Geschlecht, unsere Veranlagungen und sogar unsere Berufszugehörigkeit unsere Wahrnehmung der Welt wesentlich prägen. Wir nehmen die Welt nicht so wahr, als wären wir körperlose Geister, die sie rein objektiv betrachten.«

»Ich sehe, worauf du hinauswillst, aber kannst du etwas konkreter werden?«

Ich überlegte einen Moment. »Gut, ich will dir ein Beispiel aus meiner persönlichen Erfahrung nennen. Als junger Student an der Youngstown State University war ich eng mit Marios befreundet, der ebenfalls Zypriot war, wie ich Verwandte in Ohio hatte und zum Studium nach Amerika gekommen war. In Amerika war er damals mein bester Freund. Wir waren im selben Alter und hatten dieselbe kulturelle Herkunft. Wir waren uns so gut wie in allem einig. Wir nahmen die Welt praktisch identisch wahr. Nach unserem ersten Abschluss trennten sich unsere Wege, und ich habe ihn fast dreißig Jahre nicht gesehen. Als ich letzten Herbst zu einem Vortrag wieder nach Ohio kam, habe ich ihn wiedergesehen. Er hatte eine mehrstündige Anfahrt auf sich genommen, um zu meinem Vortrag zu kommen und an die alte Verbundenheit mit mir anzuknüpfen. Natürlich haben wir uns gefreut, einander wiederzusehen, und in Erinnerungen an unsere Jugend geschwelgt. Wir waren auch beide von Ehrfurcht ergriffen, als wir den damaligen Präsidenten der Universität, den wir während der vier Jahre unseres Studiums gut gekannt hatten, nun als Statue mitten auf dem renovierten Campus wiedersahen. Doch schon bald wurde uns klar, wie sehr wir uns verändert hatten, wie unterschiedlich wir die Welt heute sahen, wie anders wir Amerika in politischer und gesellschaftlicher Hinsicht sahen, erlebten und verstanden. Meine Sicht der Wirklichkeit war von meiner soziologischen Ausbildung geprägt. Er war ein erfolgreicher Chirurg, und seine Weltwahrnehmung war geprägt durch seine lebenslangen Erfahrungen in Krankenhäusern und seinem Status als hoch angesehener Arzt.«

»Unsere Gruppenzugehörigkeit bestimmt also darüber, wie wir die Welt sehen«, schloss Antonis.

»So lehrt es uns die Soziologie. Noch ein Beispiel: Meine Kinder führen mir ständig vor Augen, dass sie eine andere Generation sind und die Welt daher anders begreifen als ihr manchmal ›altmodischer‹ Immigranten-Vater. Ich bin in Zypern aufgewachsen und Anfang der 1960er Jahre in die Vereinigten Staaten gekommen. Die Erfahrungen der 60er haben mich als Amerikaner geprägt. Sie hingegen sind in Maine aufgewachsen und in den 1990ern erwachsen geworden, in einer völlig anderen Welt. Also bestimmen auch unsere Generation und die Art der Erfahrungen, die wir gemacht haben, wie wir die ›objektive Realität‹ wahrnehmen und begreifen.«

»Gibt es denn keinen Ausweg, sodass wir die Welt so sehen können, wie sie ist, unabhängig von unseren Meinungen und Voreingenommenheiten?«

»Vermutlich durch die Naturwissenschaften. Aber wie die moderne Wissenschaftskritik zeigt, kann selbst die Wissenschaft diesem Problem nicht entrinnen. Auch die Wissenschaft kann ideologisch sein und unter ähnlichen Scheuklappen und Voreingenommenheiten leiden.[57] Es ist also nicht leicht. Objektivität ist ein Ziel, das wir vielleicht nie erreichen und doch beständig anstreben müssen.

Ich bin fest davon überzeugt«, fuhr ich fort«, dass der erste Schritt zur Objektivität darin besteht anzuerkennen, dass wir voller Voreingenommenheiten und Vorurteile sind. Allein dies könnte uns in unserer Wahrnehmung der Dinge schon demütiger und weniger dogmatisch werden lassen. Doch leider ist Dogmatismus die Quelle politischen und religiösen Fanatismus, der zu heiligen Kriegen führt. Unter streng religiös oder ideologisch geprägten Menschen besteht die Tendenz, das Monopol auf Wahrheit und Weisheit zu beanspruchen und andere, die nicht zur eigenen Gemeinschaft gehören, als Heiden oder dämonisierte Gegner zu betrachten. In Extremfällen kann dies zur pauschalen Ausrottung einer anderen Gruppe, zu ethnischen Säuberungen und Ähnlichem führen.«

»Wie können wir dann unserer Unwissenheit und falschen Wahrnehmung entgehen?«, fragte Antonis, als ob er mich interviewen wollte.

»Der einzige Ausweg aus unserer Unwissenheit und unseren Vorurteilen ist die Weiterentwicklung unseres Bewusstseins, indem wir unsere Fähigkeit zu Liebe, Mitgefühl und Selbstlosigkeit schulen.«

»Aber genau dies lehrt doch die Orthodoxie!«, rief Antonis aus.

»Genau. Letztendlich können wir unser Ziel nur durch Göttliche Gnade erreichen, das heißt, nachdem wir hart an uns gearbeitet haben. Zugleich dürfen wir nie vergessen, dass Gottes Weisheit über Seine gesamte Schöpfung verbreitet ist, damit wir nicht behaupten, wir allein seien in ihrem Besitz. Mir gefällt der orthodoxe Ausdruck vom *Logos Spermatikos*, der besagt, dass der Same von Gottes Weisheit Seiner gesamten Schöpfung eingepflanzt ist. Dies müssen wir uns immer vor Augen halten.

---

57 Siehe Thomas S. Kuhn, *The Structure of Scientific Revolutions*, University of Chicago Press, 2. Auflage 1970; deutsch: *Die Struktur wissenschaftlicher Revolutionen. Zweite, revidierte und um das Postskriptum von 1969 ergänzte Auflage*, aus dem Amerikanischen von Kurt Simon. Für die 2. Auflage ist die Übersetzung von Hermann Vetter revidiert worden, Suhrkamp, 23. Auflage 2012.

Langer Rede kurzer Sinn«, fuhr ich fort, »je näher wir Gott kommen, desto besser lernen wir die Welt kennen, wie sie an und für sich ist, das heißt, wie Gott sie erschaffen hat und wie Gott sie kennt.«

»In diesem Falle verstehen die Heiligen die Welt am ehesten so, wie sie wirklich ist.«

»Das ist meine Überzeugung. Und genau dies lehrt auch das mystische Christentum. Um Gott wirklich nahe zu kommen, was zugleich bedeutet, die Welt so kennenzulernen, wie Gott sie kennt, müssen wir auf der Stufe der *Katharsis* beginnen, indem wir uns von allen egoistischen Leidenschaften befreien, die unsere Wahrnehmung vernebeln und uns von Gott trennen. So kann man Voreingenommenheit am besten überwinden, und nicht dadurch, dass man glaubt, die Anwendung wissenschaftlicher Methoden genüge zur Erkenntnis der Wirklichkeit. Auf die *Katharsis* folgen die Geistesgaben, die *Fotisis*, und dann die *Theosis*. Also ja, die objektivsten Menschen sind die, die *Theosis* erlangt haben, das heißt, die großen Heiligen. Sie sind es, die sich, soweit dies menschlich möglich ist, von den Fesseln gesellschaftlicher und kultureller Konditionierung befreit haben.«

»Du sagst also, dass Objektivität, die wahre Kenntnis der Wirklichkeit, eine Funktion der Entwicklung des Bewusstseins ist, des Grads der Läuterung vom Egoismus. Sie ist nicht lediglich eine Schärfung der intellektuellen Fähigkeiten durch die Wissenschaft.«

»Das hast du gut formuliert. Ich will es anders ausdrücken. Wir sagen, Gott sei unendliche Liebe und Güte, unendliches Wissen oder Allwissenheit und unendliche Macht oder Allmächtigkeit. Dies ist wie ein vollkommenes Dreieck. Diese drei Eigenschaften Gottes, die im Kern christlicher Lehre liegen, sind auch in uns.«

»Nun ja, schließlich sind wir nach dem Bilde Gottes geschaffen.«

»Ja, in der innersten Tiefe unseres Wesens. Heilige Weisheit lehrt uns, dass alle Menschen nach dem Bilde Gottes geschaffen sind. Aber dieses Dreieck befindet sich im Ruhezustand und zeigt sich nur in verzerrter, verquerer Form.«

»Wie meinst du das?«

»Es kann jemand sehr viel Wissen und Macht, aber keine Liebe haben. Dies bedeutet, dass ein solcher Mensch sich selbst und anderen großen Schaden zufügen kann. Es ist eine satanische Konstellation, um einen konventionellen Ausdruck zu gebrauchen.« Nachdenklich schwieg ich einen Moment. »Da fällt mir gerade ein Beispiel ein. Wernher von Braun, der große deutsche Wissenschaftler, hat an Hitlers Raketenprogramm mitgearbeitet. Als er später gefragt wurde, wie er es vereinbaren könne, dass er früher zu einem möglichen Kriegsgewinn Hitlers beigetragen habe und nun für die Amerikaner daran arbeite, Raketen zum Mond zu schicken, antwortete er sinngemäß: ›Ich bin Wissenschaftler, nicht Politiker. Meine Aufgabe ist es, Raketen in die Luft zu bringen. Wo sie wieder herunterkommen, liegt nicht in meiner Verantwortung.‹«

»Willst du damit sagen, dass Wissenschaftler auch Heilige sein sollten?«

»Im Idealfall ja. Wissenschaftliches Wissen ist göttliches Wissen, wenn es aber nicht durch Ethik und liebevolle Weisheit ausgeglichen wird, kann es verheerend sein. Viele zehntausend Jahre lang hat der Mensch als Sammler gelebt und die afrikanischen Wälder durchstreift. Sind wir sicher, dass wir mit der modernen Wissenschaft, dank derer zwar Menschen auf dem Mond gelandet sind, die aber auch fünfzigtausend Atomwaffen gebaut hat, welche die Erde gleich mehrfach vernichten können, die nächsten zweihundert Jahre überleben werden? Deshalb ja, wir brauchen unbedingt Wissenschaftler, die zugleich Heilige, das heißt frei von egoistischen Leidenschaften sind, und erkennen, dass ihr Wissen göttlicher Weisheit entspringt.«

Antonis dachte einen Augenblick nach und fügte dann hinzu: »Es ist natürlich auch möglich, dass man fortgeschritten in der Liebe ist und sehr viel Macht hat, aber über wenig Wissen verfügt.«

»In einem solchen Fall kann man aufgrund seiner Unwissenheit großen Schaden anrichten. Ähnlich kann auch jemand, der zwar Liebe und Wissen, aber keine Macht hat, nicht viel Gutes tun.

Deshalb«, fuhr ich fort, »können wir erkennen, dass der Idealfall dann gegeben ist, wenn der Mensch sein Bewusstsein im Rahmen der unendlichen Göttlichen Vorsehung entwickelt, wenn er so vorgeht, dass die drei göttlichen Eigenschaften, die wir alle als Potenzial in uns tragen, sich wie bei einem gleichseitigen Dreieck harmonisch ausbilden.«

»Und dies muss ein nie endender Prozess sein.«

»Genau. Und zwar deshalb, weil wir in Wirklichkeit göttlich sind und Jesus für uns Christen unser Göttlicher Archetyp ist. Deshalb hat Jesus gesagt, dass auch wir tun können, was er getan hat, und mehr.«

»Ich verstehe.«

Wir mussten unser Gespräch unterbrechen, denn es war Zeit zum Flughafen aufzubrechen. Gerade war Antonis' Cousin Therapon eingetroffen, ein freundlicher Hotelier, der uns auf der Reise begleiten würde. Seine Tochter hatte sich bereit erklärt, uns zu fahren.

Um 19 Uhr landeten wir in Thessaloniki, wo zwei weitere Mitglieder unserer Gruppe zu uns stießen, Herakles und Zenonas. Herakles war ein stämmiger, muskulöser Selfmademan und Baumaschinenlieferant mit einem starken zypriotischen Akzent, geringer Schulbildung und einer entwaffnenden Gutmütigkeit, Zenonas hingegen war Ende siebzig, pensionierter Buchhalter und kam aus Athen. Nach einer zweieinhalbstündigen Taxifahrt kamen wir in Ouranoupolis an, der Hafenstadt an der Grenze zum Athos. Am nächsten Morgen sollten wir mit dem Schiff nach Daphne fahren, der zentralen Anlandestelle der Athos-Halbinsel. Wir bezogen unsere Zimmer in einem bescheidenen familiären Hotel und machten uns dann zu fünft auf zu einem späten Abendessen.

Zenonas war der Exot in unserer Gruppe. Als Anhänger des »Lustprinzips« zeigte er wenig Interesse an spirituellen Fragen. Außerdem erzählte er gerne schlüpfrige Witze, eine Neigung, die so gar nicht zur athonitischen Kultur des Fastens, Betens und nächtlicher Gebetswachen passte. Zenonas, der etliche Jahre Antonis' Chefbuchhalter gewesen war, kannte den Athos noch nicht. Er kam »aus Spaß« mit, wie er sagte, um etwas Neues und Außergewöhnliches zu erleben. Antonis wollte seinen ehemaligen Angestellten und Freund mit der Spiritualität des Heiligen Berges bekanntmachen, in der Hoffnung, dies würde ihm helfen, da er auf die letzte Phase seines Erdendaseins zuging.

Wir schlenderten über die kopfsteingepflasterten Straßen, die durch den Hafen mäanderten, und betraten schließlich eine griechische Taverne, die einem weiteren Freund von Antonis gehörte. Da das Wetter in Ouranoupolis immer noch kühl war, entschieden wir uns, drinnen zu essen, am offenen Kamin und unter der persönlichen Aufsicht des Inhabers. Da Fastenzeit war, mieden wir Fleisch und Fleischerzeugnisse. Stattdessen aßen wir Oktopus, Kalmare und eine Auswahl vegetarischer Speisen. Herakles mit seinen rosigen Pausbacken sorgte dafür, dass unsere Gläser stets gut mit Retsina gefüllt waren.

Da wir sehr wohl wussten, welche Entbehrungen uns in den Klöstern erwarteten, gaben wir uns die Erlaubnis, in den regionalen Köstlichkeiten zu schwelgen. In der vierzigtägigen Fastenzeit darf man Essen nur in minimalen Mengen zu sich nehmen und nur, um nicht zu verhungern. Im Fokus der Mönche und ernsthafter Pilger haben alleine der Leidensweg Christi und die eigene Läuterung oder *Katharsis* zu stehen.

Ich weiß noch, dass meine liebevolle und fromme Tante, bei der ich aufgewachsen bin, am Karfreitag immer eine ungenießbare Linsensuppe gekocht hat, die in Essig schwamm. Als kleiner Junge war dieses Gericht ein wahres Golgatha für mich, das schlimmste Essen, das man sich nur vorstellen konnte. Mir grauste jedes Mal vor Karfreitag. Man sagte uns, der Grund für diesen makabren Speisebrauch sei, dass wir an Jesu Passion am Kreuz teilhaben könnten, als der Menschensohn Essig statt Wein zu trinken bekam, um seinen Durst zu löschen. Auch wegen unseres Linsen-Leidens am Karfreitag, dem Höhepunkt der vierzigtägigen Fastenzeit, war Ostern eine große Erleichterung und ein überschwängliches kulinarisches Fest.

Der Retsina und Zenonas' witzige Bemerkungen brachten uns alle zum Erzählen. Jeder hatte ein wenig Seemannsgarn auf Lager, das uns als eine Art Präambel zu den jenseitigen Geschichten diente, die man regelmäßig zu hören bekommt, wenn man den Athos betritt: Die Teleportation herrlicher Ikonen von einem Kloster zum anderen, Begegnungen mit sehr lebendigen verstorbenen Heiligen, deutliche Visionen der Heiligen Jungfrau, levitierende Äbte, das Verschwinden von Krebstumoren, die Materialisierung von Olivenöl in leeren Krügen, unwahrscheinliche Synchronizitäten und dergleichen mehr.

Ich ermutigte Antonis, uns eine Geschichte zu erzählen, die er während des Flugs kurz angerissen, aber nicht näher ausgeführt hatte. Als Antonis merkte, dass wir aufrichtig interessiert waren, berichtete er, was seinem verstorbenen Vater passiert war. »Mein Vater hat uns immer wieder einmal eine Geschichte aus seiner Jugend erzählt, die sich mir eingeprägt hat. Rückblickend denke ich sogar, dass sie bleibenden Einfluss auf mich hatte, weil sie mein Interesse an einer lebenslangen Suche nach dem Sinn des Lebens geweckt hat.«

»Was schließlich dazu führte, dass du den Athos gefunden hast und ich wiederum durch dich den Heiligen Berg entdeckt habe«, warf ich ein.

Antonis erzählte weiter: »Als junger Mann beschloss mein Vater George, der aus einem Dorf mit fünfzehnhundert Einwohnern in der Nähe von Famagusta kam, nach England auszuwandern. Damals, in den 1920ern, verließen nur wenige Zyprioten die Insel.

Als die Nachricht im Dorf die Runde machte, dass George vorhatte, ins Ausland zu gehen, kamen alle bei ihm vorbei, um ihm Lebewohl zu sagen. Unter den ersten war eine alte Frau namens Zisemou, eine Schwester meiner Großmutter. ›Mein Sohn‹, sagte sie unter Tränen, ›ich habe gehört, dass du *pera* [ins Ausland] gehst, deshalb bin ich gekommen. Ich möchte, dass du mir einen großen Gefallen tust, und ich verspreche dir, ich werde mein Leben lang immer für dich beten. Mein Segen hat Kraft, weil ich eine alte Frau bin.‹ Mein Vater antwortete: ›Tante Zisemou, wenn es irgend in meinen Kräften steht, dann betrachte die Sache schon als erledigt.‹

Dann erzählte ihm die alte Frau, sie habe einen Sohn namens Antonis, der sich 1911, als er in Georges Alter war, mit seinen Eltern zerstritten und Zypern verlassen habe. Er trat in die griechische Armee ein und kämpfte in den Balkankriegen. Seither hatte niemand mehr etwas von ihm gehört. Man nahm an, dass er in der Türkei gefallen war. Später erfuhren seine Eltern, dass er in Wirklichkeit in Gefangenschaft geraten war. Aber er hatte ihnen nie geschrieben, und es war nicht sicher, ob er noch lebte oder tot war. Seine Mutter war überzeugt, dass er noch am Leben war, weil sie ihn in ihren Träumen sah. Die Tante meines Vaters wollte nun von ihm, dass er ihren Sohn fand und ihn überredete, ihr ein Foto von sich zu schicken und einen Brief zu schreiben.

Mein Vater war sprachlos«, fuhr Antonis fort und spülte einen Bissen Oktopus mit Retsina hinunter. »Es war unmöglich, seinen Verwandten zu finden, da er keine Adresse hatte und seine Tante noch nicht einmal wusste, in welchem Land er nach ihm suchen sollte. Mein Vater versuchte, ihr Fragen zu stellen, aber Tante Zisemou glaubte, er mache sich über sie lustig. Sie sagte einfach ›*pera*‹. Was sollte er sonst noch wissen müssen? Aus ihrer Sicht war es völlig selbstverständlich, dass alles außerhalb von Zypern *pera* war. Mein Vater versprach ihr einfach, er werde sein Bestes tun, um ihren Son zu finden, wusste aber, dass das, was seine alte Tante von ihm verlangte, unmöglich war.

Unmittelbar vor seiner Abreise«, fuhr Antonis fort, »ging mein Vater zusammen mit meinem Großvater in die Kirche, um sich den Segen des Priesters geben zu lassen. Danach begab sich die ganze Familie zum Hafen in Famagusta, um ihm Lebewohl zu sagen. Das Schiff lichtete die Anker, und mein Vater lehnte sich über die Reling und winkte Freunden und Familie zum Abschied. Plötzlich hörte er, wie die schwache Stimme einer älteren Frau ihn rief. ›Mein lieber George. Gott segne dich. Vergiss nicht, meinen Sohn zu suchen. Er heißt Antonis Tsangarides.‹ Er schaute sich um und merkte, dass die Stimme seiner alten Tante Zisemou gehörte. Er winkte ihr zu und versicherte noch einmal, er werde sein Bestes tun, um ihren Sohn zu finden. Doch noch bevor das Schiff zypriotische Gewässer verlassen hatte, hatte er die alte Zisemou und ihre Bitte längst vergessen.

Bis das Schiff im Hafen von Piräus einlief, hatte sich mein Vater mit drei anderen Zyprioten angefreundet, die ebenfalls nach London auswanderten. Sie beschlossen, bis zu ihrer Abreise nach England gemeinsam in einem billigen Hotel zu wohnen. Nachdem sie ihre Zimmer bezogen hatten, wollten sie sich Athen ansehen. Sie erfuhren, dass man am billigsten mit dem Zug dorthin kommt, also machten sie sich auf zum Bahnhof. Aber sie mussten feststellen, dass sie der Weg, den man ihnen beschrieben hatte, nicht ans Ziel führte. Die Begleiter meines Vaters fragten ein paar Fußgänger nach dem Weg, wurden aber ignoriert. Dann beschloss mein Vater, die Initiative zu ergreifen und fragte den erstbesten Menschen, der in derselben Richtung unterwegs war wie sie. Er fragte ihn: ›Mein Herr, wissen Sie zufällig, wo der Bahnhof nach Athen ist?‹ Der Fremde verzog verächtlich das Gesicht und sagte: ›Junger Mann, wenn der Bahnhof ein Maultier wäre, dann hätte er dir bereits einen Tritt in den Hintern verpasst. Das ist er doch, genau vor deiner Nase!‹ Tatsächlich lag der Bahnhof nur sechs Meter vor ihnen. Mein Vater murmelte dem Fremden ein ›danke‹ nach, obwohl er den brennenden Wunsch verspürte, ihn mit einem hübschen Fluch zu bedenken. Dann ging er zu seinen Begleitern, die nur wenige Meter weiter standen. Plötzlich hörte er, wie der Fremde ihnen nachrief: ›Hey, seid ihr jungen Kerle zufällig aus Zypern?‹ ›Ja, das sind wir‹, antwortete mein Vater. ›Ist einer von euch aus Famagusta?‹ Mein Vater sagte, er komme zwar selbst nicht aus Famagusta, kenne dort aber viele Leute. Damals hatte Famagusta nur 7000 Einwohner. Dann fragte der Fremde meinen Vater: ›Kennst du eine Frau mit Namen Zisemou?‹ Als mein Vater diesen Namen hörte, überkam ihn eine Gänsehaut und die Haare stellten sich ihm auf. Er fragte den Fremden: ›Sind Sie zufällig Antonis Tsangarides?‹ Verdutzt antwortete der Fremde: ›Ja, woher weißt du das?‹«

Antonis erzählte, dass sein Onkel anfing zu weinen, als er die Geschichte seiner Mutter hörte. Menschen blieben stehen, und bald kam sogar die Polizei, um festzustellen, was da vor sich ging. Statt sich mit seinen Freunden Athen anzusehen, blieb mein Vater bei seinem Onkel und hörte sich an, was ihm vor vielen Jahren geschehen war. Er war in türkische Kriegsgefangenschaft geraten. Nach dem Krieg heiratete er eine griechische Frau aus Smyrna. Völlig verarmt, kamen sie als Flüchtlinge nach Griechenland. Sein Onkel erklärte, gerne würde er seiner Mutter mit dem Brief auch etwas Geld schicken, aber im Moment habe er nichts, was er abgeben könne.

Mein Vater begleitete seinen Onkel zu einem Fotografen, um ein Bild von ihm machen zu lassen«, fuhr Antonis fort. »Dann schickte sein Onkel dieses Foto zusammen mit einem Brief und etwas Geld an seine Mutter. Schließlich schrieben sich die alte Zisemou und ihr Sohn regelmäßig. Aber erst 1952 hatte der Onkel meines Vaters genug

Geld zusammensparen können, um nach Zypern zu kommen. Leider war seine Mutter bis dahin bereits gestorben.«

Antonis' Geschichte inspirierte uns alle dazu, über die besonderen Zufälle in unserem Leben zu sprechen. Jeder hatte etwas zu erzählen, und jedem war klar, wie unwahrscheinlich diese Zufälle waren. Diese Geschichten verblüfften sogar den alten Zenonas, der zugab, selbst merkwürdige Erlebnisse gehabt zu haben, diese aber als reinen Zufall ohne jeden tieferen Sinn abtat.

»Vielleicht untergraben diese besonderen Zufälle ja deinen Glauben an den Unglauben, Zenonas«, witzelte Antonis, während sein kettenrauchender ehemaliger Angestellter einen letzten tiefen Zug aus seiner verglimmenden Zigarette nahm. Lächelnd schüttelte Zenonas daraufhin den Kopf und drückte die Zigarette im Aschenbecher aus.

Es war bereits nach Mitternacht, als wir ins Hotel zurückkamen, wo ich mir ein Zimmer mit Zenonas teilte. Gnädig versprach er, im Zimmer nicht zu rauchen. Das Schiff nach Daphne sollte planmäßig um zehn Uhr am nächsten Morgen ablegen.

Antonis mit seiner langjährigen Erfahrung versicherte uns, dass wir ganz sicher Sitzplätze auf der *Axion Esti* bekämen, der berühmten Fähre, die seit vielen Jahren Pilger zum und vom Heiligen Berg brachte. Er war zuversichtlich, dass eine Reservierung nicht nötig wäre. Der Plan war, einfach im Hafen entspannt ein zeitiges Frühstück einzunehmen und dann kurz vor zehn an Bord der Fähre zu gehen und die zweistündige Fahrt zu genießen.

Daher war es ein Schock, als wir in Ouranoupolis einen ungewöhnlich großen Pilgerstrom entdeckten. Die Fahrkarten für die Fähre waren ausverkauft. Noch dazu konnte uns niemand garantieren, dass wir am nächsten oder übernächsten Tag Fahrkarten bekämen.

Antonis, der es gewohnt war, dass alles reibungslos klappte, bearbeitete nun hektisch sein Mobiltelefon und versuchte, einflussreiche Bekannte zu kontaktieren, in der Hoffnung, auf dem einzigen an jenem Morgen verfügbaren Schiff noch Plätze für uns zu ergattern. Sogar eine Tante in Zypern bat er um Hilfe. Aber auch sie konnte ihm bestenfalls versichern, sie werde eine Kerze vor der Ikone der Heiligen Jungfrau anzünden und sie bitten einzugreifen, damit wir ihren Obstgarten, wie der Athos oft genannt wird, betreten konnten. Als Antonis sein Telefon wieder ausschaltete, machte er ein langes Gesicht. Wir spielten bereits mit dem Gedanken, unsere Reise womöglich abbrechen zu müssen. In früheren Jahren hatte es immer Plätze für Pilger gegeben. Aber nun entdeckten zunehmend mehr spirituelle Touristen den Athos, orthodoxe ebenso wie nicht orthodoxe. Sogar tibetische Mönche hatten den Heiligen Berg schon besucht, ebenso wie Prinz Charles, der ein regelmäßiger Gast wurde und jeden Sommer mehrere Tage dort verbrachte, ganz offenbar um seine spirituellen Bedürfnisse zu befriedigen, genau wie wir.

Doch genau in dem Moment, als unser Dilemma anscheinend aussichtsloser nicht werden konnte, siehe, da trugen die Gebete von Antonis' Tante Früchte. Mit einem strahlenden Lächeln kam Antonis uns aus dem Fahrkartenhäuschen entgegen. »Los, beeilen wir uns, bevor das Schiff ablegt«, rief er und wedelte mit fünf Fahrkarten in seiner Hand. Seine Findigkeit hatte geholfen, dass das Wunder wahr werden konnte. Anscheinend hatte eine andere Gruppe ihre Reservierung genau zum richtigen Zeitpunkt storniert, sodass wir ihren Platz einnehmen konnten.

Es war ein sonniger, ruhiger Tag, als die *Axion Esti* ihre ausgebuchte Fahrt aufnahm. Mit Hut und Sonnenbrille saßen wir auf dem Oberdeck und genossen die Aprilsonne. Das Schiff beförderte hauptsächlich Männer zwischen zwanzig und fünfundvierzig, obgleich auch ein paar ältere schwarzbärtige Mönche an Bord waren. Die Renaissance des Mönchtums auf dem Athos, die in den 1970er Jahren begonnen hatte, kam hauptsächlich aus den Reihen von Universitätsabsolventen.

Wenn ich sie sah, musste ich an Pitirim Sorokin denken, dessen Werk mich, wie in Kapitel Eins erwähnt, im Graduiertenstudium fasziniert hat. Ende der 1930er Jahre hatte der russisch-amerikanische Soziologe vorhergesagt, dass die säkulare, materialistische Phase der westlichen Zivilisation, die er als »sensate Kultur«[58] bezeichnete, zu Ende ginge und einem neuen Zeitalter der Spiritualität und religiösen

58 siehe https://de.wikipedia.org/wiki/Sozialer_Zyklus (Anm. d. Ü.)

Neubelebung weichen, auf eine »ideationale Kultur« zusteuern würde. Ich fragte mich, ob der Zustrom junger gebildeter Männer zum Mönchtum ein Zeichen eben der Zeit war, die er vorausgesehen hatte. Als ich Antonis meine Überlegungen mitteilte, stellte der, wie vorherzusehen, eine Flut an Fragen zum Thema. Wir hielten geradezu eine Sorokin-Tagung im Kleinen ab, während die anderen in unserer Gruppe schweigend zuhörten oder die Landschaft betrachteten.

Herakles fütterte die Möwen. Er streckte den Arm über die Reling, bot auf seiner Handfläche Brotstückchen an, und die Möwen schnappten sie sich im Sturzflug.

»Erstaunlich! Es gibt so viel Intelligenz in der Natur«, bemerkte Antonis. »Warum sonst, meinst du, sind Möwen so schlau?«

»Du sagst es«, erwiderte ich. »Intelligenz steckt noch im kleinsten Teilchen der Materie, sogar in Möwen.«

Wir passierten das beeindruckende Kloster Simonopetra, das sich hoch auf einem Berg an einen riesigen Felsen schmiegt und das ich bei einer früheren Reise zusammen mit Lavros besucht hatte. Etwas weiter unten lag das Kloster Gregoriou. Auch dort war ich einmal mit Lavros gewesen. Leider konnte man bei einer Pilgerreise immer nur wenige Klöster besuchen. Man bräuchte ein ganzes Leben an Besuchen, wollte man dem spirituellen und kulturellen Reichtum der zwanzig aktiven Klöster, der vielen Eremitagen und der Dutzenden Skiten oder kleinen, den Klöstern unterstellten Mönchsgemeinschaften gerecht werden.

9

Klösterliche Gastfreundschaft

In Dionysiou, dem Kloster, das weiter unten am westlichen Abhang der Halbinsel liegt und das ich zum ersten Mal vor zehn Jahren mit Antonis besucht hatte, gingen wir von Bord. Wie die übrigen Klöster auf dem Athos wurde auch Dionysiou vor Jahrhunderten als Festung auf einer Felsnase erbaut, die aus der Ägäis herausragt. In alter Zeit musste sich das Kloster, wie alle athonitischen Klöster, vor Räubern, Piraten und marodierenden Truppen schützen. Seine Mauern ähneln denen mittelalterlicher Burgen, und das massive Eingangstor besteht aus dicken Hartholzstämmen und großen Eisenriegeln. Aus Sicherheitsgründen hat sich die jahrhundertealte Tradition gehalten, dass alle Klöster bei Sonnenuntergang ihre undurchdringlichen Tore schließen. Am frühen Nachmittag traten wir in die klösterliche Zitadelle ein, nur wenige Stunden vor Torschluss.

Wir hatten vor, ein paar Tage in Dionysiou zu bleiben und freuten uns darauf, einige Mönche wiederzusehen, mit denen wir uns bei unserem letzten Besuch angefreundet hatten. Auf dem Weg von unserer Ausstiegsstelle zum Kloster, ein halbstündiger Fußmarsch bergan, fragte ich mich, wie sich das jahrelange ständige Beten wohl auf das Leben dieser Väter ausgewirkt haben mochte.

Vater Lukas stand am Tor, um uns zu begrüßen. Er war immer noch für die Betreuung der Gäste zuständig. Herzlich begrüßte er die dreißig Besucher, die an jenem Nachmittag gekommen waren, bot kleine Stärkungen an, wie es Tradition war, und machte uns mit den Klosterregeln vertraut. Er hatte bereits organisiert, wer in welcher Zelle wohnen würde. Außerdem bot er allen Interessierten seine Dienste als Beichtvater an.

Dass Vater Lukas ebenfalls aus Zypern war und sich von unseren früheren Besuchen her noch gut an uns erinnern konnte, mehrte unsere Wiedersehensfreude noch, als wir uns im *Archondariki*, dem Gastraum des Klosters, versammelten. Auch mein Buch *Der Berg des Schweigens* hatte er gelesen und lobte es, machte aber auch ein paar kleinere kritische Anmerkungen. Ich war erfreut.

Außer den kleinen Stärkungen gab uns Vater Lukas auch einen kurzen geistlichen Impuls. Auf eine entsprechende Frage eingehend, sprach er darüber, was einen zum Heiligen macht. Wir sind alle eingeladen, Heilige zu werden, verkündete er. Gott kennenzulernen, ist nicht nur unser Geburtsecht, sondern auch das höchste Ziel unseres menschlichen Daseins.

Vater Lukas beantwortete eine weitere Frage eines Pilgers, der sich über das bekannte Paradoxon wunderte, dass große Heilige oft über ihre abgrundtiefe Verderbtheit klagten und sich für die schlechtesten Menschen überhaupt hielten. »Obwohl sie spirituell so viel weiter und näher bei Gott sind als wir, sind Heilige zutiefst demütig. Warum? Weil man sich, je näher man der Vollkommenheit Christi kommt, umso mehr seiner eigenen Mängel bewusst wird. Sie meinen es wirklich ernst, wenn sie mit solchem Nachdruck davon sprechen, wie bedeutungslos sie sind. Damit machen sie ganz sicher weder sich selbst noch anderen etwas vor.«

Später sagte ich Antonis, dass mich Vater Lukas als Asket nun wesentlich mehr beeindruckte als der 35-jährige Mönch, den ich von unserem Besuch vor zehn Jahren in Erinnerung hatte. Im Vergleich zu seinem früheren Eifer, unsere Seelen und die jedes einzelnen Pilgers zu retten, der seinen Fuß nach Dionysiou setzte, war er nun wesentlich gelassener.

»Nach so vielen Jahren spiritueller Arbeit wird man weicher und milder«, erklärte Antonis. Tatsächlich hatte mir auch Vater Maximos mehrfach aus eigener Erfahrung gesagt, dass Eremiten, die den größten Teil ihres Lebens allein und in ständigem Gebet verbringen, eine innere Wandlung durchmachen, die sich in ihrem Umgang mit anderen zeigt. Unabhängig von ihrer ursprünglichen Veranlagung lässt die kontinuierliche spirituelle Arbeit sie weicher werden. Vater Maximos behauptete, ohne spirituelle Praxis würden Leute, die von menschlicher Gesellschaft abgeschnitten sind, eher wie wilde Tiere denn wie Menschen. Die kennzeichnenden Persönlichkeitsmerkmale der meisten echten Eremiten sind nicht Entsagung und Strenge, sondern deren genaues Gegenteil: Freundlichkeit, Mitgefühl und Toleranz.

»Kennst du Vater Lukas' Geschichte?«, flüsterte Antonis mir zu, während wir vor dem *Archondariki* mit Blick über die Klostergärten türkischen Mokka tranken. Da ich sie nicht kannte, informierte er mich kurz über Vater Lukas' Werdegang als Mönch auf dem Athos.

Antonis zufolge starb Lukas' Vater, als er acht Jahre alt war, und seine verwitwete Mutter freute sich darauf, dass ihr einziger Sohn eines Tages heiraten und Kinder haben würde, der Traum aller griechischen Eltern. Nach dem Abschluss seines Studiums als Bauingenieur fand er eine Stelle in Athen. Er stand vor einer vielversprechenden Karriere. Aber Vater Lukas sehnte sich nach Gott. Er beschloss, seiner Karriere und »der Welt« den Rücken zu kehren und Mönch auf dem Athos zu werden. Seine Mutter war untröstlich, wie es bei den Eltern junger Mönche und Nonnen häufig der Fall ist. Sie glaubte, ihr Sohn sei einer Gehirnwäsche unterzogen worden und bat den damaligen Innenminister Zyperns um Hilfe, der zufällig ihr Cousin war. Der Minister entsandte drei zypriotische Polizeibeamte auf den Athos, um den jungen Mann zurückzuholen. Sie glaubten, Vater Lukas befände sich gegen seinen Willen dort. Als Vater Lukas merkte, dass die drei Fremden keine Pilger waren, sondern Geheimpolizisten, die seine Entführung planten, beschloss er, sie direkt darauf anzusprechen und ihnen seinen Fall zu erklären. Nachdem er sich eine Stunde lang mit ihnen unterhalten hatte, begriffen die Polizisten, dass Vater Lukas, selbst wenn es ihnen gelingen sollte, ihn zu seiner Mutter zu bringen, wieder auf den Athos zurückkehren würde. Sobald ihnen klar wurde, dass er nicht gezwungen worden war, Mönch zu werden, kehrten sie mit leeren Händen nach Zypern zurück.

»Um 16 Uhr gibt es einen kurzen Gottesdienst und dann *Trapeza* [Abendessen]«, hörten wir Vater Lukas' Ankündigung. »Um 21 Uhr beginnt dann eine nächtliche Gebetswache, die bis vier Uhr morgens dauert.«

»Ganz ausgezeichnet!«, rief Antonis. »Was für eine wunderbare Unterbrechung von dem Kopfzerbrechen und den Routinen des Geschäftslebens.«

Zenonas machte ein langes Gesicht. Sieben Stunden Vigil waren für ihn kaum ein Grund zur Freude. »Komm schon, Zenon!«, sagte Antonis. »Auf den Athos kommt man nicht, um die ganze Nacht zu schlafen. Dies ist eine Gewohnheit für das normale Leben. Hier hast du die Chance, einmal etwas anderes zu erleben.«

Die anderen in unserer Gruppe waren erfahrene Athos-Besucher und freuten sich auf die Teilnahme am asketischen Leben auf dem Berg. Aber der arme Zenonas erlebte einen Kulturschock, insbesondere als uns zur *Trapeza* eine Schale einfacher, wässriger Tomatensuppe mit ein paar Reiskörnern sowie Brot und Oliven gereicht wurden. Wir befanden uns mitten in der Fastenzeit, und das Essen unterschied sich nicht wesentlich von der Karfreitags-Linsensuppe meiner Tante. Doch ich wusste, dass das Essen, das man auf dem Athos am Wochenende und in fastenfreien Zeiten servierte, selbst den anspruchsvollsten Gaumen erfreute.

Wir haben die siebenstündige Gebetswache nicht nur überlebt, sondern sind, wie früher schon, neu belebt daraus hervorgegangen. Selbst Zenonas staunte, dass er so lange hatte durchhalten können, eine Erfahrung, die Erstbesucher auf dem Athos häufig machen. Antonis erklärte ihm, dass die Gebete, der Gesang, der Weihrauch und die Gnade des Heiligen Geistes die Moleküle seines Körpers mit Energie aufluden, sodass sie ihr Schlafbedürfnis aufschieben konnten.

Als wir die Kapelle verließen, fielen mir Scharen von Mönchen und hinter ihnen Pilger auf, die alle in einer langen Schlange darauf warteten, einer besonderen Ikone der Heiligen Jungfrau zu huldigen. Einer nach dem anderen knieten sie vor der Ikone hin und warfen sich vor ihr nieder. Danach standen sie auf, bekreuzigten sich mehrfach und küssten die heilige Ikone ehrfurchtsvoll.

»Weißt du denn nicht, was das ist?«, fragte Antonis überrascht. Nachdem ich meine Unwissenheit bekundete, informierte er mich darüber, dass es sich um die berühmte Marienlob-Ikone handelte. Ich riss die Augen auf. Solange ich denken kann, gehört die Marienlob-Ikone oder *Cheretismoi* zu meiner kulturellen Identität, in ihrer Bedeutung ebenbürtig mit der Madonna von Lourdes oder Unserer Lieben Frau von Guadelupe in Mexiko.

In der griechisch-orthodoxen Kirche ist es Tradition, dass an den vier Freitagen vor der Karwoche zu Ehren der *Theotokos* oder Muttergottes besondere Homilien von hoher poetischer Kraft und Schönheit gelesen werden. Ihren Anfang nahm diese Tradition im Jahr 626 n. Chr., als Konstantinopel von Invasoren bedroht war. Der größte Teil der byzantinischen Armee und auch der Kaiser selbst waren vollauf damit beschäftigt, persische Eindringlinge an der fernen Grenze zu Anatolien abzuwehren. Daher war die byzantinische Hauptstadt nur schwach bewacht. Nach einem Überraschungsangriff rechnete man bereits damit, dass sie fallen würde. In diesen verzweifelten Stunden ergriff Patriarch Sergios die älteste, hochverehrte Ikone der Heiligen Jungfrau und trug sie unter einem besonderen Wechselgebet um die Mauern der Stadt. Sie sollte die Verteidiger der *Polis,* wie die großartige Stadt damals hieß, segnen und ihnen Mut schenken. Auf das Wechselgebet folgte ein schrecklicher Sturm, der die Schiffe der Invasoren zerstörte und sie zwang, die Eroberung abzubrechen. Dies galt als ein Wunder, das der *Theotokos* zugeschrieben wurde. Die Menschen strömten in der großen Kirche *Agia Sophia* [Heilige Weisheit] zusammen und begründeten die Tradition des Marienlobs. Ihr Kennzeichen ist der *Hymnos Akathistos* [im Stehen gesungener Hymnos]. Mit einer wunderschönen Melodie spricht »die *Polis*« die *Theotokos* in der ersten Person an und dankt Ihr für Ihr Eingreifen und die Rettung: »Unbesiegbare Heerführerin, dir gelten die Lieder des Sieges! Aus der Gefahr befreit, bringt deine Stadt, Gottesgebärerin, dir Hymnen des Dankes entgegen. Du, von unwiderstehlicher Macht, befreie mich von jeder Gefahr, damit ich dir zurufen kann: Freue dich, oh unvermählte Braut!«[59]

---

59 Markides zitiert aus: *The Service of the Akathist Hymn to the Most Holy Theotokos,* new English translation Seraphim Deses, Greek Orthodox Diocese of Pittsburgh 2000, S. 38. Die deutsche Übersetzung wurde entnommen aus Eberhard Maria Zumbroich: *Das Geheimnis der Gottesmutter – Hymnos Akathistos,* von Skopnik 1970, der Gruß am Ende des Zitats von http://www.ma-

Leider griff die *Theotokos* nicht ein, als 1453 die Armeen des türkischen Sultans Mehmet der Eroberer Konstantinopels tausendjährige Mauern einrannten und damit das Ende des Römischen Ostreiches, auch bekannt als Byzanz, besiegelten.

Der Athos steckt voller byzantinischer Relikte wie etwa der Marienlob-Ikone, dachte ich und zückte meine Digitalkamera. Aber Antonis wies mich darauf hin, dass das Fotografieren der Ikone streng verboten war. Als ich später Vater Lukas um eine Sondererlaubnis für das Fotografieren des heiligen Relikts bat, bedeutete er mir mit einem Winken, ich solle ihm folgen. Er sprach mit einem jüngeren, etwas diensteifrigeren Mönch, der für die Bewachung der Kapelle zuständig war, und ich erhielt die Erlaubnis, schnell ein paar Bilder zu machen. Danach überreichte mir Vater Lukas eine Nachbildung der Ikone im Taschenformat, die ich als Souvenir behalten durfte. Auf der Rückseite befand sich eine kurze Beschreibung ihrer historischen und spirituellen Bedeutung.

Die Marienlob-Ikone wurde im Jahr 1375 dem Heiligen Dionysios, damals der Abt des Klosters Dionysiou, von Kaiser Alexios Komnenos zur sicheren Verwahrung übergeben. Bis zum heutigen Tag halten die Mönche von Dionysiou in der Kapelle, in der die Ikone verwahrt wird, täglich ein Bittgebet an die Heilige Jungfrau sowie im Anschluss daran die Göttliche Liturgie.

Dass ich von der berühmten Ikone des *Hymnos Akathistos* und ihrer Geschichte erfuhr, fiel zeitlich mit meiner Lektüre eines neu erschienenen Buches über die Geschichte von Byzanz zusammen, das ich mitgebracht hatte. Da Antonis ebenfalls großes Interesse an dem Thema hatte, gab ich einige Erkenntnisse der Historikerin an ihn weiter, als wir bei einer Tasse Tee auf einem der Balkone des Klosters saßen und dem Sonnenuntergang über der Ägäis zusahen.

»Das interessiert dich wahrscheinlich«, sagte ich und las ihm vor:

[Byzanz'] Fähigkeit zur Verteidigung seiner selbst und seiner prachtvollen Hauptstadt sollte die nordwestliche Mittelmeerwelt in

---

rienlied.de/akathistos.html (siehe dortige Begründung der näher am Original liegenden Übersetzung). (Anm. d. Ü.)

der chaotischen, aber kreativen Zeit nach dem Zerfall des Weströmischen Reiches schützen. Ohne Byzanz hätte es kein Europa gegeben. In dieser kritischen frühmittelalterlichen Epoche, als die Araber aus der Wüste heranstürmten, um die Heiligen Stätten der Juden und der Christen sowie die Kornkammern Ägyptens einzunehmen, stand einzig Konstantinopel ihren Ambitionen im Weg. Hätten die Befestigungsanlagen der »Königin der Städte« sowie die Entschlossenheit und das Geschick ihrer Bewohner – Kaiser, Hof und Volk – die Sicherheit dieses Verteidigungssystems nicht gewährleistet, hätte der Islam Byzanz im 7. Jahrhundert verdrängt. Nach der erfolgreichen Eroberung von Damaskus, Jerusalem, Alexandria und dem Perserreich hätten die Muslime mit Sicherheit das von Rom erschaffene Mittelmeerreich überrannt, sobald sie sich Konstantinopel mit seinen Ressourcen und Einnahmequellen, seinen Werften und Handelsnetzen erst einmal einverleibt hätten. Gerade so wie sie entlang der südlichen Mittelmeerküste nach Spanien vorgerückt sind, wären sie durch den Balkan vorgedrungen, um auch die Nordküste zu beherrschen.«[60]

»Warum, vermutest du, hat die Heilige Jungfrau Byzanz 1453 nicht ebenso gerettet wie 626?«, fragte Antonis, ohne eine Antwort zu erwarten.

»Die Byzantiner haben sich ihre Tragödie als Strafe Gottes für ihre vielen Sünden erklärt«, erwiderte ich. »Zum Glück für den Westen stand Europa damals bereits auf eigenen Beinen und hätte für sich sorgen können.«

Anschließend setzten wir unsere Diskussion über das bittere Erbe fort, das der Fall von Konstantinopel in jenem Teil der Welt hinterlassen hat. Unsere drei Begleiter beteiligten sich an diesem spontanen Gespräch. Doch dann wurde unser kleines Tee-Symposium durch Vater Lukas unterbrochen. »Der Abt würde euch gerne sehen«, verkündete er.

---

60 Judith Herrin, *Byzantium: The Surprising Life of a Medieval Empire*, Penguin Books 2008, S. 323; deutsch: *Byzanz: die erstaunliche Geschichte eines mittelalterlichen Imperiums*, aus dem Englischen von Karin Schuler, Reclam 2013.

Zu fünft folgten wir Vater Lukas durch ein Labyrinth von Gängen, bis wir zu Zelle und Büro des zuständigen Klosterleiters kamen. Ich kannte Abt Petros noch von meinem vorherigen Besuch. Unsere Anwesenheit in seinem Kloster war für ihn von besonderem Interesse, da auch er aus Zypern kam, tatsächlich sogar aus Famagusta. Für einen Abt sah er relativ jung aus, war groß und schlank. Antonis, der ihn gut kannte, erzählte mir später, dass er einmal Basketball-Star bei Anorthosis Famagusta gewesen war, dem führenden Sportclub in Famagusta.

Wir unterhielten uns über das Neueste aus Zypern und die stockenden Gespräche mit den Türken. Dann beklagte Abt Petros, den hinter seinem Schreibtisch die Ikonen von Heiligen und der Heiligen Jungfrau umgaben, die spirituelle Malaise, die die griechische Welt plage.

»Die Menschen dürsten heute nach geistlicher Erneuerung, aber sie wissen nicht, wo sie sie finden können, wo die Quelle ist. Auf der Suche nach Antworten und einem Sinn in ihrem Leben rennen sie in Scharen zu säkularen Psychologen und Psychiatern. Ich habe erfahren«, fuhr Abt Petros fort und ließ seine *Komboskini* (Gebetsschnur) durch die Finger gleiten, »dass ein europäischer Psychiater neulich in Griechenland wie ein Rockstar empfangen worden ist. Tausende haben seine Vorträge über eine gelingende Lebensführung besucht. Zugleich ignorieren heute sehr viele Menschen in Griechenland die reiche psychologische Tradition der Heiligen, der wahren Psychologen, oder sie wissen erst gar nichts davon. So laufen sie in Scharen einem bekennenden Atheisten zu, um sich Beratung für ihre Seele zu holen. Das ist wirklich traurig.«

»Und paradox«, fügte Antonis hinzu.

»Die Orthodoxie hat ein riesiges Defizit in der Vermarktung ihrer spirituellen Produkte«, sagte ich scherzhaft.

Weiter sprachen wir über Fragen im Zusammenhang mit Griechenland und die Rolle der orthodoxen Kirche in der griechischen Gesellschaft. Anschließend überreichte der Abt jedem von uns einen Packen Bücher über Geschichte und Leben des Klosters, insbesondere seiner führenden Heiligen.

»Dieses hier«, sagte Abt Petros und zog aus seiner Schublade einen wuchtigen Band, den er seinem Geschenkpaket hinzufügte, »ist ein

Werk zum Gedenken an Leben und Werk des Heiligen Niphon. Ich glaube, es wird euch gefallen.« In wenigen Worten fasste er für uns die ungewöhnliche Geschichte dieses Heiligen zusammen. In byzantinischer Zeit war er Patriarch von Konstantinopel und wurde von den Gläubigen als heiliger Mann hochverehrt. Von einem skrupellosen Usurpator aus dem Amt gejagt, fand er Zuflucht im Kloster Dionysiou. Keiner wusste, wer er wirklich war. Er gab sich als einfacher Mönch aus und wurde schließlich Mauleseltreiber, der Vorräte ins Kloster brachte. Eines Nachts erschien dem damaligen Abt in einer Vision ein Engel und fragte ihn: »Warum lässt du meinen Patriarchen als Mauleseltreiber arbeiten?« Anschließend offenbarte ihm der Engel die wahre Identität des demütigen Mannes. Daraufhin warteten alle Väter am Klostereingang mit Kerzen und in vollem zeremoniellen Ornat auf ihn und bereiteten ihm einen fürstlichen Empfang mit Gesängen und Niederwerfungen wie sie den Heiligen vorbehalten sind. Vom einfachen Mönch wurde er zum geistlichen Altvater des Klosters. Nach seinem Tod wurde er von der Orthodoxen Kirche heiliggesprochen.

Die Kultur auf dem Athos ist reich an solch farbenfrohen, lehrreichen Geschichten, die den Mönchen in ihrem geistlichen Bemühen um Demut helfen. Geschichten wie die des Heiligen Niphon führen uns auch vor Augen, wie real und unmittelbar gegenwärtig der Himmel ist.

Nach unserem dreitägigen Aufenthalt in Dionysiou dankten wir unseren Gastgebern, gaben eine bescheidene Spende ans Kloster für ihre warmherzige Gastfreundschaft und bestiegen um elf Uhr vormittags die Fähre nach Daphne. Vater Lukas begleitete uns zum Schiff, und wir versprachen ihm, bald wiederzukommen. Zu seiner Freude schmiedeten Antonis und Therapon bereits Pläne für einen Besuch im Frühherbst.

Unser neues Ziel war Vatopedi auf der nordöstlichen Seite der Halbinsel. Dies ist das Kloster, in dem ich Vater Maximos 1991 zum ersten Mal begegnet bin. Es war ein kühler Morgen, als wir an Bord der *Agia Anna* gingen, der zweiten Fähre neben der *Axion Esti*, die Pilger zu den Klöstern bringt. Starke Winde heulten vom Gipfel des Athos herunter und sorgten für Temperaturen, die für die Jahreszeit zu kühl waren. Schwerer wog für uns allerdings, dass die Winde das Meer aufwühlten, was Therapon Angst einjagte. Sein überempfindlicher Magen tolerierte nicht den geringsten Seegang. Zum Glück ließ der Wind so schnell wieder nach wie er eingesetzt hatte, und die neunzigminütige Fahrt verlief relativ glatt und ereignislos. In Daphne gingen wir von Bord, und dank Antonis' vorausschauendem Handeln und seiner Verbindungen erwartete uns bereits Vater Savvas, ein Taxi fahrender Mönch, mit einem Kleinlaster, um uns nach Vatopedi zu bringen, eine etwa einstündige Fahrt auf unbefestigten Straßen durch eine atemberaubende Landschaft.

Wie in Dionysiou wurden wir auch hier herzlich empfangen und freuten uns über ein Wiedersehen mit Mönchen, die wir im Laufe der Jahre bei unseren Besuchen kennengelernt hatten. Man brachte uns die traditionelle Gastfreundschaft entgegen, und wir überbrachten die neuesten Nachrichten aus Zypern. Viele der etwa hundert Mönche, auch der Abt, waren Zyprioten. Außerdem brachten wir etliche Flaschen Commandaria mit, einen besonderen zypriotischen Portwein für die Kommunion. Es war ein Geschenk von Vater Maximos an seine Alma Mater.

Vor einer weiteren nächtlichen Gebetswache kamen die Pilger um halb acht an jenem Abend in einem der Empfangssäle des Klosters zu einem Vortrag von Abt Ephraim zusammen, einem guten Freund und ehemaligen Kollegen von Vater Maximos. Sie waren im gleichen Alter, hatten an derselben theologischen Fakultät der Universität Thessaloniki studiert und waren von denselben geistlichen Altvätern angeleitet und ausgebildet worden. Mit anderen Worten, sie waren Brüder im Geiste und Kommilitonen.

Nach einer fröhlichen Begrüßung sprach er ein paar Worte, wie wichtig es sei, sich regelmäßig zur geistlichen Erneuerung aus der Welt zurückzuziehen. Unvermittelt bat er dann Zenonas, sich neben ihn zu setzen. Dies war eine ungewöhnliche und überraschende Geste. Lächelnd stand der 78-jährige Zenonas auf, sichtlich erfreut über die Ehre, neben dem Altvater sitzen zu dürfen. »Mein lieber Bruder«, sagte der Abt und klopfte ihm freundlich auf die Schulter »glaubst du nicht, dass es an der Zeit ist, über deine Sterblichkeit nachzudenken?«

Für einen kurzen Moment fiel Zenonas' Gesichtsausdruck in sich zusammen, dann lächelte er etwas verkrampft, antwortete jedoch nicht. Wir anderen kicherten.

»Wenn es dir mit der spirituellen Arbeit ernst ist«, fuhr Vater Ephraim fort, »dann ist es wichtig, dass du dir jeden Tag mindestens eine Stunde Zeit nimmst zum Gebet und zum Studium des Lebens der Heiligen. Das größte Problem der heutigen Welt«, sagte der Abt, »ist die *Polymerimnesie*, das heißt, dass sich die Menschen Gedanken um zu viele weltliche Dinge machen. In der Folge vergessen wir Gott. Wir vergessen, dass unsere Uhr tickt, dass wir bald sterben werden und nichts mitnehmen können.«

Weiter sprach er über die Fallstricke des modernen Lebens wie Fernsehen, Smartphones, Computer und dergleichen. »Solche Erfindungen sind wirklich nützlich und haben unser Leben leichter gemacht, aber es sind Ablenkungen. Vor Kurzem war ich bei einem Freund in Athen und habe gestaunt, wie viele Stunden am Tag die Familie mit Fernsehen verbringt.«

Außerdem sprach der Abt über die historische Bedeutung des Klosters Vatopedi, des zweitgrößten der zwanzig noch aktiven Klöster auf dem Athos. Er erwähnte, aus dem Kloster seien viele Heilige der orthodoxen Kirche hervorgegangen, etwa Gregorios Palamas, der große Theologe des 14. Jahrhunderts, und darüber hinaus sei es auch für seine sieben wundertätigen Ikonen bekannt. Er nannte uns Beispiele für die Wunder, etwa die unvermittelte Erzeugung von Olivenöl, das für das Leben und die Rituale in den Klöstern eine zentrale Rolle spielt. Unlängst waren die Olivenölvorräte des Klosters mitten im tiefsten Winter in einem kritischen Moment nahezu erschöpft, und das Wetter machte es unmöglich, nach Thessaloniki zu fahren und Nachschub zu besorgen. Doch wie durch ein Wunder füllten sich die Krüge über Nacht.

»Die Väter konnten gar nicht genug Behälter zum Umfüllen herbeischaffen!«; rief der Abt und breitete die Hände aus. Er berichtete über weitere, den Ikonen zugeschriebene Wunder, etwa Heilung und Rückgang von Krebstumoren oder andere paranormale Zeichen und Wunder dieser Art.

»Die Gegenwart der Heiligen Jungfrau ist in unserem Kloster sehr stark«, sagte er. »Gerade erst vor ein paar Tagen hat mich ein Pilger gefragt, ob es hier Nonnen gebe. Natürlich nicht, sagte ich ihm. Das Kloster ist *avaton* [nur für Männer]. Der Pilger sagte, er habe ganz intensiv erlebt, wie eine große, wie eine Nonne gekleidete Frau über den Hof in die Kirche gegangen sei. Ich erklärte ihm, dies müsse die *Panagia* [die Allerheiligste] gewesen sein. Gelegentlich erscheint sie Pilgern und Besuchern.« Der gutherzige Abt sprach in der vollen Überzeugung, dass diese spirituell transformierenden Erfahrungen auf Tatsachen beruhen und keine Fantasievorstellung sind.

Ein Mann aus Kreta, mittleren Alters und mit üppigem Schnurrbart, gab an, sein Besuch habe seine Wahrnehmung des Klosters verändert. Er sei entzückt, so sagte er, über die tiefe Spiritualität, die er dort erlebt habe, und über die selbstlose Gastfreundschaft und Liebe, die die Mönche den Pilgern entgegenbrachten.

»Die Journalisten täuschen uns«, erklärte er. »Sie stellen dieses Kloster ziemlich negativ dar. Aber wir haben hier etwas völlig anderes erlebt.«

»Die Journalisten sollten herkommen und selbst sehen, was vor sich geht, statt Artikel zu schreiben, ohne je einen Fuß auf den Heiligen Berg gesetzt zu haben«, erklärte ein Mann neben ihm. Dieses Gespräch fußte auf einer Welle schlechter Presse, unter der das Kloster zu leiden gehabt hatte, Kritik an wirtschaftlichen Abkommen mit dem griechischen Staat.

»Ich hatte eigentlich nicht vor, etwas zu diesem Thema zu sagen«, erwiderte der Abt nach kurzem Zögern. »Aber da ihr es angesprochen habt, muss ich wohl darauf eingehen.«

Dann sprach er über die horrenden Kosten, die es mit sich bringt, ein Kloster dieser Größe, das einst mehrere Tausend Mönche beherbergte und ein Dorf für sich gewesen war, zu unterhalten. Eine Renovierung der heruntergekommenen Gebäude würde, so behauptete der Abt, etwa 250 Millionen Euro kosten. Außerdem verschlang auch der laufende Betrieb eines solchen Klosters enorme Summen.

»Immer mehr Menschen entdecken den Athos, und immer mehr wollen uns hier besuchen. Das ist einfach großartig, und wir begrüßen diesen Trend. Wir möchten, dass die Menschen kommen und den Heiligen Berg erleben. Die Väter«, fuhr der Abt fort, »arbeiten Tag und Nacht, um die Pilger zu versorgen und den Tisch für das gemeinsame Mahl zu bereiten. Sie tun es mit Freude und Großzügigkeit des Herzens. Aber es belastet auch unsere Ressourcen.«

Es brauchte keine Worte, um uns davon zu überzeugen, was der Abt sagte. Die außergewöhnliche und selbstlose Gastfreundschaft, die man den Laienpilgern hier entgegenbrachte, hatten wir alle am eigenen Leib erfahren.

»Nur um euch einmal eine Vorstellung zu vermitteln«, fuhr der Abt fort, »letztes Jahr musste das Kloster während der Osterfeierlichkeiten allein für Fisch 15.000 Euro aufbringen.«

»Warum nicht ein Entgelt von den Besuchern verlangen?«, schlug jemand vor.

»Das bin ich schon öfter gefragt worden. Aber dies würde den Geist der freien Gastfreundschaft verletzen. Es geht gegen alles, wofür der Heilige Berg steht. Deshalb müssen wir irgendwie Gelder einwerben, um diese tragende Tradition des Athos aufrechterhalten zu können.«

Wir blieben noch vier Tage in Vatopedi. Zu Zenonas' Leidwesen verbrachten wir die meiste Zeit in verlängerten Gottesdiensten und nächtlichen Gebetswachen – in der Fastenzeit eine Lebensweise auf dem Heiligen Berg, die Mönchen und Pilgern oft mystische und lebensverändernde Erfahrungen schenkt. Zwischen den Gottesdiensten unterhielten wir uns mit einigen Mönchen, die wir von früheren Besuchen kannten. Dabei tauschten wir Erinnerungen an die Ereignisse aus, die meinen Schriften über das orthodoxe Mönchtum und damit über eine Subkultur, der das eher säkulare Segment der griechischen Gesellschaft, insbesondere die Intelligenz, mit Spott, wenn nicht gar blanker Verachtung begegnet, den Weg bereitet hatten.

Wir verließen Vatopedi mit dem Schiff. In der Mittagszeit erreichten wie Ierissos, ein malerisches Fischerdorf an der Grenze zum Athos, das zugleich dessen Nordosthafen bildet. Andreas, unser Taxifahrer, wartete bereits, um uns in zweieinhalbstündiger Fahrt zum Flughafen Thessaloniki zu bringen, von wo wir nach Zypern zurückfliegen wollten. Da wir reichlich Zeit hatten, aßen wir noch in einem örtlichen Restaurant zu Mittag. Als wir Oktopus, verschiedene Gemüsegerichte in Olivenöl und Biowein aus der Region bestellten, war unser Fahrer, ein sympathischer, frommer Mann um die vierzig, hellauf entsetzt. Es war Mittwoch. In der Großen Fastenzeit darf man Oktopus, Schalentiere und Olivenöl nur am Wochenende essen. Andreas aß kaum etwas. Ich hatte den Eindruck, er glaubte, wir schadeten unserer Seele, wenn wir die Speisevorschriften brächen.

Antonis erklärte, wir nähmen uns die Freiheit zum Fastenbrechen aus medizinischen Gründen. Wir seien bedeutend älter als er und bräuchten viel Gemüse und Olivenöl, um unseren Darm zu schmieren und für eine geregelte Verdauung zu sorgen. Tatsächlich hatte Antonis darüber geklagt, dass das strenge Fasten während unseres Aufenthalts auf dem Heiligen Berg ihm Probleme bereitet hatte. Er hatte viele Pillen schlucken müssen, um zur Toilette gehen zu können.

Für unseren frommen Taxifahrer war dies keine berechtigte Ausrede. »Wir müssen die Dinge beim Namen nennen!«, erklärte er, womit er sagen wollte, dass unser Unvermögen, die strengen Speisevorschriften einzuhalten, unverzeihlich war. Es war klar, dass ihm unser Seelenheil wichtiger war als das Geld, das er an uns verdienen würde. Da er aber auch kein Spielverderber und ansonsten sehr aufgeschlossen war, blieb er geduldig sitzen und wartete mit gefalteten Händen und trauriger Miene, bis wir unser Mittagessen beendet hatten. Es gab keine weiteren Rügen wegen der Speisen auf unserem Teller. Dennoch hatten wir keine rechte Freude an unserer Mahlzeit, weil uns bewusst war, dass wir unseren armen Fahrer schockiert hatten. In den vielen Jahren, die er Antonis nun schon zum Athos und wieder zurück fuhr, hatte er sich ein sehr vorteilhaftes Bild von ihm gemacht. Zu sehen, dass er die Fastenregeln brach, muss für ihn eine grobe Unstimmigkeit gewesen sein.

»Das soll ein Mensch verstehen! Die Kirche erlaubt, in der Fastenzeit Oliven zu essen, aber kein Olivenöl! Was soll denn daran logisch sein?«, protestierte Zenonas.

»Fängst du schon wieder an, Zenonas?«, sagte Antonis in scherzhaftem Ton. »Du hast es immer noch nicht begriffen, oder? Die Idee dahinter ist, in der Fastenzeit die Menge des Essens, die man insgesamt zu sich nimmt, zu minimieren, damit man sich in Selbstbeherrschung üben kann und lernt, Versuchungen zu widerstehen, indem man sich ausschließlich auf Gott statt auf seinen Magen konzentriert. Olivenöl ist sehr gut und macht das Essen geschmackvoll. Deshalb isst man mehr. Andererseits, wie viele Oliven kann man essen? Verstehst du jetzt?«

»Nein, danke.«

Wir alle, einschließlich unseres frommen Taxifahrers, lachten, und die Atmosphäre entspannte sich.

»Wir haben anderthalb Stunden Flugzeit nach Larnaka«, sagte Antonis und ließ sich im Flugzeug auf seinem Fensterplatz neben mir nieder. »Das ist *die* Gelegenheit, dass wir uns über das Christentum unterhalten, ohne unterbrochen zu werden.«

»Wo sollen wir anfangen?«

»Am Anfang.«

»Nun ja, Soziologen erklären eine religiöse Bewegung wie das Christentum unter anderen Aspekten als etwa klassische Theologen. Das heißt, sie fragen danach, wie eine kaum bekannte religiöse Bewegung im hintersten Winkel des Römischen Reiches von einer Sekte, die zu Beginn von Jesu Wirken nicht einmal hundert Anhänger hatte, bis zu der Zeit, als Konstantin sie zur offiziellen Staatsreligion seines Reiches erhob, auf sechs Millionen anwachsen konnte.«

»Würdest du nicht sagen, dass es ein Wunder war, dass das Christentum in so kurzer Zeit an die Stelle des Heidentums und der Götter der griechisch-römischen Welt getreten ist?«

»Vielleicht kann man es so sehen, aber Historiker und Soziologen würden ein solches Phänomen nicht damit erklären. Man kann natürlich argumentieren, dass Gott und die Göttliche Vorsehung durch historische und soziologische Kräfte wirken können. So weit so gut. Eine historisch-soziologische Betrachtung verdrängt also nicht notwendigerweise den Glauben an ein göttliches Eingreifen. Beide Sichtweisen können einander ergänzen. Konzentrieren wir uns deshalb zum besseren Verständnis des Phänomens auf die historisch-soziologische Ebene und überlassen wir den Rest der Vorsehung.«

»Fangen wir ganz am Anfang an«, wiederholte Antonis, als das Flugzeug seine Flughöhe von 30.000 Fuß erreicht hatte und die Flugbegleiterinnen begannen, kleine Stärkungen zu servieren.

»Wie bei jedem anderen historischen Phänomen können wir die Faktoren, die zu seiner Entstehung geführt haben, nur teilweise verstehen. Dies ist ein soziologisches Axiom. Wir können nie alle Faktoren kennen, die ein historisches Ereignis hervorgebracht haben.

Moderne Soziologen wie etwa Rodney Stark vermitteln uns ein überzeugendes Bild der gesellschaftlichen Kräfte, die zur Entstehung des Christentums geführt haben.«[61]

»Genau das will ich wissen«, sagte mir Antonis.

Daraufhin fasste ich für meinen Freund zusammen, welche Faktoren nach Ansicht des führenden Religionssoziologen Rodney Stark dazu geführt haben, dass das Christentum zur Staatsreligion des Römischen Reiches wurde, und welch weitreichende Konsequenzen dies für die Weltgeschichte hatte. Ich erläuterte, wie Stark mithilfe moderner soziologischer Theorien, statistischer Analysen und Forschungen in Kombination mit einer gründlichen historischen Untersuchung, zu sehr überzeugenden Schlussfolgerungen gelangte.

»Stark hat nachgewiesen, dass das Christentum im Gegensatz zur verbreiteten Überzeugung nicht als eine Religion der Unterdrückten entstanden ist, sondern als die Religion der relativ gut Situierten. Viele etablierte und einflussreiche Römer begrüßten die neue Religion. Wäre es eine Religion der Unterdrückten gewesen, hätten die Römer sie recht einfach kleinhalten können und als eine Klassenbewegung betrachtet, die das gesellschaftliche Fundament des Reichs bedrohte. Die Römer waren berüchtigt für die Brutalität, mit der sie ihre Macht verteidigten.

Vor allem aber blühte das Christentum auf, weil sehr viele Menschen vom Heidentum enttäuscht waren. Die Götter des Olymps wurden zunehmend untragbar, und der Monotheismus des Judentums erschien vielen Römern anziehend und interessant.«

61 Rodney Stark, *The Rise of Christianity*, Princeton University Press 1996 (deutsch: *Der Aufstieg des Christentums: neue Erkenntnisse aus soziologischer Sicht*, aus dem Amerikanischen von Wolfgang Ferdinand Müller, Beltz 1997). Die Ausführungen in diesem Abschnitt fußen auf dem brillanten Werk dieses modernen Soziologen.

»Warum haben sie sich dann nicht dem Judentum angeschlossen?«

»Aus demselben Grund, der Paulus bewogen hat, die anderen Apostel davon zu überzeugen, dass die Beschneidung als Voraussetzung für den Beitritt zur christlichen Bewegung abgeschafft werden müsse. Das heißt, um das Judentum anzunehmen, mussten Heiden zunächst Juden werden und ihre Identität als Römer oder Griechen aufgeben. Das frühe Christentum hat diese ethnische Trennung abgeschafft. Man konnte Christ werden, ohne seine Ethnizität aufzugeben. Außerdem und im Gegensatz zur herkömmlichen Auffassung zeigt Stark, dass die Juden in den großen Städten des Römischen Reiches außerhalb von Palästina die Basis der frühchristlichen Bewegung bildeten. Als hellenistische Juden wurden viele in ihrer jeweiligen Gesellschaft ausgegrenzt und waren daher eher offen für eine Konversion zur neuen Religion. Das Christentum muss ihnen wie eine moderne Version des Judentums mit hellenistischen Elementen vorgekommen sein, eine Synthese ihrer jüdischen Herkunft mit der hellenistischen Welt, in der sie lebten.

Einer der überzeugendsten Gründe für die Ausbreitung des Christentums und seinen Sieg über das Heidentum ist, laut Stark, sein überlegener Umgang mit den großen Katastrophen, die im 2. und 3. Jahrhundert über die römische Welt hereinbrachen. Epidemien löschten einen Großteil der Bevölkerung aus. Christen kümmerten sich umeinander und um ihre Nächsten, ganz gleich ob diese Christen oder Heiden waren. Die Vorstellung, Schwachen zu helfen, die nicht unmittelbar zur eigenen Familie gehörten, war dem Heidentum fremd. Sogar der große und berühmte Arzt Galen floh aus Rom und zog sich in sein Landhaus zurück. Er hatte keinerlei Skrupel, öffentlich zu erklären, er sehe keinen Grund, warum er sein Leben aufs Spiel setzen sollte, um Fremden zu helfen. Hingegen blieb die Bereitschaft der Christen, Fremden zu helfen, nicht unbemerkt. Dadurch, dass sie Lebensmittel und Wasser an die unter den Epidemien Leidenden ausgaben, erhöhten sie deren Überlebenschancen. Natürlich schlossen sich Menschen, die dank christlicher Nächstenliebe überlebt hatten, eher christlichen Gruppen an. Außerdem stellte man fest, dass Christen eine höhere Überlebensrate hatten als die heidnische Bevölkerung, nicht nur weil sie ihre Kranken versorgten, sondern auch weil viele gerade durch die Versorgung der Kranken eine Immunität gegen die Krankheiten entwickelten. Die Überlebensfähigkeit der Christen in Epidemien erklärten sich die Heiden damit, dass sie zu einem überlegenen Gott beteten. Außerdem wirkten Christen glücklicher und emotional stabiler als ihre Landsleute. Ihre Theologie schenkte ihnen Hoffnung, sagt Stark. Dies beeindruckte viele Heiden.«

»Das klingt, als wären die Epidemien von Gott geschickt worden.«

»So hat es ein christlicher Bischof damals auch gesehen. Stark weist noch auf zwei weitere Faktoren hin, die entscheidend zum Aufstieg des Christentums beigetragen haben: Das steigende Ansehen der Frauen und die christliche Ablehnung von Abtreibung und Kindstötung, die in der griechisch-römischen Welt damals weit verbreitet war. In der Antike gab es keinerlei Verbot, ein Neugeborenes den Elementen auszusetzen und sterben zu lassen, wenn es aus irgendeinem Grund unerwünscht war. Man denke etwa an Ödipus und den spartanischen Brauch, behinderte oder ›unvollkommene‹ Kinder von einer Klippe zu werfen. Selbst die großen Philosophen konnten an Abtreibung oder Kindstötung nichts Falsches entdecken. Daher wurden viele Mädchen unmittelbar nach der Geburt getötet, denn in einer patriarchalen Welt bevorzugten die Eltern Knaben. Als das Christentum entstand, herrschte in der römischen Bevölkerung starker Frauenmangel. Weil Abtreibung und Kindstötung im Christentum wie auch im Judentum als abscheuliche Verbrechen galten, gab es unter den Christen einen Überschuss an Frauen im heiratsfähigen Alter. Dies führte zu einer Zunahme von Eheschließungen zwischen christlichen Frauen und heidnischen Männern. Das Resultat dieser Eheschließungen war, so Stark, eine Art ›sekundäre Konversion‹, wie Soziologen sagen. Römische Männer wurden von ihren Frauen zur neuen Religion bekehrt.«

»Welche Rolle hat denn dann Konstantin beim Aufstieg des Christentums gespielt?«, fragte Antonis.

»Wissenschaftler wie Rodney Stark würden wohl sagen, dass Konstantin lediglich offiziell gemacht hat, was sich an der gesellschaftlichen Basis bereits etabliert hatte. Er erkannte, woher der Wind wehte, und richtete sich danach.«

»Aber was ist mit seiner Himmelsvision, seinem eigenen mystischen Erlebnis, das ihn dazu gebracht hat, das Christentum anzunehmen?«

»Wie ich bereits sagte, diese Geschichte steht nicht im Widerspruch zu dem, was die Soziologen herausgefunden haben. Konstantins Vision kongruiert mit der tatsächlichen Entwicklung des Christentums im Römischen Reich. Konstantin hat den Triumph des Christentums über alle anderen rivalisierenden Religionen besiegelt.

Sobald das Christentum einmal die offizielle Staatsreligion des Römischen Reiches war, wurden weitere gesellschaftliche Faktoren in Gang gesetzt, die zur historischen Entwicklung des Christentums und damit auch des heutigen Europas geführt haben. Dies hat außerdem zum Großen Schisma geführt, zu den Kreuzzügen, zur Inquisition, zur Übernahme der Länder des Ostchristentums durch islamische Krieger, zur protestantischen Reformation, zum Überleben des byzantinischen Klosterwesens auf dem Athos und in anderen Teilen des christlichen Ostens und so weiter.

Rodney Stark«, schloss ich, »sah das Christentum als ›Revitalisierungsbewegung‹ innerhalb des römischen Reiches. Das heißt, es hat die griechisch-römische Welt in einer Zeit des kulturellen und gesellschaftlichen Verfalls, was Soziologen sonst als schwerwiegenden ›Anomie‹-Zustand bezeichnen würden, neu belebt.«

»Anomie?«

»Dies ist ein französischer Begriff mit griechischen Wurzeln, der einen Zustand der Verwirrung und des Niedergangs moralischer Werte bezeichnet, im Falle der antiken Welt aufgrund des Glaubensverlusts an die heidnischen Religionen.«

Wie die antike Welt befanden auch wir uns im Niedergang, allerdings nicht aufgrund moralischer Verwirrung, sondern weil unser Flugzeug zum Landeanflug auf den Flughafen Larnaka ansetzte. Bis wir in Limassol ankamen, war es bereits kurz vor Mitternacht.

10
Mysterien des Sinai

Am nächsten Morgen teilte mir Emily beim Aufwachen mit, dass während meines Aufenthalts auf dem Athos mit Antonis und seinen Freunden Planungen für eine Pilgerreise zum Katharinenkloster im Sinai angelaufen waren, das aus dem 4. Jahrhundert stammte. Anders als auf dem Athos, wo nur Männer zugelassen sind, sind im Katharinenkloster alle Pilger willkommen, ungeachtet ihres zufälligen Geschlechts. Dies bedeutete, Emily und ich konnten es gemeinsam besuchen.

Diese Gelegenheit konnte ich mir nicht entgehen lassen. Im Katharinenkloster würde ich die allerersten Anfänge der östlich-orthodoxen Klostertradition erleben können, dort, wo man die Früchte des Heiligen Geistes seit über fünfzehnhundert Jahren systematisch entwickelte und ununterbrochen erstrebte.

Noch am selben Abend unterhielten wir uns mit Vater Maximos. Dabei erwähnte Emily beiläufig, dass wir beschlossen hatten, in die Wüste Sinai zu reisen. Er strahlte und versicherte uns, dies werde eine unvergessliche Pilgerreise werden.

»Wenn ihr vorhabt, den Sinai zu besteigen«, empfahl er uns, »dann tut das unbedingt ganz früh am Morgen.«

»So haben wir's geplant«, sagte ich und nickte.

Seit seiner Ankunft in Zypern hatte Vater Maximos nicht nur etliche Klöster auf der Insel wieder zu neuem Leben erweckt, sondern auch eine Tradition regelmäßiger Pilgerfahrten zu heiligen Stätten außerhalb der Insel begründet. Zu den Reisezielen zählten üblicherweise Griechenland und die Ägäis, aber auch Italien und einige Länder der ehemaligen Sowjetunion. In jüngeren Jahren wurden auch

Fahrten ins Zentrum des Nahen Ostens organisiert. Vater Maximos war überzeugt, dass heilige Orte in besonderem Maße mit spiritueller Energie aufgeladen sind. Der Besuch dieser Orte schenkte Erholung und neue Kraft, fand er, aber wichtiger noch, er konnte dem geistlichen Leben einen Schub verleihen.

Im Mittelpunkt unserer Reise zum Katharinenkloster am Fuße des Sinai stand der Aufenthalt an dem Ort, an dem Moses nach biblischer Überlieferung die Zehn Gebote empfangen hatte. Tatsächlich hatte ich schon während meines letzten Sabbat-Semesters zusammen mit meinem Freund Lavros Pläne geschmiedet, das Wüstenheiligtum zu besuchen, doch wegen des Ausbruchs des Irak-Krieges, mussten wir unseren Besuch auf bessere Zeiten verschieben.

Lavros konnte uns dieses Mal nicht begleiten. Er hatte das Katharinenkloster bereits vor zwei Jahren besucht, nachdem er es seiner Frau Maria an ihrem Sterbebett versprochen hatte. Ihr ganzes Leben hatte Maria eine ungewöhnliche Nähe sowie tiefe Verehrung und Zuneigung zur heiligen Katharina empfunden, erklärte er uns. Dass Marias Tod dann tatsächlich am Namenstag der Heiligen Katharina eintrat, war für ihn Anlass, die gefährliche Reise alleine zu unternehmen. Wenige Tage vor ihrem unerwarteten und viel zu frühen Tod hatte Maria, eine zutiefst fromme Frau, Lavros erklärt, sie habe in einem sehr lebhaften Traum die heilige Katharina gesehen, und diese habe ihr angekündigt, dass sie am Namenstag der Heiligen zu ihr kommen und sie in den Himmel geleiten werde. Zum angekündigten Zeitpunkt war Maria friedlich und ohne Angst oder Verzweiflung gestorben. Wie einige Altväter, die Vater Maximos kannte, hatte Maria einen *osiakos thanatos*, einen glückseligen Tod, erfahren, wie die orthodoxen Altväter sagen.

Lavros beriet uns bei den Vorbereitungen auf die Reise in die ägyptische Wüste. Außerdem versorgte er uns mit wertvollen Tipps für die Wanderung auf den *Dschebel Musa*, den Mosesberg.

Im Gegensatz zu den meisten Pilgerfahrten zum Katharinenkloster war unsere nicht Bestandteil einer organisierten Reise. Olympia, eine abenteuerlustige Freundin von Emily und geistliche Schülerin von Vater Maximos, lud uns ein, zusammen mit ihr und drei Freunden zum Katharinenkloster sowie einigen weiteren christlichen Stätten in Ägypten zu reisen. Die begeisterungsfähige und energiegeladene Frau Ende vierzig hatte durch jährliche Besuche in Kairo und Alexandria eine tiefe Zuneigung zu Ägypten entwickelt und großes Wissen über das Land erworben. Da sie aus einer wohlhabenden zypriotischen Familie kam, konnte sie diese Touren seit fünfundzwanzig Jahren machen. Daher war die jetzige Reise für sie nicht nur eine Pilgerfahrt, sondern auch eine Gelegenheit, in Erinnerungen zu schwelgen. Olympia liebte alles an Ägypten: Seine außergewöhnlichen archäologischen Stätten, seine farbenfrohen Basare, die Warmherzigkeit der Menschen und die großzügige Gastfreundschaft ihrer Freunde. Ihre Liebe zu allem Ägyptischen war so groß, dass ich einmal scherzhaft bemerkte, sie sei eine Ägypterin, die aus Versehen im Körper einer griechischen Zypriotin geboren wurde. Obwohl auch Olympia das Katharinenkloster noch nie besucht hatte, war ihr Vertrauen zu Land und Leuten doch ansteckend und beruhigend. Emily, die die gleiche Energie und denselben Optimismus versprühte wie Olympia, half mir, meine anfänglichen Vorbehalte gegen die Reise wegen der anhaltenden Spannungen im Nahen Osten zu überwinden.

Erst als Tag der Tag der Abreise näher rückte, wurde mir klar, dass die anderen drei Freunde von Olympia, die die Reise ebenfalls gebucht hatten, durchweg Frauen waren, im selben Alter und mit demselben sozioökonomischen Hintergrund wie Olympia. Leider hatten sich ihre Ehemänner entweder aus geschäftlichen oder anderen Termingründen oder aus mangelnder Begeisterung für Pilgerreisen dazu entschlossen, zu Hause zu bleiben. So war ich nun der einzige Mann unter fünf Frauen. Die Zusammensetzung unserer Gruppe sorgte für amüsante Zwischenfälle, etwa als ein Händler in Kairo während unserer Verkaufsverhandlungen in gebrochenem Englisch allen Ernstes fragte, ob alle fünf meine Ehefrauen wären.

In der Abenddämmerung des 30. April verließen wir Zypern mit einem Flug der Egyptair Richtung Kairo. Dort stiegen wir um in einen einstündigen Inlandsflug nach Sharm el Sheikh, dem neu eingerichteten Touristenzentrum am Roten Meer. Erschöpft kamen wir in den frühen Morgenstunden in unserem Hotel an.

Zum Katharinenkloster hätte man auch kommen können, indem man mit dem Schiff nach Sharm el Sheikh gefahren wäre und dann einen drei- bis viertägigen Kamelritt durch die unwirtliche Wüstenhalbinsel unternommen hätte. Jahrhundertelang sind Pilger, Schriftsteller und Maler so gereist. Ganz so romantisch sollte unsere Fahrt allerdings nicht werden, denn wir würden das Taxi nehmen.

Nach nur wenigen Stunden Schlaf unternahmen wir einen kurzen Strandspaziergang, wo sich bereits die sonnenbadenden Touristen tummelten, und gingen dann an Bord eines Bootes mit Glasboden, durch den wir Sharm el Sheikhs einzigartige und außergewöhnliche Korallen bewundern konnten. Anschließend buchten wir ein Taxi für die dreistündige Fahrt nach Norden.

Der junge Fahrer wollte die monotone Fahrt durch die Wüste offenbar so schnell hinter sich bringen, wie dies einem Menschen nur möglich war, was uns alle sechs ziemlich nervös machte. Er hatte die merkwürdige Angewohnheit, in der Kurve zu beschleunigen. Bei einem dieser kritischen Fahrmanöver glaubten wir alle, wir würden uns jeden Moment überschlagen. So freundlich unser Chauffeur auch war, gegen eine sinnvolle Kommunikation war er aus beiderseits mangelnden Sprachkenntnissen praktisch immun.

»Du sitzt vorne. Also tu doch was!«, bat mich eine von Olympias entnervten Freundinnen. Wiederholt signalisierte ich dem Fahrer diskret, langsamer zu machen, aber entweder verstand er meine Zeichen nicht oder er ignorierte sie einfach. Ich versuchte, selbst ruhig zu bleiben und achtete darauf, ihn nicht zu verärgern. Dass sich auf dieser Straße erst vor einem Jahr ein tragischer Unfall ereignet hatte, bei dem ein Pilgerbus von einer Klippe gestürzt war, machte die Sache auch nicht gerade entspannter. Zu unserer großen Erleichterung begriff der Fahrer irgendwann und hielt sich fortan an die Geschwindigkeitsbegrenzung. Erst dann konnte ich über die Wüste und ihre historische Bedeutung nachsinnen.

Es war ein erhebendes Gefühl, über diese strategisch bedeutsame Halbinsel zu fahren, die voller biblischer Geschichten steckte und in der die Gespenster der zahlreichen einfallenden Heere noch sehr gegenwärtig waren. Ich stellte mir vor, wie es gewesen sein musste, als im Laufe der Jahrtausende die vielen unterschiedlichen Armeen durch diese Wüste marschierten: Die alten Ägypter, die Perser, Alexanders Truppen, die Römer und die Byzantiner, die heiligen Krieger Mohammeds, die Kreuzfahrer, die Soldaten Napoleons, die ottomanischen Türken und die arabischen Aufständischen, mit denen Lawrence von Arabien kämpfte, sowie die Israelis und die Ägypter. Alle hatten die Wüste mit ihrem Blut und ihren Tränen getränkt und ihren Abdruck im kollektiven Gedächtnis menschlicher Torheiten hinterlassen. Ich stellte mir vor, wie es für die Manna sammelnden Kinder Israels gewesen sein musste, als sie während ihrer vierzigjährigen Wanderschaft durch die Wüste dem Schwert des Pharaos zu entkommen und das Gelobte Land Kanaan zu erreichen suchten.

Die trostlose Landschaft breitete sich unheilverheißend um uns aus. Die Straße verlief mittlerweile zumeist gerade und war vor Kurzem asphaltiert worden. Um uns nur nackter Fels und Sand, kaum dass sich einmal etwas Lebendiges zeigte, höchstens ab und zu ein einsamer Kameltreiber. Wenn ich unseren dahinrasenden Kleinbus und die Straße ausblendete, dann war die Landschaft wahrscheinlich keine andere als zu Zeiten Ramses des Großen.

Am meisten beunruhigten und irritierten uns die militärischen Kontrollposten an praktisch jeder Kreuzung: Gelangweilt dreinblickende bewaffnete Soldaten überprüften unsere Pässe, fragten nach unserem Ziel und dem Grund unseres Aufenthalts in Ägypten, sahen nach, ob wir die Visa-Gebühren bezahlt hatten und so weiter. Mal um Mal wurde die Monotonie durch einen Adrenalinstoß unterbrochen. Waren die Soldaten zufriedengestellt, dass wir offensichtlich weder israelische Spione noch angehende Selbstmordattentäter waren, ließen sie uns passieren. Ägypten wirkte wie ein Land im Belagerungszustand. Meinen Mitreisenden sagte ich, mir persönlich wäre es gar nicht recht, wenn es diese Kontrollposten nicht gäbe. Erst vor ein paar Jahren hatten islamistische Dschihadisten in Sharm el Sheikh ein Massaker an Touristen verübt. Ägypten wurde so stark von Terroristen bedroht, dass nicht nur das Regime von Hosni Mubarak, sondern die gesamte Tourismusbranche und ökonomische Lebensader des Landes vor dem Zusammenbruch standen. Damals hätte sich noch keiner von uns vorstellen können, dass die Tage der Regierung Mubarak tatsächlich bereits gezählt waren.

Etwa um 16 Uhr erreichten wir den letzten Kontrollposten am Außentor des Klosters. Von dort waren es noch fünf Minuten Fahrzeit bis zum Kloster selbst. Zutiefst frustriert, vermochten wir nicht zu begreifen, warum die bewaffneten Beduinen, die das Tor bewachten, uns nicht durchlassen wollten. Unser Fahrer war gereizt und stritt sich eine Weile auf Arabisch mit ihnen. Wir verstanden kein Wort und befürchteten zu Unrecht, in seinem Frust würde er uns womöglich mitsamt unserem Gepäck an Ort und Stelle abladen und nach Sharm el Sheikh zurückfahren. Ich vermutete, dass wir unabsichtlich für Verwirrung gesorgt und uns verdächtig gemacht hatten, weil wir Individualreisende und keine Gruppe mit zertifiziertem Reiseführer waren. Nach einigem Verhandeln in einer Mischung aus Englisch und Griechisch, das die Beduinen von den Mönchen gelernt hatten, sowie nach vielen ermüdenden Protesten meiner Begleiterinnen erreichten wir eine günstige Lösung. Unvermittelt beschlossen die Wachen einfach, uns durchzulassen. Vor lauter Erleichterung überließ Emily ihnen unseren verbliebenen Proviant. Anscheinend war das Eis gebrochen, als ihnen klar wurde, dass wir bloß Griechen aus Zypern waren. Seit seiner Gründung in der Antike wurde das Kloster hauptsächlich von griechischen Mönchen unterhalten, zu denen die Beduinen ausgezeichnete Beziehungen unterhielten. Der ständige Zustrom von Pilgern aus aller Welt, insbesondere aus Griechenland und Zypern, die reichlich Geld daließen, bildete das Fundament der lokalen beduinischen Wirtschaft.

Als wir endlich an der uralten Zitadelle ankamen, die genau in der Mitte dieser Wüstenwildnis lag, waren wir alle sehr erleichtert. Der antike Historiker Procopius hätte die Anlage treffender nicht beschreiben können. Die Region, so schrieb er, sei »unbewohnt … unfruchtbares Land, unbewässert und weder Getreide noch sonst etwas Nützliches hervorbringend«.[62] Doch das Kloster selbst war dank seiner

62 Zitiert in Judith Herrin, *Byzantium: The Surprising Life of a Medieval Empire,* Penguin Books 2008, S. 42; deutsch: *Byzanz: die erstaunliche Geschichte eines mittelalterlichen Imperiums,* aus dem Englischen von Karin Schuler, Reclam 2013.

Bohrbrunnen wie eine kleine Oase mit einem angrenzenden Gemüsegarten, einigen Olivenbäumen und Zypressen sowie Mandelbäumen. Als der berühmte griechische Schriftsteller Nikos Kazantzakis in den 1920er Jahren nach einem qualvollen viertägigen Karavanenritt an einem Frühlingstag im Kloster eintraf, war er vom Duft der blühenden Mandelbäume so verzaubert, dass er in seinem pathetischen und plastischen Stil schrieb: »Ich fragte mich, wie es möglich war, dass diese Klosterburg den stillen Hauch des Todes über so viele Jahrhunderte überlebt haben konnte, ohne an einem Frühlingstag wie diesem in sich zusammenzufallen.«[63]

Im Kloster wurden wir von Beduinenkindern herzlich begrüßt. Lavros hatte uns bereits darauf hingewiesen, dass wir uns wegen des unvermeidlichen Ansturms der Kleinen unbedingt mit Süßigkeiten bewaffnen müssten. Nach diesem fröhlichen Überfall wurden uns unsere aufgeräumten und sauberen Zimmer zugewiesen. Im Gegensatz zu anderen Klöstern konnten Ehepaare hier kein gemeinsames Zimmer bewohnen.

Bevor wir uns ins Innere der schwer befestigten Mauern begaben, ruhten wir uns in unseren Zimmern ein wenig aus. Ich blätterte in einem Buch, das Emily mitgebracht hatte und das einige grundlegende Fakten über das Kloster enthielt. Das Katharinenkloster, so las ich, ist über vierzehnhundert Jahre alt und gilt damit als das älteste christliche Kloster der Welt. Außerdem beherbergt es die umfassendste Ikonensammlung der Welt. Sein Bestand seltener Manuskripte wird an Umfang nur von dem des Vatikans übertroffen. Der byzantinische Kaiser Justinian (527-565 n.Chr.) beschloss, die Klostergemeinschaft durch den Bau einer mächtigen Festung um die alttestamentarischen Stätten zu schützen. Vor der Errichtung der hohen Mauern hatte das Kloster unter wiederholten Raubzügen durch benachbarte Stämme zu leiden gehabt, die die Gemeinschaft ausplünderten und viele Mönche niedermetzelten. In dem Bemühen, in diesem strategisch bedeutenden Abschnitt den byzantinischen Einfluss zu wahren, ließ Justinian die Festungsmauern um das Kloster errichten und zweihundert Familien

63 Nikos Kazantzakis, *Taxideuontas: Italia, Egyptos, Sina, Ierousalem, Kypros, O Morias,* Eleni Kazantsake Verlag, 2. Auflage 1965, S. 104.

ansiedeln, die den Mönchen militärischen Schutz boten und zu treuen Arbeitern und Verwaltern wurden.

Die Nachkommen dieser ursprünglich griechischen Familien konvertierten zum Islam und passten sich der beduinischen Umgebungskultur an. Ihre besondere Beziehung zum Kloster erhielten sie jedoch ebenso aufrecht wie ein Bewusstsein für ihre griechischen Wurzeln. Außerdem nahmen sie an bestimmten Ritualen teil, insbesondere zu Ehren der heiligen Katharina und des heiligen Georg. Dies sind die Beduinenstämme, die bis zum heutigen Tag das Kloster bewachen, das Gelände instandhalten, die Gemüsegärten pflegen, die Olivenbäume beschneiden, die Pilger versorgen und Wanderungen auf den Mosesberg führen. Dank Justinians Befestigungsanlagen sowie dank der Arbeiter und soldatischen Wachen, die er dorthin entsandt hatte, hat das Kloster überlebt, als die meisten anderen christlichen Stätten verfielen. Ich las: »Mohammed, der Gründer des Islam, arabische Kalifen, türkische Sultane und Napoleon, sie alle stellten das Kloster unter ihren Schutz und bewahrten es so vor Plünderung. In seiner langen Geschichte ist es niemals erobert, beschädigt oder zerstört worden und hat sich durch die Generationen sein Ansehen als heilige, biblische Stätte erhalten ….«[64]

Als wir, vorbei an massiven Mauern, Wehrtürmen und Schießscharten, das eigentliche Klosterareal betraten, erfuhren wir mehr über den Ort. Wir durchquerten mehrere schmale, dunkle Gänge, bis wir unweit der Kirche der Verklärung des Herrn, einem weiteren Geschenk von Kaiser Justinian, an eine kleine Öffnung gelangten. Schweigend bestaunten wir sechs ihre prachtvolle Architektur. Es herrschte völlige Stille, als befänden wir uns in einem schalldichten Raum. So etwas hatte ich noch nie erlebt. Die Mönche müssen in ihren Zellen gewesen sein und gebetet oder geruht haben, denn es regte sich kein menschlicher Laut.

Die Stille wurde durchbrochen, als eine lebhafte junge Frau Mitte zwanzig auf uns zukam und freudig feststellte, dass wir griechische

---

64 Evangelos Papaioannou, *The Monastery of St. Catherine*, St. Catherine Monastery Press o.J., S. 1; deutsch: *Das Kloster St. Katharina im Sinai*, herausgegeben vom Kloster St. Katharina, 1980, S. 3.

Landsleute waren. Sie stellte sich als Nikki vor und sagte, sie sei mit ihren Eltern gekommen, um den heiligen Berg zu besteigen. Sie lud uns ein, sie zu begleiten. Nikki behauptete, ihre Eltern und sie seien erfahrene Bergwanderer. Gerne wollten wir mitkommen. Olympia wollte gleich nach Sonnenuntergang mit dem Aufstieg beginnen, wir anderen hingegen früh am nächsten Morgen.

»Bitte, bitte sprecht leiser«, flehte uns ein älterer Mönch an, der über eine Treppe hinunter in den Hof kam und unser Gespräch unterbrach. »Ihr stört die klösterliche Stille!«

Wir entschuldigten uns sehr bei dem guten Vater, der sich als Vater Paul vorstellte und ursprünglich aus Athen kam. Als wir erwähnten, dass wir mit dem Segen von Vater Maximos aus Zypern kamen, wurde er sofort warm mit uns. Vater Maximos hatte bereits mehrfach durchreisende Mönche aus dem Katharinenkloster an seinem Bischofssitz beherbergt. Großzügig erklärte Vater Paul sich bereit, uns die Kunstschätze zu zeigen, die das Kloster beherbergte, und ein wenig über sein Leben und seine Geschichte zu erzählen. Als er von unseren Plänen hörte, den Berg zu besteigen, riet er uns eindringlich, am frühen Morgen und unter der Leitung eines erfahrenen Führers aufzubrechen. »Vor zwei Wochen hat es hier einen schrecklichen Unfall gegeben«, berichtete er uns. »Ein russischer Pilger hat sich abends allein und ohne Führer auf den Weg gemacht und sich verirrt. Ausgebildete Alpinisten mit Seilen und besonderem Gerät mussten aus dem Ausland kommen und ihn suchen. Sie fanden seine Leiche am Grund einer Schlucht. Deshalb geht bitte nicht alleine dort hinauf.« Wir brauchten nicht lange, um Olympia zu überzeugen, ihre Meinung zu ändern und die Wanderung am nächsten Morgen mit Unterstützung eines Bergführers zu beginnen.

»Seht ihr diesen Busch?«, fragte Vater Paul beiläufig und deutete auf eine struppige Pflanze in der Mitte des Hofes. Er war mit einer kunstvoll gestalteten Mauer aus dunkelbraunen Steinen umfriedet. »Dies ist der Brennende Dornbusch, in dem Moses die Stimme Gottes gehört hat.«

»Unglaublich!«, murmelte Olympia. Seit Jahrtausenden erhalten die Mönche den Busch am Leben. Bis heute werden bei ihm Rituale und Gottesdienste abgehalten. Ein anderer Pilger, der diesen Ort schon mehrfach besucht hatte, erzählte uns, wie erhebend es für ihn gewesen war, als ein Chor auf Pilgerreise direkt neben diesem mythischen Busch gesungen hatte. Wir erfuhren, dass diese Pflanze die einzige ihrer Art auf der gesamten Sinai-Halbinsel ist. Angeblich ist jeder Versuch, einen seiner Zweige an einen anderen Ort zu verpflanzen, missglückt. Der Brennende Dornbusch ist einer der Schätze, für die das Kloster seit jeher berühmt ist und Pilger aller drei abrahamitischen Religionen anzieht: Christentum, Judentum und Islam. Seit Jahrtausenden kennen die Gläubigen die Legende von Moses und dem Busch durch jenen berühmten Vers aus dem Alten Testament: »Und er sah, dass der Busch im Feuer brannte und doch nicht verzehrt wurde.« (Exodus 3, 2).

»Dies ist der Brunnen des Mose«, sagte Vater Paul und deutete auf einen antik aussehenden Brunnen nur wenige Meter neben dem Brennenden Dornbusch. Der Überlieferung nach ist Moses hier Jethros Töchtern begegnet, deren Älteste, Zippora, er zur Frau nahm.« (Exodus 2,16)

»An diesem Ort stehen einem lauter Szenen aus dem Alten Testament vor Augen«, sagte Emily ehrfürchtig.

»Auch für viele berühmte Maler und Künstler war er eine Inspiration«, fügte ich hinzu.

Später erfuhr ich von meinem Malerfreund Michael Lewis, dass Botticelli 1481 an der linken Wand der Sixtinischen Kapelle ein Fresko gemalt hat, das unter anderem zeigt, wie Moses Jethros Töchtern begegnet und wie Gott aus dem Brennenden Dornbusch zu ihm spricht. Doch anders als wir an jenem Nachmittag im Mai 2009 hat Botticelli den eigentlichen Busch und den Brunnen nie gesehen.

Ein weiterer großer Künstler, der das Kloster besucht und ein imposantes Bild davon gemalt hat, ist der kretische Meister Dominikos Theotokopoulos, auch bekannt als El Greco. Sein klassisches Gemälde ist das erste Bild, das in einem großformatigen, vom Kloster selbst herausgegeben Band über seine Kunstschätze abgedruckt wurde.[65]

65 Constantine Manafes (Hrsg.), *Sina: Oi Thesavroi tes Mones* [Sina: Schätze des Klosters], Ekdodike Athenon Verlag 1990.

»Folgt mir«, sagte Vater Paul und führte uns in eine Galerie mit antiken Ikonen und seltenen Handschriften. Der Raum könnte zu jedem erstklassigen Museum gehört haben. Die Ikonen waren hinter Glas geschützt und angemessen ausgeleuchtet, die Temperatur wurde überwacht. Es gab wunderbare vergoldete antike Bibeln, Evangeliare, Silberkreuze, edelsteinbesetzte Kronen und andere unschätzbar wertvolle religiöse Reliquien, die dem Kloster im Laufe der Jahrhunderte von wohlhabenden Mäzenen gespendet worden waren. Es war atemberaubend. Wir sahen eine Ansammlung von Kunstwerken, die das New Yorker Metropolitan Museum nach jahrelangen Verhandlungen 2004 in einer aufsehenerregenden Ausstellung erstmalig hatte zeigen können. Dies alles bot sich nun unserem Anblick dar und wurde unserer kleinen Gruppe wie beiläufig gezeigt.

»Ihr könnt Fotos machen«, sagte Vater Paul, als hätte er unsere Gedanken gelesen, »aber nur ohne Blitz.«

Unter den vielen Ausstellungsstücken, die meine Aufmerksamkeit auf sich zogen, befand sich ein großes, wuchtiges Buch, das auffällig präsentiert wurde. Ich sah näher hin, und mir stockte der Atem. Es waren Platons *Ta Apanta,* die vollständige Ausgabe seiner Werke, erschienen in Venedig im Jahr 1513 n. Chr.

»Es ist unmittelbar nach Gutenbergs Erfindung der Druckpresse erschienen«, erklärte Vater Paul. Ehrfurcht erfüllte mich. Vor mir lag ein Meisterwerk, das bei der Entstehung der modernen Welt eine entscheidende Rolle gespielt hatte, in der Renaissance!

Nachdem Konstantinopel 1453 an die ottomanischen Türken gefallen war, flohen die meisten byzantinischen Gelehrten nach Venedig und nahmen dabei ihre Bücher sowie ihr Wissen über die klassischen Kulturen mit, das im Westen im Mittelalter verloren gegangen, in den Schulen Konstantinopels jedoch erhalten geblieben war. Ich stellte mir vor, dass ich wahrscheinlich die allererste Ausgabe von Platons Gesamtwerk vor mir hatte! Immerhin wurde Johannes Gutenberg, der Erfinder der Druckpresse, um 1390 geboren, und das erste gedruckte Buch war um 1455 die Gutenberg-Bibel. Die Neuplatoniker waren mit ihren handschriftlichen Abschriften der Werke Platons aus dem eroberten Konstantinopel nach Venedig geflohen, und sicher dauerte es einige Zeit, bis sie nach ihrer Niederlassung die *Ta Apanta* im griechischen Original herausgeben konnten. Dies bedeutete, dass wir hier wahrscheinlich das Werk vor uns hatten, das zusammen mit der gedruckten Bibel in der europäischen Kultur eine Revolution ausgelöst hat. Noch bevor ich recht verinnerlichen konnte, was ich da betrachtete, hörte ich die Stimme unseres Führers.

»Das Kloster verfügt über eine üppige Sammlung solcher Bücher«, erklärte Vater Paul mit einer beschwichtigenden Handbewegung. »Aber wir haben gar nicht den Platz, sie alle auszustellen. Hier ist noch etwas, was euch auch interessieren könnte.« Er zeigte auf ein Dokument in arabischer Schrift mit einem dunklen Handabdruck. »Dies könnte dazu beigetragen haben, dass das Kloster all die Jahrhunderte überlebt hat.«

Wir erfuhren, dass das Dokument das Siegel keines Geringeren als Mohammeds trug. Es heißt, die Mönche des Katharinenklosters hätten im Jahr 625 n. Chr. Abgesandte nach Medina geschickt, um Mohammeds Schutz und Schirm zu erbitten. Ihre Bitte wurde ihnen in Form dieses Schutzbriefs gewährt, mit dem verbürgt wird, dass die Muslims die Autonomie des Klosters respektieren, die Mönche ihre Religion frei ausüben können und von der Entrichtung von Steuern und Abgaben befreit sind. Die auf dem Dokument abgedruckte Hand soll die Mohammeds sein, da der Begründer des Islams Analphabet war und seine Hand als Unterschrift und Siegel nutzte. Der Überlieferung nach hatte Mohammed auf seinen Handelsreisen das Kloster besucht, und die Mönche hatten ihn gastfreundlich aufgenommen. Aufgrund dieser Legende blieben die Mönche bei der Eroberung der Halbinsel durch die Araber im Jahr 641 n. Chr. unbehelligt. Dennoch sank ihre Anzahl erheblich. Viele Christen im Sinai konvertierten zum Islam, so wie die Vorfahren der heutigen Beduinen, andere flohen. Es heißt, die kleine Moschee, die im 11. Jahrhundert auf dem Klostergelände errichtet wurde, sollte weniger wohlwollende Herrscher versöhnlich stimmen.[66]

Einige Wissenschaftler bezweifeln die Echtheit des Schutzbriefs

66 Papaioannou, *The Monastery of St. Catherine*, S. 10; deutsch: *Das Kloster St. Katharina im Sinai*, S. 10.

von Mohammed, des *Ahtiname*. Dennoch wurde Mohammeds Bitte von den führenden Vertretern des Islam über die Jahrhunderte hinweg respektiert. Sie betrachteten den Schutzbrief als echt, und nur darauf kam es an.[67] Vater Paul zeigte uns weitere wichtige Dokumente, darunter eines, das von Napoleon unterzeichnet war und dem Kloster in ähnlicher Weise Respekt und Schutz zusicherte.

»Lasst euch von dem, was ihr als Nächstes sehen werdet, nicht schockieren«, warnte er uns geheimnisvoll. Dann führte er uns in einen Raum, der um der maximalen Wirkung willen nur schwach beleuchtet war. Wir standen vor einer Pyramide aus menschlichen Schädeln, zu Hunderten ordentlich aufgeschichtet. In einem anderen Bereich des Gelasses waren Tausende menschlicher Gebeine ebenso ordentlich aufgestapelt. Es handelte sich um die sterblichen Überreste der Mönche, die seit der Gründung im Katharinenkloster gelebt hatten. Eines Tages werden sich auch Vater Pauls Überreste in diesem Raum befinden, und sein Schädel wird, den Besuchern zugewandt, an der Spitze der Pyramide sitzen.

Überraschenderweise fand niemand von uns den Anblick besonders schaurig. Er führt die Vergänglichkeit unseres momentanen Daseins vor Augen und gehört zur Schulung der Väter, um die Angst vor dem Tod zu überwinden. Grauenerregender waren für mich die Bilder der gestapelten Köpfe von Kambodschanern, die in den 1970ern von den Roten Khmer ermordet worden waren, oder die zu Pyramiden aufgeschichteten Leichen der während des Völkermords in Ruanda in den 1980ern abgeschlachteten Tutsi. Doch die Schädel im Katharinenkloster stammten nicht von Menschen, die gefoltert oder geköpft worden waren. Zumeist hatten die Mönche wohl betend und fastend ein friedliches Leben geführt, um sich ihren Platz im Paradies zu sichern.

Stumm und schweigsam waren die Schädel so ausgerichtet, als schauten sie uns an, jederzeit bereit zum Gespräch. »Ich wünsche, ich könnte mit jedem Einzelnen reden«, flüsterte ich Emily zu, während ich ein Foto machte. »Ich würde gern mehr über ihre persönliche Geschichte erfahren. Was hat sie dazu gebracht, Mönch zu werden und

---

67 Manafes, *Sina*, S. 14.

ihr Leben in dieser trostlosen Wüste zu verbringen? Haben sie gefunden, was sie gesucht haben?«

Während mir diese Fragen durch den Kopf gingen, fiel mir eine gleichlautende Frage wieder ein, die Nikos Kazantzakis einem Mönch namens Moses stellte, als er vor neunzig Jahren im Kloster war:

»Wie sind Sie Mönch geworden, Vater Moses?«

Vater Moses lachte und mit sichtlicher Freude, sich selbst auf den Arm zu nehmen, antwortete er:

»Ich wollte schon Mönch werden, als ich zwölf Jahre alt war. Aber der Teufel hat sich ein paar Hindernisse für mich ausgedacht. Du magst fragen, welche Hindernisse? Ich hatte gute Arbeit und mir ging es gut. Ich habe richtig gut Geld verdient. Und was bedeutet es, wenn man gut Geld verdient? Man vergisst Gott.

Ich war Briefträger und Schuhmacher; ich habe in den Minen von Lavrion [bei Athen] und dann im Eisenbahnbau in Ikonio [in Kleinasien] gearbeitet. Ich habe mir geschworen: In dem Moment, in dem ich mein Geld verliere, werde ich Mönch. Gott hat mich geliebt. Ich habe die Schnur durchgeschnitten und bin gegangen. Du weißt schon, wie man bei einem Luftballon die Schnur abschneidet, und der Ballon steigt auf in den Himmel. So bin ich aus der Welt gegangen!

Jetzt bin ich seit zwanzig Jahren hier. Und was mache ich? Dasselbe, was ich auch in der Welt gemacht habe. Ich arbeite. Ich arbeite von früh bis spät. ›Ist es wirklich dasselbe?‹, magst du fragen. Ganz und gar nicht, sage ich! Hier bin ich glücklich, in der Welt war ich es nicht.

Und was mache ich genau? Ich baue Straßen. Alle Straßen, über die wir gerade gegangen sind, habe ich gebaut. Das ist meine *Diakonia* [gottgegebene Aufgabe]. Dazu bin ich geboren. Wenn ich ins Paradies gehe, dann marschiere ich dorthin auf den Straßen, die ich gebaut habe.«[68]

»Ich frage mich, welcher von den Schädeln, die uns hier ansehen, wohl der von Moses ist«, flüsterte ich Emily zu. »Ich wünschte, ich könnte ihn fragen, ob er tatsächlich auf den Straßen gegangen ist, die er gebaut hat, und ob er sein Paradies gefunden hat.«

68 Kazantzakis, *Taxideuontas*, S. 121.

Ich dachte an ein neueres Buch des hochverehrten Altvaters Ephraim Philotheou vom Athos. Olympia hatte mich auf einen Auszug daraus aufmerksam gemacht, als wir auf unseren Abflug von Zypern warteten. Darin wurde deutlich, wie der Altvater Gottes unendliches Mitgefühl und Seinen Wunsch verstand, dass alle Seine Kinder Erlösung erlangen.

> Wäre Gott nicht so unendlich mitfühlend, könnte niemand erlöst werden. Dies liegt daran, dass nie ein Mensch auf Erden gelebt hat, der ohne Fehl gewesen ist. Niemand kann behaupten, er habe sein Herz rein gehalten, ohne Makel und Fehler. Gottes Mitgefühl ist jedoch so gewaltig, Seine Medizin so ehrfurchtgebietend und wirkmächtig, dass sie alle Makel fortwischt und alles strahlend rein macht. Gott nimmt monumentale Eingriffe und außergewöhnliche Operationen vor, um den Menschen vor dem sicheren seelischen Tod zu erretten.
>
> Wir sehen Seelen, die gegangen sind, die ohne *Metanoia* [Umkehr] aus diesem Leben geschieden sind, und die durch *»thia epemvasi kai thia pronoia«* [durch das Eingreifen der Göttlichen Vorsehung] sowie durch die Fürsprache heiligmäßiger Menschen umgekehrt sind und Vergebung erfahren haben. *»Meta thanaton ouk esti metanoia«* [nach dem Tod gibt es keine Umkehr] durch die verlorene Seele selbst. Damit eine Seele *Metanoia* durchlaufen kann, muss sie ins Leben zurückkehren. Sogar solche Wunder hat Gottes Vorsehung gestattet, um einen Menschen zu retten.[69]

Ich wusste nicht, wie ich diese Zeilen zu deuten hatte. Olympia gegenüber meinte ich jedoch, es sei wie frischer Wind, aus der Feder eines angesehenen Altvaters solche Worte zu lesen, aus denen hervorgeht, dass Gott unmöglich eine Hölle geschaffen haben kann, in die er Sünder zu ihrer ewigen Verdammnis hineinwirft. Diese calvinistische Vorstellung steht im völligen Gegensatz zum östlich-orthodoxen Ver-

69 Gerontos Ephraim Philotheou, *E Techni tis Soterias* [Die Kunst der Erlösung] Heiliges Kloster Philotheou, Athos, Griechenland 2006, S. 37.

ständnis von Gottes unendlichem Mitgefühl. Gott möchte, dass jeder erlöst wird. Dies genügt mir als Arbeitshypothese, an der ich mein Leben ausrichten kann. Ich sagte Olympia, dass ich tatsächlich an eine persönliche Hölle glaube, die sich jeder Mensch durch Gedanken und Handlungen, die uns von Gott wegführen, selbst schafft. Doch was Gott anbelangt, ist letztendlich nur das Paradies real. So verstehe ich das Wesen der orthodoxen Eschatologie, wie sie in den Worten des Altvaters vom Athos aufs Schönste zusammengefasst wird. Diese Gedanken, die mich vor der Schädelpyramide bewegten, gaben mir die intuitive Gewissheit, dass alle diese Mönche, auch Vater Moses, ihre Erlösung im Paradies bereits gefunden hatten.

Meine Kontemplation wurde unterbrochen, als Vater Paul sich von uns verabschiedete und uns den Gottesdienst mittags um zwölf am darauffolgenden Tag ans Herz legte, bei dem wir den »Ring der Heiligen Katharina« erhalten würden. »Es gibt eine *Paraklesis* [einen kurzen Gebetsgottesdienst], und im Anschluss wird euch der Silberring angeboten«, sagte er.

»Ein Silberring?«, fragte ich Olympia im Flüsterton. Doch sie hob nur die Schultern zum Zeichen, dass auch sie nicht wusste, was es damit auf sich hatte. Wir hatten alle keine Ahnung, freuten uns aber darauf, es herauszufinden.

»Denkt daran: Zu eurer eigenen Sicherheit und Freude, beginnt den Aufstieg auf den Berg in den frühen Morgenstunden und nicht am Spätnachmittag«, wiederholte Vater Paul noch einmal. »Vor allem aber, engagiert einen Bergführer.«

Während des Abendessens organisierten wir unser Wanderabenteuer. Nur Emily, Olympia und ich wollten auf den Berg. Olympias drei Freundinnen wollten im Kloster bleiben und mit den Mönchen am frühmorgendlichen Gottesdienst teilnehmen. Mit Nikki, der begeisterten jungen Frau aus Griechenland, und ihren Eltern schlossen wir uns zu einer Gruppe zusammen. Gemeinsam engagierten wir Ahmed, einen fünfundzwanzigjährigen Beduinen und Bergführer. Er sprach gebrochen Griechisch und etwas Englisch, und angesichts seines unkomplizierten Naturells fühlten wir uns bei ihm wohl. Ich bekam mit, dass weitere Pilgergruppen mit anderen Bergführern ebenfalls wegen einer morgendlichen Wanderung auf den Dschebel Musa verhandelten.

»Wir beginnen die Wanderung nicht später als 3 Uhr morgens«, instruierte uns Ahmet, damit wir vor Sonnenaufgang auf dem Gipfel wären. Immer wieder hatte man uns gesagt, der Sonnenaufgang auf dem Gipfel des Mosesbergs sei ein unvergessliches Erlebnis. Kurz vor sechs ging die Sonne hinter den fernen Wüstenbergen Arabiens auf. Wir stellten den Wecker auf 2:30 Uhr, in der Hoffnung, vor dem herausfordernden Aufstieg wenigstens noch vier Stunden Schlaf abzubekommen.

Doch der Schlaf wollte sich kaum einstellen. Die Ereignisse des Tages standen mir noch zu lebhaft vor Augen, als dass ich mich hätte völlig entspannen können. Außerdem machte ich mir Sorgen wegen einer aufgeplatzten Blase an Emilys rechtem Fuß, die sie bei der Wanderung aber nicht stören würde, wie sie mir versichert hatte. Doch der Aufstieg auf einen steilen Berg ist keine einfache Sache, und aus einer kleinen Verletzung kann im Nu ein großes Problem werden. Emily hingegen war ohne Probleme in Tiefschlaf gesunken, während ich am Ende kaum zwei Stunden geschlafen hatte.

Um 2:45 standen wir geschlossen im Haupthof, wo sich auch andere Gruppen um ihren Bergführer scharten. Alle hatten eine Taschenlampe dabei. Die Nacht war mondlos, und ohne Taschenlampe konnten wir die Hand vor Augen nicht erkennen.

»Meine Güte!«, rief Nikki, als sie ihre Taschenlampe auf Olympias Füße richtete. »Mit diesen Schuhen kannst du unmöglich auf den Berg steigen! Damit schaffst du's einfach nicht.« Kostas, ihr Vater, nickte zustimmend. Olympia trug normale Straßenschuhe. Sie beharrte darauf, dass sie bequem seien und sie gar nicht wisse, wo das Problem sein solle. Mit diesen Schuhen sei sie schon tausend Mal im Einkaufszentrum von Limassol unterwegs gewesen, sagte sie. Außerdem habe sie keine Wanderschuhe dabei. Nikki überprüfte auch Emily und mich mit ihrer Taschenlampe, und wir ernteten ihre Zustimmung. Wir würden es auf den Gipfel schaffen.

Ahmet betonte, es sei sehr wichtig, dass wir zusammenblieben, damit wir uns in der Dunkelheit nicht verirrten oder in eine andere

Gruppe gerieten. Er hatte einen Ruf zu verlieren. Wenn unter seiner Führung jemandem etwas zustieß, konnte er seine Zulassung verlieren. Ahmet hatte gerade erst geheiratet und brauchte das Geld, das er als Bergführer verdiente. Als wir das Kloster verließen, musste er den bewaffneten Wachen seine Lizenz zeigen. Pilger und Touristen auf den Berg und wieder herunter zu führen, war Ahmets Beruf. Er sagte, diese Wanderung mache er nun schon seit mehreren Jahren fast jeden Tag. Oft legte er die Strecke sogar mehrmals am Tag zurück und bekam kaum Schlaf.

Mit Taschenlampe in der einen und Spazierstock in der anderen Hand traten wir aus den massiven justinianischen Mauern. Zu unserer Überraschung machten sich ganze Scharen von Menschen mit ihren Bergführern bereit zum Aufstieg auf den biblischen Berg. Es handelte sich nicht nur um Pilger, sondern auch um Touristen aus den Ferienzentren am Roten Meer, die sonst zum Sonnenbaden und Schnorcheln hier waren. Sie kamen mit dem Bus aus Sharm el Sheikh, um vom Berggipfel aus den Sonnenaufgang zu beobachten. Ein Besuch im Katharinenkloster und die Wanderung auf den Mosesberg gehörten zu ihrem Ausflugsprogramm.

Ahmets Anweisungen folgend, blieben wir dicht beieinander. Der Himmel über uns war klar, sternenübersät und mondlos. Vor uns sahen wir eine Kette aus Taschenlampenlichtern, die sich wie wandernde Sterne im Zickzack den Berg hinaufzog. Häufig waren die Lichter der Wanderer kaum von den Sternen zu unterscheiden. Der Anblick erfüllte uns mit Ehrfurcht. Zu beiden Seiten des Weges warteten Beduinen mit ihren Kamelen auf Kunden. Sie waren kaum zu erkennen, bis man plötzlich einem Kamel ins Gesicht schaute, das still und geduldig am Straßenrand lag.

Nikki und ihre Eltern gingen zusammen mit Ahmet vor uns. Emily und Olympia waren hinter mir, während ich meine Taschenlampe auf den Boden richtete, damit wir keinen falschen Schritt machten. Ahmet blieb häufig stehen, drehte sich um und rief unsere Namen, um sich zu vergewissern, dass niemand fehlte.

»Camel? Camel?«, hörten wir die Beduinen fragen. »*Kamila? Kamila?*«, fragten sie, wenn sie mitbekamen, dass wir Griechisch sprachen. Aber niemand von uns wollte den Berg auf einem Kamelrücken erklimmen. Olympia hingegen hörte nichts von alledem. Nach etwa anderthalb Kilometern wurde ihr klar, dass es doch nicht so unklug gewesen war, was Nikki und ihre Eltern ihr wegen ihrer Schuhe gesagt hatten. Olympia versicherte uns, dass sie den Rückweg ins Kloster alleine finden würde, indem sie den Wanderern mit ihren Taschenlampen einfach in umgekehrter Richtung folgte.

Erst später erfuhren wir, dass Olympias Rückweg doch nicht ganz so leicht gewesen war. In dem Durcheinander aus Wanderern, Beduinen und Kamelen verlor sie die Orientierung und wusste nicht mehr, welchen Weg sie nehmen musste. In diesem Moment hörte sie einen kleinen Beduinenjungen, der ihr auf Griechisch zurief »*Ela apedo*« (hier entlang). Er nahm sie an der Hand und begleitete sie bis zum Kloster. Als sie ihm ein Trinkgeld geben wollte, lehnte er ab. Dies war außergewöhnlich; denn wo wir in Ägypten auch hingekommen waren, stets wurde ein Trinkgeld erwartet, selbst für kleinste Gefälligkeiten. Lavros hatte uns empfohlen, immer reichlich Kleingeld parat zu haben.

Wir zogen das Tempo an. Alle wollten rechtzeitig auf dem Gipfel sein, um den berühmten Sonnenaufgang zu erleben. In regelmäßigen Abständen kamen wir an Rastplätze, wo wir uns ein paar Minuten erholen konnten. Mit Kerosinlampen beleuchtet und mit bunten Teppichen ausgelegt, die die Beduinen gewebt hatten, waren diese Zwischenstopps selbst bereits eine Attraktion. Wanderer konnten hier Wasser in Flaschen sowie kleine Stärkungen kaufen und sich mit anderen austauschen. Es kamen Wanderer aller religiösen Richtungen.

Bei unserer ersten Rast kamen wir mit einem bestens gelaunten Saudi und seinen vier nicht minder fröhlichen Töchtern sowie seinem Sohn ins Gespräch. Die jungen Frauen hätten dem Klischee von der vollständig verhüllten saudi-arabischen Frau kaum weniger entsprechen können. Sie trugen enge Jeans und hatten weder Schal noch Schleier um. »In Saudi-Arabien tragen wir die Jeans unter unseren Kleidern. Sobald wir nach Hause kommen oder ein anderes Land betreten, nehmen wir unsere Schleier und Gewänder ab und tragen nur noch Jeans«, erklärte die älteste Tochter.

Es war immer noch sehr dunkel, und wir benötigten unsere Taschenlampen bis zum letzten Abschnitt des Weges, wo der Treppenpfad mit seinen 750 Stufen beginnt und auch Kamele nicht mehr weiterkommen. Als wir die Stufen eine nach der anderen hinaufstiegen, brach langsam das Licht durch. Es war ein schwieriger Aufstieg, der manchmal den Einsatz beider Füße und Hände erforderte. Glücklicherweise machte Emilys Fuß keinerlei Probleme, und wir waren erleichtert, dass Olympia sich zum Umkehren entschlossen hatte. In den Schuhen, die sie trug, hätte sie es definitiv nicht bis zum Gipfel geschafft. Es herrschte reger Verkehr, denn hier kamen alle Gruppen zusammen, und jede wollte vor Sonnenaufgang auf dem Gipfel sein. Am Fuße des Treppenweges fragten junge Beduinen, ob wir Hilfe bräuchten. Gegen ein Trinkgeld halfen sie untrainierten Wanderern, von einer Stufe zur nächsten zu kommen. »Help? Help?«, fragten sie ernsthaft, und wenn sie glaubten, wir seien Griechen: *»Voithia? Voithia?«* Ich weiß nicht mehr, wie oft ich »Nein, danke« gesagt habe.

Wir stiegen weiter auf und kamen unserem Ziel allmählich näher. Jetzt brauchten wir unsere Taschenlampen nicht mehr. Beim Aufstieg über die endlosen Stufen fragte ich mich, wie viele wohl von Vater Moses aus dem Granit gehauen worden waren. Zur hinter mir gehenden Emily bemerkte ich, es sei bestimmt kein Zufall gewesen, dass der Heilige Johannes vom Sinai, der im 7. Jahrhundert Abt des Klosters gewesen war und auch unter dem Namen Johannes Klimakos bekannt ist, seinem klassischen geistlichen Werk den Titel *Himmelsleiter* gegeben hat.[70] Das Buch ist eine Zusammenstellung von Homilien, wie man Schritt für Schritt an sich arbeitet, um zu Gott aufzusteigen und eins mit Ihm zu werden. Diese Idee wird er wohl nicht nur aufgrund von Jakobs Vision in der Genesis entwickelt haben, sondern vielleicht auch an einem Frühlingsmorgen beim Aufstieg über diese Stufen, um zu sehen, wie die Sonne über den Wüstenbergen Arabiens aufgeht.

---

70 Heiliger Johannes vom Sinai, *Klimax oder die Himmelsleiter*, übersetzt von Mönch Georgios Makedos. Mit einem Vorwort des Erzbischofs des Sinai. St. Katharinen-Kloster und Erzbistum des Sinai. Hrsg. von der Berg-Sinai-Stiftung, Athen, Verlag Der christliche Osten 2000 (Markides nennt die englische Übersetzung: John Climacus, *The Ladder of Divine Ascent*, Holy Cross Orthodox Press 1996).

Bei der letzten Zwischenstation rasteten wir. Von hier waren es nur noch zehn Minuten bis zu unserem Ziel. Touristen und Pilger ohne angemessene Kleidung konnten von den geschäftstüchtigen Beduinen handgefertigte Decken mieten. Nikki staunte, wie sie es fertigbrachten, auf Schritt und Tritt Geld zu verdienen: Zunächst mit Kamelen, dann mit persönlicher Hilfe am Beginn des Stufenweges und schließlich mit den Decken.

Es war kalt dort oben. Zum Glück trugen wir dank guter Beratung mehrere Schichten Kleidung, sodass wir je nach Bedürfnis verschiedene Lagen an- und ausziehen konnten. Auf 2.258 Metern Höhe blies ein scharfer Wind. Ahmet verkündete, dass wir die letzten zehn Minuten alleine gehen würden. Er würde am Rastplatz unterhalb des Gipfels auf uns warten. Dass er mitkäme, habe keinen Sinn, denn von hier bis zum Gipfel könnten wir uns unmöglich verirren. Unser Führer muss den Sonnenaufgang unzählige Male gesehen haben.

Endlich waren wir da. Schon jetzt saßen mehrere hundert Leute am Rand des Steilhangs und warteten gespannt auf den Sonnenaufgang. Unsere vordringliche Sorge galt dem Schutz vor der Kälte. Wir entdeckten eine Stelle auf einem Felsen, die durch einen weiteren, etwas größeren Felsen windgeschützt war, und zwängten uns dort alle fünf zusammen. Dabei achteten wir auf großzügigen Abstand zum steil abfallenden Felshang. Es war 5:45 Uhr. Jeden Augenblick würden wir den Sonnenaufgang sehen, so wie Moses ihn gesehen hat. Nur zehn Meter weiter waren auf dem höchsten Punkt des Gipfels eine östlich-orthodoxe Kapelle und eine Moschee errichtet worden. Ich fand die Symbolik faszinierend, aber mit einer Besichtigung der beiden würden wir bis nach dem Sonnenaufgang warten müssen.

Schließlich zeigten sich über einem der Berggipfel die ersten Sonnenstrahlen. Die Wanderer spendeten donnernden Applaus. Ich kann mich an keinen anderen Moment erinnern, in dem Menschen den Sonnenaufgang mit solcher Freude begrüßt hätten. Es war, als hätte Gott der Menschheit genau in diesem Moment Seine Zehn Gebote offenbart, und der Applaus spiegelte unsere Dankbarkeit für Seine väterliche Liebe. Schauer liefen mir über den Rücken, nicht wegen der Kälte, sondern weil mir bewusst wurde, dass wir auf heiligem Boden standen, geweiht über die Jahrtausende durch die Hingabe der Pilger und ihre Sehnsucht, eins zu werden mit ihrem Schöpfer. Einige Abschnitte aus Huston Smiths Klassiker *Die sieben großen Religionen der Welt,* den ich mehrmals gelesen hatte, kamen mir in den Sinn. Im Zusammenhang mit dem Judentum und seiner Rolle im westlichen Gottesverständnis verglich Smith die Unterschiede zwischen Gott, wie ihn die Hebräer verstanden, und dem Götterverständnis der umgebenden Kulturen:

> Die Götter der Juden hatten keinen dieser Charakterzüge [Amoralität, Rachsucht, Unberechenbarkeit], die für Götter ihrer Nachbarn mehr oder weniger bezeichnend waren. … Griechen, Römer, Syrer und die meisten anderen Mittelmeervölker hatten zweierlei Aussagen über den Charakter ihrer Götter gemacht. Erstens, dass sie dazu neigen, amoralisch zu sein, und zweitens, dass sie der Menschheit überwiegend gleichgültig gegenüberstehen. Die Juden kehrten das Denken ihrer Zeitgenossen in beiden Punkten um. Während die Götter des Olymp unermüdlich hinter schönen Frauen her waren, wachte der Gott des Sinai über Witwen und Waisen. … [Gott, wie er durch die jüdischen Propheten offenbart wurde], ist ein Gott der Rechtschaffenheit, dessen Liebe und Güte von Ewigkeit zu Ewigkeit währt, und dessen Gnade in allen seinen Werken spürbar ist.[71]

Smith erläutert, inwieweit die hebräische, in die Zehn Gebote eingebettete Moral (Du sollst nicht töten; du sollst nicht ehebrechen; du sollst nicht stehlen; du sollst nicht falsch Zeugnis reden und so weiter) die Geschichte der Welt beeinflusst hat: »Die Zehn Gebote, die auch vom Christentum und vom Islam übernommen wurden, bilden die moralische Grundlage eines Großteils der westlichen Welt.«[72]

Ich sprach mit Emily über diese Gedanken, und sie war ebenso bewegt. Kostas hingegen, pensionierter Schulleiter und Nikkis Vater,

---

71 Smith, *World's Religions,* S. 275; deutsch: *Eine Wahrheit, viele Wege: Die großen Religionen der Welt,* S. 338.

72 Ebendort, S. 286; deutsch: S. 350.

war nicht beeindruckt. Die ganze Wanderung über hatte er einen Witz nach dem anderen gerissen und dadurch unsere Müdigkeit vertrieben. Jetzt aber machte er keine Witze. Er war enttäuscht. »Da habe ich auf Zakynthos bessere Sonnenaufgänge gesehen«, murmelte er finster unter Anspielung auf seine Insel im ionischen Meer. »Was soll also das ganze Riesentheater?«

»Auch ich habe spektakulärere Sonnenaufgänge gesehen, sowohl in Zypern als auch in Maine«, stimmte ich ihm zu. »Die Farben waren lebendiger, und das Spektrum der Rot- und Gelbtöne war breiter. Aber darum geht es nicht. Wichtig ist doch, dass die Menschen seit über 2000 Jahren glauben, dass Moses hier Gott begegnet ist und mit Ihm gesprochen hat. Der Gott Abrahams, Isaaks und Jakobs«, fuhr ich fort, »ist ein sprechender Gott. Durch Seine Propheten hat Er mit der Menschheit gesprochen und tut dies bis heute. Er ist keine unpersönliche und gleichgültige Gottheit, die das Universum am Laufen hält, sondern ein grundlegend persönlicher, allwissender, allmächtiger und allliebender Gott. Dies ist das Bedeutende, das wir hier erleben, nicht die physikalischen Farben, die sich mit den Wetterbedingungen und dem Feinstaubgehalt der Atmosphäre ändern können.«

»Aha, ich verstehe«, sagte Kostas, nun mit merklich veränderter Einstellung.

Nachdem die Sonne vollständig aufgegangen war und wir noch ein wenig über die religiöse Bedeutung des Bodens sinniert hatten, auf dem wir standen, blieb uns noch etwas Zeit, um den schmalen Gipfel zu erkunden und durch die verschlossenen Türen der winzigen orthodoxen Kapelle und der ebenso winzigen Moschee neben ihr zu spähen. Andere verrichteten ihre Morgenmeditation oder ihr morgendliches Gebet, im Schneidersitz und mit geschlossenen Augen mit dem Gesicht nach Osten auf Felsbrocken sitzend. Eine halbe Stunde später begannen wir unseren Abstieg, um uns am Rastplatz wieder mit Ahmet zu treffen.

Etwa um halb neun, als die Sonne bereits die Erde zu erwärmen begann, kamen wir am Außenbereich des Klosters an. Vor den Klostermauern waren in einem gut befestigten und eingeebneten Bereich etwa hundert Menschen zu einem Gottesdienst im Freien zusammengekommen. Sie knieten, während ein offensichtlich katholischer oder anglikanischer Priester sie segnete und ihnen die heilige Kommunion erteilte. Auf der anderen Seite, unweit der Befestigungsanlagen des Klosters, stiegen die Passagiere, die sich für den Abstieg via öffentlichem Personennahverkehr entschieden hatten, von ihren Kamelen und schlenderten vorbei. Das Gemenge aus Kamelen, Wanderern und Beduinen war ein Anblick, den ich nie vergessen werde. Es wirkte wie eine Szene des Auszugs aus Ägypten.

Die Anwesenheit der Beduinen mit ihren Kamelen hatte uns bei unserem sechsstündigen Erlebnis ein Gefühl der Sicherheit gegeben. Für uns waren sie so etwas wie bereitstehende Krankenwagen mit erfahrenen Helfern, die im Notfall Hilfe geleistet hätten. Die Beduinen der Region waren zwar stets darauf aus, an den Pilgern und Touristen Geld zu verdienen, verstanden sich aber auch eindeutig als Teil des Klosters und betrachteten die Einrichtung als die ihre. Vater Paul zufolge könnte das Kloster ohne sie nicht existieren.

Es war klar, dass der Fortbestand des Klosters seit über vierzehnhundert Jahren nicht nur den mächtigen Befestigungsanlagen von Kaiser Justinian und dem *Ahtiname* des Mohammed geschuldet war, sondern auch der jahrhundertelangen engen Verflechtung zwischen dem Leben der muslimischen Beduinen und der christlichen Mönche. Zusammengehalten hat diese beiden Gruppen nicht nur ihre Arbeitsteilung, sondern auch der klar ersichtliche Grundkonsens über gemeinsame Werte, der vom Respekt für die jeweils andere Tradition und einer starken Identifizierung mit dem Katharinenkloster getragen wird.

Nach dem Frühstück verabschiedeten wir uns von unseren Wanderfreunden und tauschten Adressen aus: Ihre Reisegruppe würde noch am selben Morgen nach Kairo zurückkehren. Danach gingen wir zum Duschen und um uns etwas auszuruhen auf unsere Zimmer. Doch obwohl ich in der vorigen Nacht kaum geschlafen hatte, fand ich auch jetzt weder zur Ruhe noch in den Schlaf. Irgendwie war ich nach diesem Pilgerabenteuer voller Energie. Deshalb unternahmen wir einen Rundgang durch die Klosteranlage, um die anderen aus unserer Gruppe zu suchen. Doch sie waren nirgendwo zu entdecken.

Mittags um zwölf gingen wir in die von Justinian erbaute Kirche der Verklärung des Herrn in der Mitte der Klosteranlage, um den kurzen Gottesdienst zu besuchen und den geheimnisvollen Silberring der Heiligen Katharina zu empfangen, den uns Vater Paul versprochen hatte. Hier sahen wir zum ersten Mal mehrere Mönche zusammen an einem Ort. Zahlreiche Pilger und Touristen waren gekommen. Die beiden Besucher-Kategorien waren leicht zu unterscheiden. Die Pilger wirkten fromm, waren angemessen gekleidet und knieten und bekreuzigten sich mehrfach während des Gottesdienstes. Die Touristen hingegen wirkten wie Besucher eines pittoresken Museums und trugen in der Regel unangebrachte kurze Hosen und Sandalen.

Nach Abschluss des Gottesdienstes waren die Pilger eingeladen, den Segen des Priesters zu empfangen, der den Gottesdienst geleitet hatte und nun jedem von uns einen Silberring mit der griechischen Inschrift *Agia Aikaterini*, St. Katharina, überreichte. Dies war das zweite Mal, dass mir ein Ring überreicht wurde; das erste Mal war bei meiner Hochzeit mit Emily.

Näheres über den Ring erfuhr ich erst nach meiner Rückkehr nach Zypern. Unsere Freundin Erato, Stephanos' Frau, die in orthodoxer Literatur sehr bewandert war, gab mir eine Ausgabe der *Synaxaristis*, einer Zusammenstellung der Lebensgeschichte aller Heiligen, die in der östlich-orthodoxen Kirche verehrt werden. Sie erzählt die tragische Geschichte der jungen Katharina, die wegen ihres Glaubens und als Märtyrerin zu einer berühmten Heiligen der Ost- wie der Westkirche wurde.

Die heilige Katharina wurde 294 n. Chr. in eine wohlhabende Adelsfamilie aus Alexandria hineingeboren, ein Zentrum hellenistischer Kultur, das Athen und Rom gleichrangig, wenn nicht sogar überlegen war. Die atemberaubend schöne Frau hatte Philosophie, Rhetorik, Musik und Dichtkunst sowie die Naturwissenschaften und Mathematik studiert und galt damit als eine der gebildetsten Frauen der Antike. Ganz ähnlich wie Penelope, die Frau des Odysseus, hatte sie ganze Heerscharen von Verehrern. Aber an der Ehe war Katharina nicht interessiert. Um dem familiären Druck zur Eheschließung zu entgehen, erklärte sie: »Findet mir einen jungen Mann, der mir in allen Gaben und Tugenden, die ich, wie ihr sagt, in herausragender Weise besitze, ebenbürtig ist, so werde ich ihn heiraten. Sucht überall, um einen zu finden, der mir an Sanftmut, Vermögen, Weisheit und Schönheit gleichkommt. Fehlt auch nur eine dieser Gaben, ist ein solcher Verehrer meiner nicht würdig.«[73] Ihre Verwandten wussten, dass ein solcher Mann nicht zu finden war und schlugen ihr daher den Sohn des römischen Kaisers sowie die Söhne anderer Adliger vor, die reicher waren als sie, mit ihrer Weisheit und Schönheit jedoch nicht mithalten konnten. Katharinas Antwort lautete, sie, die in klassischer Philosophie und Kultur so versiert sei, könne unmöglich mit einem ungebildeten Mann leben. Der Legende zufolge brachte ihre Mutter, die heimlich Christin war, sie mit einem Eremiten in Kontakt, der vor der Stadt im Verborgenen lebte. Der Eremit weckte Katharinas Neugier, als er ihr geheimnisvoll andeutete, er wisse von einem Bräutigam, der ihr an Wissen und Tugend unendlich überlegen sei und die ideale Verbindung für sie wäre. Nach dieser Begegnung sah sie Christus in zwei lebhaften Träumen, was zu ihrer Konversion zum Christentum führte. Der *Synaxaristis* zufolge überreichte Christus ihr im zweiten Traum einen Ehering. »Als die junge Frau erwachte, entdeckte sie, dass sie tatsächlich einen Ring an ihrer rechten Hand trug. Und ihr Herz war für den göttlichen Eros Christi, des Königs, eingenommen.«[74]

Während der Christenverfolgungen bekannte sich Katharina öffentlich zu ihrem Glauben, und dieses Bekenntnis führte dazu, dass sie am 25. November 305 n. Chr. geköpft wurde. Nach der Exekution verschwand ihr Leichnam auf geheimnisvolle Weise. Der Überlieferung zufolge trugen Engel ihn auf den Gipfel des höchsten Berges im Sinai, dem heutigen Katharinenberg. Dreihundert Jahre später fanden Mönche, ihren Träumen folgend, ihren Leichnam. Sie brachten ihn hinunter ins Kloster und legten ihn in ein goldenes Kästchen in der Kirche, das sich heute in einem Marmorsarg am rechten Eingang zum Altar befindet.[75] Es heißt, bis heute ginge von ihren sterblichen

73 Mathew Larngris (Hrsg), *Megas Synaxaristis tes Orthodoxou Ecclesias*, Iera Mone Metamorphoseos 11. Auflage 1991, S. 621.

74 Ebendort, S. 263.

75 Ergänzende Angaben aus: *Das Kloster St. Katharina im Sinai.* (Anm. d. Ü.)

Überresten ein süßer Duft aus, der als bleibendes Wunder gilt. So ist das Kloster seit dem 11. Jahrhundert auch als Kloster der Heiligen Katharina bekannt.

Ich hielt den Ring in der Hand und musste dabei an eine andere bekannte Märtyrerin denken, die wie Katharina aus Alexandria kam. Im Jahr 370 n. Chr. geboren, etwa drei Generationen nach Katharinas Tod und nachdem Konstantin das Christentum zur Staatsreligion des Römischen Reiches erhoben hatte, wurde Hypatia zur führenden Philosophin und Mathematikerin ihrer Zeit. Sie war der Kopf der Schule der Neuplatoniker in Alexandria und lehrte Philosophie, Mathematik und Astronomie. Wie Katharina galt sie als eine der schönsten, tugendhaftesten und gebildetsten Frauen der Antike, wies alle Verehrer ab und zog stattdessen das Geistesleben vor. Im Gegensatz zu Katharina, die von Heiden umgebracht worden war, wurde Hypatia 415 unter der Führung eines Mönchs, der sie als heidnische Ketzerin betrachtete, von einem fanatischen christlichen Mob ermordet. Ich fand die Parallelen zwischen diesen beiden tragischen Lebensgeschichten in Alexandria auffallend. Leider ist Fanatismus ein Dämon, der alle historischen Religionen heimgesucht hat.

Trotz ihres fehlgeschlagenen Versuchs, vom Gipfel des Mosesberges aus den Sonnenaufgang zu beobachten, strahlte Olympia vor Freude, als wir sie am frühen Nachmittag in dem von Beduinen bewirtschafteten Café des Klosters wiedertrafen. Sie saß beim Tee mit ihren drei Freundinnen. »Ich habe gefunden, was ich gesucht habe«, teilte sie uns voller Zufriedenheit mit. Dann erzählte sie, dass sie zunächst tief enttäuscht war, dass sie ihr Wanderabenteuer abbrechen musste. Doch dann erwies es sich als goldrichtig, »es musste einfach so sein«, wie sie sagte. Olympia nahm am frühmorgendlichen Gottesdienst teil, danach wurden die vier Frauen aus Zypern im *Archondariki*, dem Gästehaus des Klosters, mit Kaffee verwöhnt. Dort lernte sie einen Mönch kennen, der sie mit einem hochverehrten Eremiten und geistlichen Altvater bekannt machte. Vater Moses, im Katharinenkloster ein offenbar sehr beliebter Name, lebte in fußläufiger Entfernung vom Kloster allein in der Wüste. Es war eine leichte Wanderung, die

Olympia und ihre Freundinnen in etwas mehr als einer Stunde bewältigen konnten. »Er hat jeder von uns genau den passenden geistlichen Rat erteilt«, behauptete sie. Die anderen drei Frauen nickten. Dann berichtete uns Olympia von den ungewöhnlichen Fähigkeiten des Eremiten. »Es war ein unglaubliches Erlebnis«, rief sie. »Er hat in meiner Seele gelesen wie in einem offenen Buch.«

Vater Moses war nicht nur ein Eremit mit geistigen Gaben, sondern auch sozial engagiert und ein erstklassiges Organisationstalent. Er hatte eine Kooperative für den Verkauf traditionellen Kunsthandwerks gegründet und damit den Frauen aus vierhundert Beduinenfamilien zu finanzieller Unabhängigkeit verholfen. Er sammelte Geld von den Pilgern, die ihn aufsuchten, importierte Webstühle und Nähmaschinen und bildete die Frauen im Weben traditioneller Stoffe und ähnlicher Produkte aus, die man an Touristen und Klosterbesucher verkaufen konnte. Wir erfuhren, dass sich dank seiner Bemühungen die Stellung der Beduinenfrauen in der Region allmählich verbesserte. Olympia war so beeindruckt, dass sie sich bereit erklärte, ihre Produkte nach Zypern zu importieren. Tatsächlich organisierte sie nach ihrer Rückkehr einen Frauenabend in ihrem geräumigen Haus im ägyptischen Stil, kochte selbst für etwa vierzig Gäste, stellte die Arbeit von Vater Moses vor und warb eine substanzielle Menge an Geldern, Vitaminen, Medikamenten und Handcreme für die Beduinenfrauen ein.

Kaum hatte Olympia den Bericht über ihre Erlebnisse mit Vater Moses beendet, als ein Touristenbus auf das Klostergelände einbog. Eine Horde lauter, aufgedrehter Pilger ergoss sich aus dem Bus und stürmte in das von Weinreben umrankte Café. Innerhalb von Sekunden waren sämtliche freien Tische besetzt. Es waren lauter griechische Zyprioten aus Paralimni, einem Fischerdorf an der Küste, das inzwischen zur Touristenattraktion geworden war. Ihr Reiseführer kam aus demselben Ort und war ein Mann von grobschlächtigem Aussehen und ebensolchen Manieren, der wie ein Fußballtrainer Befehle und Ankündigungen herausbellte. »Um halb vier seid ihr hier. Dann geht's zur Wanderung auf den Berg«, kommandierte er.

Das überraschte uns. Wie wollten sie die Wanderung in der Tageshitze bewältigen? Wir unterhielten uns mit einigen Pilgern am

Nebentisch über unsere Erfahrungen und rieten ihnen, die Wanderung lieber am frühen Morgen als am Nachmittag zu unternehmen. Alle waren nach einer anstrengenden ganztägigen Busfahrt aus Kairo hier angekommen und sollten nun in nicht einmal einer Stunde auf den Berg steigen. Als einige Frauen ihren Reiseführer danach fragten, schrie der sie an, *er* sei ihr Reiseführer, und sie sollten auf niemand anderen hören. Er sei schon oft im Katharinenkloster gewesen, brüstete er sich, und wisse, wovon er rede. Auf weiteres Nachfragen musste er jedoch zugeben, dass er noch nie selbst auf den Mosesberg gewandert war. Dennoch blieb es bei dem Termin für die Wanderung um halb vier am Nachmittag. Keine weiteren Fragen.

Ich fragte mich, wie viele von diesen Pilgern, insbesondere von den Älteren, es wohl bis zum Gipfel schaffen würden. Dem Anschein nach hatten nur wenige die körperliche Konstitution für eine solche Wanderung, ganz zu schweigen von geeignetem Schuhwerk. Was sie aber im Gegensatz zu vielen Wanderern, denen wir begegnet waren, reichlich hatten, war religiöser Eifer und Begeisterung.

»Mir ist es egal, wann wir die Wanderung beginnen. Ich weiß, dass ich auf jeden Fall oben ankomme«, erklärte eine adipöse Großmutter am Nebentisch. »Deshalb bin ich doch hergekommen«, fügte sie hinzu und stieß ihren Stock heftig auf dem Fußboden auf. »Nichts kann mich aufhalten. Ich gehe erst wieder nach Zypern zurück, wenn ich meine Pilgerfahrt abgeschlossen und die Erde geküsst habe, auf der Moses die Zehn Gebote empfangen hat.«

Als die Frau ins Café gekommen war, war mir aufgefallen, dass sie sich kaum bewegen konnte, ohne ins Schnaufen zu geraten. Ich beugte mich zu Emily und flüsterte: »Wenn diese arme Oma den Gipfel erreichen soll, dann erfordert das kein geringeres Wunder als damals, als die Engel die sterblichen Überreste der heiligen Katharina von Alexandria in den Sinai gebracht haben.« Sowohl Emily als auch Olympia, die mich ebenfalls gehört hatte, brachen in Gelächter aus, wenngleich mir Emily für meine geistlich kontraproduktiven Gedanken auch spielerisch einen Verweis erteilte.

Wir haben nicht erfahren, wie es dieser Pilgergruppe aus Paralimni weiter ergangen ist. Daher konnte ich, zumindest zu der Zeit, nicht überprüfen, ob die übergewichtige Oma ihr Gelübde hatte erfüllen können.

Als wir auf unserer Rückreise am Flughafen Kairo ankamen, lag ein Gewitter in der Luft, und der Wind blies mit geradezu dämonischer Kraft. Das Flughafenpersonal trug weiße Atemmasken, versicherte uns aber, unser Flug würde pünktlich abheben, und von dem Sandsturm, der über die Region fegte, hätten wir nichts zu befürchten.

»Das ist schlimmer als der Aufstieg auf den Dschebel Musa«, sinnierte ich, als wir schließlich am Abfluggate saßen und uns vom Kampf gegen den herandrängenden Sand erholten. Da bemerkten wir, dass in unserem Flugzeug auch die zypriotische Reisegruppe aus Paralimni sitzen würde, die wir im Katharinenkloster getroffen hatten. Zu unserer Überraschung und Freude erfuhren wir, dass es den meisten mithilfe der Beduinen und ihrer Kamele gelungen war, den Gipfel zu erreichen, auch der schwer atmenden, übergewichtigen Großmutter. Dank der Unterstützung einiger muskelbepackter Beduinen, die ihr beim Aufstieg über die letzten 750 Stufen geholfen hatten, konnte sie sich ihren Traum erfüllen, die steinige Erde zu küssen, auf der Moses die Zehn Gebote empfangen hatte.

»Das ist wahrer Glaube«, hielt mir Emily vor Augen, während ich ungläubig und wenig überzeugend nickte. »Er versetzt Berge.«

Als das Flugzeug abhob, schaute ich aus dem Fenster zu, wie Kairo und seine Lebensader, der Nil, langsam verblassten. Im Handumdrehen hatte der Himmel über uns und das Mittelmeer unter uns seine vertrauten blauen und türkisfarbenen Nuancen wieder, und in wenigen Minuten waren wir außer Reichweite des Sandsturms, der uns so viele Unannehmlichkeiten bereitet hatte. Emily döste ein, und ich nutzte die Zeit, um mir ein paar Notizen über die geistlich bedeutungsvolle, aber kräftezehrende Pilgerreise zu machen, die wir soeben abgeschlossen hatten. Dann überflog ich eine englischsprachige Ausgabe eines ägyptischen Nachrichtenblatts. Eine beunruhigende kurze Meldung fiel mir besonders ins Auge.[76] Ich las, dass zwei ägyptische

76 *Daily News* (eine Beilage der *Herald Tribune*), 4. Mai 2009.

Abgeordnete der Muslimbruderschaft an einem Gesetzesentwurf arbeiteten, wonach Muslime, die zu einem anderen Glauben übertreten, schwer bestraft werden konnten. Diese Abgeordneten begründeten ihr Handeln mit einer umstrittenen Fatwa, der zufolge Konversion verboten ist und muslimische Konvertiten als Abtrünnige zu betrachten sind. Laut einem der Verfechter des Gesetzentwurfs ist es »für Muslime nicht richtig, zum Christentum überzutreten, weil dies auch die Ablehnung der Botschaft des Propheten Mohammed beinhaltet, was einen Rückschritt bedeutet, während Christen, die zum Islam übertreten, Jesus weiterhin verehren«. Der andere sagte: »Muslime, die konvertieren, weil sie überzeugt sind, dass das Christentum der wahre Glaube ist, verdienen härteste Bestrafung.« Menschenrechtsaktivisten begegneten dem Gesetzesentwurf der beiden Abgeordneten mit Abscheu. Sie behaupteten, er habe keine Chance, im Parlament durchzukommen, und richte sich gegen die ägyptische Verfassung.

»Allein schon, dass zwei Abgeordnete einen solchen Gesetzesvorschlag einbringen konnten«, sagte ich zu Emily, die soeben nach ihrem kleinen Power Nap wieder aufgewacht war, »ist für Christen beunruhigend, und dies in einem Land wie Ägypten, das bekannt ist für seine relative Offenheit und Toleranz gegenüber anderen Religionen, insbesondere gegenüber der Minderheit der koptischen Christen.«

Diese Zeitungsmeldung machte deutlich, dass religiöse Intoleranz eine unschöne Tatsache war, die in den letzten Jahren allmählich wieder die Oberhand gewann. »Was passiert mit dem Katharinenkloster und seinen siebenundzwanzig Mönchen«, fragte ich Emily, »wenn Menschen mit dieser Einstellung in Ägypten und anderen Ländern der Region an die Macht kämen?« Würden solche Regimes das *Ahtiname* Mohammeds noch achten, das für den Fortbestand des ältesten Klosters der Welt eine so entscheidende Rolle gespielt hatte?

Tatsächlich erscheint die Zukunft des Christentums in dieser Region, in der es vor zweitausend Jahren entstanden ist, recht düster. Verschiedene internationale Berichte sprechen von einer Massenauswanderung von Christen aus dem Nahen Osten infolge politischer Gewalt, geringer wirtschaftlicher Aussichten und dem Aufstieg des radikalen Islams. Man schätzt, dass die Christen vor hundert Jahren etwa ein Fünftel der Bevölkerung in der gesamten Region gestellt haben. Heute sind es noch etwa fünf Prozent, und ihre Anzahl sinkt rasch.[77] Die berühmtesten historischen Stätten der Christenheit, wie etwa die, die wir gerade besucht hatten, könnten daher schon bald kaum noch mehr sein als museale Relikte, ohne jede Bedeutung für die Menschen, die um sie herum leben. Die endgültige Auslöschung des Christentums im Nahen Osten ist eine Prognose, in der sich viele sachkundige Beobachter einig sind.[78] Zum Leidwesen der Christen hat der Islam im Nahen Osten den Nationalismus als zentrale Kraft persönlicher Identität abgelöst. Da die islamische Kultur sich insbesondere in ihrer fundamentalistischeren Ausprägung häufig im Gegensatz zum Westen definiert, ist das Christentum, einem Bericht der New York Times zufolge, mancherorts zur feindlichen Kultur geworden. Die pessimistische Einschätzung einiger christlicher Journalisten in der Region lautet, dass Christen ohne eine Wende zur Säkularisierung in der arabischen Welt dort keine Zukunft mehr haben.[79]

Dies waren die Probleme, die ich mit Emily besprach, als das Flugzeug zum Landeanflug auf den Flughafen Larnaka ansetzte. Unsere kurze, aber bereichernde Begegnung mit einem der wichtigsten Überreste des antiken Christentums hatte sie uns überdeutlich bewusst gemacht.

77 *New York Times*, 13. Mai 2009.

78 William Dalrymple, *From the Holy Mountain: A Journey Among the Christians of the Middle East*, Holt Paperbacks 1999.

79 *New York Times*, 13. Mai 2009.

11

Der innere Fluss

Zwei Tage nach unserer Rückkehr aus dem Katharinenkloster besuchte ich Vater Maximos in seinem Büro. Er unterschrieb gerade einen Stapel Papiere, darunter auch einige Trauscheine. »Ich erinnere mich noch sehr lebhaft an meinen ersten Tag im Büro als frisch geweihter Bischof«, sagte er, ohne seine Routinetätigkeit zu unterbrechen. »Ohne jede Vorerfahrung saß ich hinter meinem Schreibtisch und fragte mich, wie ich mit den vielen Problemen fertig werden sollte, die vor mir lagen. Dann klopfte ein sehr netter Priester, ein Angestellter in der Bischofsresidenz, an die Tür und bat mich, dringend einen Stapel Papiere zu unterzeichnen, genau wie jetzt. In der Übergangsphase und wegen der Turbulenzen um die Wahl eines neuen Bischofs waren sie länger nicht unterzeichnet worden. ›Ich unterschreibe sie gerne, Vater‹, sagte ich und griff zum Füller. Ich war neugierig zu erfahren, was meine erste Amtshandlung als Bischof sein würde. Aber siehe da, alle Papiere, die er mir zur Unterschrift vorlegte, waren Scheidungsurkunden! Ich war schockiert und niedergeschlagen.« (Im Gegensatz zur katholischen Kirche erlaubt die östlich-orthodoxe Kirche die Scheidung, wenn sämtliche Versöhnungsversuche fehlgeschlagen sind.)

Noch schockierter war er, so erzählte mir Vater Maximos, als er erfuhr, dass ein Drittel aller Ehen, die jedes Jahr in seiner Diözese geschlossen werden, mit einer Scheidung enden.

»Ein Drittel«, sagte ich, »ist immerhin besser als fünfzig Prozent, wie in den Vereinigten Staaten.«

Vater Maximos sagte, in der Beichte habe er gemerkt, wie gravierend familiäre und eheliche Probleme sind. Er hörte sich die Probleme hunderttausender Menschen an, von alten und jungen, Männern und

Frauen, und ergriff dann eine Reihe von Maßnahmen zur Unterstützung von Familien. Unter anderem plante er die Einrichtung einer Zufluchtsstätte für Frauen, die Opfer häuslicher Gewalt waren. Agia Skepi, ein Drogenentzugszentrum, wie es in der Region einzigartig war, hatte er bereits aufgebaut. Darüber hinaus begründete er eine Vortragsreihe für junge Menschen, um sie auf die Ehe vorzubereiten.

Tatsächlich kam noch während ich mich mit ihm in seinem Büro unterhielt, eine Gruppe von etwa zwanzig Männern mit ihrem Leiter herein. Sie waren zwischen achtzehn und dreißig, kamen aus einem Dorf in der Nähe und gehörten einer Vereinigung junger Männer zur »Selbstvervollkommnung« an. Zweck ihres Besuches war ein Gespräch mit dem Bischof über Dinge, die sie beschäftigten. Die Ehe stand ganz oben auf ihrer Liste. Vater Maximos hielt ihnen einen kurzen Vortrag darüber, dass die Kirche die Ehe als Sakrament betrachtet, als eine Form der *Askesis* zur Selbstüberwindung und Einswerdung mit Gott. Dann lud er sie ein, ihre Fragen zu stellen. Die jungen Männer brannten auf seinen Rat und bestürmten ihn mit Fragen, die sich zumeist um Brautwerbung und Ehe drehten.

Großspurig verkündete ein junger Mann Mitte zwanzig, am Wochenende komme er nicht vor fünf Uhr morgens nach Hause.

»Wirklich! Warum?«, fragte Vater Maximos. »Arbeitest du so lange?«

»Nein, ich bin auf Brautschau.« Er sagte, er besuchte Discos und Nachtclubs.

»Und du glaubst, dass du an diesen Orten und um diese Uhrzeit eine Frau findest?«, fragte Vater Maximos ungläubig und fuhr dann halb im Scherz fort: »Warum bringst du mir nicht gleich die Scheidungsurkunde? Dann kann ich sie unterschreiben und dir weitere Besuche dort ersparen.«

Nachdem unser Lachen verklungen war, beklagte sich ein achtundzwanzigjähriger Polizist, Frauen könnten heutzutage einfach nicht mehr kochen.

»Ist dir das so wichtig?«, fragte Vater Maximos. »Warum kochst du nicht selbst?«

»Aber das wäre doch gegen jede Regel«, erwiderte der Polizist trocken. Ich versuchte, ernst zu bleiben. »Hausarbeit ist von Natur aus Frauensache und nichts für Männer. Paulus sagt, dass Frauen ihren Männern gehorchen sollen.«

Vater Maximos schüttelte den Kopf. »Nein, nein! Der Gehorsam, von dem Paulus in diesem Abschnitt spricht, meint den Gehorsam gegenüber der Liebe Christi, nicht gegenüber ihren Männern. Und er gilt auch für Männer gegenüber ihren Frauen. In Wirklichkeit hält Paulus Männer und Frauen an, einander zu gehorchen, das heißt, totale Liebe und Hingabe füreinander zu empfinden und sogar bereit zu sein, sich um des anderen willen selbst aufzugeben. Wenn du deine Ehe ausschließlich mit hedonistischen Erwartungen eingehst, das heißt, die Ehe als ein Mittel betrachtest, deine Wünsche und dein Verlangen zu bedienen, dann hast du ihr Scheitern schon vorprogrammiert.«

»Aber was ist denn dann der Sinn und Zweck der Ehe, Vater?«, fragte der Polizist verunsichert.

»Sinn und Zweck der Ehe ist die Überwindung der Ehe«, erwiderte Vater Maximos. Er merkte, dass sie nicht verstanden, wovon er sprach, und erklärte daher weiter, der primäre Zweck der Ehe sei nicht die Vermehrung, wie im Allgemeinen angenommen wird, und auch nicht die Maximierung körperlicher Freuden. »Kinder zu haben, ist gut und ein Segen. Und es ist gut, dass zwei Menschen gerne beisammen sind. Aber der tiefere Grund für ihre Ehe, wie die Kirche sie versteht, besteht darin, dass die beiden ihre Beziehung zu Gott wiederherstellen und auf ihre Vergöttlichung hinarbeiten. Dies ist die Grundlage einer gelingenden Ehe. Alles andere ist ein Nebenprodukt dieses höchsten Ziels.

Glaubt nicht, dass euer Eheleben einfach wird«, warnte er. »Das Familienleben ist ein Training, wie man zuerst an andere denkt und für sie sorgt und dann erst an sich selbst.«

»Es ist ein Training zur Überwindung von Egoismus«, warf ihr Leiter, ein Fußballtrainer, ein.

»Ja. Ihr überwindet die Grenzen des Ichs. Durch die Beichte habe ich im Laufe der Jahre entdeckt, dass das Leben als Ehemann und als Mönch vieles gemeinsam haben. Wenn man in seiner jeweiligen Rolle erfolgreich sein will, muss man seinen Narzissmus überwinden. Die Kirche segnet das Eheleben, weil es in Wirklichkeit eine Möglichkeit ist, zu Gott zu gelangen, indem man sich in Liebe mit einem anderen Menschen vereint. Wenn man endlose Freuden und Glück erwartet, wird man schwer enttäuscht. So ergeht es vielen Paaren. Bei den kleinsten Schwierigkeiten flüchten sie in die Scheidung oder in eine außereheliche Affäre.«

Am selben Abend besuchten wir einen Vortrag, den er vor einem ganz anderen Publikum hielt, darunter viele Studenten. Die Universität von Zypern hatte in Limassol direkt neben der Bischofsresidenz eine Außenstelle eingerichtet. Viele Studierende fanden in Vater Maximos einen weisen Altvater, der sie bei persönlichen Problemen und in existenziellen Fragen beriet. In seinem Vortrag sprach Vater Maximos noch einmal von der Ehe und ging dabei näher auf einige entscheidende Faktoren ein, die seiner Meinung nach zur Scheidung führten.

»Nach dem zu urteilen, was ich in der Beichte höre«, sagte Vater Maximos, »ist ein entscheidender Faktor, der zur Scheidung führt, die Unfähigkeit zum Gespräch. Mir ist aufgefallen, dass dieses Problem schon in der Schule anfängt. Wir lernen schon sehr früh, dass es im Leben vor allem darauf ankommt, sich gut auszudrücken und ordentlich zu benehmen, höflich zu sein und mit Sprache richtig und intelligent umzugehen. Doch wir haben vergessen oder vielleicht nie gelernt, dass Voraussetzung für die Kommunikation mit anderen nicht nur das Reden, sondern vor allem das Zuhören ist. Diese Kunst hat uns keiner gelehrt. Das ist traurig, denn in unserer Kultur gibt es eine wunderbare Überlieferung, die einen anleitet, wie man ein guter Zuhörer wird. Dabei denke ich natürlich an die Lehren der heiligen Altväter. Sie haben sehr großen Wert aufs Zuhören gelegt und auf die Aufmerksamkeit für das, was der andere sagt.«

Als Beispiel nannte Vater Maximos die Lehren des heiligen Nikodemos vom Heiligen Berg, des Verfassers der *Philokalia*[80], der im 17. und 18. Jahrhundert gelebt hat.

---

80 Kallistos Ware (Hrsg.), *Philokalia: The Complete Text, Compiled by St. Nikodemos of the Holy Mountain and St. Makarios of Corinth,* Band 4, übersetzt von Kallistos Ware, Philip Sherrard und G. E. H. Palmer, Faber & Faber 1999. Eine deutsche Ausgabe der Philokalie ist erschienen als: Gregor Hohmann (Hrsg.), Dietmar Süssner, *Philokalie der heiligen Väter der Nüchternheit,* 6 Bände, Verlag »Der christliche Osten« 2004-2016.

»Der heilige Nikodemos, der selbst Eremit war, leitete die Mönche auf dem Athos an, gute Zuhörer zu werden, eine Voraussetzung dafür, dass sie gute geistliche Führer und Beichtväter würden. Was er gelehrt hat, gilt meiner Meinung nach auch für normale zwischenmenschliche Beziehungen, insbesondere wenn es um das Eheleben geht. In allen Einzelheiten unterweist er seine Schüler, wie sie bei der Beichte auf ihrem Stuhl zu sitzen haben, wie sie ihr Gegenüber anzusehen und in der Beichte auf seinen Gesichtsausdruck zu achten haben. Er sagt ihnen, dass sie sorgfältig darauf achten sollen, weder durch eine körperliche noch durch eine mimische Regung beim anderen Unbehagen auszulösen. Er unterweist angehende geistliche Führer sogar darin, wie sie beim Zuhören atmen sollen, ungeachtet dessen, was sie zu hören bekommen.

Wenn man diese Anleitungen durchgeht, wird man ganz ehrfürchtig, was für eine ausgefeilte geistliche Überlieferung wir dazu haben, wie man einem anderen Menschen zuhören und mit ihm kommunizieren sollte.«

Weiter sagte Vater Maximos, mit großer Freude habe er erfahren, dass man an einigen europäischen Universitäten Seminare in der Kunst des Zuhörens belegen kann. »Das erste Mal habe ich dies von einer jungen Frau in Nikosia gehört, die ein Stipendium für eine Ausbildung im richtigen Zuhören erhalten hat. Ich fragte sie: ›Hast du wirklich nach London gehen müssen, damit du Zuhören lernst, meine Liebe?‹ Doch schon bald wurde mir bewusst, dass wir in diesem Lebensbereich tatsächlich Schulung brauchen. Deshalb bin ich froh, dass Zypern Mitglied der Europäischen Union ist. Vielleicht lernen wir jetzt endlich, einander zuzuhören!«

Dann fuhr Vater Maximos fort: »Ich sehe Menschen, die als Paar kommen, weil sie wegen ihrer Probleme eine Mediation möchten. Den meisten ist es sehr ernst damit. Sie wünschen sich sehnlichst, in Harmonie miteinander zu leben, können es aber nicht, weil sie zuhörbehindert sind. Sie wissen einfach nicht, wie man aufmerksam darauf achtet, was der andere sagt. Beide Seiten bringen nur immer wieder ihre sehr überzeugenden Argumente und Beschwerden vor. Es ist, als habe man zwei fein abgestimmte Tonbänder vor sich, die gleichzeitig laufen. Es gibt keinerlei Kommunikation zwischen beiden, nicht im Geringsten.

Ich kann euch aus persönlicher Erfahrung sagen, dass es in neunzig Prozent aller Fälle nicht deshalb zur Scheidung kommt, weil eine dritte Person involviert ist, sondern vor allem, weil beide unfähig sind, einander zuzuhören. Dritte kommen normalerweise erst später ins Spiel, als eine Folge dieses Problems. Die Ehegatten verschließen sich einfach in sich. Der Ehemann geht völlig in seiner Arbeit auf und jongliert oft mit zwei oder drei Jobs, um seiner Familie ein gutes Leben zu bieten, wie er meint, und bei der Ehefrau ist es nicht anders. Beide kommen erschöpft nach Hause. Dann haben sie nicht nur keine Zeit, sich zusammenzusetzen und miteinander zu reden, sondern sie projizieren gegenseitig den gesamten Frust und die Erschöpfung durch ihren Arbeitsalltag aufeinander. Wenn sie Kinder haben, versuchen sie sich weiszumachen, dass sie aus diesen oder jenen Gründen ein guter Vater beziehungsweise eine tolle Mutter sind. Ihr ganzes Leben ist eine einzige Aufopferung für die Kinder. Ihnen ist gar nicht klar, dass ihre Kinder in Wirklichkeit vor allem Harmonie zwischen den Eltern brauchen.

Ich gehe oft an Schulen und unterhalte mich mit Jugendlichen. Eine Standardfrage, die die Schüler mir stellen, lautet: ›Vater, warum ist es falsch, wenn wir Sex haben? Warum ist die Kirche so streng, was voreheliche Beziehungen angeht?‹ Ich sage ihnen, dass die Kirche tatsächlich gegen Sex vor der Ehe ist, nicht weil sie Beziehungen zwischen Männern und Frauen untergraben will, sondern weil sie möchte, dass diese Beziehungen auf einer soliden Grundlage aufgebaut werden. Wenn man nicht schon als Jugendlicher lernt, einen anderen Menschen nicht bloß als Mann oder Frau, sondern in erster Linie als Person zu sehen, dann führt dies geradezu zwangsläufig zu Problemen in der Ehe. Man ist dann nicht fähig, den anderen als Persönlichkeit zu sehen und nicht bloß als Lustobjekt. Zumindest ist das offenbar hier in Zypern so.

Wenn eine gelingende eheliche Bindung entstehen soll, dann ist es wichtig, dass Mann und Frau zuerst herausfinden, wie der andere fühlt und denkt und die Welt sieht. Ziel ist nicht, den anderen zu erobern, zu unterwerfen und zu vereinnahmen, die Persönlichkeit des anderen auszulöschen, sondern dass beide ein neuer Mensch werden. Ich glaube, wir haben in unserer Sprache ein einzigartiges Wort, wenn wir von einem Ehepaar sprechen. Wir bezeichnen sie als *Androgyno* [Mannfrau], eine neue persönliche Realität, die liebevolle Vereinigung von Mann und Frau. Eine solche Situation entsteht, wenn beide ihre jeweiligen Gaben in die Einheit einbringen, was zu einer neuen gemeinsamen Persönlichkeit führt, die beide auszeichnet. Dies ist das Ideal, das man in der ehelichen Verbindung anstreben sollte.«

Nachdem er etliche Fragen beantwortet hatte, endete Vater Maximos wie immer mit einem Gebet und begab sich dann in den Vorhof der Bischofsresidenz. Eine Gruppe von Studenten umringte ihn, bat um seinen Segen und stellte ihm weitere Fragen.

Auch wir gingen nach draußen und unterhielten uns mit einigen Freunden, darunter Lavros, Antonis und seiner Frau Frosoula, Stephanos und Erato. Sie waren alle enge Bekannte von Vater Maximos und zugleich gute Freunde von uns. Als Vater Maximos uns entdeckte, winkte er uns zum Zeichen, ihm in die Cafeteria zu folgen, um uns ein wenig zu stärken und zu unterhalten. Nach einem Tag mit unangenehm hohen Temperaturen war die abendliche Kühle sehr erholsam.

Vater Maximos saß an der Längsseite eines rechteckigen Tischs, und wir nippten an unserem frisch gepressten Orangensaft. Auf die Frage eines jungen Professors der Universität von Zypern, warum Vater Maximos sich entschieden hatte, unverheiratet zu bleiben und Mönch zu werden, erging sich Vater Maximos in Erinnerungen an seine Jugend. Jetzt, da er nicht mehr in einem Kloster war, konnte er frei über seine Vergangenheit sprechen, wovon jungen Novizen abgeraten wird.

»Mit fünfzehn habe ich beschlossen, Mönch zu werden«, sagte Vater Maximos. »Meine Mutter war so aufgebracht, dass sie drohte, sie werde Gift schlucken und sich damit das Leben nehmen. Gottseidank hat sie nur geblufft. Eines Tages habe ich einfach beschlossen, von zu Hause fortzugehen. Ich stieg auf mein Fahrrad, und vier Stunden später stand ich vor einem Kloster etliche Kilometer hinter Limassol.

Nicht ahnend, dass es sich um ein Frauenkloster handelte, verkündete ich der Äbtissin, ich wolle als Mönch hierbleiben. Sie ist mir als eine massige Frau in Erinnerung, die vier Stühle brauchte, um sich niederzulassen! Als sie meine Worte hörte, bekreuzigte sie sich und sagte: ›*Christos jai Panagia mou!*‹ [Herr Jesus Christus und heilige Muttergottes!] Sie winkte eine ihrer Assistentinnen herbei: ›Schwester‹, sagte sie, ›bitte ruf ein Taxi, das dieses Kind sofort zu seiner Mutter bringt.‹

Später beschloss ich, nach Nikosia zu fahren, um mit Erzbischof Makarios höchstpersönlich zu sprechen. (Damals war der Erzbischof zugleich der erste Präsident der Republik Zypern. Die erzbischöfliche Residenz, in der der Erzbischof und Präsident residierte, war schwer bewacht.) Merkwürdigerweise beachtete die Polizei mich gar nicht, als ich eintrat. Ich bin einfach hineinmarschiert und in Makarios' Büro gegangen, wo er gerade ganz alleine beim Frühstück saß. Bass erstaunt schaute er mich an und fragte: ›Wer bist du und was machst du hier?‹ Ich antwortete: ›Ich möchte Mönch im Kloster Kykkos werden‹, in dem Kloster, in dem auch Makarios seinen Werdegang als Mönch begonnen hatte. Makarios erwiderte: ›Geh ein paar Zimmer weiter zu St. Konstantias. Wahrscheinlich kann er dir helfen.‹ Ich dachte, ich würde quasi einem Heiligem begegnen! Ich hatte keine Ahnung, dass es sich bloß um einen Titel handelte. Tatsächlich war St. Konstantias Bischof Chrysostomos von Paphos, der Makarios später als Erzbischof nachfolgte. Ich erklärte meine Absicht, doch er schüttelte den Kopf und meinte: ›Eine schlechte Idee!‹ Er forderte mich auf, nach Paphos zu gehen und meinen Schulabschluss zu machen. Das habe ich gemacht. In gewisser Weise hat der Bischof mich adoptiert. Solange ich in Paphos in die Schule ging, durfte ich in der Bischofsresidenz wohnen. Bevor ich sein Angebot annahm, fragte ich ihn, ob ich in der Schule das Mönchsgewand tragen dürfe. Ich war ganz versessen darauf, die Straßenkleidung abzulegen und das Mönchsgewand zu tragen. ›Das kannst du, wenn du möchtest‹, erwiderte er. Mit dieser Gewissheit nahm ich sein Angebot an und ging nach Paphos, trotz der Vorbehalte meiner Familie. Nach meinem Schulabschluss schickte mich der Bischof zum Theologiestudium an die Universität Thessaloniki. Kaum dass ich meinen Abschluss in der Tasche hatte, schloss ich mich den Mönchen auf dem Athos an.«

»Sie waren ein ganz schöner Rebell!«, witzelte Emily.

»Tatsächlich habe ich mich als Jugendlicher an einem Aufstand gegen den damaligen Bischof von Limassol, Anthimos, beteiligt. Erinnert ihr euch noch daran, als er zusammen mit einigen anderen Bischöfen versucht hat, Makarios zum Rücktritt als Präsident zu zwingen? Als Jugendlicher war ich ein fanatischer Makarios-Anhänger und habe an einer Demonstration teilgenommen, die aus dem Ruder gelaufen ist. Wir standen vor der Bischofsresidenz, genau hier, brüllten Slogans und bewarfen das Gebäude mit Steinen. Stellt euch das mal vor! Dann kam die Polizei, und wir rannten weg. Fast wäre ich verhaftet worden. Wenn ich heute auf den Stufen der Bischofsresidenz stehe, muss ich oft daran denken, dass ich als Jugendlicher auf genau dieser Treppe Steine geworfen habe.«

Vater Maximos war gelöster Stimmung und erzählte weitere heitere Geschichten und Einzelheiten aus seiner Kindheit und Jugend in Zypern, bevor er auf den Athos ging.

»Ich erinnere mich, dass Sie mir vor einiger Zeit erzählt haben, Ihr erster Eindruck vom Athos sei nicht gerade vorteilhaft gewesen«, betonte ich.

»Das stimmt! Zuerst war ich entsetzt über das, was ich dort gesehen habe, und wollte nichts mit diesem Ort zu tun haben. Ich erinnere mich, dass bei den nächtlichen Gottesdiensten im Kloster Dionysiou alles dunkel war und nur eine einzige Kerze brannte. Die Mönche standen schweigend im stillen Gebet, und ich dachte, ich sei im Land der Toten. Alles Leben schien aus ihnen gewichen. Wie sollte ich an so einem Ort überleben können? Das waren die ersten Gedanken, die mir durch den Kopf gingen. Dann kam aus der Dunkelheit ein Mönch auf mich zu, der vor der Ikone der Jungfrau gebetet hatte, und flüsterte mir ins Ohr: ›Diese Mönche, die du da im Gebet siehst, sind nicht tot. Sie sind vielmehr die wahrhaft Lebendigen. Die wahrhaft Toten sind die Menschen draußen, die in der Welt leben.‹ Dann ging er wieder. Ich war sprachlos, wie ihr euch vorstellen könnt. Diesem Mönch war ich noch nie begegnet. Woher wusste er, was mir durch den Kopf ging?«

Schon bald wurde Vater Maximos klar, dass viele dieser Mönche, die er für tot gehalten hatte, voller Freude und innerem Frieden waren, weil der Heilige Geist in ihnen vollständig aktiviert war. Dann erinnerte er sich an Altvater Enoch, einen rumänischen Mönch auf dem Athos, der häufig etwas Lächerliches tat. Er erzählte, wie er den Altvater einmal zu einer ärztlichen Behandlung nach Thessaloniki begleitet hatte. Sie befanden sich gerade in einem großen Wohnblock, als ein Erdbeben der Stärke 7 auf der Richterskala einsetzte. Es gab schwere Zerstörungen. »Der Wohnblock zitterte wie ein Blatt im Wind. Alle rannten nach draußen in die Parks. Ich wollte gerade dasselbe tun, aber da fiel mir Altvater Enoch ein. Ich öffnete seine Tür und sah ihn dasitzen und mit seiner *Komboskini* [geknotete Gebetsschnur] beten. ›Was machen Sie da?‹, fragte ich ihn. ›Es gibt ein Erdbeben und wir müssen raus.‹ Der alte Enoch sah mich an und sagte in seinem gebrochenen Griechisch ›*Mbre, Enoch den fevgi*‹ [Enoch geht nicht weg]. Wenn Gott will, dass Enoch stirbt, dann stirbt Enoch. Wenn nicht, bleibt Enoch am Leben. *Mbre den echis pisti!* [Du hast ja selbst keinen Glauben!]‹ Ich konnte ihn nicht davon überzeugen, mit mir zusammen das Haus zu verlassen, also bin ich alleine rausgerannt. Alle waren auf der Straße zusammengelaufen, viele Gebäude waren eingestürzt, und alle Balkone heruntergekracht. Nur ein Gebäude in der ganzen Gegend stand noch, und das war das, in dem sich Enoch befand. Nach dem Erdbeben trat er auf den Balkon und beobachtete die Menschen im Park.«

Für Vater Maximos war Enoch ein Beispiel für den Narren in Christus, der absolut an Gott glaubt und auf Ihn vertraut, egal was ihm geschieht.

Bevor wir auseinandergingen, erinnerte ich Vater Maximos noch einmal an sein Versprechen, das Gespräch über die Früchte des Heiligen Geistes fortzusetzen, das wir vor vielen Monaten in Boston unvollendet abgebrochen hatten. »Wir haben immer noch nicht über die Liebe gesprochen, die nach Paulus an der Spitze der Hierarchie der Früchte des Heiligen Geistes steht«, betonte ich.

Lächelnd nickte er. »Also sprechen wir über die Liebe, bevor du wieder nach Maine gehst.«

Vater Maximos dachte einen Augenblick nach, zog seinen riesigen Kalender aus seiner Aktentasche und sah seine vielen Termine durch. Vorbei waren die Zeiten, als er als Abt des Klosters Panagia noch Zeit zum informellen Gespräch über wichtige Fragen des geistlichen Lebens hatte. In jenen Jahren brauchte er noch keinen Terminkalender zu zücken.

»Wie wäre es am Montagmorgen am Mesa Potamos [am Inneren Fluss]?«

»Das wäre wunderbar.« Ein Treffpunkt Innerer Fluss konnte nur günstig sein, dachte ich.

Am Montagmorgen um halb sieben Uhr fuhr Lavros Emily und mich zum Kloster Mesa Potamos im Troodos-Gebirge. Der SUV, den Lavros fuhr, ein allradgetriebener Pajero, eignete sich besser für den Aufstieg zu dieser klösterlichen Außenstelle über steile, nicht asphaltierte und mit Kiefernzapfen übersäte Straßen als unser in die Jahre gekommener Honda.

Mesa Potamos, bis vor Kurzem noch eine verlassene mittelalterliche Ruine, war auf Initiative von Vater Maximos renoviert worden. Dann rekrutierte er sieben junge Schüler aus dem Kloster Panagia, wo er Abt gewesen war, um das wiederauferstandene Kloster zu besetzen. Dank mehrerer Millionen Euro von einem wohlhabenden Philanthropen aus Zypern war das Kloster zu einem weiteren architektonischen Juwel und einer neuen Drehscheibe klösterlichen Lebens im Herzen des Troodos-Gebirges geworden, umgeben von einem unberührten Kiefernwald. Gleich nebenan verläuft ein rauschender funkelnder Gebirgsbach, daher der Name Mesa Potamos.

Als wir ankamen, war die frühmorgendliche Liturgie bereits beendet. Wir parkten neben dem Außentor. Vater Maximos stand im Innenhof, umringt von mehreren Mönchen. Er winkte uns heran. Nachdem wir eine Weile geplaudert hatten, bat er Lavros und mich, ihn und die anderen Mönche zum Frühstück in den Speisesaal zu begleiten. Gemäß der athonitischen Klosterregel müssen Männer und Frauen getrennt speisen, ein Brauch, der nicht immer mit der modernen Lebensweise vereinbar ist. Ich weiß noch, als ich Vater

Maximos einmal zum Frauenkloster St. Herakledios fuhr, mussten wir beide alleine in der Küche essen, während die Äbtissin zusammen mit den Nonnen und einigen Besucherinnen im angrenzenden Saal speiste. Wie paradox, dachte ich damals, dass Vater Maximos, der Beichtvater dieser Nonnen, der sich seit Jahren ihre innersten Gedanken und Geheimnisse anhört, zusammen mit mir getrennt von ihnen essen musste.

Vater Maximos erteilte Anweisung, Emily, die am Rand des Hofes in einer weinumrankten Ecke im Schatten einer großen Eiche saß, ein Frühstück zu bringen. Sie versicherte uns, dass es für sie völlig in Ordnung war, dort alleine zu frühstücken, ihr Buch zu lesen und den Nachtigallen zu lauschen.

Nach unserem vierzigminütigen Frühstück fanden wir Emily im Gespräch mit Stephanos und Erato. Auch sie waren gekommen, um Vater Maximos' Vortrag über die letzte Frucht des Heiligen Geistes zu hören. Auch Vater Paisios, der junge, herzliche Abt des Klosters, gesellte sich zu uns. Zu siebt saßen wir auf Bänken unter der Eiche.

Ich eröffnete das Gespräch, indem ich meine Notizen durchsah und den anderen mitteilte, was Vater Maximos schon oft zum Thema Liebe gesagt hatte. Liebe ist die vollkommenste Frucht des Heiligen Geistes, und sie zeigt sich im Leben, wenn man alle anderen Geistesfrüchte entwickelt hat, die Paulus in seinem Brief an die Galater aufzählt (Galater 5,22-23): Liebe, Freude, Friede, Geduld, Freundlichkeit, Güte, Treue, Sanftmut und Selbstbeherrschung. Echte göttliche Liebe ist eine Eigenschaft der Seele, die zuletzt offenbar wird, nachdem man alle anderen Tugenden entwickelt hat, angefangen mit Selbstbeherrschung oder Keuschheit.

»Heute ist viel von der Liebe die Rede. Alle Menschen sehnen sich nach ihr«, bemerkte Vater Maximos. Er hielt einen Moment inne und fuhr dann scherzhaft fort: »Liebe und Frieden sind heute als Gesprächsthema schwer in.«

»Beide sind ein rares Gut«, witzelte Lavros.

»Die Menschen haben Liebe und Frieden zu Schlagwörtern gemacht. Aber in Ordnung«, fügte Vater Maximos hinzu. »Es ist gut, wenn man sich mit solchen Inhalten beschäftigt, auch wenn es nur

Schlagworte sind. Sagen wir, es ist ein Fortschritt, auch wenn wir über die Liebe nur im Abstrakten nachdenken.

Aber die Liebe, so wie sie von Christus gelehrt wird und wie die Ekklesia sie durch die Erfahrungen der heiligen Altväter und Apostel versteht, ist nicht bloß ein Gefühl. Sie hat nicht dieselbe Bedeutung wie wenn man sagt, ›ich liebe die und die oder den und den‹ oder ›ich liebe meine Freunde‹ oder meine Schüler oder meine Frau oder meine Kinder oder gar ›ich liebe die ganze Welt‹. Dies sind menschliche Gefühle, die natürlich Manifestationen eines integralen Bestandteils unseres tiefsten Wesens sind.«

»Wir sind zur Liebe geschaffen«, stellte Lavros fest.

»Ja, aber wir sind nicht nur zur Liebe geschaffen. Wir *sind* Liebe! Das ist so, weil Gott Liebe ist. Johannes der Theologe sagt dies unzweideutig im Evangelium: ›Ihr Lieben, lasst uns einander lieb haben; denn die Liebe ist von Gott, und wer liebt, der ist aus Gott geboren und kennt Gott. Wer nicht liebt, der kennt Gott nicht; denn Gott ist Liebe.‹ [1. Johannes 4, 7-8] Deshalb sind wir Liebe, denn wir sind Gottes Ebenbild. Durch die Gnade hat der Mensch, was Gott in Seinem innersten Wesen trägt.

Eines müssen wir an dieser Stelle unbedingt klarstellen«, fuhr Vater Maximos fort. »Gott ist Liebe, aber die Liebe ist nicht Gott.«

»Ich kann da keinen Unterschied erkennen«, bemerkte Lavros.

»Es besteht ein riesiger Unterschied. Für uns ist Gott die Person, die Liebe ist. Die Liebe hingegen ist keine Person. Nach weltlichem Verständnis wird die Liebe oft zu einer Form des Götzendienstes. Sie wird zu Gott. So sagen wir zum Beispiel: ›Die Liebe ist alles. Die Liebe steht über allem anderen.‹«

»Ist es denn nicht so?«, fragte ich.

»Natürlich ist es so. Aber wir vergessen, das Gott Liebe ist und nicht umgekehrt.«

»Das könnte für Verwirrung sorgen«, warf Emily ein.

»Schaut. Wonach der Mensch wirklich sucht, das ist Gott. In Gott und in seiner Beziehung zu Gott findet der Mensch wahre Freude und wahren Frieden und alles, was Paulus als die Früchte des Heiligen Geistes bezeichnet, einschließlich der Liebe. Wenn wir mit den

Früchten des Geistes beschenkt werden, fühlen wir uns vollständig. Uns fehlt nichts. Aber wir müssen uns stets darüber im Klaren sein, dass das, was wir im Leben wirklich suchen, Gott ist und nicht die Früchte des Geistes.«

»Man könnte leicht annehmen, dass hier kein Unterschied besteht«, sagte Stephanos, der, wie Erato, bislang zumeist geschwiegen hatte.

»Ich will es klarstellen. Unser wahres Ziel ist nicht Freude oder Frieden oder Selbstbeherrschung oder Liebe oder eine andere Frucht, die Paulus nennt. Unser Ziel ist Gott. Alles andere ist eine Folge unserer Beziehung zu Gott. Könnt Ihr mir folgen?

Um zu Gott zu gelangen, muss ich mich in Selbstbeherrschung und Mäßigkeit üben«, fuhr Vater Maximos fort. »Ich muss große Anstrengungen unternehmen, um wahrhaft Liebe zu lernen. Ich muss um Gelassenheit ringen. Wenn ich mit Gott eins werde, kommen alle diese Eigenschaften, an denen ich unermüdlich arbeiten musste, ganz von selbst. Dann sind sie natürliche Nebenprodukte meiner Beziehung zu Gott.

Zum Beispiel gibt es Momente, in denen man wütend oder verärgert ist. Dann ist es wichtig, dass man darum ringt, sich von seiner Wut nicht leiten oder beherrschen zu lassen. Man muss darum ringen, sich von Bosheit, Hass, Aufregung und Ähnlichem nicht an die Kandare legen und in eine Richtung drängen zu lassen, dass man unziemliche Dinge sagt oder tut, Dinge, die man gar nicht will und die das Gegenteil von Liebe sind. Sagen wir, dieser persönliche Kampf ist ein Instrument, ein Schritt, der uns zu Gott hinführt.

Noch einmal, wenn wir Gott begegnen, entsteht das, was wir zuvor nur durch große Anstrengung erlangen konnten, ganz von selbst und ohne alle Mühe. In diesem Zustand der Gottesverwirklichung lassen wir gewöhnlich nicht zu, dass Wut oder Bosheit in unser Herz dringen. Wir regen uns nicht auf, wir werden nicht wütend, wir ärgern uns nicht. Alle diese Zustände vergehen. Sie gehören unserer Vergangenheit an.«

»Wie Sie aber an früherer Stelle gesagt haben, können wir auf der höchsten Stufe unserer spirituellen Entwicklung wütend werden, ohne dadurch der Sünde zu verfallen«, sagte ich.[81]

»Genau. Wir können unsere Seelenkräfte in ihrer natürlichen Form mobilisieren. Das heißt, wenn wir zu Gott gelangt sind, beherrschen wir die Gabe der Wut, die Gott uns ins Herz gepflanzt hat, damit wir dem Bösen widerstehen können. Wie gesagt, Wut in ihrer natürlichen Form ist sehr wichtig. Sie ist eine gottgegebene Seelenkraft. Aber Wut darf nie mit egoistischen Leidenschaften vermischt werden. Sie darf sich nicht gegen Mitmenschen richten, sondern nur gegen die Versuchung, die uns von Gott abzuschneiden droht. Kurzum, Wut darf die Liebe nie untergraben. Die einzig legitime Wut ist die, die uns helfen kann, uns in der Wahrheit zu verankern und die unsere Beziehung zu Gott zu festigen vermag. Es ist die Wut, die sich einzig und allein gegen unsere destruktiven Leidenschaften richten sollte.«

»Aber könnte man nicht vermuten, dass die Unfähigkeit, Wut zu empfinden, in Wirklichkeit ein Anzeichen für Apathie und Gleichgültigkeit ist?«, fragte Emily.

»Damit wird das, was ich hier meine, völlig missverstanden. Ich sollte alle meine Seelenkräfte dafür aufbringen, mich von niederen Leidenschaften zu befreien. Und dazu gehört nicht nur die Wut, sondern auch die Liebe.«

»Die Liebe!«

»Ganz klar die Liebe! Ich will es erklären. Liebe ist die größte Kraft der Seele. Deshalb müssen wir sie recht leiten, frei von Egoismus.«

»Ich bin die ganze Zeit davon ausgegangen, dass Liebe schon ihrer Definition nach frei ist von egoistischen Leidenschaften«, warf ich ein.

»Nicht unbedingt. Die Liebe kann stark verzerrt werden, wenn sie aktiviert wird, solange man von niederen Leidenschaften beherrscht wird.«

»Inwiefern?«

»Indem man menschliche Schöpfungen vergöttert, etwa verschiedene philosophische Systeme. Die Menschen geben sich ihnen in liebevoller Selbstvergessenheit hin. Denn seht ihr, die Liebe hat als ihr

---

81 Markides, *Gifts of the Desert*, S. 58-77; deutsch: *Geschenke der Wüste*, S. 81-103.

wesentliches Merkmal die Hingabe an den anderen. Dann aber macht man das, was man liebt, zum Götzen.«

»Sogar Menschen, die ich liebe?«, fragte Emily.

»Sogar Menschen, die man liebt. Alles. Es können die Ehefrau, der Ehemann oder die Kinder sein, die eigene politische oder religiöse Ideologie, die eigene Intelligenz, die gesellschaftliche Stellung, wissenschaftliche Erkenntnisse, die eigene Weisheit, der Wohlstand, die eigene Jugendlichkeit. Kurzum, unendlich vieles kann für einen zum Götzen werden.«

»Es ist klar, dass Menschen in Götzendienst verfallen können, wenn sie erschaffene Dinge wie ihre politische Überzeugung oder ihre Raffinesse und Intelligenz anbeten«, merkte ich an. »Wir kennen alle Leute, die ganz verliebt sind in ihre Gerissenheit, ihr Wissen und ihre Intellektualität. Ihre ganze Selbstdarstellung dreht sich um ihr Überlegenheitsgefühl gegenüber anderen, die nicht ganz so schlau sind wie sie. Auf solche Phänomene trifft man überall, besonders in akademischen Kreisen. Aber was ist, wenn man anderen Menschen Liebe entgegenbringt? Wie kann dies götzendienerisch werden?«

»Siehst du, alle Menschen tragen die reine, unverfälschte und leidenschaftslose Liebe in sich, die kennzeichnend ist für die Göttliche Gnade. Wenn sich deine Liebe auf andere richtet, dann bricht sich eben diese göttliche Liebe Bahn. Wenn sie sich jedoch mit niederen Leidenschaften vermischt, dann können ernsthafte Probleme auftauchen.«

»Inwiefern?«

»Um es noch einmal zu sagen, die Liebe an sich hat große Macht. Ich sollte außerdem hinzufügen, dass sie potenziell hochgefährlich ist«, sagte Vater Maximos geheimnisvoll.

»Gefährlich?«

»Ja. Sie kann einen vor Gottes Thron bringen und einen zugleich vernichten, wenn man nicht wachsam ist.«

»Deshalb lehren die heiligen Altväter, dass Liebe zwar die größte Tugend, Urteilskraft aber noch größer ist«, warf Stephanos ein, der wie seine Frau Erato über eine tiefe Kenntnis orthodoxer Spiritualität verfügte und Vater Maximos' Lehren zu diesem Thema in seinem Leben praktisch umsetzte.

»Genau!«, rief Vater Maximos aus. »Urteilskraft sollte die Liebe leiten und das letzte Wort haben.«

»Ich bin mir nicht sicher, ob ich folgen kann«, sagte ich.

»Mangelndes Urteilsvermögen kann einen Menschen zu Abenteuern verleiten, die zunächst unschädlich und lobenswert erscheinen«, erklärte Vater Maximos.

»Vielleicht wird es uns klarer, wenn Sie an einem Beispiel erläutern, woran Sie dabei denken«, schlug ich vor.

Vater Maximos nickte. »Dieses Problem begegnet mir ständig in der Beichte. Sagen wir einmal, ein Familienvater ist aus reinem Mitgefühl bereit, Zeit und Energie aufzuwenden, um einer Freundin zu helfen, die in Schwierigkeiten steckt. Sie macht vielleicht gerade eine persönliche Krise durch, hat familiäre oder berufliche Probleme oder was auch immer. Der Freund hat zwar gute, liebevolle Absichten, doch ihm fehlt Urteilsvermögen. Ihm ist nicht klar, dass er nicht frei ist von eigenen Sehnsüchten und Leidenschaften. Deshalb ist er sich nicht bewusst, dass hier Gefahr lauert, und er verliert womöglich die Kontrolle über die Liebe, die ihn motiviert, der Freundin zu helfen. Außerdem ist er sich nicht darüber im Klaren, dass auch die verletzliche Frau nicht leidenschaftslos ist. Er sagt sich vielleicht: ›Ich habe keinerlei Gefühle für sie.‹ Und vielleicht hat er das auch tatsächlich nicht, aber weiß er, wie sein Gegenüber empfindet? Weiß er Bescheid über die Stärke und das Durchhaltevermögen der anderen Seele? Ohne Urteilsvermögen, aber in der Überzeugung, dass er von unverfälschter, altruistischer Liebe getrieben ist, erklärt er sich also bereit, sich ihre Probleme als geduldiger Zuhörer anzuhören und ihr zu helfen, ihr Kreuz zu tragen. Doch die Sache kann aus dem Ruder laufen, und zwischen den beiden kann sich eine andere Art der Liebe einstellen, mit tragischen Folgen für alle. Du verstehst, wovon ich spreche, nicht wahr?«

»Dies ist ein verbreitetes Problem zwischen Psychotherapeuten und ihren Klienten«, sagte ich. »In der Psychiatrie gibt es sogar einen Fachbegriff dafür, wenn Therapeuten sich in ihre Klienten verlieben und umgekehrt. Man spricht von *Übertragung* und *Gegenübertragung*, ein großes Risiko dieser ansonsten professionellen Beziehung. Ja, die Dinge können aus dem Ruder laufen.«

»Solche Probleme entstehen, weil es dem Psychotherapeuten an Urteilsvermögen fehlt. Er hat sich noch nicht von seinen eigenen niederen Leidenschaften geheilt, um die Art selbstlose Hilfe anbieten zu können, die von ihm als wahrer Psychotherapeut verlangt wird«, erwiderte Vater Maximos und fuhr fort.

»Ich kenne viele Fälle jener Art von Liebe, die voller guter Absichten begonnen und in einer Familientragödie geendet hat. Und die Ursache all des Leids war fehlendes Urteilsvermögen. Gut, du versuchst, dem anderen zu helfen. Aber bist du sicher, dass du das auch kannst? Oder bist du sicher, dass der andere dich nicht mitsamt sich selbst herunterzieht? Abba Isaak der Syrer nennt dazu ein sehr anschauliches Beispiel. Er sagt, wenn du siehst, dass jemand im Fluss ertrinkt und du ihm aus Liebe die Hand entgegenstreckst, dann ist die Wahrscheinlichkeit groß, dass er dich, natürlich unabsichtlich, mit hineinzieht. Die Folge ist, dass ihr beide ertrinkt. Es ist klüger, ihm deinen Stock zu reichen und ihn damit herauszuziehen. Gelingt es, ist alles gut. Gelingt es nicht, dann kannst du ihm den Stock überlassen, bleibst selbst aber zumindest verschont.

Abba Isaak wollte der Liebe damit keine Grenzen setzen«, beeilte sich Vater Maximos hinzuzufügen, »sondern vielmehr betonen, wie wichtig Urteilsvermögen ist, wenn wir es mit der Macht der Liebe zu tun haben. Liebe kennt wirklich keine Grenzen. Wenn du aber glaubst, du könntest ohne Urteilsvermögen lieben, dann wirst du unweigerlich großen geistlichen Schaden nehmen. Oft musst du aus wahrer Liebe zulassen, dass dein Gegenüber sogar Trauer und Enttäuschung empfindet. Du musst den anderen zum Weinen bringen und ihm vieles wegnehmen; denn wenn du dies nicht tust, zerstörst du ihn womöglich. Dies gilt ganz besonders für Eltern. Im Umgang vieler Eltern mit ihren Kindern fällt mir immer wieder unbesonnene Liebe auf. Oft ruinieren Eltern ihre Kinder mit übermäßiger Liebe. Ihre tiefe Liebe blockiert ihr Urteilsvermögen, das ihren Kindern eine gute und gesunde pädagogische Unterstützung sein könnte. Ein häufiges Problem ist, dass Eltern keine Grenzen setzen.«

»Grenzen zu setzen, ist oft schwierig und schmerzlich«, sagte Emily.

»Natürlich. Kinder mögen normalerweise keine Regeln und Vorschriften. Sie mögen keine Grenzen. Eltern reden sich oft damit heraus, dass sie eben Kinder sind, die einfach spielen und herumtoben wollen. Grenzen sind schmerzhaft für junge Menschen, die die Logik solcher Einschränkungen noch nicht durchschauen können. Aber Grenzen zu setzen, ist natürlich auch für Eltern schmerzhaft. Es ist nicht leicht, Kinder weinen zu hören, weil die Eltern ihnen Einschränkungen auferlegen. Deshalb geben die Eltern aus Liebe nach und heben die Grenzen wieder auf. Sie sagen ihren Kindern: ›Höre auf zu weinen, dann kaufe ich dir dieses oder jenes‹ oder ›Wir machen, was du möchtest‹. So lernen Kinder, dass sie einfach nur weinen müssen, wenn sie etwas wollen.

Ja, es ist Liebe, die Eltern zu solchem Handeln treibt. Sie würden für ihre Kinder sterben, sich von ihnen alles bieten lassen. Dies liegt in der Natur der Liebe.«

»Selbstaufopferung«, fügte Emily hinzu.

»So ist es. Die Liebe an sich hat alle diese Kennzeichen, auch die völlige Hingabe an den anderen. Urteilsvermögen jedoch setzt alles ins rechte Verhältnis und zieht gesunde Grenzen, damit die Flamme der Liebe nicht Menschen und Dinge verbrennt. Das ist ganz ähnlich wie bei Maschinen, die zerstört werden, wenn der elektrische Strom zu stark für sie ist.

Wenn man mehr Liebe schenkt, als die anderen annehmen können, kann man sie damit ruinieren. Sie können sie nicht fassen. Sie können nicht frei agieren. Sie sind gelähmt.«

»Dies ist der Moment, in dem die Liebe gefährlich wird. Das tägliche Brot der Literatur«, sinnierte ich.

»Nun ja, natürlich ist sie gefährlich, egal wie schön und vollkommen sie ist. Sie ist wahrhaft der vollkommenste und wertvollste Ausdruck unseres Daseins. Schließlich ist Liebe unser wahres Wesen, unser eigentliches Selbst. Aus Liebe hat Gott alles für uns erschaffen und sich Selbst geopfert, um Seine unendliche Liebe zu uns Menschen zu zeigen. Deshalb ist die Liebe der tiefste Beweggrund jedes Menschen.«

»Häufig sind wir bereit, unser Leben für unsere Lieben zu geben«, merkte Emily an.

»Unbedingt. Da fällt mir ein, was mir eine junge Frau neulich gesagt hat. ›Als ich Mutter geworden bin‹, sagte sie, ›wurde mir zum ersten Mal klar, dass ich für einen anderen Menschen mein Leben geben könnte, für mein Kind. Ich glaube nicht‹, gab sie zu, ›dass ich für meinen Mann sterben könnte. Ich liebe ihn, und ich kann ihm sagen, dass ich ihn bis in den Tod lieben werde, aber ich bin mir nicht sicher, ob ich für ihn sterben könnte. Das ist fraglich.‹«

Vater Maximos unterbrach sich, weil wir lachten. »Mutterschaft hat diese innere Eigenschaft, wisst ihr. Man merkt es bei Tieren an der Art, wie Mütter ihren Nachwuchs beschützen. Habt ihr schon einmal gesehen, wie wild eine Henne werden kann, wenn sie ihre Küken vor einem Eindringling beschützt? Als Kinder hatten wir echt Angst vor ihnen, wenn sie es auf uns abgesehen hatten!«

»Urteilsvermögen erlegt also sogar der Liebe Grenzen auf, um sie zu kanalisieren«, schloss ich.

»Nein. Man sollte wohl besser sagen, Urteilsvermögen lenkt die Liebe in eine gesunde Richtung. Wenn die Liebe dir einen Streich spielt und sich zuerst auf etwas anderes als Gott richtet, dann hast du ein Problem, ein spirituelles Problem. Ja, die Liebe ist wirklich ein Feuer, das dich verbrennen kann, wenn es dir an Urteilsvermögen fehlt. Bei fehlendem Urteilsvermögen sind tatsächlich sogar alle Tugenden gefährlich. Urteilsvermögen ist das Steuerrad, das ausnahmslos alle Tugenden lenkt.

Ihr seht, es ist wichtig zu wissen, dass Liebe die höchste Tugend ist, weil die Menschen sich im Namen der Liebe oft selbst zerstören oder traumatisiert werden. Aber wie die heiligen Altväter uns sagen, lässt erst Urteilsvermögen alle Tugenden in vollkommener Weise wirken. Nur mit Urteilsvermögen können wir alles richtig einschätzen. Wenn ihr euch mit dem Leben der Heiligen beschäftigt, erkennt ihr, dass sie sich durch ein so gutes Urteilsvermögen auszeichnen, dass sie nie Gefahr laufen, sich von menschlicher Sentimentalität mitreißen zu lassen, sei sie positiv oder negativ.«

»Wie kann man Urteilsvermögen entwickeln?«, fragte Emily.

»Das ist nicht leicht. Es entwickelt sich mit der Zeit und unter großen spirituellen Mühen sowie aus vielen Erfahrungen. Deshalb ist es wichtig, dass wir in allen ernsthaften Konflikten einen erfahrenen geistlichen Führer um Rat fragen. Wenn wir spirituell erwachsen werden, stellt sich Urteilsvermögen wie von selbst ein. Doch zumindest zu Anfang unserer spirituellen Arbeit ist es wichtig, dass wir Rat einholen.

Menschen, die sich für die spirituelle Arbeit begeistern, haben häufig das Problem«, fuhr Vater Maximos fort, »dass sie Dinge tun, die die Grenzen dessen, was sie aushalten können, übersteigen. Infolgedessen verbrennen sie sich die Finger oder richten sich zugrunde. Für einen Anfänger wäre es zum Beispiel verheerend, wenn er versuchen würde, das Leben eines Altvaters wie Paisios nachzuahmen. Das ist so, als wollte man einem Baby, das noch keine Zähne hat, ein hartes *Paximadi* geben [gebackenes, extrem trockenes Brot, Zwieback]. Es bekommt davon nur Zahnfleischbluten.«

»Dass Liebe gefährlich sein könnte, mag für manche eine merkwürdige Vorstellung sein«, sagte ich.

»Das ist immer so, selbst wenn man auf dem spirituellen Weg schon weit fortgeschritten ist.«

»Wieso?«

»Wenn jemand nach und nach frei wird vom Gift des Egoismus, wenn er frei wird von Boshaftigkeit, Hass oder Wut und wenn er mitfühlender, toleranter und liebevoller wird, dann kann es sein, dass er sich in sich selbst verliebt. Dies ist eine Gefahr in den höheren Regionen spiritueller Entwicklung.«

»Merkwürdig.«

»Es passiert, weil der Mensch seinem Wesen nach ein sehr schönes Wesen ist. Wenn wir an den Punkt kommen, dass wir beobachten können, wie harmonisch in uns alles zusammenspielt, wie bei einer klassischen Symphonie, dann laufen wir Gefahr, ganz ergriffen von uns selbst zu werden. Hier erleben viele geistlich sehr weit fortgeschrittene Menschen einen tiefen Absturz.«

Unser Gespräch wurde unterbrochen, als ein junger Novize, der für die Versorgung der Gäste zuständig war, etwas Tee und Baklava brachte, die Pilger dem Kloster geschenkt hatten. Wir reichten sie herum.

»Wenn ich die Menschen frage, was ihrer Meinung nach Gottes wichtigstes Gebot ist, dann beeindruckt mich ihre Antwort immer wieder«, sagte Vater Maximos, ein Stückchen Baklava kauend. Die meisten antworten: »Liebe deinen Nächsten wie dich selbst.«

»Inwiefern beeindruckt Sie das?«, fragte Emily.

»Nun ja, das erste Gebot lautet ›Liebe Gott, deinen Herrn‹. Liebe Gott von ganzem Herzen und mit ganzer Kraft. Die Nächstenliebe ist ein natürliches Nebenprodukt, eine Folge der Gottesliebe. Dieses Gebot hat Er uns eben gerade deshalb gegeben, um uns zu zeigen, dass wir uns zuallererst auf Gott Selbst konzentrieren müssen, wenn wir die verschiedenen Zerrformen der Liebe, über die wir gesprochen haben, vermeiden wollen. Alles, was der Mensch tut, sei es heiraten, Kinder kriegen oder sich verlieben, muss mit der Liebe zu Gott getauft sein. Wenn man diese Beziehungen verabsolutiert, werden sie zu Götzen. Und am Ende betet man sie an statt Gott.

»Wenn man den Menschen sagt, dass ›Liebe deinen Nächsten‹ nicht Gottes erstes Gebot ist, dann schauen sie einen mit großen Augen an«, fuhr Vater Maximos fort. »Aber wenn wir dieses primäre Gebot, zuerst Gott zu lieben, wegnehmen, dann ist es, als schnitten wir das Evangelium in zwei Hälften. Dann wird das Evangelium zu einem sozialen Manifest für die Errichtung einer idealen Gesellschaft, eine perfekte Gesellschaft mit guten zwischenmenschlichen Beziehungen. Aber es ist kein Evangelium zur Erlösung der Menschheit mehr.«

»Genau dies ist beim westlichen Verständnis des christlichen Evangeliums eingetreten. Konzentriert euch auf die Welt und versucht, die Gesellschaft gerechter zu machen«, sagte ich.

»Das ist gut, schön. Aber das Evangelium der Erlösung entspringt keiner Vision zur Vervollkommnung dieser Welt. Es ist vielmehr eine Blaupause für die Gemeinschaft mit Gott. Wenn wir dies nicht begreifen, können wir die gesamte Praxis und das Leben der *Ekklesia* nicht verstehen. Dann sind wir außerstande, das Leben der Heiligen und ihr Ringen darum, mit Gott eins zu werden, zu begreifen.« Vater Maximos dachte ein paar Sekunden nach.

»Das Evangelium sagt uns, wir sollen bereit sein, uns für unsere Mitmenschen zu opfern, für alle Menschen. Dies bedeutet, dass Gott alle Grenzen zwischen Menschen einreißt. Nun gut, es ist leichter zu verstehen, dass einer für sein Kind oder sogar für einen Freund sterben würde, statt für einen Fremden. Und was ist mit der Aufforderung, sogar für seinen Feind zu sterben? Christus hat dies getan. In gewissem Sinne sind wir alle Gottes Feind. Er ist nicht für Seine Freunde, sondern für Seine Feinde gestorben. Dies bedeutet, dass Gott uns keinerlei Schranken zwischen uns und anderen zugesteht. Echte göttliche Liebe hat keine Grenzen. Keine Einschränkungen. In dem Moment, in dem die Liebe Grenzen hat, ist sie keine Liebe mehr. Deshalb lehren die Altväter, dass Gott ausnahmslos jeden unendlich liebt, sogar den Teufel persönlich.«

»Viele Christen würden das wohl für skandalös halten«, wandte ich ein.

»Es ist skandalös! Gott liebt Satan ebenso sehr wie die Heilige Jungfrau. In Seiner Liebe zu allen Teilen Seiner Schöpfung hat Gott keinerlei Grenzen und Unzulänglichkeiten. Und so müssen auch wir idealerweise lieben. Schließlich ist Satan ein gefallener Engel. In seinem ursprünglichen Zustand, so wie er aus Gottes Händen kam, war er gut. Satans Werke sind es, die wir von uns weisen und meiden müssen. Deshalb beten Heilige oft sogar für Satans Erlösung.«

»Für die meisten Menschen ist dies äußerst schwierig, wenn nicht ganz unmöglich.«

»Das ist es. Zumindest für mich. Aber warum? Weil ein solcher Zustand von sich aus schwierig ist? Nach dem Evangelium lautet die Antwort nein. Unterschiedslose Liebe ist eine inhärente Eigenschaft unseres Wesens als Gottes Ebenbild. Wir sind erschaffen, um zu lieben. Es sind unsere Leidenschaften, die die Liebe verzerren, sodass sie nicht mehr selbstlos und auf Gott ausgerichtet ist, sondern egoistisch wird. Von einer leidenschaftslosen Liebe wird sie verwandelt zu einer leidenschaftlichen, lustbetonten Liebe.«

»Die Art der Liebe, die zwischen uns als normalen Menschen herrscht, ist eine Form des Austauschs«, stellte ich fest. »Im Wesentlichen sagen wir: ›Ich liebe dich, und dieselbe Liebe erwarte ich auch von dir.‹«

»In der Beichte begegnet mir diese Einstellung ständig. Es ist so eine Art ›Ich liebe ihn doch, wieso liebt er mich nicht?‹-Syndrom. Diese Klage bekomme ich dauernd zu hören.«

Vater Maximos fuhr fort: »Wahre Liebe ist eine vollkommene Bewegung auf den anderen zu. Wenn ich dies tue und der andere mich wiederliebt, ist es wunderbar. Aber selbst wenn andere uns nicht lieben, genügt es, dass wir sie lieben. Ich glaube ehrlich, dass unser existenzielles Grundbedürfnis nicht ist, geliebt zu werden, sondern zu lieben.«

»Wenn Menschen so lieben können«, fügte ich hinzu, »besteht natürlich die Wahrscheinlichkeit, dass sie auch von anderen geliebt werden. Ich habe noch nie jemanden kennengelernt, der wahrhaft liebt und von anderen gehasst wird.«

»Aber selbst wenn dies passiert«, fuhr Vater Maximos fort, »ist es doch unser wahres Wesen, alles und jeden zu lieben wie Gott es tut. Wir müssen es uns zur täglichen Gewohnheit machen, uns vor Augen zu führen, dass unser höchstes Ziel im Leben – wie ich niemals müde werde zu betonen – die Liebe zu Gott ist.«

»Sie meinen natürlich, eine unmittelbare Gotteserfahrung zu haben, die unser Sein mit Seiner Liebe erfüllt«, stellte ich klar, »nicht nur den Glauben, sondern eine direkte mystische Erfahrung.«

»Natürlich. Aber noch einmal, denkt immer daran, dass ein solcher Zustand nicht automatisch eintritt. Wir müssen etwas dafür tun. Wenn wir dieses Ziel erreichen, ergibt sich alles andere von selbst. Dann ist der Mensch in der Lage, mit jedem Problem fertig zu werden, das sich ihm stellt.

Sagen wir einmal, ich habe eine schwierige Ehe. Mein Mann oder meine Frau quält mich. Meine Schwiegermutter legt mir Steine in den Weg. Oder tausend andere Dinge, die mir Kummer bereiten und mich wütend machen. Wenn ich mich dann aufrichtig selbst analysiere und bis in den letzten Winkel meines Herzens schaue, erkenne ich in den meisten Fällen, dass die wahre Ursache meiner Probleme meine mangelnde Gottesliebe ist. Würde ich Gott wahrhaft und absolut lieben, dann würden sich die Schwierigkeiten in meiner Ehe, meine gesundheitlichen Probleme, der Ärger am Arbeitsplatz, meine finanziellen Sorgen, meine Altersbeschwerden und sogar die Probleme meines

Landes in eine positive Richtung entwickeln. Meine Frustration bedeutet, dass ich mit meiner Liebe zu Gott irgendwie nicht vollkommen im Kontakt bin.

Ein Beispiel: Ich habe Probleme in meiner Ehe. Mir ist, als müsste ich ersticken. Ich sage mir: ›Ich lasse mich scheiden.‹ Oder: ›Es wäre toll, wenn sie einfach tot umfallen würde!‹ Manchmal kommen Menschen eben solche Gedanken. Sie akzeptieren sie vielleicht nicht. Aber sie kommen ihnen eben. Oder: ›Meine Schwiegermutter hat jede Menge Geld und gibt uns keinen Cent. Wie lange müssen wir noch warten? Möge der liebe Gott sie zu sich rufen, je eher desto besser!‹«

Vater Maximos wartete ab, bis unser Lachen versiegt war.

»Wie ich bereits gesagt habe, in Wirklichkeit sind unsere Schwierigkeiten, seien es nun Eheprobleme, finanzielle Sorgen oder was auch immer, nicht unser grundlegendes Problem. Alle Probleme rühren von unserer Entfremdung von Gott her. Wir müssen alles, was uns passiert, Positives wie Negatives, erheben und in eine Leiter verwandeln, auf der wir zu Gott aufsteigen können.«

»Es ist aber sehr schwierig, diese Leiter hinaufzusteigen«, sagte Stephanos mit einem Seufzer.

»Das ist es ganz gewiss. Aber wenn es uns gelingt, uns dies zur Gewohnheit zu machen, erkennen wir irgendwann, dass gerade die Menschen, die wir für die Ursache unseres Kummers gehalten haben, in Wirklichkeit unsere größten Wohltäter waren.

Altvater Paisios pflegte zu sagen, wenn wir sterben und die Augen unserer Seele aufgehen, werden wir als Erstes Gott aus ganzer Kraft für unsere früheren Sorgen auf Erden lobpreisen. Erst dann erkennen wir, dass gerade diese Schwierigkeiten uns geholfen haben, spirituell zu wachsen.«

»Jemandem zu sagen, dass unsere geistlichen Wohltäter in der Ewigkeit nicht die sind, die uns loben, sondern vielmehr die, die uns Probleme bereiten, die schlecht über uns reden, wirkt doch wie spiritueller Masochismus«, wandte Lavros schmunzelnd ein.

»Dies ist weltliches Denken. Wer uns Probleme bereitet, tut das nicht, weil er uns etwas Gutes tun will. Nein. Was sie anbelangt, sind sie für das Übel, das sie verursachen, auch verantwortlich. Aber wenn wir dies alles in eine spirituelle Lektion verwandeln, können alle Schwierigkeiten, die andere uns bereiten, zu Brücken werden, über die wir ins Reich Gottes eingehen.«

Vater Maximos lehnte sich zurück und signalisierte mit seiner Haltung, dass er bereit war, die Diskussion zu beenden. »Die höchste Frucht des Geistes ist also die Liebe, aber die Art von Liebe, die nicht zum Götzen wird. Für uns verkörpert sich die Liebe in der Liebe Gottes als Person. Wir sind nicht verliebt in die Liebe. Dies ist die Bedeutung der Eucharistie. Die Erfahrung der Liebe Christi ist die größte Erfahrung, die ein Mensch machen kann. Sie ist unendlich und hat keine Grenzen oder Schranken. Anders als weltliche Erfahrungen, die immer einen Sättigungspunkt erreichen, nimmt Gottes Liebe kein Ende. Wir kommen nie an den Punkt, an dem wir sagen, wir haben genug. Der Weg zu Gottes Liebe ist eine nie endende, unendliche und ewig dynamische Aufwärtsbewegung. Sie hat keine Grenzen, weil Gott keine Grenzen hat. Der Dinge dieser Welt können wir vielleicht müde sein, aber der Gotteserfahrung können wir niemals müde werden. Die Liebe Gottes ist ein Zustand ewiger Begeisterung. Sie ist ein Zustand ständiger Verzückung und Lobpreisung im unendlichen und absoluten Geschmack von Gottes ewiger Liebe.

Diese Liebe«, fuhr Vater Maximos fort, »erwächst aus dem Ringen um die Hingabe an Gottes Gebote. Dies ist das Ziel der *Ekklesia*. Die Homilien und Lehren der Heiligen sind eine Heilpädagogik, die uns angeboten wird, um unser krankes und von Leidenschaften erfülltes Herz zu heilen, damit es in natürlicher Weise als reine, unverfälschte Liebe wirken kann. Wenn dies geschieht, wird der Mensch tatsächlich Gott ebenbildlich, mitfühlend und gerecht wie unser Vater im Himmel, der mitfühlend und gerecht ist.«

Keiner von uns zweifelte daran, dass Vater Maximos mit der Autorität eines Menschen sprach, der selbst erlebt hatte, was er lehrte. Eben diese Eigenschaft begründete sein wachsendes Ansehen in der östlich-orthodoxen Welt.

Auch das Mittagessen nahmen wir im Kloster ein. Emily und Erato aßen zusammen im kühlen Schatten der Eiche, während Stephanos,

Lavros und ich Vater Maximos und den anderen Mönchen in den Speisesaal folgten. Zu unserer Freude bat uns Vater Maximos, ihn auf dem Rückweg nach Limassol mitzunehmen. Auf der Fahrt hätten wir zusätzlich Zeit zum Gespräch.

Bis in den Nahmittag hinein blieben wir im Kloster und warteten darauf, dass die Hitze über dem Flachland nachlassen würde. In ganz Zypern hielt man jetzt Mittagsruhe.

Als wir unsere Rückfahrt aus den Bergen antraten, saß Vater Maximos im Wagen neben Lavros. Auf dem Weg nach unten hielten wir bei dem Jugendcamp des Bistums, das Vater Maximos eingerichtet hatte. Im Jahr zuvor hatte es dort einen Waldbrand gegeben. Es war bedrückend, nun zu sehen, dass das saftig grüne Areal um das Camp fast völlig verschwunden war. »Es war die Hölle auf Erden«, sagte Vater Maximos. Das Feuer hatte das Camp vollständig eingeschlossen und alles auf seinem Weg niedergebrannt. »Aber wie ihr sehen könnt, sind die Kapelle und die Gebäude unversehrt geblieben.«

Weiter erzählte Vater Maximos, nach Ausbruch des Brandes seien zuerst schnellstens die Kinder evakuiert worden. Dann kam er mit einer silbernen Schatulle mit heiligen Reliquien zurück, bei denen es sich um Teile der sterblichen Überreste des Apostels Lukas handeln sollte. Diese Reliquie unerschütterlich in Stirnhöhe haltend, wie Priester es während der Liturgie tun, schritt Vater Maximos das Camp ab, sang Gebete und flehte um göttliches Eingreifen. Die Vorstellung, wie er inmitten eines Waldbrandes auf diese Weise betete, war für uns sehr ergreifend. Vater Maximos betrachtete es als ein Wunder, dass das Camp verschont geblieben war, und wies jedes eigene Verdienst daran von sich.

»Nachdem ich wieder weg war, teilte mir die Feuerwehr irrtümlich mit, das Camp sei zerstört worden«, fuhr er fort. »Gerettet wurde das Camp aber nicht durch die Leistung der Feuerwehr, sondern durch die Hilfe Gottes und den heroischen Einsatz von fünf jungen Männern, die vor Ort geblieben waren und den Brand mit Schläuchen bekämpft hatten.«

Der größte Schaden am Camp war die Zerstörung des umgebenden Waldes sowie der Filtrations- und Wiederaufbereitungsanlage für das Wasser, die annähernd hunderttausend Euro gekostet hatte.

»Bis der Wald sich erholt hat, wird es zwei bis drei Generationen dauern«, sagte der leidenschaftliche Umweltschützer Lavros traurig. »Für mich ist in erster Linie die Regierung schuld an dieser Katastrophe«, fügte er wütend hinzu. »Es wird viel zu viel Geld für die sogenannte Verteidigung ausgegeben und nicht genug für Helikopter und Kleinflugzeuge zur Bekämpfung von Waldbränden. Zypern ist waldbrandgefährdet. Bald haben wir keine Wälder mehr, sondern nur noch Betonbauten und Asphalt. Wenn unsere Umwelt erst einmal zerstört ist, gibt es nichts mehr zu verteidigen; das kapieren die einfach nicht!«

Nach der Meinung von Lavros, der vor vielen Jahren gewählter Parlamentsabgeordneter gewesen war, waren die Ausgaben für die militärische Verteidigung der Insel ohnehin überflüssig. Gegenüber der Türkei mit ihren 75 Millionen Einwohnern ist die Insel mit ihren kaum 700.000 griechischen Zyprioten praktisch schutzlos.

Ich hätte meinem Freund nicht nachdrücklicher zustimmen können. Lavros war so enttäuscht von der Umweltpolitik der Behörden und den groben Fehlern, die sich die herrschende Elite in Fragen des »Zypern-Problems« andauernd leistete, dass er, wäre er jünger, die Insel ein für alle Mal verlassen hätte, wie er mir einmal in äußerstem Verdruss sagte. Doch da er Agrarökonom mit Doktortitel einer amerikanischen Universität war, blieb er als Berater von Vater Maximos in Umweltfragen und verbrachte nun seinen letzten Lebensabschnitt mit dem engagierten Kampf gegen die vielen Feinde des Ökosystems auf der Insel.

Trotz des Brandes wimmelte es im Camp vor jugendlichem Leben. Die Jugendlichen freuten sich so sehr über den unerwarteten Besuch von Vater Maximos, dass sie für uns sangen und tanzten. Zu ihrer Vorstellung gehörte auch der Camp-Hymnus, den sie unter Anleitung eines Musiklehrers komponiert hatten.

Am Spätnachmittag trafen wir wieder in Limassol ein. Herz und Kopf waren immer noch erfüllt von Vater Maximos' Worten über Liebe und Urteilsvermögen. Abends saßen Emily und ich auf unserem Balkon und kontemplierten über Vater Maximos' Lehrauffassung von der Liebe. Ich hatte den Blick auf die erleuchteten Boote geheftet, die auf die Erlaubnis zur Einfahrt in den Hafen warteten. Dabei kam mir eine der stärksten Elegien überhaupt in den Sinn, Viktor Frankls Gedanken über die Liebe. In seinem Klassiker *Trotzdem Ja zum Leben sagen* beschreibt der Wiener Psychiater und Auschwitz-Überlebende ein mystisches Erlebnis, das er eines bitterkalten Morgens hatte, als er von einem sadistischen Nazi-Aufseher auf einem Marsch zum Gräbenausheben in verschneitem Land angetrieben wurde. Plötzlich stand ihm lebhaft das Bild seiner Frau vor Augen, die im Holocaust ermordet worden war, und dies löste in ihm eine Offenbarung über das Wesen der Liebe aus.

> Da durchzuckt mich ein Gedanke: Das erste Mal in meinem Leben erfahre ich die Wahrheit dessen, was so viele Denker als der Weisheit letzten Schluss aus ihrem Leben herausgestellt und was so viele Dichter besungen haben; die Wahrheit, dass Liebe irgendwie das Letzte und das Höchste ist, zu dem sich menschliches Dasein aufzuschwingen vermag. Ich erfasse jetzt den Sinn des Letzten und Äußersten, was menschliches Dichten und Denken und – Glauben auszusagen hat: Die Erlösung durch die Liebe und in der Liebe! Ich erfasse, dass der Mensch, wenn ihm nichts mehr bleibt auf dieser Welt, selig werden kann – und sei es auch nur für Augenblicke – im Innersten hingegeben an das Bild des geliebten Menschen.[82]

Ich teilte meine Gedanken an Frankl mit Emily. Dann verspürte ich den Impuls, noch einmal die Hymne des Paulus an die Liebe zu lesen, angeblich die fesselndste Homilie an diese höchste Gabe des Heiligen Geistes in der gesamten Weltliteratur. Ich griff zu einer Ausgabe des Neuen Testaments und las, während Emily meiner Rezitation im griechischen Original zuhörte:

> Wenn ich mit Menschen- und mit Engelzungen redete und hätte der Liebe nicht, so wäre ich ein tönendes Erz oder eine klingende Schelle. Und wenn ich prophetisch reden könnte und

82 Frankl, *Trotzdem Ja zum Leben sagen*, S. 63; Markides zitiert aus *Man's Search for Meaning*, S. 57.

wüsste alle Geheimnisse und alle Erkenntnis und hätte allen Glauben, sodass ich Berge versetzen könnte, und hätte der Liebe nicht, so wäre ich nichts. Und wenn ich alle meine Habe den Armen gäbe und meinen Leib dahingäbe, mich zu rühmen, und hätte der Liebe nicht, so wäre mir's nichts nütze.

Die Liebe ist langmütig und freundlich, die Liebe eifert nicht, die Liebe treibt nicht Mutwillen, sie bläht sich nicht auf, sie verhält sich nicht ungehörig, sie sucht nicht das Ihre, sie lässt sich nicht erbittern, sie rechnet das Böse nicht zu, sie freut sich nicht über die Ungerechtigkeit, sie freut sich aber an der Wahrheit; sie erträgt alles, sie glaubt alles, sie hofft alles, sie duldet alles. Die Liebe höret nimmer auf. (1. Korinther 13, 1-8)

12

Die Freude des Eremiten

Ein Jahr später, Mitte Mai 2010, kurz nach Semester-Ende, waren Emily und ich zu weiteren Gesprächen mit Vater Maximos erneut in Zypern. Ich ging davon aus, dass meine Arbeit praktisch abgeschlossen war und ich daher kein weiteres Material für mein Manuskript mehr brauchte.

Emily hingegen bestand darauf, dass ich mich mit einem zypriotischen Geschäftsmann treffe, den sie zwar nicht persönlich kannte, der jedoch ihrer guten Freundin Thekla zufolge eine außergewöhnliche Geschichte hatte, die ich mir anhören sollte. Da ich bereits viele wundersame und paranormale Geschichten gehört hatte, wollte ich nur ungern Zeit in neue Bekanntschaften investieren. Aber wie immer hatte Emilys Intuition ins Schwarze getroffen, und irgendwann war ich überredet, Yiannis, den Fremden mit der ungewöhnlichen Erfahrung, kennenzulernen.

Als Yiannis Emilys Anruf erhielt, traute er ihren Absichten zunächst nicht. »Woher haben Sie meine Nummer?«, fragte er als Erstes. Offenbar war seine Geschichte ein Geheimnis, das er nur mit einem kleinen Zirkel vertrauenswürdiger Freunde teilte. Thekla hatte indirekt über Freunde in ihrer Gemeinde davon erfahren; Geheimnisse zu wahren, ist in Zypern immer eine Herausforderung. Als Emily jedoch den Grund ihres Anrufs erläuterte, wurde der Fremde etwas entgegenkommender. »Ich habe die Bücher Ihres Mannes gelesen«, sagte er. »Ich bin bereit, ihm meine Geschichte zu erzählen.«

An einem Montagmorgen, zwei Tage nach Emilys Anruf, kam Yiannis in Begleitung seines Freundes Sotiris, eines pensionierten staatlichen Angestellten, zu uns nach Hause. Zunächst wirkte er etwas reserviert, doch schon in den ersten Minuten unseres Gesprächs legte sich seine Steifheit. Dass sein Begleiter ein geistlicher Schüler von Vater Maximos war, half uns, von Anfang an zu einem freundlichen Miteinander zu finden. Wenige Minuten später und nachdem wir uns einander vorgestellt hatten, erzählte Yiannis sein Abenteuer in allen Einzelheiten.

Er war fünfzig Jahre alt, Unternehmer, verheiratet und hatte zwei Töchter im Teenageralter. Auf einer Geschäftsreise in eine ehemalige Sowjetrepublik wurde er festgenommen und unter dem erfundenen Vorwurf des Menschenhandels zu einer Gefängnisstrafe verurteilt. Seine Gefängniswärter gehörten angeblich einem mafiaähnlichen Verbrecherring an und zielten mit ihrer Operation darauf ab, ein Lösegeld für seine Freilassung zu erpressen. Sie verlangten 30.000 Euro. Yiannis zufolge machte die örtliche Mafia gemeinsame Sache mit korrupten Politikern, die Verbindungen zur Justiz des Landes hatten. »Ich bin fast verrückt geworden«, klagte er. »Ich hatte keine Ahnung, was mit mir geschehen würde, und die Bedingungen in meinem Gefängnis waren erbärmlich. Es war kalt, und ich bekam kaum etwas zu essen.«

Ohne Sprachkenntnisse und vertrauenswürdigen Verteidiger befand sich Yiannis in einem kafkaesken Albtraum. Auch seine Familie in Zypern litt Höllenqualen. Seiner entsetzten Frau gelang es tatsächlich, einen Rechtsanwalt zu engagieren, der Kontakt zu ihm aufnahm. Über den Anwalt konnte seine fromme Mutter eine Bibel und ein Buch über das Leben der Heiligen für ihn einschmuggeln lassen. »Ich war nicht religiös«, erklärte Yiannis, »ich hatte bisher noch nie die Bibel und übrigens auch keine anderen religiösen Bücher gelesen. Doch in meiner äußersten Verzweiflung und Isolation schaute ich in diese beiden Bücher, sobald die Wachen mich nicht beobachteten; denn Bücher waren nicht erlaubt.«

Eines Nachts, Yiannis lag frierend im Bett und fühlte sich elend, erschien wie durch ein Wunder ein älterer Mönch in seiner Zelle und erklärte, er sei Altvater Paisios vom Heiligen Berg. Yiannis beeilte sich, uns zu versichern, dass er davor noch nie von Paisios gehört und keine Ahnung gehabt hatte, wer der Altvater war. In dem Buch über das Leben der Heiligen, das seine Mutter ihm geschickt hatte, stand nichts über diesen speziellen Altvater.

»In dieser Vision sagte Altvater Paisios zu mir: ›Fürchte dich nicht, mein Sohn. Habe Vertrauen, dann werde ich dir helfen, diesen Ort zu verlassen. Aber du musst mir versprechen, dass du nach deiner Rückkehr nach Zypern Altvater Seraphim aufsuchst und ihn zu deinem geistlichen Führer und Beichtvater machst.‹

Auch von Altvater Seraphim hatte ich noch nie gehört«, sagte Yiannis. Er merkte an, dass ihm Altvater Paisios während seiner sechsmonatigen Leidenszeit noch mehrfach in seiner Zelle erschien und ihm Mut zusprach. Mit Nachdruck betonte Yiannis, dass er sich nicht in einem Delirium befunden und daher Dinge gesehen habe, die es gar nicht gibt. Außerdem erwiesen sich seine Visionen als heilsam. Er verlor seine Angst und entwickelte die Hoffnung, dass sein Leiden bald zu Ende wäre.

Wären Psychologen oder Psychiater zugegen gewesen und hätten Yiannis' Geschichte gehört, so hätten sie seine Vision mit Sicherheit als Halluzination definiert, als das Produkt eines Gehirns unter extremem Druck. An etwas anderes hätten sie gar nicht gedacht, da die Schulwissenschaft sich innerhalb des reduktionistischen Weltbilds der Moderne bewegt und daher keine andere Erklärung zulässt. Ich war mir jedoch sicher, dass Yiannis' Erfahrung mit derart konventionellen Begriffen nicht zu erklären war. Da ich Mystikern, Heilern und Eremiten, die völlig gesund und normal waren, aber auch solche Erlebnisse gehabt hatten, persönlich begegnet war, war ich aufgeschlossen für die Möglichkeit, dass Yiannis' Erlebnis echt war.

Weiter betonte Yiannis, er habe nicht die geringsten Zweifel, dass seine Visionen echt waren. Mithilfe seines Anwalts wurde er bis zu seinem Scheingerichtsverfahren, wie er es nannte, vorübergehend auf freien Fuß gesetzt. Sein Anwalt riet ihm jedoch, die Chance zu nutzen, die sich ihm damit bot, und zu fliehen, weil, wie er Yiannis beschwor, »es hier keine Gerechtigkeit gibt und Sie das Land nicht lebend werden verlassen können«.

Es gelang Yiannis, aus dem Land zu entkommen. Aber er machte sich immer noch Sorgen, die Mafia könne ihm auch in Zypern auflauern. Aus diesem Grund hatte er auf Emilys Anruf zunächst argwöhnisch reagiert.

Wieder in Zypern, entdeckte Yiannis, dass Altvater Seraphim tatsächlich ein echter Mensch war, ein betagter Eremit, der zu einem uralten Bergkloster auf der Insel gehörte. Altvater Paisios' Bitte gehorchend, nahm er Kontakt zu Altvater Seraphim auf, um bei ihm zu beichten und geistlichen Rat einzuholen. Altvater Seraphim wiederum nahm Yiannis als seinen Schüler an. So wurde Yiannis vom Agnostiker zum tieffrommen Menschen.

»Rückblickend betrachtet«, erzählte er uns, »war meine Leidenszeit das Beste, was mir im Leben je passiert ist. Durch sie habe ich Gott entdeckt.«

Eine Woche später fuhren Emily und ich mit Yiannis und seinem Freund Sotiris in ein abgelegenes Waldgebiet in den Ausläufern des Stavrovouni (des Kreuzberges), um uns mit Vater Seraphim zu treffen. Abends um sieben trafen wir in seiner Einsiedelei ein. Da es Mitte Juni war, schien die Sonne bei unserer Ankunft an seinem klösterlichen Rückzugsort noch hell.

Altvater Seraphim war eine echte Überraschung. Für einen 91-jährigen Mönch war er erstaunlich rüstig und strahlte vor Energie. Tatsächlich sah er mindestens dreißig Jahre jünger aus. Mittelgroß und schlank, kam er mir wie einer jener seltenen neunzigjährigen Ausnahmesportler vor, die noch einen Marathon laufen könnten. Schon bald wurde uns klar, dass der Altvater ein lebendes Beispiel aller Geistesfrüchte war, über die Vater Maximos mit uns gesprochen hatte und von denen Paulus schreibt. Vater Seraphim erinnerte mich sogar an Altvater Paisios, den ich 1991, zwei Jahre vor seiner ewigen Ruhe, kennengelernt hatte. Ganz ähnlich wie Paisios strahlte er überreiche, entwaffnende Liebe und eine geradezu elektrisierende Freude aus. Seine humorvolle Art, die ebenfalls an Altvater Paisios erinnerte, schuf eine warme Gesprächsatmosphäre und ermöglichte sofort eine Herzensverbindung. Persönlich gesprochen, freute es mich sehr, als er sagte, er habe die griechische Übersetzung von *Berg des Schweigens* und *Geschenke der Wüste* mehrmals gelesen und empfinde große Bewunderung für Vater Maximos.

Nachdem wir in der kleinen Kapelle, in der er seine nächtlichen Gebetswachen und anderen Gebete hielt, unsere Kerzen entzündet hatten, zeigte uns Altvater Seraphim seinen üppig grünenden Gemüsegarten, den er selbst versorgte. Emily und er tauschten sich über verschiedene Pflanzen und ihre Geheimnisse aus. Dann saßen wir zu fünft auf Bänken unter rankendem Wein, und Altvater Seraphim erzählte uns aus seinem Leben. Unterdessen bereitete Yiannis, der sich in der Einsiedelei bestens auskannte, eine kleine Stärkung vor.

Bis zum Alter von siebzig Jahren war Altvater Seraphim Atheist und eines der ersten Mitglieder der Kommunistischen Partei auf der Insel gewesen. »Ich bin mit fünfzehn in die AKEL (die Kommunistische Partei Zyperns) eingetreten«, berichtete er uns, »denn ich verspürte bereits sehr früh den brennenden Wunsch nach Gerechtigkeit. Wo ich mich auch umschaute, überall entdeckte ich nur die Ausbeutung der Armen durch die Reichen. Die Gewerkschafter waren die Einzigen, die für Fairness und Gerechtigkeit kämpften, und die waren damals alle Kommunisten. Deshalb bin ich ihnen beigetreten. Mir schien, der Kommunismus hatte die Lösung für unser Elend. Religion war nichts für mich. Das war Opium für das Volk.«

Altvater Seraphim heiratete und hatte drei Kinder, zwei Söhne und eine Tochter. »Im Gegensatz zu mir«, erzählte er uns, »war meine Frau tief religiös und ging jeden Sonntag in die Kirche. Ich habe sie bis zur Kirche begleitet, bin dann in ein Café nebenan gegangen und habe dort Karten oder Backgammon gespielt, bis der Gottesdienst vorbei war. Dann bin ich mit ihr wieder nach Hause gegangen. Zwischen fünfzehn und siebzig habe ich nie auch nur einen einzigen Fuß in eine Kirche gesetzt, stellt euch das mal vor. Fünfundfünfzig Jahre lang war ich Atheist!« Altvater Seraphim lachte herzlich. Dann erzählte er uns weiter, dass die Kommunisten auf der Insel, die er gekannt hatte, keine schlechten Menschen waren. Sie meinten es gut, und es ging ihnen wirklich ums Gemeinwohl. Sie waren es, die sich unter britischer Herrschaft aktiv für ein Gesetz über den Achtstundentag und andere Gesetze zum Schutz der Arbeiterrechte eingesetzt hatten.

Wegen finanzieller Schwierigkeiten wanderte Vater Seraphim irgendwann mit seiner Familie nach London aus, wo er erfolgreich mehrere Fish-and-Chips-Restaurants betrieb. Der kommunistischen Ideologie blieb er jedoch stets treu. »Ich habe auch gerne gespielt«, fügte er lachend hinzu. »Das war eins meiner Laster. Wie ihr seht, habe ich einzig und allein ans Materielle geglaubt.«

Nach etlichen Jahren in England kehrte Vater Seraphim nach Zypern zurück und investierte seine Ersparnisse in ein Hotel in Limassol. Seine Kinder gründeten eigene Familien, und er nahm sein politisches Engagement wieder auf.

Eine persönliche Krise, über die er uns nichts Näheres sagte, hat dann sein Weltbild radikal verändert. »In einem Moment der Verzweiflung«, fuhr er fort, »bin ich auf die Knie gefallen und habe geschrien: ›Wenn es einen Gott gibt, dann gib mir ein Zeichen und hilf mir aus meiner Not!‹«

Das war ein Wendepunkt im Leben von Vater Seraphim, der, bevor er seine Tonsur als Mönch erhielt, Andreas hieß. Er hatte ein mystisches Erlebnis, eine klassische Offenbarung wie auf der Straße nach Damaskus, bei dem, um mit seinen Worten zu reden: »Sich plötzlich der Himmel auftat und ich die blendende Herrlichkeit Gottes geschaut habe.« Er schüttelte den Kopf und sagte, leider gebe es keine passenden Worte, mit denen sich erklären ließe, was ihm widerfahren sei. Eines war jedoch sicher: Mit siebzig Jahren erfuhr Vater Seraphims Bewusstsein einen radikalen Wandel. Aus einem Atheisten wurde ein zutiefst frommer Gläubiger, und dies so sehr, dass er mit Zustimmung seiner Frau beschloss, Mönch zu werden und den Rest seines Lebens in ständigem Gebet und Kontemplation zu verbringen. Auch seine Frau entschied sich, Nonne zu werden und ihre verbleibenden Jahre zusammen mit ihrem Mann dem Ziel des Einswerdens mit Gott zu widmen. Leider starb sie drei Monate nach ihrem gemeinsamen Entschluss zum klösterlichen Leben.

Vater Seraphim besuchte einige Klöster und bat um Aufnahme als Novize, wurde aber stets mit der Begründung abgelehnt, er sei zu alt für eine klösterliche Laufbahn. In einem der Kloster sagte ihm ein Mönch: »Ein Kloster ist kein Pflegeheim, und außerdem nehmen wir hier keine Ehepaare auf.« Vater Seraphim (oder damals noch Andreas) besuchte den Athos und beriet sich dort mit einem verehrten heiligen Eremiten. Der Eremit drängte ihn, nach Zypern zurückzukehren, und versicherte ihm, er würde in dem Kloster, das ihn zuletzt abgelehnt hatte, Aufnahme finden. Nach seiner Rückkehr auf die Insel begab er sich noch einmal zu diesem Kloster und erklärte: »Ich bin hierher gekommen, weil ich bleiben will, und ich habe nicht die Absicht, wieder wegzugehen.« Der Altvater des Klosters, der als heiliger Mann galt und über die Gabe der Hellsichtigkeit verfügte (und der auch zu Beginn von Vater Maximos' geistlichem Leben eine Rolle gespielt hatte), führte ein langes Gespräch mit ihm. Er erkannte, dass Vater Seraphims Erfahrung eine echte Offenbarung des Heiligen Geistes war. Daher erteilte er Vater Seraphim die Erlaubnis, im Kloster zu bleiben. Daraufhin vermachte Vater Seraphim seinen materiellen Besitz seinen Kindern und trat der Klostergemeinschaft bei.

»Zwei Jahre lang«, erzählte uns Vater Seraphim, »versuchte ich, ein beispielhafter Novize zu sein, der sich der mönchischen Lebensweise und dem Altvater völlig unterordnete. Da ich aufgrund meiner Erfahrung in der Welt viele praktische Fähigkeiten besaß, konnte ich mich zugleich ziemlich nützlich machen. Ich war ihnen keine Last, wie sie zunächst befürchtet hatten, und allmählich schätzten sie meine Anwesenheit.«

Aber Vater Seraphim empfand das Leben im Kloster als zu leicht und sehnte sich nach größeren geistlichen Herausforderungen. Er hatte es eilig. Seine Leidenschaft richtete sich darauf, so bald wie möglich und noch bevor er aus diesem Leben schied, mit seinem Schöpfer eins zu werden. Seit seiner mystischen Erfahrung war ihm alles Geringere nicht genug. Der Altvater des Klosters, selbst vier Jahre jünger als Vater Seraphim, erkannte seine besonderen Gaben und weihte ihn zum *Megaloschemos,* der höchsten Stufe in der Mönchslaufbahn, die etwa der Doktorwürde entspricht. Außerdem erteilte er ihm seinen Segen, Eremit zu werden und den Rest seines Lebens strengeren Gebetsregeln zu widmen.

Vater Seraphim erhielt die Erlaubnis, eine zum Kloster gehörende Einsiedelei zu nutzen, die etwas weiter unten an dem kiefernbestandenen Berg lag. Dort führte er annähernd zwanzig Jahre lang ein Leben ununterbrochenen Gebets. Er aß nur einmal am Tag, fastete während des größten Teils des Jahres und arbeitete jeden Tag einige Stunden in seinem Garten, der ihn körperlich bei Kräften hielt. Außerdem empfing er jeden Tag zwischen neun und elf Uhr Pilger, die ihn um geistlichen Rat ersuchten. Die meiste Zeit verbrachte er jedoch im Gebet und gönnte sich nur wenig Schlaf. Jede Nacht hielt Vater Seraphim Gebetswache. Er betete für andere und für die Welt sowie für seine eigene Erlösung.

»In meinem ganzen Leben bin ich nicht glücklicher gewesen«, versicherte er uns tief bewegt. Vater Seraphim war das lebende Beispiel eines fröhlichen Menschen. Dem Eindruck nach, den wir während unseres Aufenthalts bei ihm gewonnen hatten, hegten wir kaum Zweifel, dass es ihm tatsächlich so ging, wie er uns gegenüber behauptete. »Gottes Liebe und Mitgefühl für jeden Menschen ist unbeschreiblich, glaubt mir!«, versicherte er uns wiederholt. Dieselbe Botschaft hatte ich auch mehrfach von Altvater Paisios gehört, als ich ihn 1991 zusammen mit Vater Maximos und Antonis kennenlernte. Und auf unserer jüngsten Athos-Reise sagte dies auch ein weiterer hochverehrter Eremit. Tatsächlich konnte der Eremit vom Athos kaum die Tränen zurückhalten, als er zu uns von der Größe der Liebe Christi zu allen Menschen sprach. Wie Vater Seraphim sprach auch er mit der Gewissheit desjenigen, der Gottes Liebe zu Seinen Geschöpfen unmittelbar erfahren hatte.

Vater Seraphim drängte uns, ihn wieder einmal in seiner Eremitage zu besuchen, und stimmte erfreut Emilys Bitte zu, beim nächsten Mal unseren Freund Vladimiros mitbringen zu dürfen. Da beide ehemalige Mitglieder der Kommunistischen Partei waren, hätten er und Vladimiros sicher viel Gesprächsstoff. Emilys wichtigster Gedanke war jedoch, dass Vater Seraphim Vladimiros vielleicht helfen konnte, seine Depression und seine Angst vor Alter und Tod zu überwinden.

Als wir unsere Freunde in der darauffolgenden Woche von Limassol zu Vater Seraphims Eremitage fuhren, empfing der Altvater sowohl Vladimiros als auch seine Frau Elena herzlich als »meine lieben Genossen« und erzählte ihnen viele Geschichten über seine Wandlung vom Kommunismus zum zielstrebigen Bemühen um Gott. Ein Großteil des Gesprächs zwischen Vater Seraphim und Vladimiros drehte sich jedoch um Menschen und Ereignisse aus ihrer langjährigen Mitgliedschaft in der Kommunistischen Partei. Allein dies ließ Vladimiros sichtlich aufleben und bewirkte, dass er sich bei Vater Seraphim wohlfühlte. Ob die Begegnung aber irgendwelche Auswirkungen auf Vladimiros' Weltbild hatte, konnten wir damals nicht erkennen.

Auf der Rückfahrt nach Limassol sprach ich mit Emily und unseren Freunden über meine Überlegungen, wie der radikale Wandel des ehemaligen Kommunisten zu erklären sein könnte.

Im 20. Jahrhundert, sagte ich, sind zahlreiche angesehene Entdecker und Wissenschaftler, von William James bis Richard Bucke und von Rudolf Otto bis Joachim Wach, zu dem Ergebnis gekommen, dass die mystischen Erfahrungen, die viele Menschen über die Jahrhunderte hinweg gehabt haben, Realitäten widerspiegeln, die mit einer Reduzierung auf chemische Reaktionen im Gehirn oder schlicht auf psychische oder kulturelle Faktoren nicht zu erklären – oder zu entkräften – sind.[83]

Die phänomenologischen Studien dieser Pioniere, so betonte ich, haben zu dem Schluss geführt, dass Menschen wie Vater Seraphim, die mystische Erfahrungen haben, einen tiefgreifenden Wandel ihres Bewusstseins und ihres Weltbildes erleben.

Nach östlich-orthodoxem Verständnis der mystischen Ekstase, fügte ich hinzu, hat Vater Seraphim offenbar das Ungeschaffene Licht erlebt, das Gotteslicht. Diese Erfahrung bringt den Menschen dazu,

---

83 William James, *The Varieties of Religious Experience*, Logmans, Green 1902; deutsch: *Die Vielfalt religiöser Erfahrung*, übersetzt, herausgegeben und mit einem Nachwort versehen von Eilert Herms, Walter 1979. Richard Maurice Bucke, *Cosmic Consciousness*, 1901, Nachdruck Penguin Putnam 1991; deutsch: *Kosmisches Bewusstsein*, aus dem Amerikanischen von Karin Reese, Insel 1993. Rudolf Otto, *Das Heilige: Über das Irrationale in der Idee des Göttlichen und sein Verhältnis zum Rationalen*, Frdr. Andreas Perthes 1923; Markides zitiert aus der englischen Übersetzung: *The Idea of the Holy: An Inquiry into the Non-rational Factor in the Idea of the Divine and its Relation to the Rational*, 1950, Nachdruck Oxford University Press 1970. Joachim Wach, *Types of Religious Experience*, 1951, Nachdruck University of Chicago Press 1970; Joachim Wach, *Sociology of Religion*, 1944, Nachdruck University of Chicago Press 1962; deutsch: *Religionssoziologie*, nach der 4. Auflage übersetzt von Helmut Schoeck, Mohr 1951.

alles andere in seinem Leben fahren zu lassen, um jenem kurzen Einblick in den Himmel von ganzem Herzen und mit außergewöhnlicher Leidenschaft nachzueifern. Auf nichts anderes kommt es mehr an. Der führende Philosoph und Religionssoziologe Joachim Wach hat darauf hingewiesen, dass die mystische Erfahrung die stärkste Erfahrung ist, die der Mensch zu haben vermag, mit Rudolf Ottos Worten das *Mysterium tremendum et fascinans* – etwas, das weit über die normale Bandbreite unserer Erfahrungen hinausgeht, ehrfurchtgebietend, überwältigend und völlig unabhängig von uns selbst, und zu dem wir uns mit so viel Neugier wie Vertrauen hingezogen fühlen.[84] Wer eine solche Erfahrung gehabt hat, versteht sie als Kontakt zur Höchsten Realität. Ungeachtet bisheriger Überzeugungen gewinnen nun religiöse Loyalitäten die Oberhand über alles andere. So wurde Vater Seraphim über Nacht vom kommunistischen Atheisten zum begeisterten Gläubigen, genau wie Paulus, nachdem er auf der Straße nach Damaskus vom Pferd gefallen war, vom eifernden Christenverfolger zum wichtigsten Apostel wurde, der das Christentum im gesamten Römischen Reich verbreitet hat. Der Mensch, der die Höchste Realität erfahren hat, stellt Joachim Wach fest, entwickelt Tatendrang. Im Vergleich dazu erscheinen alle anderen Ziele und Beschäftigungen trivial. So ist es offenbar auch Vater Seraphim ergangen. Er hatte ein mystisches Erlebnis, das mit dem des Paulus identisch war.

Ich war mir nicht sicher, ob meine Ausführungen über Vater Seraphims Zustand für unsere Freunde nachvollziehbar waren, aber beide sagten, sie hätten vor, ihren ehemaligen Genossen wieder zu besuchen.

Bevor ich am 4. Juli 2010 nach Maine zurückfliegen würde, wollte ich mit Vater Maximos über Altvater Seraphim sprechen. Genauer gesagt, obwohl Vater Maximos bei mehreren Anlässen bereits über die Bedeutung des Gebets für ein geistliches Leben gesprochen hatte, wollte ich dieser Frage noch weiter auf den Grund gehen. Ich wollte mehr erfahren über die Rolle des unaufhörlichen Gebets in Altvater Seraphims Leben und übrigens auch im Leben aller Menschen. Altvater Seraphim schien diese Form des intensiven und ständigen

84 Michael Winkelman und John R. Baker, *Supernatural as Natural: A Biocultural Approach to Religion*, Prentice Hall 2010, S. 63.

Betens nicht nur nicht zu ermüden oder langweilig zu werden, sondern das Gebet schenkte ihm, wie er uns mehrfach versicherte, sogar außergewöhnliche Energie und Freude. Dieser 91-jährige Eremit, der einem Roman von Dostojewski entsprungen sein könnte, war einer der glücklichsten Menschen, denen wir je begegnet waren. Er war trunken von Gott. Er war bereits im Paradies. Vater Seraphim erinnerte mich an die Homilien des Maximus Confessor, der behauptete, der gottverwirklichte Mensch sei von einem *Eros Maniakos* besessen, einer wahnsinnigen Form der Liebe, die unendlich viel stärker ist als jede weltliche erotische Leidenschaft. Die Metaphern, die er verwendete, um einen solchen Zustand der Gotttrunkenheit zu beschreiben, haben puritanische Christen häufig schockiert.

Drei Tage vor unserer Abreise organisierte Lavros ein Treffen, um über unseren Besuch in Vater Seraphims Einsiedelei zu sprechen und uns zu verabschieden. Er lud unsere guten Freunde aus Limassol ein, die meine Erforschung der mystischen Tradition des Ostchristentums seit vielen Jahren begleiteten. Es kamen Stephanos und Erato, Antonis und Frosoulla, Lavros und seine Freundin Jasmine, eine neue Schülerin von Vater Maximos, unsere Freundin Olympia, die die Pilgerreise zum Katharinenkloster organisiert hatte, Emily und ich. Zu unserer freudigen Überraschung nahm Vater Maximos unsere Einladung zu dem geselligen Abend an. Er sollte in Lavros' kleinem, aber wunderschönen Permakulturgarten stattfinden, den er im Laufe der Jahre um sein bescheidenes traditionelles Häuschen herum angelegt hatte, und jeder wollte etwas fürs Buffet mitbringen.

»Wenn wir Eremiten wie die Altväter Paisios und Seraphim verstehen wollen«, sagte Vater Maximos nach dem Abendessen, »müssen wir das Wesen des unaufhörlichen Gebets und seine Bedeutung in unserem spirituellen Leben begreifen. Die heiligen Altväter hatten mehrere Bezeichnungen für diese Praxis, zum Beispiel Jesusgebet, Noetisches Gebet, Herzensgebet oder einfach *Das Gebet*, und mit alledem meinten sie das bekannte Gebet ›Herr Jesus Christus, Sohn Gottes, erbarme dich meiner‹. Die Heiligen betrachteten diese Form des Gebets als den Königsweg zur Erlösung und als das Mittel, durch das die Mysterien Gottes dem Herzen des Menschen offenbart werden.«

Zur Einführung und damit wir die radikale Wandlung, die ein Eremit wie Vater Seraphim durchläuft, besser verstehen konnten, erinnerte uns Vater Maximos an die zentralen Prinzipien christlicher Eschatologie. »Gemäß der Überlieferung der *Ekklesia*«, fuhr er fort, »setzt die Heilung der gefallenen Menschheit voraus, dass wir zu unserem natürlichen Zustand zurückfinden, so, wie wir ursprünglich von Gott erschaffen worden sind. Adam und Eva haben sich im Paradies in der ständigen Kontemplation Gottes befunden. Dies war die einzige Aktivität ihres Herzens und ihres Geistes. Sie lebten in einem Zustand ununterbrochenen Gedenkens und Gewahrseins ihres Schöpfers. Dies bedeutet, dass die Menschheit in ihrem Zustand vor dem Fall sich in ständiger Kommunion mit der Gnade Gottes befand.

Durch diese ununterbrochene Kontemplation Gottes«, fügte Vater Maximos hinzu, »kamen die Menschen unmittelbar in den Genuss von Gottes Liebe und allen anderen Gaben, die dieser Zustand mit sich bringt. So haben die ursprünglichen Menschen im Garten Eden gelebt. Dies ist unsere göttliche Gabe, die in der Tiefe unseres Wesens ruht. Wir sind eingeladen, diesen ursprünglichen Zustand in Herz und Geist wiederherzustellen, das heißt, in ständiger Kontemplation Gottes zu sein.

Der Fall hat unsere Verbindung zu unserem Schöpfer unterbrochen. Unser *Nous*, oder der Kern und das Zentrum unseres Bewusstseins, wurde auf die Dinge dieser Welt zerstreut, weg von der ständigen Kontemplation des Göttlichen. Das Bild Gottes in unserem Inneren zerriss.

Aber Gott, als der große Heiler, gab uns die Medizin, die wir brauchen, damit wir zu unserem ursprünglichen gesunden Zustand zurückfinden können. Er schenkte uns Sein eines, allumfassendes Gebot: ›Du sollst den Herrn, deinen Gott, lieben von ganzem Herzen, von ganzer Seele und von ganzem Gemüt‹. (Matthäus 22, 37 und 5. Mose 6, 5) Das heißt, dein ganzes Dasein und Streben sollte auf die Liebe Gottes, des Großen Geliebten, gerichtet sein.

Dies ist Gottes einziges Gebot. Andere gibt es nicht. Die übrigen Gebote, die Gott uns gegeben hat, sind eine Konsequenz dieses ersten.

›Du sollst deinen Nächsten lieben wie dich selbst‹ und ›du sollst nicht stehlen‹, ›du sollst nicht töten‹ und so weiter sind Nebenprodukte des ersten Gebots und zugleich die Mittel und Wege, wie das primäre Gebot tätig umgesetzt werden kann.

Damit wir Menschen Gott aber von ganzem Herzen und von ganzem Gemüt lieben können, müssen wir wieder zu unserer Daseinsform vor dem Fall zurückfinden. Das heißt, Gott muss wieder der ständige, ununterbrochene Mittelpunkt unserer Aufmerksamkeit und unsere erste Sorge werden. Unser Geist und das Zentrum unseres Bewusstseins müssen sich wieder an die Liebe und die Kontemplation Gottes binden. Dies muss unsere vordringliche geistige Aktivität werden, wie es war im Anfang, vor dem Fall.

Vielleicht können wir diesen Zustand in der Form begreifen, in der er sich im normalen weltlichen Leben zeigt. Was passiert in unserem Leben, wenn wir uns vollauf in einen anderen Menschen verlieben? Der oder die Geliebte steht uns ständig vor Augen, was wir auch tun und wo wir auch sind. Unser Geist befindet sich in ständiger Gemeinschaft, in Kommunion, mit diesem Menschen. Ja, sogar wenn wir schlafen, gehen wir völlig in dem geliebten Menschen auf. Dieser Mensch ist ständig bei uns, in unseren Träumen, im Wachzustand, in unserem Herzen und in unseren Gedanken. Wir sind ständig im Gespräch mit dem anderen, auch wenn wir nicht physisch beisammen sind. Außerdem verhalten wir uns gegenüber diesem Menschen so, wie es der Tiefe unserer Liebe entspricht.«

»An welches Verhalten denken Sie?«, warf Jasmine ein.

»Wir sind bereit, für den geliebten Menschen sogar unser Leben zu geben«, fuhr Vater Maximos fort. »Wenn also dieser Gemütszustand schon in unseren weltlichen Beziehungen entstehen kann, dann stellt euch vor, um wie viel stärker er ist, wenn er uns in unserer Beziehung zu Gott widerfährt, wenn wir uns buchstäblich in Gott verlieben.«

»Dies ist der Zustand des *Eros Maniakos*, der Eremiten wie Vater Seraphim kennzeichnet«, betonte ich.

»So sagen es die heiligen Altväter«, ergänzte Vater Maximos. »Vater Seraphim ist begnadet, dass er diesen Zustand des Verliebtseins in Gott urplötzlich erlangt hat. Normalerweise ist das unaufhörliche Gebet in unserem gefallenen Zustand das wichtigste Instrument, damit unser Geist in seinen ursprünglichen Zustand des ständigen Gedenkens Gottes zurückfinden kann.«

»Dies legt uns ja auch Paulus ans Herz«, sagte Stephanos.

»Ja. Darüber haben wir schon oft gesprochen.«

»Bedeutet dies, dass nur Eremiten diesen Zustand der ständigen Kontemplation Gottes erreichen können?«, fragte Olympia.

»Keineswegs. Deine Frage erinnert mich an ein Gespräch, das der heilige Gregorios Palamas einst mit einem Asketen geführt hat. In diesem Dialog, der wiederum von einigen Anwesenden aufgeschrieben worden ist, wurde genau dieser Punkt angesprochen. Der Asket beharrte darauf, dass das unaufhörliche Gebet nur von Mönchen und Eremiten gehalten werden sollte und nicht von gewöhnlichen Menschen. Der heilige Gregorios hingegen behauptete, das Herzensgebet sei für alle Menschen, weil alle Menschen eingeladen sind, ihre geistliche Gesundheit wiederherzustellen und wahre Kinder Gottes zu werden. Energisch behauptete er, dass es keine gesonderten Evangelien für normale Menschen und für Mönche gibt, und ebenso wenig eine andere Heiligkeit für Mönche als für gewöhnliche Leute.

Nun, der Asket ließ sich nicht überzeugen, obwohl er ein tugendhafter und frommer Mensch war. Es heißt, der heilige Gregorios habe inständig zu Gott gebetet, Er möge den Geist seines Bruders, des Asketen, erleuchten. Der Geschichte zufolge soll Gott dem Herzen des andersdenkenden Bruders durch einen Engel mitgeteilt haben, dass das unaufhörliche Gebet tatsächlich nicht nur für Mönche, sondern für alle Menschen geeignet ist. Schließlich sind alle Menschen aufgerufen, Liebende und Kinder Gottes zu werden.«

»In der Praxis fragt man sich jedoch, wie normalen Menschen wie uns, die wir in der Welt leben, dieses Kunststück gelingen soll«, sagte Lavros. »Wir haben kaum Zeit, über unser Dasein nachzudenken, geschweige denn unaufhörlich zu beten. Was schlagen Sie vor, wie sollen wir es anstellen?«

»Die heiligen Altväter der *Ekklesia* haben aus eigener Erfahrung entdeckt, dass die praktischste Methode, seinen Geist kontinuierlich auf Gott auszurichten, in der ständigen Wiederholung des Gottesnamens besteht, und zwar durch das Gebet: ›Herr Jesus Christus, Sohn Gottes, erbarme dich meiner.‹

Es ist ein theologisches Gebet par excellence. Indem wir den Heiligen Namen anrufen und sagen, ›erbarme dich meiner‹, bitten wir um das, was wir gerade am meisten brauchen, sei es spirituelle Stärke, Trost oder erhellende Erkenntnis. Diese ständige Wiederholung des Jesusgebets lädt unser Herz und unseren Geist nach und nach mit Energie auf und verdrängt alle anderen Gedanken oder *Logismoi.*

Seht ihr, unser Geist ist so aufgebaut, dass er nie stillsteht. Die Väter behaupten, der Geist sei wie eine Getreidemühle, die niemals aufhört, sich zu drehen. Wenn wir in diese Mühle gutes, gesundes Getreide hineinschütten, dann erhalten wir gutes, gesundes Mehl, aus dem wir nahrhaftes Brot backen können.«

»Leider wissen wir alle aus eigener Erfahrung«, warf Stephanos ein, »dass unser Geist nicht nur die dümmsten und nutzlosesten Gedanken hervorbringen kann, sondern auch die teuflischsten und kriminellsten.«

»Richtig. Er produziert ständig alle möglichen *Logismoi,* alle möglichen Gedankenformen. Dies hört nie auf. Unser Ziel sollte es deshalb sein, in dieses sich ständig drehende Gedankenkarussell das Jesusgebet einzustreuen, das wir, so sagen es die Väter, immer und überall zu sprechen versuchen müssen. Mit anderen Worten, es ist wichtig, dass wir zu Beginn unserer Praxis daran denken, unsere Gedanken so oft wie möglich mit dem Gebet zu beschäftigen.«

»Wie viel Zeit sollte man im Gebet verbringen?«, fragte Jasmine.

»Zu Beginn unserer Praxis ist die Qualität unseres Gebets weniger wichtig als seine Quantität. Tatsächlich sollten wir uns zunächst überhaupt keine Gedanken über die Qualität machen. Wichtig ist der Umfang unseres Engagements.«

»Das gilt für alles, was wir neu beginnen«, betonte ich, »ob wir nun Klavierspielen oder Schreiben lernen. Je öfter wir es tun, desto besser wird es. Dies funktioniert auch im Negativen. Wir könnten zum Beispiel wiederholt etwas Falsches tun, etwa ständig gedanklich an uns herumkritteln. So werden wir sehr gut darin, schlecht mit uns selbst umzugehen. Wir werden konditioniert.«

»Exakt. Beim Jesusgebet ist es auch wichtig, dass wir uns bewusstmachen, dass wir dieses Gebet wegen seiner Kürze immer und überall sprechen können. Wir brauchen dazu keine Bücher und müssen nicht belesen sein. Wir können uns überall auf der Welt befinden und das Gebet im Herzen und in Gedanken ständig wiederholen. Äußere Bedingungen können es nicht ausschalten. Es ist sehr leicht anwendbar.«

»Psychologen würden sagen, dies sei Einbildung, eine Form der Selbstkonditionierung und Autosuggestion«, meinte Emily.

»Ja gut, wenn wir das Gebet wiederholt rezitieren, werden wir süchtig danach und darauf konditioniert. Das kann man sicher behaupten. Wir binden uns an die Worte des Gebets, die alle anderen Gedankenformen und Ablenkungen verdrängen. Glaubt mir, das Jesusgebet hat enorme geistliche Kraft, weil es mit göttlicher Energie aufgeladen ist. Von daher heiligt es unser Dasein. Es heiligt unser Herz und unseren Geist und unser ganzes Wesen. Nach und nach haftet unsere Seele an dem Gebet und fügt sich seiner Bedeutung.«

»Vater Maxime, man sollte den Menschen unbedingt sagen, dass Ablenkung am Anfang unser größter Feind ist«, betonte Stephanos. »Es ist schwer, auf das Gebet fokussiert zu bleiben.« Stephanos und Erato praktizierten das Gebet seit vielen Jahren und waren inzwischen selbst geistliche Führer.

»Das stimmt. Der Geist ist ein ›dreister Raubvogel‹, wie Abba Isaak sagt, der überallhin fliegt, insbesondere dahin, wo Kadaver und Unrat liegen. Er scheint sich unmöglich kontrollieren zu lassen.«

»Durch diese Neigung des Geistes lassen sich viele Anfänger entmutigen und geben schließlich auf«, stellte Stephanos fest.

»Ja, das ist ein echtes Problem«, pflichtete ihm Vater Maximos bei. »Immer wieder sagen mir die Leute, ›ich bete und bete, und meine Gedanken wandern einfach ab. Ich kann einfach nicht still werden. Kaum fange ich an, das Gebet zu sprechen, zerrinnt mir die Zeit unter den Händen, und ich bin nicht mehr bei der Sache. Am Ende weiß ich nicht einmal mehr, dass ich gebetet habe.‹

Daraufhin versichere ich den Leuten immer, dass sich dies am Anfang gar nicht vermeiden lässt. Wir dürfen deshalb nicht enttäuscht sein oder uns entmutigen lassen. Es geht nicht nur uns so. Wichtig ist, dass wir fortfahren und nie aufgeben. Stetes Bemühen ist viel wert. Wir müssen das Gebet unaufhörlich sprechen, und wenn wir merken, dass unsere Gedanken abwandern, müssen wir sie sanft wieder im Gebet verankern. Die Gedanken werden unweigerlich erneut abwandern; und wieder bringen wir uns dies zu Bewusstsein. So wird unser Geist nach und nach gestärkt und kann dann beim Gebet bleiben.

Es ist keine leichte Aufgabe, aber die reine Freude. Ein Mensch wie Altvater Seraphim, den Emily und Kyriacos vor Kurzem kennengelernt haben und der den Rest seines Lebens diesem Tun geweiht hat, ist wie ein Adler, der seine Schwingen ausgebreitet hat und zum Horizont fliegt. Er hat das Geheimnis Gottes geschaut und die Süße der Liebe Christi gekostet.«

»Was ist wichtiger, im Stillen zu beten oder das Gebet laut zu sprechen?«, fragte Emily.

»Die Altväter raten, dass es im Anfangsstadium hilfreich ist, wenn wir es laut sprechen«, antwortete Vater Maximos.

»Das ist schwierig«, warf Antonis ein. »Wir leben und arbeiten mit anderen zusammen. Da wäre es peinlich, laut zu beten. Stellen Sie sich nur einmal vor, Sie wären bei einer geschäftlichen Besprechung und würden anfangen, laut zu beten.«

Es brach allgemeines Gelächter aus.

Vater Maximos nickte. »Ich sehe das Problem. In einer solchen Situation können wir das Gebet still rezitieren, ohne dass es jemand merkt. Unsere Gedanken können dennoch ständig auf Gott gerichtet sein. Darauf kommt es schließlich an. Aber wenn die Umstände es zulassen, ist es besser, es laut zu sprechen.«

»Warum?«, fragte Jasmine.

»Weil es dadurch zu Anfang leichter wird, die Gedanken auf das Gebet zu fokussieren«, antwortete Vater Maximos und fuhr fort: »Ich sollte hinzufügen, dass wir im Gebet versuchen sollten, uns genau auf die Worte des Gebets zu konzentrieren, damit unsere Gedanken ihre Tendenz zum Abwandern überwinden können. Wir dürfen uns noch nicht einmal Bilder und Episoden aus dem Leben Christi vorstellen. Tatsächlich können solche Ablenkungen und Fantasien kontraproduktiv und für das geistliche Leben sogar schädlich sein. Stattdessen sollten wir uns voller Demut auf die Bedeutung der Worte an sich konzentrieren und das Gebet so oft sprechen wie nur irgend möglich.

Ich versichere euch, wer diese Form des Gebets praktiziert und sein Gewissen hütet, indem er sich an Gottes Gebote hält, kann ein Marathonläufer des geistlichen Lebens werden. Nichts kann ihn aufhalten.«

»Genügt das Gebet bereits für das geistliche Leben?«, fragte Jasmine.

»Es ist natürlich wesentlich. Aber wir dürfen nicht vergessen, dass unser Gebet umsonst ist, wenn wir uns nicht zugleich in Nächstenliebe und Mitgefühl üben. Wenn wir andere ständig kritisieren und beschuldigen, ist unser Gebet nutzlos. Wir können nicht beten und zugleich den Leidenschaften nachgeben, die die geistlichen Grundlagen unseres Lebens untergraben.«

»Neben dem Gebet müssen wir also auch daran arbeiten, unseren Egoismus durch verschiedene Aktivitäten und spirituelle Übungen zu überwinden«, fügte Jasmine hinzu.

»Selbstverständlich! Darüber haben wir schon oft gesprochen. Wir müssen an der Stufe der *Katharsis* arbeiten, um unsere Seele von egoistischen Leidenschaften zu befreien. Dies ist notwendig, bevor wir die Früchte des Geistes kosten können, die uns zu *Fotisis* oder Erleuchtung führen und von dort weiter zur *Theosis*, unserer endgültigen Vereinigung mit Gott.«

Weiter betonte Vater Maximos, dass für östlich-orthodoxe Christen stets auch die Sakramente der *Ekklesia*, wie etwa Beichte und Kommunion, zur Verfügung stehen, um geistlich ringende Menschen zu unterstützen.

»Man könnte sich aber auch fragen: Was, wenn ich diese hohen spirituellen Erwartungen nicht erfüllen kann?«, warf Lavros ein. »Leider erliegen wir doch ständig irgendwelchen Versuchungen.«

»Das ist so«, erwiderte Vater Maximos. »Doch *Metanoia* verbindet uns wieder mit der Energie des Gebets. Der Mensch lernt, Buße zu tun und bittet damit um Gottes Barmherzigkeit und Vergebung. Durch die Praxis des Jesusgebets kehrt dann die Gnade Gottes in sein Herz zurück.«

»Aber noch einmal«, hakte Lavros nach, »viele, die ich kenne, fragen sich, wie ihnen dies effektiv gelingen soll, solange sie in der Welt leben. Wir sind weder Eremiten noch Nonnen.«

»Wenn wir wirklich wollen, finden wir reichlich Gelegenheit, auch im ganz normalen Alltag das Jesusgebet zu praktizieren. Wir tun jeden Tag alles Mögliche, was keine besondere Aufmerksamkeit erfordert, etwa die Fahrt zur Arbeit, Kochen, Putzen oder Spazierengehen. Warum nicht diese Zeitfenster mit der Anrufung des Heiligen Namens füllen? Wer dies regelmäßig tut, braucht meiner bescheidenen Meinung nach kein anderes Gebet. Diese Angewohnheit kann ausreichen, damit das Herz so arbeitet wie beim unaufhörlichen Gebet.«

»Aber reicht das wirklich schon?«, fragte Olympia.

»Nun ja, zwei Dinge können eine große Hilfe sein, damit das Jesusgebet im Herzen des Betenden aktiviert wird. Erstens ist es ratsam, sich ein kurzes spirituelles Programm zuzulegen. Man kann sich jeden Morgen und jeden Abend ein paar Minuten Zeit nehmen und diese an einem ruhigen Ort ausschließlich der Konzentration auf das Gebet widmen. Am Anfang braucht man für diese Praxis nicht viele Stunden. Es sollte ausreichen, wenn man jeden Tag ein paar Minuten der Pflege des Jesusgebets widmet. Damit das Gebet wirklich ins Herz dringen und den ganzen Tag über dort verweilen kann, ist es zweitens wichtig, dass man *Protonoia* praktiziert, wie die Väter es nennen. Das bedeutet, dass man gleich nach dem Aufwachen innerhalb weniger Sekunden, nachdem man die Augen aufgeschlagen hat, das Kreuzzeichen macht und anfängt, den Heiligen Namen anzurufen. Dies ist so, als wenn man den Tank seines Autos auffüllt, damit er uns für des Tages Reise ausreicht.«

Weiter sagte Vater Maximos, es sei wichtig, dass man gleich beim Aufwachen mit dem Gebet beginnt, um zu verhindern, dass andere Gedankenformen oder *Logismoi* ins Denken eindringen. Dadurch wird der Geist gleich zu Beginn unseres aktiven Tages an die Anrufung des Heiligen Namens gebunden.

»Wenn wir das Jesusgebet praktizieren«, fuhr Vater Maximos fort, »müssen wir auch unbedingt daran denken, zwischen einem Gebet und dem nächsten keine Zeit verstreichen zu lassen. Eine Anrufung sollte sofort auf die andere folgen, damit zwischen den beiden Gebeten keine negativen Gedankenformen den Weg in unseren Geist finden. So wird der Gebetszyklus ununterbrochen aufrechterhalten.

»Es erübrigt sich zu sagen, dass Gott bei dieser Arbeit immer gegenwärtig ist, um uns zu unterstützen. Als Angehörige der *Ekklesia* können wir darüber hinaus von ihren Sakramenten profitieren. Ihre reichen Gebete, ihre Gesänge und alle ihre anderen geistlichen Praktiken wirken synergistisch zusammen, um uns in unserem stetigen Bemühen, die erhabene Wissenschaft des geistlichen Lebens zu erlernen, zu unterstützen. Wenn wir uns auf diese Weise systematisch bemühen, können wir irgendwann mit *Fotisis* gesegnet werden, mit der Erleuchtung unserer Seele durch die Erfahrung des Ungeschaffenen Lichts, wie es zu allen Zeiten Heiligen und ehrwürdigen Altvätern wie Paisios und Seraphim geschehen ist.«

»Ich vermute, nach einer solchen Erleuchtung ist unser Leben kein Problem mehr«, bemerkte Lavros.

»Genau! Das Jesusgebet kann uns das Geheimnis unseres Lebens auf dieser Welt entschlüsseln«, antwortete Vater Maximos. »Es ist wie ein Schlüssel, der uns wieder ins Paradies führt, an den Ort, an dem wir eigentlich sein sollten. Die Fähigkeit zur Rückkehr dorthin ist in allen Menschen angelegt. Dies ist Gottes Wunsch für uns alle.

Weil der Geist durch das Rezitieren des Gebets mit Energie aufgeladen wird, kommt nach und nach die Gnade und hebt den Menschen von der ersten Stufe des verbalen Gebets zum Herzensgebet, wie die Väter sagen. Das heißt, das Jesusgebet wird selbsttätig, eine mühelose und natürliche Tätigkeit unseres Geistes und unserer Seele, wie das Atmen.«

»Ich vermute«, fügte ich hinzu, »das ist wie beim Schwimmen, Fahrrad fahren oder Autofahren lernen. Am Anfang ist es sehr schwierig, wenn man es aber erst einmal beherrscht, wird es automatisiert und mühelos.«

»Ich glaube, diesen Vergleich kann man tatsächlich ziehen«, sagte Vater Maximos. »Der Mensch betet harmonisch mit all seiner Kraft, weder Geist noch Herz lassen sich ablenken. Diese Tätigkeit ist für den Menschen nicht mehr anstrengend. Das Gebet wird für die Seele nun etwas Selbstverständliches und nährt sie mit sehr süßem Honig. Das Gebet endet nie, ob der Mensch schläft oder wacht.«

»Sollte man das Jesusgebet auch in der Kirche während des Gottesdienstes praktizieren?«, fragte Antonis.

»Unbedingt. Dies ist eine Umgebung, die dem Gebet ganz besonders förderlich ist.«

»Was sind, bezogen auf unseren Alltag, die unmittelbaren, greifbaren Resultate des Jesusgebets?«, fragte Emily. »Damit meine ich nicht die großen Erfolge der Heiligen und Asketen, sondern welche Auswirkungen hat das Gebet auf uns Normalmenschen?«

»Wer das Jesusgebet praktiziert, erhält vor allen Dingen einen Vorgeschmack auf die Liebe Christi. Sie ist, was wir alle wirklich brauchen, und sie sollte unser oberstes Ziel sein. Sie ist, was uns fehlt. Wenn das Jesusgebet in unserem Herzen aktiviert wird, weckt es in uns einen Göttlichen Eifer, der uns zu mutigem geistlichen Handeln treibt. Zusammen mit den Sakramenten kann das Jesusgebet in uns das Feuer der Liebe Christi entfachen.«

»Ist dies vielleicht die Bedeutung der Jesusworte im Evangelium, mit denen er sagt, er sei in die Welt gekommen, um Feuer auf die Erde zu werfen?«, fragte Olympia. (Lukas 12, 49)

»Ja sicher! Was sonst? Es ist das Feuer von Gottes Liebe zur Menschheit. Wo sonst könnte dieses Feuer entfacht werden, wenn nicht im Herzen der Menschen? Wenn dies geschieht, dann wird alles, was in uns nutzlos und schädlich ist, ausgebrannt. Wir werden geläutert, destilliert. Dann entdecken wir, wer wir wirklich sind, werden uns der Schönheit unserer Seele und unseres Daseins bewusst. Wir erkennen, wie Gott uns erschaffen hat, damit wir harmonisch, ausgewogen und schön werden. Dies ist die Stufe unserer geistlichen Entwicklung, auf der wir wahrhaft Freundschaft schließen mit uns selbst, mit unseren Brüdern und Schwestern, mit unserer Umwelt und mit Gott.«

»Das Gebet beseitigt also die Einsamkeit, das Problem, vor dem in unseren überfüllten Städten heute so viele stehen«, sagte ich.

»Unbedingt. Wer beten kann, ist nie allein, selbst wenn ihn keiner kennt, keiner mit ihm spricht, keiner auf ihn achtet. Dies liegt daran, dass Gott in seiner Seele aktiv gegenwärtig ist. Alleinsein ist für Betende kein Problem. Tatsächlich ›haben sie Freude an der Abgeschiedenheit‹, wie die Väter sagen. Sie sind glücklich und besonders glückselig und froh, wenn sie allein sind, wie dies bei Eremiten wie Vater Seraphim der Fall ist.«

»Es wirkt paradox«, bemerkte Lavros. »Sie sind allein, aber nicht einsam.«

»Es mag paradox erscheinen, aber in ihrer Abgeschiedenheit spüren Eremiten wie Seraphim die Gegenwart Gottes stärker. Und wegen Gottes Gegenwart sie sind fröhlich in ihrer Abgeschiedenheit vom Rest der Welt. Wenn solche Eremiten Besuch von anderen Menschen bekommen, heißen sie sie willkommen und pflegen liebevollen Umgang mit ihnen. Und wenn es in ihrem Leben gerade keine anderen Menschen gibt, dann ist das für sie kein Problem, weil die Energie des Jesusgebets Gottes Gegenwart in ihrem Herzen aufrechterhält. Stünden sie nicht in tiefer Gemeinschaft mit Gott, würden Menschen, die wie Eremiten leben, verrückt. Dies ist auch der Grund, warum immer nur wenige Mönche die Erlaubnis erhalten, als Eremit zu leben.

»Außer dass sie die Einsamkeit überwinden«, fuhr Vater Maximos fort, »siegen Betende auch über das zweite große Problem unserer Zeit, die Angst. Wenn man systematisch betet, kann man unmöglich Angst haben. Durch das Gebet können die Menschen alle Ängste vor weltlichen Dingen überwinden. Wo Gott gegenwärtig ist, können Gefühle wie Angst und Depression nicht sein. Deshalb singen wir in der Kirche, dass wir unser ganzes Leben in Gottes Hand befehlen sollen. Ein solcher Mensch ist sich hundertprozentig sicher, er kann es sehen und spüren und weiß, dass Gott wahrhaft für ihn sorgt. Unter diesen Umständen kann man gar keine Depression bekommen, selbst wenn man es versucht. Wir haben alles Gott anbefohlen. Deshalb verspüren Betende eine tiefe Form inneren Friedens, innerer Ruhe.«

»Genau dies haben wir in Gegenwart von Vater Seraphim empfunden«, fügte Emily hinzu.

»Das überrascht mich nicht«, sagte Vater Maximos. »So empfindet man in Gegenwart authentischer heiliger Altväter. Zumindest habe ich es während meiner Jahre auf dem Athos so erlebt.

Ein weiteres Problem unserer Zeit ist Furcht. Wie könnten Betende sich fürchten? Das ist unmöglich. Durch das Gebet wird alle Furcht überwunden. Nichts Weltliches kann betende Menschen schrecken oder auslösen, dass sie sich einsam oder verängstigt fühlen oder ihnen bange wird. Die Welt existiert, weil es Menschen wie Vater Seraphim gibt, die unaufhörlich beten.«

Anschließend wies Vater Maximos darauf hin, dass es viele Menschen gibt, die in der Welt leben und wie Eremiten beten. Es sind Menschen, die in der Öffentlichkeit nicht bekannt sind. »Mit meiner begrenzten Erfahrung als Beichtvater und geistlicher Führer in all den Jahren versichere ich euch, ich habe Menschen kennengelernt, ganz normale Laien mit alltäglichen Tätigkeiten und Berufen, junge und alte, Männer und Frauen, reiche und arme, gesunde und kranke, die in der Lage sind, mit Feuer zu beten. Diese Menschen haben außergewöhnliche Stufen der Heiligkeit erreicht, die kaum jemand erkennt.«

»Es sind unsichtbare, unbekannte Heilige«, murmelte Antonis.

»Ja. Dies sind die Menschen, die durch ihr Gebet die Welt zusammenhalten. Würden sie aufhören zu beten, würde die Welt auseinanderfallen, und das meine ich nicht sinnbildlich«, fügte Vater Maximos hinzu.

»Wie haben einen unglaublichen Reichtum an traditionellen Gebeten, die jeder in seiner täglichen geistlichen Arbeit verwenden kann. Das Jesusgebet ist die Krönung dieser Tradition. Es erfüllt uns mit der größten Freude und öffnet unser Herz für die erhabenste Liebe, die man sich nur vorstellen kann, die Gegenwart Gottes in der Tiefe unseres Wesens.«

Bei dieser letzten Bemerkung warf Vater Maximos einen Blick auf seine Armbanduhr und signalisierte damit, dass es für ihn an der Zeit war, in die Bischofsresidenz zurückzukehren. Es war 22 Uhr, und es warteten noch einige Leute auf ihn, die beichten wollten. Erst weit nach Mitternacht würde er sich in sein Schlafgemach zurückziehen, eine regelmäßige tägliche Selbstverleugnung, die keiner von uns begreifen konnte. Emily und ich sagten Vater Maximos Lebewohl, weil wir in zwei Tagen nach Maine abreisen würden. Wir versprachen, nächsten Sommer wiederzukommen, in der Hoffnung auf weitere Gelegenheit zu spiritueller Begegnung und Gesprächen wie diesem.

Interessanterweise ging es in der ersten E-Mail, die ich nach meiner Rückkehr nach Maine öffnete, um das Jesusgebet. Sie kam vom Bibliothekar einer jüdisch-amerikanischen geisteswissenschaftlichen Hochschule. Er hatte *Der Berg der Stille* gelesen und gab seiner Wertschätzung für die Weisheit und die Lehren von Vater Maximos Ausdruck. Mit Freude las ich, dass der Inhalt des Buches auch Auswirkungen auf sein Leben hatte. »Aber ich habe ein Problem«, schrieb er, »ich bin Jude. Und für mich ist es sehr merkwürdig zu beten ›Herr Jesus Christus, Sohn Gottes, hab Erbarmen mit mir Sünder‹. Was sollte ich Ihrer Meinung nach tun?«

Ohne zu zögern antwortete ich ihm, er solle eine Version des Gebets verwenden, die der heilige Gregorios Palamas eingeführt hat, und die lautete: »Herr, erleuchte meine Finsternis, Herr, erleuchte meine Finsternis.«

In seiner Antwort ließ mich der jüdische Bibliothekar etliche Wochen später wissen, er praktiziere diese Version des Gebets systematisch und empfinde es als einen »außerordentlichen Segen«.

»Und was ist deiner Meinung nach der Sinn der Geschichte?«, fragte mich mein Freund Mike Lewis, nachdem ich ihn auf diesen E-Mail-Wechsel aufmerksam gemacht hatte.

»Dies bedeutet«, antwortete ich, während wir unsere Spaziergänge durch den Wald wieder aufnahmen, der zur University of Maine gehörte, »dass Gott keinen Unterschied macht. Er verteilt Seinen Segen, Seine Liebe und Seine Weisheit großzügig an alle Menschen, ungeachtet ihres ethnischen Hintergrunds oder ihrer Religionszugehörigkeit. Ich bin mir sicher, Vater Maximos würde dem zustimmen. Ja, ich notiere mir das, um ihn nach seiner Ansicht in dieser Sache zu fragen, wenn ich ihn das nächste Mal sehe.«

Mike stellte eine weitere Frage: »Was, glaubst du, hat die spirituelle Überlieferung, mit der du dich nun all die Jahre beschäftigt hast, der modernen Welt zu bieten?«

Ich dachte einen Augenblick nach und antwortete dann: »Sie bietet ein ganzheitliches System spiritueller Übungen innerhalb des Christentums, das zu einer direkten Gotteserfahrung führen kann, welche die Altväter des östlich-orthodoxen Christentums als *Theosis* bezeichnen.«

Diese Worte klangen in mir noch nach, als ich mich auf den Rückweg zu meinem Büro in der Fernald Hall machte. Vor dem Gebäude saß ich noch ein Weilchen auf einer Bank mit Blick nach Westen, während die Sonne über der dicht bewaldeten Region auf der anderen Seite des Stillwater River langsam zu versinken begann – ein wohlbekanntes Motiv auf mehreren Bildern von Mike, das eine tiefe Ruhe ausstrahlte. Da ich gerade erst Diarmaid MacCullochs Monumentalwerk über die Geschichte des Christentums[85] zu Ende gelesen hatte, kam mir Tertullians klassische Frage in den Sinn: »Was hat Athen mit Jerusalem zu tun?« Bewusst oder unbewusst beschäftigte mich diese Frage schon, seit ich vor zwanzig Jahren der Realität des Athos begegnet war. Das heißt, was ist die richtige Beziehung zwischen meiner säkularen Bildung als rationaler Soziologe und meiner Suche nach einem transzendenten Glauben, der in meiner christlich-orthodoxen Erziehung wurzelt? Kurzum, was ist die richtige Beziehung zwischen Verstand (Athen) und Glaube (Jerusalem)?

Im Geiste habe ich dem byzantinischen Kaiser Justinian das Verbrechen, das er mit der Schließung der Athener Philosophenschulen an der westlichen Kultur begangen hat, nie verzeihen können. Seine verhängnisvolle Entscheidung stützte er auf die verheerende Prämisse, Jerusalem allein genüge für das Dasein des Menschen. Doch die Lehren des Christentums haben ja gerade in der schöpferischen Auseinandersetzung zwischen griechisch-philosophischem Denken und christlicher Erfahrung Gestalt angenommen. Ohne sie hätten wir niemals theologische Riesen wie Basilius von Caesaraea (331-379), seinen guten Freund Gregor von Nazianz, den »Theologen« (330-390), und Basilius' Bruder Gregor von Nyssa (334-394) zu Gründervätern gehabt. Alle drei waren in diesem kreativsten aller theologischen Jahrhunderte heraussagende Schüler der philosophischen Schulen Athens gewesen. Tatsächlich war Gregor von Nyssa nicht nur als großer Theologe, sondern auch als großer Philosoph bekannt. Was wäre gewesen, wenn die von Platon und Aristoteles eingerichteten Athener Philosophenschulen offen geblieben und auch in den nachfolgenden

85 Diarmaid MacCulloch, *Christianity: The First Three Thousand Years*, Allen Lane 2009.

Jahrhunderten von den byzantinischen Herrschern großzügig ausgestattet worden wären? Wie viele christliche Hierarchen wären aus einer dauerhaften Auseinandersetzung zwischen Athen und Jerusalem noch hervorgegangen?

Aufgrund meiner Erfahrungen und meiner Erforschung des christlichen Ostens bin ich zu dem Schluss gelangt, dass die Wiedervereinigung von Vernunft und Glauben, von wissenschaftlicher und spiritueller Erkenntnis, ausschlaggebend ist, wenn die Menschheit die vorhersehbare Zukunft überleben soll. In dem Bemühen um eine Überbrückung der Spaltung zwischen Athen und Jerusalem sowie um die Förderung der spirituellen und intellektuellen Erneuerung der Welt können der Athos und die östlich-orthodoxe mystische Überlieferung eine Rolle spielen.

Diese Gedanken und unbeantwortbaren Fragen schwirrten mir im Kopf herum, während ich zusah, wie die Sonne in einer Überfülle glühender Farben hinter den Bäumen unterging.

Danksagungen

Sehr dankbar bin ich Vater Maximos, der, wie in meinen vorherigen Werken, auch die zentrale Figur dieses Buches ist. Ohne seine Bereitschaft und Großzügigkeit, sein Wissen über die spirituelle Tradition der östlichen Orthodoxie weiterzugeben, hätte dieses Buch nicht geschrieben werden können. Aber natürlich liegt die Verantwortung für alle Mängel oder Fehler im vorliegenden Band ausschließlich bei mir.

Außerdem möchte ich meinen Kollegen und der Verwaltungsleitung der soziologischen Fakultät der University of Maine für ihre Freundschaft und ihre ständige Unterstützung in den vielen Jahren meiner Forschungen meine Dankbarkeit ausdrücken. Mein Dank geht auch an die University of Maine für ein Sabbatsemester im Frühjahr 2009, durch das ich mich voll und ganz der Arbeit an diesem Manuskript widmen konnte.

Besonderer Dank geht an Ashala Gabriel, die seit über fünfundzwanzig Jahren meine Literaturagentin ist, für ihre herausragende professionelle Expertise sowie ihr aufrichtiges Engagement und ihren Glauben an den Wert meiner Arbeit. Ebenso spreche ich meinem Verleger Gary Jansen meinen tief empfundenen Dank und meine Wertschätzung aus für sein festes Interesse an diesem Material und dafür, dass er von dessen Wichtigkeit überzeugt und in jeder Hinsicht ein ganz großartiger Verleger ist.

Besonders dankbar bin ich meinem Kollegen Michael Lewis von der Kunst-Fakultät für sein persönliches Interesse an meiner Arbeit, für seine Freundschaft und seine kritische Durchsicht des Manuskripts. Außerdem danke ich ihm dafür, dass er eine der aktiven Figuren im Buch ist. Dankbar bin ich allen meinen Freunden in Zypern, die bei meiner Erforschung des Ostchristentums über Jahre hinweg eine entscheidende Rolle gespielt haben. Wie schon in den vorhergehenden

Bänden sind einige von ihnen auch im vorliegenden Werk zu Schlüsselfiguren geworden.

Meine Schwester Maroulla und ihr Mann Vasos haben, wie immer, entscheidend dazu beigetragen, dass unser Aufenthalt auf der Insel für uns ein zutiefst bedeutsames und emotional erfüllendes Erlebnis wurde. Mit Worten lässt sich unsere tiefe Dankbarkeit niemals zum Ausdruck bringen.

Ein Segen ist für mich die Art der Familie, die ich habe. Ein großes, ganz besonderes Dankeschön geht an unseren vielseitig begabten Sohn, den Schriftsteller Constantine, für seine klugen lektorierenden Eingriffe, die den Text erheblich stärker und dichter gemacht haben. Ich schätze den Glauben, den unsere begabte Tochter an meine Arbeit hat, und freue mich über ihre Erfolge als Künstlerin und Filmemacherin. Zu guter Letzt wäre ich nicht der, der ich bin, ohne Emily, die seit über dreißig Jahren untrennbarer Bestandteil meines Lebens ist, und zwar so sehr, dass ein Leben ohne ihre fürsorgliche Nähe und Unterstützung für mich unvorstellbar ist. Sie ist eine zentrale Figur in allen meinen Büchern und hat viele spirituelle Abenteuer darin mit mir geteilt. Ohne sie hätte es dieses Werk mit Sicherheit nicht gegeben. Darüber hinaus wurden alle meine Bücher durch ihre treffenden kritischen Anmerkungen wesentlich besser lesbar, als sie es sonst gewesen wären.